Lola Jones
Alles läuft super, während ich weg bin

GOLDMANN
Lesen erleben

Buch

Dieses Buch bringt dir Erleuchtung.

Ja, du liest richtig. Erleuchtung ist unser natürlicher Zustand, und jeder Mensch hat freien Zugang zu ihr. Alles, was es dazu braucht, ist die Gnadenenergie, die Lola Jones hier in jede Zeile und besonders in die »Divine Openings« ihrer Bilder und Fotos eingewebt hat. Außerdem ist es wichtig, ein paar grundlegende Prinzipien zu beherzigen und dich offen und vertrauensvoll dem wundervollen Prozess anzuvertrauen, den das Göttliche für dich vorgesehen hat. So kannst auch du frei sein – von der Macht der Gedanken und Emotionen –, zum Schöpfer deines eigenen Lebens werden und dein volles Potenzial nutzen.

Autorin

Lola Jones ist gebürtige Texanerin und spirituelle Lehrerin. Sie kreierte die äußerst kraftvolle Lehre der »Divine Openings« – eher eine freudvolle, ganzheitliche Art zu leben als ein spiritueller Weg. »Divine Openings« wurde weltweit bekannt, nachdem Menschen von ihren spektakulären Lebensveränderungen berichtet hatten. Lola Jones schrieb mehrere Bücher, unterhält eine lebendige Online-Community, bildet »Divine Openings Guides« aus und gibt in den USA, Großbritannien und Deutschland sowie online Seminare.

Mehr Informationen unter: www.divineopenings.de

LOLA JONES

Alles läuft super, während ich weg bin

Loslassen und dem Göttlichen die Schwergewichte überlassen

Aus dem Englischen
von Hanna R. Müller

GOLDMANN

Penguin Random House Verlagsgruppe GmbH FSC® N001967

1. Auflage
Vollständige Taschenbuchausgabe Mai 2022
Copyright © 2018 der deutschsprachigen Ausgabe Arkana, München,
in der Penguin Random House Verlagsgruppe GmbH,
Neumarkter Straße 28, 81673 München
Copyright © 2022 dieser Ausgabe: Wilhelm Goldmann Verlag, München,
in der Penguin Random House Verlagsgruppe GmbH,
Neumarkter Str. 28, 81673 München
Copyright © 2006–2017 der Originalausgabe: Lola Jones
Originalverlag: Lola Jones, Inc.
Titel der englischen Originalausgabe: »Things Are Going Great
In My Absence. How To Let Go And Let The Divine Do The Heavy Lifting«
Lektorat: Diane Zilliges
Umschlag: UNO Werbeagentur, München, in Anlehnung an die
Gestaltung der deutschen Erstausgabe (ki36 Editorial Design, München, Daniela Hofer)
Umschlagmotive: Portrait Autorin © Russell Martin, Lotusblume © novielysa/istockphoto
Abbildungen Innenteil: © Lola Jones mit Ausnahme von S. 114 © Carola Gracen; Illustration
Lotosblüte © Lena Livaya/shutterstock; Lotospflanze © KATE_123/shutterstock; Ornament
© mouze art/istockphoto
Satz: Satzwerk Huber, Germering
Druck und Bindung: GGP Media GmbH, Pößneck
Printed in Germany
KF · CB
ISBN 978-3-442-22330-5

Besuchen Sie den Goldmann Verlag im Netz

Inhaltsverzeichnis

Alles läuft super, während ich weg bin

Ein dramatisches Erwachen findet gerade auf unserem Planeten statt. Das menschliche Bewusstsein dehnt sich exponentiell aus. Diejenigen von uns, die als Vorreiter dieser Entwicklung vorangehen, erleben eine beschleunigte Erweiterung ihres Bewusstseins – gerade jetzt. Ich lade dich ein, dich uns auf einem sicheren, nährenden und begeisternden Weg zu einem freien, erfüllten Leben anzuschließen.

Egal was du als Nächstes im Leben erreichen willst, dieses Buch wird dir helfen, es mit mehr Leichtigkeit, Anmut und Geschmeidigkeit zu erlangen. Du wirst dafür auf zwei Ebenen Hilfe erhalten: der Ebene der göttlichen Gnade und der Ebene des bewussten Verstandes. Die Gnade hat dabei den machtvollsten Anteil. Du wirst göttliche Gnade empfangen – ihrer Definition nach ein Geschenk, das du dir nicht verdienen kannst. Sie wird dir frei geschenkt. Die Gnade wird dich höher hinauftragen, als du es mit deinem menschlichen Bemühen jemals könntest. Der größte Teil dieses Prozesses ist für dich mühelos, wenn du zulässt, dass die Gnade mindestens neunzig Prozent der Arbeit erledigt. Dein eigener kleiner Anteil von zehn Prozent besteht darin, deinem bewussten Verstand zu erlauben, weicher zu werden, sich für die Gnade zu öffnen und selbst aus dem Weg zu gehen. Das Buch wird dir genau zeigen, wie das geht. Du wirst Werkzeuge an die Hand bekommen, die du bewusst einsetzen kannst, um kraftvollere und wirksamere Entscheidungen für dein Leben zu treffen.

Du wirst eine Reihe von Einweihungen (Initiationen) erhalten, die dir zur Erleuchtung verhelfen oder eine Vertiefung deiner Erleuchtung bewirken. Dies passiert, während du dieses Buch liest, die darin enthaltenen Bilder auf dich wirken lässt und die

Präsenz des Göttlichen darin spürst – die göttliche Präsenz, die in dir wohnt. Bald wirst du allen Menschen, die dir etwas bedeuten, dieses Buch empfehlen wollen, damit auch sie an der Fülle und dem Segen dieser Erfahrung teilhaben und mit dir in diese wunderbare neue Welt eintreten können.

Wenn die göttliche Präsenz in dir erwacht und *du* als diese Präsenz auf dem Planeten wandelst, wirst du im Fluss mit dem Lebensstrom sein, der alle Wünsche und Bedürfnisse erfüllt. Dann wird es für dich leicht, angenehm, freudvoll und aufregend sein, dir das Leben zu kreieren, das du dir wünschst. Leiden und Konflikt, Kampf und Krampf werden ein Ende nehmen. Synchronizität wird zu deiner alltäglichen Erfahrung, weil du mit Menschen, Ressourcen und Ereignissen zusammentriffst, die allen gemeinsam Vorteile und Freude bringen.

Wenn das Suchen vorbei ist und dein wirkliches Leben beginnt, lebst du voll Zuversicht und Selbstvertrauen, genießt den Augenblick und kreierst dir das, was du wirklich willst. Die »Kraft des Jetzt« wird zur greifbaren Realität und bleibt nicht bloß Wunschdenken oder etwas, für das du hart arbeiten musst. Dann haben Vergangenheit und Zukunft keine Macht mehr über dich, Verlust, Sorge und Mangel verschwinden aus deinem Leben.

Du bist »unsinkbar«, wenn du als dein größeres Selbst lebst und die wahre Kraft deines Seins zum Tragen kommt. Dinge wie Finanzprobleme, Liebeskummer, die Regierungspolitik oder die Kriminalitätsrate können dir in diesem neuen Paradigma nichts mehr anhaben. Die Menschen in deinem Umfeld werden buchstäblich durch dein bloßes Dasein transformiert. Du fühlst dich nie wieder zu machtlos, um eine Veränderung zu bewirken, und gleichzeitig weißt du, wann es gut ist loszulassen.

Fang jetzt gleich an, in eine lebendige, persönliche Beziehung mit deinem Schöpfer zu treten, der es kaum erwarten kann, enger mit dir zusammen das zu erschaffen, was dir die Erfüllung all deiner Herzenswünsche bringen wird.

Anfang 2006 verbrachte Lola Jones einundzwanzig Tage allein im Schweigen. In diesen Tagen während eines Retreats in Indien kommunizierte sie nur mit der göttlichen Präsenz in ihrem Innern. Dabei reaktivierte sich ihre Gabe aus früheren Leben: einen machtvollen Strahl göttlicher Gnade zu übertragen, der Menschen zum Erwachen bringt oder ihre Erleuchtung vertieft. Im Leben vieler Einzelner, die seither durch Lolas bloße Berührung von Licht erfüllt werden, vollzieht sich eine dramatische Veränderung. Im Gruppenprozess wird durch ihre Intention die Energie/Licht/Intelligenz aktiviert, und über ihre Stimme am Telefon oder bei einem Onlineseminar vermag sie die Gnade selbst über große Distanzen zu vermitteln. Auch für dich als Leser dieses Buches wird die Wirkung der Gnade spürbar. Wenn du die Bilder betrachtest, Lolas Worte liest und dich dem machtvollen Energiestrom aussetzt, den dieses Buch hervorbringt, wirst du die Gnade unmittelbar spüren.

Lolas »Job« der Energieübertragung besteht darin, selbst aus dem Weg zu gehen und das Göttliche arbeiten zu lassen. Sie ist als Person geradezu »abwesend«, während sie anderen Energie überträgt und glückselige Empfindungen sie durchströmen. Als das Göttliche in ihr erwachte und sie als ihr »größeres Selbst« vollständiger zu leben begann, entdeckte sie, dass ihr praktisches Alltagsleben immer einfacher und leichter wurde. Das größere Selbst lenkt zunehmend ihr ganzes Leben, während ihr kleines Selbst es sich auf dem Rücksitz bequem macht und entspannt. Daher kommt auch der Titel dieses Buches: *Alles läuft super, während ich weg bin.*

Während du diese Chronik von Lolas Erwachen liest und ihre einfachen Methoden kennenlernst, erwacht in dir mit der Zeit die göttliche Intelligenz bzw. entwickelt sie sich weiter. Du lernst sie zu empfangen und dabei selbst aus dem Weg zu gehen. Und du erfährst, was der Prozess für dich bereithält, um dich mit Leichtigkeit und Begeisterung zu entfalten.

Wichtig fürs Lesen

Beim ersten Lesen dieses Buches ist es am besten, es langsam, der Reihe nach, von vorn bis hinten zu lesen. Es enthält starkes, kraftvolles Material, und du solltest die Anleitungen verinnerlicht haben, bevor du das erste *Divine Opening*, die erste »göttliche Öffnung«, bekommst. Nur dann verstehst du, wie alles Weitere sich entfaltet. Jede Eile würde deine Ergebnisse beeinträchtigen – beim Lesen ebenso wie im Leben. Es geht nicht darum, Wissen zu erlangen.

Erlebe es, fühle es, lebe es,
Stück für Stück, tief und tiefer gehend.

Da die Energie dieses Evolutionsprozesses sich rasant entfaltet und weiter zunimmt, gibt es schnelle Veränderungen und Aktualisierungen. Wenn du Updates, erleuchtende Geschenke, Artikel, Neuigkeiten, Veranstaltungshinweise und Inspirationen bekommen möchtest, melde dich einfach an über www.DivineOpenings.de.

Dieses Buch ist die Grundlage von *Divine Openings*. Weiteres umfangreiches Material, persönliche Unterstützung, Multimedia, Audios und Videos kannst du über www.DivineOpenings.com oder www.DivineOpenings.de erhalten.

Bist du bereit,
in eine neue Wirklichkeit einzutreten?

Wie und warum ich dieses Buch schrieb

Dieses Buch ist natürlich und mühelos aus mir herausgeflossen. Nicht ich wollte, dass das Buch entsteht. Das Buch wollte von mir geschrieben werden, und ich konnte nicht eher aufhören, bis es vollbracht war. So ähnlich ist in den letzten zehn Jahren alles passiert. Mein Körper macht einfach das, was er machen will. Er malt oder schreibt, wann er will, oder auch nicht. Manchmal schreibe ich den ganzen Tag und vergesse zu essen. Meine alten Konzepte von Ehrgeiz und Motivation ergeben nicht mehr viel Sinn für mich. Dinge, die mir immer wichtig erschienen, sind es nicht mehr. Das Leben lebt *durch* mich. Meistens lasse ich mich einfach mitnehmen auf diese Reise, betrachte die Landschaft, die vorüberzieht, und genieße die wunderbaren Abenteuer unterwegs. Es ist die beste Reise meines Lebens.

Wenn die göttliche Intelligenz in dir erwacht und das Steuer übernimmt, wenn sich äußere Veränderungen entfalten und die alte Realität sich auflöst, wenn Emotionen auftauchen und weiterziehen, kann dieses Buch deinem Intellekt helfen zu verstehen, was da geschieht. Du selbst hast an der Entstehung dieses Buches mitgewirkt – du hast in deinem Herzen darum gebeten. Der Prozess von *Divine Openings* verlangt nicht, dass dein Verstand ihn begreift, allerdings wird deine Entfaltung schneller vor sich gehen, wenn der Verstand kooperiert, statt dagegen anzukämpfen. Das Buch wird deinen Verstand zum Umdenken einladen, es wird ihn in dieser Zeit des Wandels begleiten und beruhigen. Bis dein inneres Wissen zu voller Blüte gelangt ist, kann das Buch dir Orientierung geben, wie du mit den Veränderungen umgehen und sie in dein tägliches Leben integrieren kannst. Nimm diese Hilfe so lange in Anspruch, bis du sie wirklich nicht mehr brauchst, und vertraue deiner eigenen Führung und Intuition mehr als irgendjemand anderem, mich eingeschlossen.

Das Buch enthält meine Erfahrungen mit Tausenden von Menschen in mehr als einhundertfünfzig Ländern, denen ich erfolgreich helfen konnte, wieder Zugang zu ihrer eigenen Wahrheit zu finden und zum Einssein mit der göttlichen Intelligenz in ihrem Innern zu erwachen. Es ist anders als alle anderen Bücher, die du je gelesen hast. Es geht über bloße intellektuelle Konzepte weit hinaus. Es ist eine *Erfahrung*, die deine gesamte Lebensweise verändert.

Das Licht tritt in Erscheinung

Bei einer öffentlichen Veranstaltung gab ich *Divine Openings*, ging dabei von einem Teilnehmer zum nächsten und berührte jeden etwa zwei Minuten lang. Danach berichteten fünf von ihnen, sie hätten durch die geschlossenen Augenlider ein strahlend weißes Licht gesehen, als ich vor ihnen stand. Normalerweise würdest du erwarten, dass jemand, der direkt vor dir steht, dein Gesichtsfeld verdunkelt. (Probier's mal!) Was diese Leute sahen, war jedoch mein Lichtkörper. Wenn ich mit einzelnen Menschen oder Gruppen zusammen bin, öffnet sich ein kraftvoller Energiestrom, der das Erwachen bei ihnen aktiviert oder vertieft. Dadurch kommen sie mehr und mehr mit der reinen Lebenskraft (*Pure Life Force*) in Einklang, die schon immer in ihnen vorhanden war. Dies weckt ihre Wahrnehmung von dem, was in der physischen Welt nicht sichtbar ist. Das soll aber nicht heißen, dass ich etwas Besonderes wäre – es soll nur bestätigen, dass viele Menschen im Begriff sind, buchstäblich an Dichte zu verlieren und immer durchlässiger für das reine Licht zu werden. Erfahrungen dieser Art, von denen du hier lesen wirst, sind auch dir möglich und werden sich schließlich ereignen, wenn du *Divine Openings* praktizierst, ohne die Methode zu verwässern, und wenn du lernst, dich innerlich deinen Bedürfnissen zuzuwenden.

Jesus und Maria werden oft mit einem Heiligenschein um den Kopf dargestellt. Man hat uns versprochen, wir würden alle eines Tages wie sie sein und die Dinge tun können, zu denen sie imstande waren, und noch mehr. Mit *Divine Openings* wirst du »Wunder« erleben, die im Grunde völlig normal sind, wenn du dich im Fluss des Lebens befindest. Was als »Himmelfahrt« oder »Aufstieg« bezeichnet wurde, ist die vollständige Transformation von Körper und Geist, sodass wir an Dichte verlieren und durchlässig werden. Wir werden »er-leucht-et«, wir werden zu Licht!

In dem Maße, wie das Licht in jedem von uns heller strahlt, wird es sichtbarer. Normalerweise meinen wir, die Augen hätten die Funktion, das Licht zu empfangen, weil es in sie hineingeht. Wenn ein Mensch zu erwachen beginnt, fällt mir jedoch auf, dass seine Augen mehr zu leuchten beginnen. Das Licht strömt dann aus seinen Augen, nicht nur in sie hinein. Im ersten Jahr, nachdem ich *Divine Openings* kreiert hatte, bewirkte ich in Kleingruppen und Retreats durch meine Hände bei etwa siebenhundert Menschen die Öffnung. Viele Tausende haben danach durch dieses Buch eine Öffnung empfangen. Es geschah, dass Menschen allein dadurch geöffnet wurden, dass ich mit ihnen zum Abendessen ging. Wenn ich so etwas erlebe, verweise ich sie auf das Buch, damit sie verstehen, was sich bei ihnen verändert und wie sie ihren freien Willen dazu benutzen können, ihre inneren Widerstände gegen das Wirken der Gnade zu verringern.

Die von *Divine Openings* erzeugte Wirkung der Energie/Licht/Intelligenz nimmt ständig zu, und wenn immer mehr Menschen auf diese Weise »erhellt« oder »erleuchtet« werden, wird das gesamte kollektive Bewusstsein der Menschheit etwas aufgehellt. Viele Leser dieses Buches haben berichtet, wie ihr eigenes Erwachen von ihren Familien, Freunden, Mitarbeitern und ihrem sozialen Umfeld widergespiegelt wird. Es finden spontane Aktivierungen statt – eine Art beschleunigter Kettenreaktion des Erwachens.

Das wahre Abenteuer ist indes die Erfahrung des Sichentfaltens. Werde langsamer und genieße jeden einzelnen Augenblick! Es handelt sich hier nicht um »Arbeit«. Und wenn du »erhellt« wirst, hilfst du damit der ganzen Menschheit, ohne dass du etwas tust oder lehrst. Diejenigen von uns, die an der vorderen Linie stehen, sind die Wellenbrecher für jene, die nachkommen werden. Die meisten werden keine Ahnung haben, dass du ihnen geholfen hast, so wie die meisten Amerikaner nicht die Namen jener kühnen amerikanischen Pioniere kennen, die ihnen den Weg in die Neue Welt ebneten. Alle, die in deinen energetischen Fußstapfen nachfolgen, werden von deinem Mut und deiner Voraussicht profitieren. Von einer höheren Warte aus gesehen *sind sie du*.

Mein Freund erzählte mir einmal die Geschichte eines Karate-Kollegen, der ein Meister und Lehrer war, ein wahrer Kerl von einem Mann; er hatte weder Metaphysik studiert, noch war er auf irgendeinem spirituellen Weg. Als er einmal in der Natur der Berge allein war, hatte er eine spontane Erleuchtungserfahrung: Er fand sich plötzlich in Liebe eingehüllt, die Tränen strömten ihm übers Gesicht, und er war überwältigt von einem Gefühl ehrfürchtigen Staunens. Er wusste nicht, wie ihm geschah. Als er später nach einem Bekannten suchte, der verrückt genug war, damit vielleicht etwas anfangen zu können, vertraute er sich meinem Freund an, in der Hoffnung, eine Erklärung für diese seltsame und unerwartete Veränderung zu finden. Die beiden Männer redeten zwei Stunden lang darüber. Der Mann erzählte, er habe seiner Frau zum ersten Mal seit Jahrzehnten Blumen mitgebracht, worauf sie ihn fragte: »Okay, wie heißt sie?«, weil sie dachte, er hätte eine Affäre. Er hatte tatsächlich eine neue Liebe gefunden, und zwar in seinem Inneren: die göttliche Liebe.

Das Erwachen des Karate-Meisters geschah auf mysteriöse Weise durch eine spontane Öffnung. Nur ganz wenige finden es durch ihre Suche und Anstrengung auf einem spirituellen Pfad. Jetzt bieten dir *Divine Openings* die Möglichkeit, es mithilfe der Gnade zu empfangen – statt weiter zu hoffen, dass es irgendwann geschehen könnte, bevor du stirbst.

Der transformierte Zustand dieses Mannes blieb bestehen. Aber ich helfe oft auch Menschen, die ähnliche Erleuchtungserfahrungen hatten, sie aber nicht aufrechterhalten konnten – bis sie auf *Divine Openings* stießen. Ein Buddhist (kein Leser dieses Buches) berichtete mir beispielsweise von einer vollständigen Erleuchtungserfahrung, die sechs Monate andauerte, bis ihn ein Streit mit seiner Mutter total abstürzen ließ.

Alles läuft super, während ich weg bin vermittelt dir nicht nur die Erweckungsenergie und die erleuchtenden Einweihungen, sondern auch die nötige Struktur und Unterstützung dabei, den erwachten Zustand aufrechtzuerhalten. Von unserem Intellekt und der Außenwelt sind zweifellos weder Bestätigung noch Unterstützung zu erwarten. Ich weiß von einigen Menschen, die vorübergehend in psychiatrische Kliniken eingeliefert wurden, nachdem sie unerwartete spontane »Ausbrüche« von Einssein und Erleuchtung erlebten. Wenn sie mit großen Augen die tanzenden Blätter an den Bäumen bestaunten und das wundersame Licht, das von allem ausging, konnte in ihrem Umfeld niemand nachvollziehen, was sie erlebten – am wenigsten sie selbst. Doch Angst und Verwirrung müssen nicht auftreten, wenn du diesen Prozess bewusst und mit geeigneter Führung und verständnisvoller Begleitung durchläufst. Es ist möglich, eine Erleuchtung zu haben, bei der alles gut läuft.

Sobald der Erweckungsprozess in Gang kommt, ist die häufigste Frühwirkung, von der wir hören, das Verschwinden der Angst. An ihre Stelle tritt ein tiefes, unerklärliches Wissen, dass alles gut ist – »ein Friede, der höher ist als alle Vernunft«. Der Intellekt ist zunächst geneigt, *Divine Openings* unter Kontrolle halten, definieren oder wegdiskutieren zu wollen, doch wenn wir uns allmählich daran gewöhnen, jenseits der Grenzen des Verstandes zu operieren, können wir uns in das Mysterium hinein entspannen.

Fragen beantworten sich zumeist aus dem Innern, mühelos tauchen Lösungen auf, und gelegentlich bringt ein glücklicher Zufall eine Botschaft oder die Hilfe von einer Person oder Sache von außen. Alles Streben hört auf, und du bist im Frieden mit dem gegenwärtigen Augenblick und der »vollkommenen Unvollkommenheit« des Menschseins.

Da sind noch Neugier und Begehren (ja, sogar sehr leidenschaftliches!), doch das panische, aus einem Gefühl des Mangels kommende Suchen hat aufgehört. Der Drang, sich zu entwickeln und auszudehnen, ist eine ewige Sehnsucht, aber die Tage des erfolglosen Strebens sind vorbei. Du kannst endlich aufhören, an dir zu »arbeiten«, Probleme zu heilen oder auf Hilfe von außen angewiesen zu sein, die dich »in Ordnung bringt«.

Ich werde dich immer wieder daran erinnern, *langsam* zu lesen, denn die meisten Menschen sind so konditioniert, dass sie ein Buch in einem wahnwitzigen Tempo verschlingen, weil sie meinen, je schneller sie die Informationen aufsaugen, desto schneller können sie zum nächsten Buch übergehen. Die Folge ist ein oberflächliches, sinnloses, nie endendes Suchen. Dieses Weiterhetzen ist eine unbewusste Taktik, tiefere Gefühle und wirkliche Erfahrung zu vermeiden. Also, werde langsam!

Selbst »Fortgeschrittene« nehmen beim ersten Durchlesen nicht alles auf. Nicht wenige berichten, dass jeder weitere Lesedurchgang Erfahrungen auf einer höheren Ebene bringt. Das kommt daher, dass sich das Bewusstsein zwischen den einzelnen Durchgängen erweitert. Die *Divine Openings* machen dich leer, statt deinen Kopf mit noch mehr intellektuellem Wissen zu füttern. Du wirst immer leichter, freier und durchlässiger. Du gewinnst in dir mehr »Raum«, statt ständig neuen Gedankenmüll in dich hineinzustopfen. Sobald du an den Lebensstrom angeschlossen bist, brauchst du auf deiner Reise nicht mehr viel Gepäck mitzuschleppen, denn alles taucht in dem Moment auf, wo du es nötig hast.

Divine Openings erhöht deine Fähigkeit, direktes Wissen unmittelbar abzurufen. Spirituelle und metaphysische Theorien, Bücher, Heilungswissen und alte Texte werden durch persönliche Erfahrung ersetzt, durch direktes Downloaden, automatische Evolution und eine lebendige, atmende Kommunion mit einer unermesslichen Intelligenz.

Was du dann damit machst und wie du dich zu leben entscheidest, liegt völlig bei dir. Die Wahlmöglichkeiten sind grenzenlos. Ich lebe nicht nach irgendeinem stereotypen spirituellen Rezept, und du musst das ebenso wenig tun.

**Bald wirst du die Erfahrung machen,
dass du »leichter« geworden bist.**

Was geschieht bei Divine Openings?

Wie ein *Divine Opening* funktioniert, liegt jenseits allen intellektuellen Verstehens. Oft haben Leute erzählt, dass sie mir zuerst im Traum begegnet sind (ich reite dabei manchmal auf meinem weißen Pferd), und kurz darauf sind sie über meine Website oder mein Buch gestolpert. Unsere nichtphysische Begegnung war offenbar die Vorbereitung, damit sie mich und die *Divine Openings* auf der physischen Ebene wiedererkannten. Während ich schlafe, besucht mein großes Selbst Menschen in meinem

Lichtkörper, um ihnen zu helfen, aber ich bin mir dessen nicht bewusst. Alles, woran ich mich normalerweise erinnere, sind abstrakte, geometrische oder in anderen Dimensionen stattfindende Träume.

Meine größte Gabe ist die Fähigkeit, mich selbst völlig herauszunehmen und die Kraft von *Divine Openings* durch mich wirken zu lassen – ohne dass ich das Bedürfnis hätte, das Ganze verstehen, definieren oder auseinandernehmen zu wollen, um es auf ein für das menschliche Gehirn passendes Maß zu reduzieren. Du wirst in diesem Buch nirgends eine wissenschaftliche Erläuterung dafür finden, denn daran liegt mir nichts. Mein Spielfeld ist das Mysterium jenseits und außerhalb der Wissenschaft.

Seit es *Divine Openings* gibt, hat sich meine intellektuelle Kapazität enorm gesteigert, doch darin liegt nicht ihre größte Kraft. Die Worte und intellektuellen Konzepte verblassen im Vergleich zur reinen Energieübertragung und dem »direkten Wissen«, das von innen kommt – ein Wissen, ohne dass ich weiß, *wie* es geschieht. Darum ist dies kein gewöhnliches Buch. Vielmehr leuchtet ein Mysterium jenseits der Worte in dir auf, öffnet dich für größere Wirklichkeiten und verwandelt dein Leben – es sei denn, du wehrst dich mit Händen und Füßen dagegen (was mich jetzt beim Schreiben schmunzeln lässt).

Ein *Divine Opening* öffnet dich dafür, die Gnade einzulassen, die schon immer da war und seit jeher auf dich herabregnet. Es offenbart dir einfach nur, was schon immer vorhanden war, und zeigt dir, wer du bereits bist. Alles Wirkliche ist *unsichtbar,* nicht physisch wahrnehmbar: Liebe, Freude, Schwingung, das Göttliche in dir. Durch *Divine Openings* wird das Unsichtbare allmählich für dich wahrnehmbar. Dies ist genau das Gegenteil der »Anbetung der materiellen Realität«, die heute fast überall auf der Welt vorherrscht. Sobald du das Unsichtbare unmittelbar erlebst und konkretes Wissen vom Nichtphysischen erlangst, hört die physische Weltsicht auf,

Herrschaft über dich auszuüben. Mit jedem weiteren Lesen des Buches öffnest du dich mehr und mehr für das Erleben des Göttlichen.

Jahrelang schauderte ich allein schon bei dem Wort »Gott« – und das kam wegen all der Fanatiker, Prediger und Extremisten, die dieses Wort in den Mund nehmen, um andere zu missbrauchen und zu verurteilen. Heute kann ich es endlich wieder aussprechen, ohne mich zu verkrampfen. Spür mal, was dieses Wörtchen »Gott« in dir auslöst. Wenn es negativ besetzt ist, wird sich das mit der Zeit legen. Ich werde noch zahlreiche andere Begriffe für »Gott« benutzen, aber der Kürze und Einfachheit halber verwende ich in diesem Buch oft das Wort »Gott«. Allerdings kann kein einziges Wort auch nur annähernd das Mysterium beschreiben, das sich dahinter entfaltet. Und für mich persönlich brauche ich dafür gar keinen Namen, denn ich bin darin geborgen.

Während du eine sehr enge, persönliche Beziehung mit Gott aufbaust, wirkt sich das greifbar und ganz konkret auf deine Gesundheit, deine Finanzen, dein Liebesleben, deine familiären Beziehungen, ja, auf deine ganze Welt aus, denn Gott »kümmert« sich um deine alltäglichen Lebensumstände. Wenn du den Inhalt dieses Buches beständig aufnimmst und umsetzt, dich ein Jahr lang auf *Divine Openings* fokussierst und es nicht mit anderen Dingen verwässerst, wirst du dein Leben am Ende dieses Jahres kaum wiedererkennen.

Ich habe bereits über Jahrzehnte verschiedene Methoden unterrichtet und weiß: *Divine Openings* öffnen die Menschen schneller und leichter als alles, was ich jemals gelehrt oder angewandt habe. Die Methode hat mühelos Hindernisse gelöst und Fragen geklärt, die weder der Klient noch ich wahrnehmen konnten. Du wirst merken, wie sich große Mengen und viele Schichten an psychologischen Konditionierungen ablösen, ohne dass du je verstehen wirst, warum oder wie. Du wirst einfach merken, wie du leichter und lichter, freier und glücklicher wirst.

Dein Leben wird aufblühen, und die göttliche Intelligenz wird anfangen, sich als dein einzigartiges Genie auszudrücken.

Vor *Divine Openings* hatte ich, neben meiner beruflichen Unterstützung und Anleitung anderer Menschen im persönlichen und geschäftlichen Bereich, viel zu viele Jahre mit meiner eigenen »Klärung« und »Heilung« verbracht. Es nahm kein Ende! Es schien, als ob es immer noch mehr zu klären gäbe, je mehr ich klärte. Schließlich sagte ich mir: »Genug! Ich will einen Weg der Freude, nicht der Arbeit!« Dann trat *Divine Openings* in mein Leben, und es fand eine riesige Veränderung statt, ohne dass ich in irgendeiner Form daran »gearbeitet« hätte. Ich fühlte mich mehr denn je in meiner Kraft und im Frieden. Ich wurde gesünder, erfolgreicher, selbstbewusster und glücklicher. Kein Verarbeiten mehr, kein Analysieren oder Verstehenmüssen.

Zurückblickend ist es nun sehr offensichtlich, dass das »Arbeiten an mir selbst« den Fokus auf genau das gerichtet hatte, was schieflief, und dadurch schaffte es mehr Probleme, als es löste. Erst als ich das aufgab und dem Göttlichen die Schwerarbeit überließ, begann mein Leben als kraftvoller Schöpfer. Ich sage nicht, dass *Divine Openings* der einzige Weg ist – es gibt nicht den *einen* Weg, der für alle richtig ist. Ich kann nur sagen, dass es funktioniert. Wenn ich einen besseren Weg fände, würde ich ihn sofort einschlagen, doch ich habe keinen Anlass, danach zu suchen. Die Entfaltung läuft nun auf ganz natürliche Weise ab, leicht, freudig und schnell.

Wenn du im tiefsten Innern und nicht bloß im Kopf weißt, *wer du wirklich bist* – ein physischer Ausdruck einer immensen nicht-physischen Lebenskraft –, dann entdeckst du, dass alle deine alten »Themen« und Begrenzungen illusorisch waren. Du beginnst zu erkennen, dass es ziemlich albern und unnötig wäre, für den Rest deines Lebens Spiegelfechterei gegen Illusionen zu betreiben.

Es gab viele Überraschungen. Ich hatte mich als Lehrerin, Beraterin und Erleuchtungshelferin gesehen und war daher zuerst sehr überrascht, als es bei manchen *Divine Openings* zu spontanen körperlichen Heilungen kam. Ohne dass man mir von einem körperlichen Problem erzählt hatte, wusste die Präsenz offenbar Bescheid!

Im hinteren Teil des Buches findest du einige Kommentare von Menschen, die *Divine Openings* bekommen haben. Wenn du möchtest, kannst du jetzt gleich mal zu den Seiten 429 bis 438 springen und dir ein Bild von der Vielfalt ihrer Erlebnisse machen. Bitte erwarte nicht, die gleichen Erfahrungen zu machen. Deine Erfahrung wird wie für dich maßgeschneidert sein.

Das Göttliche erledigt die Schwerarbeit.
Deine Aufgabe ist es, aus dem Weg zu gehen.

Guides von Divine Openings sind Spezialisten

Wenn ich Computerhilfe brauche, gehe ich zu einem Computerspezialisten. Zuerst wende ich mich nach innen und erbitte Hinweise, wen ich anrufen bzw. wo ich jemanden finden könnte, aber ich lasse mir von Menschen helfen. Manchmal kommt der Computer von selbst in Ordnung, wenn ich mich wieder zentriert habe, aber häufig kommt die Lösung durch einen Spezialisten – eine Person, ein Buch, eine Website oder etwas anderes.

Ich bin Spezialistin für Evolution. Neue, rohe, evolutionäre Wellen von Energie/Licht/Intelligenz bringen mich »in Schwingung«. Sie sind nonverbal und könnten verbal nie komplett erklärt werden – sie strömen unaufhörlich herein, manche durch unübersetzbare abstrakte Träume. Ich bin von Natur aus ein Transformator und Übersetzer, und als solcher mache ich die Energie/Licht/ Intelligenz anderen zugänglich, insbesondere für die praktische Anwendung im Leben. Die meisten Ergebnisse von *Divine Openings* laufen schwingungsmäßig ab, doch die Worte helfen dem bewussten Verstand, sich dafür zu interessieren und bei der Stange zu bleiben. Das ist alles, was ich dazu wissen muss. Mir liegt nichts an esoterischen Diskursen und Theorien. Wenn es den Menschen nicht in der Praxis hilft, ist es für mich völlig uninteressant.

Jeder von uns ist auf seine eigene Weise genial. Auch du bist in irgendeiner Sache ein Genie oder Spezialist, und *Divine Openings* helfen dir, es zu entdecken und zu entfalten. Obwohl ich meine, dass es ideal für dich wäre, in erster Linie deine innere Führung zu entwickeln, verstehe ich mich als Spezialistin dafür, ein Katalysator für dein Erwachen zu sein. Ich beschleunige den Prozess, ebne den Weg und unterstütze dich fortlaufend, wenn du es brauchst oder wünschst. Ich bin Spezialistin dafür, den Himmel auf die Erde zu holen und ihn ins alltägliche, praktische Leben zu integrieren, statt dir bloß zu zeigen, wie du in höheren spirituellen Sphären schweben kannst. Ich werde dir nicht sagen, was du tun sollst oder wie du dein Leben nach deinem Erwachen leben sollst. Ich zeige dir nur die Tür, auf der »Freiheit« steht. Du gehst hindurch, und dann ist es deine Welt, die du dir nach deinen Wünschen erschaffen kannst!

Wie du einen tollen Start hinbekommst

Du bist an diesen Punkt gekommen, weil du dich besser fühlen möchtest, das Leben intensiver leben und mehr von deinen Herzenswünschen verwirklichen willst. Du willst vieles in deinem Leben schon seit Langem verändern, und nun stehst du hier an der Schwelle. Willkommen zu Hause!

Hier sind nun ein paar Vorschläge für einen entspannten Anfang:

Lass das Bedürfnis los, alles mit dem Intellekt verstehen zu wollen. Der Verstand kann *Divine Openings* unmöglich ausloten und würde nur versuchen, es in irgendeine vorhandene Kategorie zu stecken, die es aber erheblich reduzieren würde. *Divine Openings* ist jenseits aller Worte und Konzepte.

Lass dich darauf ein, dieses Buch nicht bloß zu lesen, sondern jeden Abschnitt spielerisch und fühlend mitzuerleben. Setze alles, was du liest, noch in derselben Woche im Alltag um. Mach es nicht wie eine Arbeit, sondern mach ein Spiel daraus. So wirst du es am besten aufnehmen können. Geh mit deiner ganzen Begeisterung vor – aber sanft, behutsam und ohne Hast, in einfachen Schritten.

Bist du jemand, der schon Jahrzehnte an spiritueller Erfahrung hinter sich hat, dann ist es vorteilhaft, dich bewusst dafür zu entscheiden, wieder zu einem Anfänger zu werden. Der Anfängergeist ist offen und leer, nicht so angefüllt mit Konzepten. Mein Leben ist immer noch voller Neugier und der Bereitschaft, mich weiterzuentwickeln. Sobald ich denke, ich wüsste schon alles, werde ich zu einem Fossil.

Wenn du dich zu den »Fortgeschrittenen« zählst, ist es hilfreich, dir selbst besonders aufmerksam zuzuhören. Wenn du deinen Verstand sagen hörst: »Das kenne ich doch schon« – dann STOPP! Öffne dich für die Möglichkeit, eine höhere Wahrheit auf der nächsthöheren Ebene aufzunehmen. Lebst du es denn schon zu einhundert Prozent? Wie könntest du es auf einer neuen, tieferen Ebene erfahren? Wenn du das *Ganze* willst, lass alles los, was du weißt. Wirf all die Konzepte aus zweiter Hand über Bord, die klischeehaften Binsenwahrheiten des New Age und all das Zeug, das dir irgendeine Person oder irgendein Buch erzählt hat. Öffne in dir einen großen, leeren Raum für *direktes Wissen von innen*. Komm zu

Divine Openings mit dem neugierigen, wissbegierigen, offenen Wesen eines Kindes. Dann ist der Himmel nicht mehr weit.

Vielleicht bist du schon so lange auf der Suche, dass dir das Suchen zum Lebensstil, zur Hauptbeschäftigung, zum Selbstzweck geworden ist und du darüber deine ursprüngliche Motivation vergessen hast. Suchen, das zu einer Sucht geworden ist, verhindert die Erleuchtung. Vielleicht bist du inzwischen entmutigt und müde geworden oder hast das Gefühl, die Suche würde niemals ans Ende kommen. Jetzt erhältst du die Möglichkeit, die *göttliche Präsenz* zu *erleben*, statt bloß nach ihr zu suchen.

Genieße die Fahrt, löse die Umklammerung des Lenkrades und breite weit deine Arme aus – paradoxerweise wird alles dadurch schneller gehen. Manche werden sich schon nach einer Woche spürbar leichter fühlen, eine größere Zahl nach einem Monat, und nach einem Jahr werden alle einen großen Unterschied feststellen können, wenn sie sich voll und ganz auf den Prozess einlassen, ihn freudig begrüßen und nicht verwässern. Dann werden sie sehen, wie die Menschen um sie herum sich ebenfalls transformieren, nicht nur sie selbst.

Du hast einen freien Willen. Nicht einmal die Gnade kann und sollte ihn dir nehmen. Du kommst mit deinem individuellen Grad an Bereitschaft und Offenheit zu *Divine Openings*. Manche werden schneller weich werden und loslassen, andere etwas langsamer. Lass alles gehen, was dich zurückhält. Starke Abwehr gegen das Fühlen macht dich langsamer, aber keine Sorge: *Sie wird dich nicht stoppen!*

Meine Absicht ist, dass du deinen eigenen, direkten Draht zu deiner Quelle entdeckst. Natürlich haben dir viele Menschen in deinem Leben etwas zu geben. Genau zur rechten Zeit sagen sie dir etwas oder machen dir ein Angebot. Sie öffnen dir Türen, erweitern und bereichern deine Erfahrung. Die göttliche Lebenskraft lebt in uns allen und findet ihren Ausdruck. Begegne allem mit einem offenen Geist, aber sei äußerst wählerisch, was du in dich hineinlässt. Es gibt da draußen so viele Angebote, die nicht funktionieren, nicht hilfreich sind oder dich von deinem Weg abbringen können. Umgib dich so viel wie möglich mit nährenden und aufbauenden Menschen, Dingen und Ereignissen. Wenn du noch keine *Divine-Openings*-Gemeinschaft hast, finde oder gründe eine Gruppe, um mit ein paar Familienmitgliedern und Freunden gemeinsam dieses Buch zu lesen. Und wenn dich etwas in Versuchung führt, deine Energie nach außen abzugeben, dann überlege es dir gut; es ist eine kritische Entscheidung. *Divine Openings* wird dich immer und immer wieder ins eigene Innere zurückführen.

**Jetzt kannst du anfangen,
dem Göttlichen die Schwerarbeit zu überlassen.**

Merke dir diesen Moment.

Du wirst deine alte Realität schnell vergessen, also mach dir jetzt am besten ein paar Notizen!

Heutiges Datum: _____

Schreibe auf, was du erreichen willst – die ganze Liste, einschließlich dessen, was du für unmöglich hältst. Notiere, was du in dein Leben lassen und *wie du dich fühlen willst.* Verwende wenn nötig zusätzliche Blätter.

_____

_____

_____

_____

_____

_____

Was willst du erreichen, woran hast du »gearbeitet«, ohne dass es sich manifestierte? Wie wirst du dich fühlen, wenn es erreicht ist?

_____

_____

_____

_____

_____

_____

Was sind im Moment deine Herausforderungen? Wie wirst du dich *fühlen*, wenn sie gelöst sind?

_____

_____

_____

_____

_____

_____

Was willst du loslassen? Wie wirst du dich *fühlen*, wenn du davon frei geworden bist?

Datum und Unterschrift, um diesen Neuanfang in Erinnerung zu bewahren:

_____

Aktualisierung drei, sechs und zwölf Monate später:
Prüfe, was du ursprünglich geschrieben hast, und schau nach den Veränderungen, die in deinem Leben eingetreten sind. Haben sich deine Wünsche verändert, je mehr du dein Leben aus deinem authentischen Selbst heraus gelebt hast? Eines ist sicher: Egal, auf welche Weise und in welcher Form es kommt, du kannst haben, was dein Herz sich aufrichtig schon lange ersehnt.

Schreibe auf, wie du dich nach drei Monaten *fühlst*:

_____

_____

_____

_____

_____

_____

Nach sechs Monaten fokussiere dich darauf, wie du dich jetzt *fühlst*:

_____

_____

_____

_____

_____

Nach zwölf Monaten fokussiere dich darauf, wie du dich jetzt *fühlst*:

_____

_____

_____

_____

Inwiefern hat sich das, was du ursprünglich wolltest, inzwischen verändert? Wie hat sich die Wichtigkeit, dich gut zu fühlen, inzwischen für dich verändert?

Tanzstunden von Gott

Als ich einem Freund vom Thema dieses Buches erzählte – davon, was passiert, wenn das kleine Selbst auf den Rücksitz rutscht und dem großen Selbst das Lenkrad überlässt –, da neckte er mich: »Also gibt es in deiner Geschichte ein paar spannende Autorennen und Überschläge?« Ich lachte: »Wenn das große Selbst am Steuer sitzt, wird das Leben zur *dramafreien Zone*.« Sobald du eintauchst in dein wahres Sein und anfängst, als dein großes Selbst zu leben, erlebst du statt der üblichen Dramen freudvolle Abenteuer, die du bewusst erschaffst.

Mein Leben war nicht immer frei von Dramen.

Mein Wunsch, das zu tun, was ich jetzt tue, wurde geboren, als ich zum ersten Mal einen erleuchteten Meister erblickte, meinen ersten Lehrer. Das war 1985. »Mach dir nichts vor«, sagte ich mir, »so wie er kannst du nie werden.« Mein geheimer Traum – zu unglaublich, um ihn jemandem zu erzählen – bestand darin, ein Buch zu schreiben, welches das Leben der Menschen verändern könnte, auch wenn ich selbst abwesend war. Die Jahre vergingen, und ich vergaß meinen »törichten« Wunsch. Hätte mir damals jemand gesagt – mitten im Getümmel meines Lebens auf der Achterbahn mit all den unvorhersehbaren emotionalen Wechselbädern –, dass ich neunzehn Jahre später tatsächlich dieses Buch schreiben würde, hätte ich es für hoffnungslos unerreichbar gehalten, ein anderes Universum!

Die besten Dinge in meinem Leben kamen immer auf natürliche Weise zu mir, auch damals schon. Unser großes, unbegrenztes Selbst weiß, was wir wollen, besser als wir selbst, und es weiß auch, in welcher Form es am besten zu liefern ist. Aber erst, als ich schon über fünfzig war und *Divine Openings* in mein Leben trat, konnte ich so komplett loslassen, dass ich meinem großen Selbst das Steuer überließ. Heute brauche ich mir keine Ziele zu setzen, und alles bewegt sich noch schneller, und ich bin glücklicher als je zuvor.

Der Terroranschlag vom 11. September 2001 ereignete sich in der Zeit meiner großen Midlife-Hormonkrise, und über Nacht löste sich auch meine lukrative Karriere als Managementtrainerin und -beraterin in Luft auf, mitsamt meiner ganzen Motivation. Auch meine spirituelle Lehr- und Beratungstätigkeit gab ich damals auf. Ich ließ Gott wissen, dass es mich todkrank mache, mich ständig bloß mit Worten und deren Begrenzungen abzugeben. Bald darauf wurde ich geführt, als Künstlerin zwei Jahre lang in der kreativen Stille herumzuspielen und meine Seele wieder gesunden zu lassen. Ich sagte mir: »Nun bin ich Mittelalter und ausgebrannt. *Das kann ich nicht wieder aufbauen.*« Doch selbst in der kahlen Winterkälte sind stets unsichtbare, unterirdische Kräfte am Werk, die sammeln, zusammentragen, aufbauen. Seit geraumer Zeit hatte ich eine Vorahnung, dass etwas Großes sich ankündigte – das ich aber, wie früher gewohnt, weder planen noch vorhersehen konnte. Was dann kam, überstieg jedoch meine kühnsten Vorstellungen.

Wie ich lernte, mit dem zu sein, was ist

Im März 2006 saß ich in einem Flugzeug nach Indien, auf mysteriöse Weise gedrängt, dort einundzwanzig Tage im Schweigen zu verbringen. In diesen einundzwanzig Tagen tauchte ich tief nach innen ein, direkt bis zur göttlichen Präsenz, indem ich mein eigenes, innerlich geführtes Retreat abhielt, statt dem offiziellen »Programm« zu folgen, das hier angeboten wurde. Ehrlich gesagt war Indien nie auf meiner Reisewunschliste gewesen. Ich habe keine östliche Religion studiert und war an Indien überhaupt nicht interessiert, bis ich einen Ruf von innen erhielt, dorthin zu fahren. Ich habe keinen Wunsch, dorthin zurückzukehren. Ich weiß, dass ich viele frühere Leben dort verbracht habe, aber da ich unerschütterlich in der Gegenwart zentriert bin, habe ich kein Interesse daran.

Während der einundzwanzig Tage in Einsamkeit und Stille, nur in Kommunion mit dem Göttlichen im Innern, erblühte in mir die tiefgehende Fähigkeit, Menschen zur Gnade zu öffnen. Diese drei Wochen waren so exquisit, dass ich von den harten Betonböden, auf denen ich saß, den winzigen Armeebetten im Schlafsaal und dem schrecklichen Essen kaum Notiz nahm. Es waren noch andere Leute da, aber ich lernte keinen von ihnen näher kennen. Mein Fokus war hundertprozentig nach innen gerichtet; ich war nicht gekommen, um Kontakte zu knüpfen. Ich war hier, um nach innen zu gehen und meine Abhängigkeit vom Außen zu beenden. Während nur wenige andere sich an die absolute Stille hielten, tat ich es – und ließ nur gerade so viel Augenkontakt zu, dass ich in den Gängen zum Schlafraum mit niemandem zusammenstieß. Die absolute Stille erwies sich für mich als zutiefst und dauerhaft transformierend.

Ich tat es damals für mich selbst, ohne zu erkennen, dass es mir meinen geheimen Traum erfüllen würde, das Leben anderer mit

Leichtigkeit zu transformieren. Mein brennender Wunsch war es, ohne Ablenkung nach innen zu gehen und ausschließlich mit der göttlichen Präsenz zu kommunizieren. Ich nahm diese Gelegenheit vollständig wahr, und es veränderte mein Leben. In dieser beschützten, abgeschiedenen Umgebung gab es nichts anderes zu tun und nichts zu erledigen. Ich entschied mich dafür, nicht per Telefon oder E-Mail mit Daheim zu kommunizieren, außer zwei Mal, als ich eine kurze Mail schickte, um Bescheid zu geben, dass ich lebte und es mir gut ging.

Was für eine tiefe Ruhepause! Vielleicht die einmalige Chance im Leben, drei Wochen nichts anderes zu tun, als in Kommunion mit dem Göttlichen zu sein. Es war himmlisch! Ich kam daraus tiefer entspannt hervor, als ich es in meinem ganzen Leben je erlebt hatte. Und so ist es auch geblieben, obwohl ich heute einen viel intensiveren Terminplan zu erfüllen habe, seit *Divine Openings* so erfolgreich geworden ist und so viele verschiedene Projekte, Veranstaltungen, Kurse, Musikaufnahmen, Bilder usw. hervorgebracht werden.

Die chronische Anspannung und Nervosität, die ich mein Leben lang mit mir herumgetragen hatte, verschwanden für immer. Wenn ich in Stress zu geraten beginne, bemerke ich es gleich und atme hinein, um damit weich zu werden, und es geht schnell weg, weil mein Körper wach und lebendig ist, erfüllt vom göttlichen Bewusstsein. Mit ein bisschen Achtsamkeit oder einem kleinen Stupser durch körperliche Übungen und Bewegungen korrigiert sich der Körper von selbst. Energiearbeit von anderen wird unnötig, weil man lernt, die eigene Energie in der Balance zu halten.

In jenen einundzwanzig Tagen liefen alle möglichen Emotionen in Wellen durch meinen Körper. Zuerst Panik, als ich meinen Reisepass abgeben musste, um in der nächsten Stadt eine Fotokopie davon machen zu lassen. Ich befürchtete, meinen Pass nie wiederzusehen. Vor lauter Angst konnte ich in der ersten Nacht kein Auge zumachen, in der Gewissheit, in Indien gestrandet zu sein, falls der Pass verloren ging. Ich ahnte jedoch, dass dieses Drama im Grunde nur jahrzehntealte Ängste aktiviert hatte. Tatsächlich war es eine Einladung, dieser Angst auf den Grund zu gehen und sie vollständig zu fühlen, ohne sie beheben oder zum Verschwinden bringen zu wollen – und auf diese Weise die Energie wiederzugewinnen und ihre Schwingung anzuheben.

Am zweiten Tag war die Angst erträglicher geworden, und am dritten Tag war sie kein Thema mehr. Ich musste tatsächlich lachen, als man mir am vierten Tag meinen Pass zurückgab, viel später, als man es mir zugesagt hatte.

Die Gefühle kamen in Wellen und durchströmten mich meist ohne irgendeinen Anlass. Grundlose Freude, grundlose Wut, Traurigkeit ohne Inhalt. Tränen kamen, und genauso plötzlich gingen sie wieder. Vieles von dem, was wir fühlen, ist noch nicht einmal unser Eigenes – oft ist es die Angst oder die Traurigkeit der Menschheit. Wir nehmen sie aus dem *alten Denken* auf, einem kollektiven Pool von starken, machtvollen Gedankenformen. Auf jeden Gedanken, der jemals gedacht wurde, kann immer noch Zugriff genommen werden. Wir schnappen die Schwingungen des *alten Denkens* auf, ziehen dann noch mehr von diesen Schwingungen an, und so geht es immer weiter, viele Generationen zurück. Im Verlauf dieses Buches wirst du diese Schwingungen des *alten Denkens* erkennen und anheben lernen.

Vieles von dem, was uns antreibt,
beruht auf einer uralten, fehlerhaften Software,
die uns vererbt wurde.
Divine Openings liefern dir ein Update.

Wogen der Angst wegen einer früheren Beziehung brachen über mir zusammen, als ich an einem anderen Tag in einem Meer von Furcht, Traurigkeit und Kummer auf und ab geschaukelt wurde. Bei mir zu Hause hatte ich an einem so geborgenen, glücklichen Ort gelebt und gewusst, wie wichtig es war, sich gut zu fühlen. Offensichtlich gab es da blinde Flecken, die mir überhaupt nicht bewusst gewesen waren, und jetzt starrten sie mir direkt ins Gesicht! Vorher hatte ich sie noch nicht einmal erkennen, geschweige denn verändern können, und nun kamen sie tosend an die Oberfläche.

Manchmal war ich ganz verloren in inneren Fragen und Zweifeln, die mein Verstand wie verrückt herumwirbelte: »Was tue ich hier? Ich fühle mich ja viel schlechter als vorher!« Doch sobald es mir wieder einfiel, dass ich die Gefühle einfach nur zulassen und spüren musste, kam es vor, dass sich Ängste, die ich in all meinen Jahren auf dem spirituellen und persönlichen Entwicklungsweg nicht überwinden konnte, plötzlich auflösten und meine Schwingung auf eine Ebene von Frieden anhoben, mit Augenblicken von Glückseligkeit. So entdeckte ich, dass sich jedes Gefühl, das vollständig erlebt wird, auflöst und dass sich eine niedrigere Energie auf eine höhere Frequenz anhebt, wodurch *ihre Power zurückgewonnen wird* und dann für produktivere Zwecke zur Verfügung steht. Damit wusste ich im Innersten, dass ich auf dem richtigen Weg war. Ich wusste, dass die Stille mir die totale Freiheit schenken würde, die ich suchte. So war es, und so ist es auch geblieben.

Als ich lernte, alles abzulegen und loszulassen, erschloss sich mir die Gnade, die für uns erledigt, wozu wir selbst nicht imstande sind. Jeder machtvolle göttliche »Erfüllungsgehilfe«, der je auf Erden wandelte, gab uns ein Geschenk der Gnade, um uns zu erhöhen – auf eine Art und Weise, wie unsere eigenen menschlichen Bemühungen es nicht könnten.

Wenn du, unterstützt von der Gnade, auch nur eine oder zwei zentrale Emotionen voll und ganz begrüßen, zulassen und annehmen kannst, erhöhen sie ihre Frequenz. Wenn du erst einmal deinen Widerstand gegen das freie Fließen der Gefühle verloren hast, werden alle Emotionen schnell gemeistert sein. Die zurückgehaltene Energie, die dich nach unten drückte, erhöht sich. An die Stelle der endlosen Bearbeitung von Themen tritt der einfache Fluss zugelassener Gefühle im Augenblick.

Vorbei sind die Tage, als du jede Emotion, jedes Thema, jedes Trauma, das du in der Vergangenheit erlebt hattest, einzeln durcharbeiten musstest. Gott sei Dank ist das alte Paradigma, dass man jedes Problem, Schicht um Schicht, einzeln verarbeiten müsse, nun für immer vorbei. Mit *Divine Openings* werden alle Fäden zusammengefasst und die Schwingungen insgesamt angehoben. Von nun an tust du einfach dein Bestes, um mit dem, was bei dir spontan auftaucht, Schritt zu halten.

Überraschenderweise war die Emotion, mit der ich am längsten kämpfte, meine Wut über jene Leute, die in unserem Schlafsaal und im Essraum miteinander flüsterten und damit meine köstliche, heilige Stille störten. Ich ahnte, dass ihnen vor der Stille und ihrer Konfrontation mit sich selbst graute, aber ich fand, sie sollten still sein und es wenigstens *mich* genießen lassen! Und wie konnten sie es überhaupt wagen, die Regeln zu brechen! Meine Empörung war absurd, denn ich bin ja selbst nicht gerade jemand, der sich an Regeln hält. Am längsten und härtesten von allem rang ich also mit meinem barschen Urteil über diesen Umstand, während die »großen Lebensthemen« sich völlig problemlos verwandelten!

Das Urteilen ist eine tief verwurzelte menschliche Gewohnheit. Die meisten Religionen haben uns damit durchtränkt. Mit meinem strengen Urteil gelang es mir schließlich, einfach präsent zu sein, es zu beobachten und dann loszulassen. »Nun gut, ich beurteile diese Leute als schwach und rücksichtslos, weil sie hier ihre kostbare Zeit damit verschwenden. Sei's drum!« Damit löste es sich auf, und ich konnte sie mit Verständnis und Mitgefühl betrachten. Na bitte!

Als Welle um Welle aller denkbaren Emotionen durch mich hindurchrauschte, fühlte ich mich immer besser in der Lage, dem gelassen standzuhalten und mich mehr und mehr zu öffnen. Als ich vor keiner Emotion mehr Angst hatte, wurde ich frei. Auf dem harten, versengten Boden meiner vielen Jahre endlosen Suchens und zunehmender Entmutigung begann neue Hoffnung zu sprießen. Das war anders als alles, was ich bisher kannte. Ich konnte spüren, wie sich in mir eine neue Tiefe und Zuversicht öffneten. Mein größter Wunsch war, ein in sich ruhender Mensch zu werden, der keine Antworten, Lösungen und keine Heilung mehr im Außen suchen musste. Ich wollte eine direkte Verbindung zum Göttlichen bekommen. Und in der tiefen, reichen, zunehmend gedankenfreien Stille erfüllte sich dieser Wunsch.

In dem Maße, wie ich mich hingab und der Energie ihren Lauf ließ, erhob sich meine Schwingung von der Hoffnung hinauf zur Freude bis zur Ekstase, mit gelegentlichen Abrutschern in sogenannte negative Gefühle. Ich fing an, sogar die unangenehmen oder schmerzhaften Gefühle anzunehmen, willkommen zu heißen und als »vorübergehende Erfahrungen« wertzuschätzen, die ein wertvolles Geschenk für mich bereithielten.

Die Achterbahn der Gefühle, auf der ich mein ganzes Leben verbracht hatte und in der ich ewig festzusitzen drohte, kam durch Gelassenheit und das Annehmen aller Gefühle zum Stehen. Gelassenheit bedeutet, einfach gesagt, die Zustimmung zu allem, was ist. Als ich aufhörte, Widerstand zu leisten und die Gefühle verändern oder unterdrücken zu wollen, geschah ein Wunder. Ich erlebte sie nun einfach mit sanftem Akzeptieren – und sie bewegten sich mit Leichtigkeit.

Einige Tage waren zwar extrem schwierig gewesen, doch insgesamt war es eine wunderbare und erstaunliche Erfahrung. Auf minutenlanges bitteres Weinen, eine Stunde tiefsten Schmerzes, mehrere Tage voller Angst oder Wut folgten jedes Mal unweigerlich ein tiefer Friede und sogar Glückseligkeit. Dadurch, dass ich es zuließ, die Schwingungen vollständig zu erleben – indem ich mein Erleben der Gefühle beobachtete, ohne mich mit ihnen zu identifizieren, sie »gut« oder »schlecht« zu finden oder vor ihnen wegzulaufen –, geschah es jedes Mal, dass sie zur höheren, feineren Schwingung meines großen Selbst aufstiegen. Diese niederen Gefühle, das war nicht ich! Es war eine faszinierende Erfahrung, mich dabei in den Armen des Göttlichen sicher geborgen zu fühlen.

Ich entspannte mich noch mehr, als ich die Möglichkeiten erkannte, die darin lagen. Solange ich keinen Widerstand leistete, war ich bald befreit. Angst vor dem Fühlen und Widerstand gegen Gefühle bewirken mehr Leiden als das eigentliche Gefühl! Ich konnte sehen, wie andere dies nicht wahrhaben wollten und Widerstand leisteten – und wie sehr sie dabei litten. Diejenigen, die sich heftig dagegen sträubten – und das waren etwa 80 Prozent der Leute –, wurden sogar körperlich krank. Ich jedoch würde nie wieder vor Gefühlen Angst haben. Dies brachte mir einen erstaunlichen, bleibenden Frieden.

Wieder daheim war ich bald in der Lage, gleichermaßen zentriert und produktiv zu bleiben, ob ich nun Trauer oder Ekstase fühlte. Früher konnte ein starkes negatives Gefühl meine Produktivität und mein Wohlbefinden für Monate oder gar Jahre aus der Bahn werfen. Doch in mir war nun eine tiefe Gewissheit, dass die Rückkehr zum Glück etwas Natürliches war und unweigerlich passierte. Alles andere als diese Glücksschwingung konnte nur eine *vorübergehende* Trennung von meinem großen Selbst bedeuten.

Nach diesen exquisiten einundzwanzig Tagen fühlte ich mich erstmals in meinem Leben nicht mehr den äußeren Umständen, anderen Menschen, negativen Emotionen, der Welt, der Wirtschaftslage oder den Nöten dieser Erde ausgeliefert. In meinem Zentrum fest verankert konnte mich nichts mehr für längere Zeit umwerfen. Ich fühlte mich leicht, durchlässig und unsinkbar.

Was du vermeidest, das beherrscht dich.
Sei mit dem, was ist, und du bist frei.

Energie und Emotion müssen sich bewegen

Emotion, emotionale Energie, ist dazu bestimmt, sich zu bewegen und durch uns hindurchzufließen. Wenn Emotionen und Energie blockiert werden und nicht fließen können, sind wir nicht mit dem Lebensstrom verbunden. Jede Krankheit und jedes Leiden lassen sich auf Anspannung bzw. stagnierende Energie zurückführen, die sich nicht frei bewegen konnte.

Zu viele spirituelle Menschen bemühen sich, negative Emotionen zu vermeiden, auf magische Weise zu transzendieren, durch unterschiedliche Sessions und mit den verschiedensten Methoden loszuwerden. Oder sie streiten ab, sie zu haben. Sie wollen alle »schlechten«, niedrigen Emotionen umgehen und gleich in die »höheren« springen. Ich nenne das den »spirituellen Bypass«. Interessanterweise ist jedoch die spirituelle Entfaltung gehemmt, solange man sich nicht auf den durch und durch menschlichen Bereich der Emotionen einlässt. Erleuchtung erfordert, das gesamte menschliche Spektrum an Erfahrungen anzunehmen und die physische Ebene vollständig zu verkörpern – sie weder auszuklammern noch vor ihr zu flüchten oder darüberzustehen. Als erleuchtete Menschen bringen wir den

Himmel auf die Erde und suchen nicht nach einem schnellen Ausgang.

Wenn wir versuchen, unsere positiven Gefühle und Erfahrungen festzuhalten, gehen wir damit um, als wären sie Mangelware. Erkennen wir aber, dass sie in unbegrenzter Fülle vorhanden sind, so brauchen wir sie nicht einzufrieren, um sie zu bewahren. Lass sie fließen! Hör auf, positive Emotionen und Erfahrungen zu horten und negative Emotionen und Erfahrungen von dir fernzuhalten, denn beides wäre der Versuch, etwas aufzuhalten, das von Natur aus fließen muss. Natur ist Bewegung. Energie ist Bewegung.

Du feierst deine Geburtstagsparty und packst ein tolles Geschenk aus. Du freust dich und bewunderst es, reichst es herum und genießt es, bis du das nächste Geschenk aufmachst. Es wird nicht genauso sein wie das erste, trotzdem kannst du es ebenso genießen; und dann gehst du weiter zum nächsten Geschenk und zum nächsten. So ist es auch mit Erfahrungen. Sie kommen und gehen, bringen Glück oder Schmerz, und es gibt immer wieder neue. Die Quelle des Seins stellt uns einen endlosen Strom an Freuden und Erfahrungen bereit, und wenn wir offen und entspannt sind, wird jede süßer als die vorhergehende sein, in alle Ewigkeit.

Halte das Geschenk nicht fest.
Halte dich an den Schenkenden.

Bald gelang es mir, schon Minuten nach dem Auftauchen von negativen Gedanken oder Emotionen damit präsent zu sein und sie zuzulassen, egal wie schwer, alt oder heftig sie auch sein mochten. Schließlich ging alles, was ich fühlte oder dachte, sanft vorüber und hinterließ bei mir zumindest Frieden, Leere und innere Stille, bestenfalls Seligkeit. Es war äußerst befreiend.

Jetzt kann es passieren, dass Emotionen, die mich früher monate- oder jahrelang nach unten gedrückt hatten, buchstäblich innerhalb von Minuten in einem Regenbogen von bunter Seligkeit explodieren. Am Grund von allem ist Seligkeit. In meinem Innersten ist Seligkeit. Das ist keine Überraschung, sobald du erkannt hast, dass dein großes Selbst nur Seligkeit kennt. Wenn du weniger als das erlebst, bist du nicht völlig im Einklang mit deinem großen Selbst. Dann bist du vom Kurs abgekommen und hast dich aus der Einheit, dem Strom des Lebens abgetrennt. Aber keine Sorge, schon bald wirst du wissen, wie du ganz einfach wieder nach Hause zurückkommst. Du wirst wissen, »wo die Gnade wohnt«.

Du wirst dich selbst mit Leichtigkeit wahrnehmen und dabei beobachten können, wie du Gefühle »hast«, ohne dich in sie zu verwickeln. Nichts mehr wird dich so sehr verstricken können, wie das früher der Fall war. Meine Schüler berichten mir, dass sie nichts mehr für längere Zeit beunruhigen kann. Ich fühle alles, aber ich kann mir überhaupt nicht mehr vorstellen, durch irgendetwas völlig am Boden zerstört zu sein.

Während sich meine Abwehr gegen das, »was ist«, abschwächte und endlich entspannte und mich die ganze wiedergewonnene Energie erhellte, öffneten sich alle meine Sinne, und ich begann, alles mit einer wundervollen, neuen Intensität zu fühlen. Sogar mein Geruchssinn besserte sich. Ich fühlte mich weit offen, mit weit geöffneten Augen wie ein Neugeborenes. Nachdem die jahrzehntelang zurückgehaltenen niedrigen Schwingungen in relativ kurzer Zeit in Bewegung gekommen waren, war ich innerlich leicht wie eine Feder. Die vorherrschende Empfindung war ein Glücksgefühl ohne Anlass.

Innerhalb von neun Monaten nach meiner Heimkehr aus Indien stabilisierte ich mich, gründete vor Ort eine Art »Gefolgschaft« der *Divine Openings* und schrieb dieses Buch. Die Stille hatte viele Leben in mir reaktiviert, in denen ich als »Erleuchtungshelfer« tätig gewesen war, und das versetzte mich in die Lage, den Erwachensprozess bei anderen zu aktivieren und ihr Leben zu verändern: sie von ihrem emotionalen, mentalen, spirituellen und physischen Leiden zu befreien, ohne dass »Arbeit« oder »Verarbeitung« dafür nötig sind. Heute lösen sich Lebensthemen, an denen Menschen früher oft jahrzehntelang gearbeitet haben, ganz leicht auf. Und bei den Fortgeschrittenen vertieft sich die Erleuchtung.

Manches von dem, was mir in den einundzwanzig Tagen im Retreat vermittelt wurde, passte sehr gut zu mir. Das Übrige fand in mir keine Resonanz, insbesondere der Gedanke, die ganze Macht den Gurus zu überlassen. Ich habe diese Arbeit in vielen früheren Leben getan, deshalb war es eher ein Erinnern als ein Lernen. Nach dem Retreat war mir schnell klar geworden, dass ich meinen eigenen Weg gehen würde und meine weitere Entwicklung mithilfe der göttlichen Führung und direkter Erkenntnis fortsetzen würde. Die Kraft verstärkte sich, ohne dass Lehrer als Puffer dazwischentraten. Eine Leidenschaft trat besonders hervor: Ich wollte Wege finden, wie ich Menschen helfen konnte, sich direkt ihrer inneren Quelle zuzuwenden.

Ich entdeckte, dass Schüler zusätzlich zum Empfangen der Gnade auch ein schrittweise voranschreitendes System brauchten, um ihr störrisches Denken umzutrainieren. Es scheint, als wäre ein Teil oftmals bereits erleuchtet, während der Verstand sich noch an die alten Strukturen klammert, wie man sich bei Hochwasser an einem Ast festhält. In jener Organisation in Indien gab es keine effektive Methode, um den bewussten Verstand umzuschulen, und viele Teilnehmer hatten nachher im täglichen Leben weiter zu kämpfen oder suchten weiter. Das war nicht das, was ich mit meinen Kursen erreichen wollte. Ich erhielt innere Führung, um Methoden zu entwickeln, die den Verstand während des Aufwachprozesses darin unterstützen, die »Erleuchtung« im praktischen Alltag anzuwenden und aufrechtzuerhalten.

Ein Teil von dem, was ich jetzt weitergebe, ist schon vor zwanzig Jahren zu mir gekommen, und ein anderer Teil ist von früheren Lehrern, die ich sehr liebte, beeinflusst. Das meiste kommt jedoch aus der inneren Präsenz, die sich durch mich ausdrückt. Dieses Geschenk der Gnade weiterzugeben erfordert keine Anstrengung, kein Nachdenken, kein Studium, keine Arbeit. Je weniger ich »tue«, desto besser – die Gnade erledigt die Hauptarbeit. Ich hatte das Gefühl, nach einer langen Wanderschaft durch die Wüste endlich nach Hause gekommen zu sein – heim in mein Herz, meine eigene Quelle.

Ich mache oft Witze über mein »Science-Fiction-Leben«, doch das Lustige ist, dass es mir inzwischen ziemlich normal vorkommt. Etliche meiner Schüler haben viel abgefahrenere mystische Erfahrungen als ich.

Verschiedene Menschen fühlen sich zu verschiedenen Lehrern hingezogen, weil verschiedene Lehrer die Dinge auf unterschiedliche Weise vermitteln. *Divine Openings* ist natürlich nicht der einzige Weg, aber es funktioniert besser als alles andere, das ich kennengelernt habe. Es hat meine Suche beendet, und es hat viele Menschen auf der ganzen Welt zum Erwachen gebracht. In diesem Geiste biete ich es an.

Als ich das erste Fünf-Tage-Retreat anbot, meldeten die Leute sich an, ohne Fragen zu stellen. Nach Indien zu fahren ist keine nötige Voraussetzung. Ich kann Menschen überall auf der Welt in die Stille führen, jederzeit, und ich kann sie viel schneller an diesen tiefen inneren Ort bringen. Es ist aber nötig, die Menschen aus ihrer »gewöhnlichen Realität« herauszuholen, zumindest für diese fünf Tage, sodass sie nichts anderes zu erledigen und zu tun haben und sich ausschließlich auf diese eine Sache fokussieren können.

Als ich in den ersten Jahren *Divine Openings* gab, beherrschte die intensive Energie/Licht/Intelligenz, die durch mich hindurchfloss, mein ganzes Sein. Die Kapazität meines Nervensystems war damit ganz schön gefordert. Zwei Wochen vor und nach jedem Retreat und während der fünf Tage war ich zu nichts anderem in der Lage (meine linke Gehirnhälfte funktionierte kaum). All meine mentalen, körperlichen und spirituellen Ressourcen waren gefordert – als würde man ein sehr umfangreiches Programm auf dem Computer laufen lassen, wodurch keine anderen Programme gleichzeitig ausgeführt werden können. Schwierig war es nicht, aber es *erforderte all meine Kräfte.* Es fühlte sich an, als wäre ich für einhundertzehn Volt Stromspannung ausgelegt und versuchte, auf zweihundertzwanzig Volt zu laufen.

Jetzt wird die ständig neu hereinströmende Energie/Licht/Intelligenz leichter integriert, weil meine »Verdrahtung« laufend nachgerüstet wird, und so wird es auch bei dir sein. Heute funktioniere ich beinahe »normal«, wenn ich Retreats leite und Initiationen durchführe, auch wenn mein persönliches Selbst dabei irgendwie »abwesend« ist. Es läuft in der Tat alles super, während ich abwesend bin!

Wir werden bald tiefer in alles eintauchen, und ich schaffe dafür gezielt das Fundament. Bitte lies langsam und lass dich energetisch Schritt für Schritt darauf vorbereiten, während du liest und dich dabei spürst. Achte darauf, ob du ungeduldig wirst. Wenn du dir sagst: »Ich bin doch schon weiter fortgeschritten, also überspringe ich diesen Teil«, dann: STOPP! Auf diese Weise wirst du Wichtiges verpassen. Lass dir Zeit beim Lesen! »Die Letzten werden die Ersten sein, und die Ersten werden die Letzten sein«, und: »Wenn ihr nicht werdet wie die Kinder …« Diese Sätze aus der Bibel leuchten mir heute total ein. Sie deuten darauf hin, dass du alles Wissen hinter dir lassen musst, wenn du höher gelangen willst, wenn du den Himmel erreichen willst.

Und genau das tat ich ganz bewusst während meiner einundzwanzig Tage: *Ich ließ alles hinter mir und wurde leer.*

Ich weiß, dass du allmählich ungeduldig wirst. Meine Geschichten weichen dich ein wenig auf und bereiten dich darauf vor, mehr von dieser Leichtigkeit und Gnade für dich zuzulassen – aus dem Hamsterrad der emotionalen Klärung und deiner endlosen Selbstvervollkommnung auszusteigen und dies hier einfach in dich hineinzulassen. Demnächst werde ich dir das revolutionäre Basis-Einmaleins von *Divine Openings* vermitteln.

Zunächst lade ich dich ein, das größere Bild zu sehen und einen neuen Blickwinkel einzunehmen. Diese Konzentration auf die Gefühle wird vorübergehen, und bald wirst du in einer frischen, neuen Realität mit wenig dramatischer Emotionalität leben. Deine Tränen werden eher Freudentränen sein. Wenn erst einmal all die Energie freigesetzt ist, die in den unteren Schwingungsbereichen blockiert war, wirst du anfangen, sie spielerisch und kreativ zu nutzen – für ein erfüllteres Leben, das kraftvoller und freier sein wird, als du es je für möglich gehalten hast.

Die Eintrittskarte dafür ist überraschenderweise die Meisterschaft über deine Emotionen. Sämtliche esoterischen und metaphysischen Studien dieser Welt können diesen Punkt nicht überspringen: Meisterschaft über deine Emotionen zu erlangen. Sie sind gewissermaßen die Navigationstafel für deine Schwingung.

Die Wirkung von *Divine Openings* geht weit über Heilung, Klärung, Läuterung, Energiearbeit oder Therapie hinaus. Ein *Divine Opening* bewirkt eine bleibende Veränderung in den Menschen, weil es ihnen beibringt, wie sie ihre eigene Schwingung regulieren können. *Divine Openings* bringen sie mit reiner Energie/Licht/Intelligenz zum Erwachen. Unser Planet, die Sonne, das Internet, Computer, Geld, Gedanken, Felsen, das Meer und auch du und ich – das alles besteht aus Energie/Licht/Intelligenz. Doch viele Menschen leben in einem Schlafzustand und haben zugelassen, dass ihre Schwingung verzerrt wurde. Sie übernahmen unhinterfragt Überzeugungen und Glaubenssätze von anderen Menschen und ihrem gesellschaftlichen Umfeld, und das hat ihren Selbstwert und ihre Macht untergraben. Wenn du erwachst und mit einer reinen, unverzerrten Frequenz im Einklang mit dem Lebensstrom zu schwingen beginnst, verschwinden die alten Probleme und Streitpunkte auf natürliche Weise, weil sie in dir keine Resonanz mehr finden.

Was am ehesten wirklich ist, kann nicht gesehen werden; das Wirklichste ist unsichtbar. Die Wissenschaftler geben uns seit mehr als sechzig Jahren Hinweise darauf, dass es keine »feste Materie« gibt, aber sie können nicht erklären, warum das so ist und warum es für uns den Anschein hat, als wären die Dinge »fest«. Was die Physiker herausgefunden haben, ist auf so fantastische Weise surreal, dass viele es rasch wieder »vergessen«, weil es dem Verstand schwerfällt, es zu akzeptieren.

Das Nichtphysische ist der Entstehungsort aller materiellen und nichtmateriellen Manifestationen. *Divine Openings* legt deshalb mehr Wert und Aufmerksamkeit auf das Erschaffen unserer Realität in der nichtphysischen Dimension, statt auf der physischen Ebene so hart daran zu arbeiten – der schwersten, dichtesten Ebene, auf der man arbeiten kann. Jedes Mal, wenn das Bewusstsein von dieser Erkenntnis wieder ein Stückchen tiefer in deine Wahrnehmung sinkt, wirst du ein Stück freier. Nichts ist fest oder unveränderbar. Alles wird aus reiner Möglichkeit geboren.

**Vor Millionen von Jahren warst du nichts
als eine Möglichkeit.**

Das Ende aller Mühsal

Wenn ich *Divine Openings* gebe, überlasse ich mich völlig meinem größeren Selbst und übergebe ihm meinen Körper, meinen Geist, meine Stimme, meine Hände, einfach alles von mir, während ich entspannt in dem seligen Gefühl ruhe, dass mein kleineres Selbst abwesend ist. Da ist keine Arbeit, kein Denken. Jede Bemühung von meiner Seite, zu viel *tun* oder *wissen* zu wollen, würde die Kraft und die Ergebnisse ernsthaft vermindern. Manchmal fließen köstliche, grundlose Tränen der Liebe und Seligkeit.

Dieses Goldene Zeitalter, in das du bereit bist einzutreten (unabhängig davon, ob andere auf dem Planeten es tun oder nicht), bringt das Ende der Mühsal – eine Rückkehr zum einfachen, mühelosen Fluss des Lebens, eine Rückkehr zum Garten Eden, in dem wir so sehr eins sind mit dem Göttlichen, dass wir in jedem Augenblick sicher, rasch und präzise zu dem hingeführt werden, was wir uns wünschen und was wir brauchen. Die »Bemühungen«, die ich unternehme, ja sogar die damit verbundenen Schwierigkeiten fühlen sich eher wie ein Spiel an, wie Kreativität und Produktivität, anstelle von dem, was ich früher als »Arbeit« bezeichnet habe. Bei dem Gedanken, wie viel Leichtigkeit in meinem Leben ist, überrascht es mich ständig, immer noch weitere Ebenen von Leichtigkeit zu entdecken. Da ist immer noch *mehr.*

Das Licht des Göttlichen war schon immer in dir. Die Erleuchtung befähigt dich, es zu sehen. All deine Macht ist genau hier, genau jetzt. Alles, was du zu wissen brauchst, ist jetzt und hier verfügbar. Nach zu viel intellektuellem Wissen zu streben ist eine Falle des Verstandes – du kannst davon nie genug bekommen. Ich sah noch nie jemanden dadurch frei werden. Verstehen und Wissen sind der Trostpreis – ein Trick, wie das kleine Selbst uns nach mehr, mehr, mehr Informationen jagen lässt.

Das Zeitalter, das jetzt zu Ende geht, war eines, in dem die Menschen ihren freien Willen erkundeten – geleitet vom logischen Verstand anstelle ihrer inneren göttlichen Intelligenz. Und so sind sie auf die Illusion hereingefallen, dass die physische Welt unveränderlich und allmächtig sei – häufig zum Preis ihres eigenen Glücks und ihrer eigenen Erfüllung. Es war ein bombastisches Drama. Wir sind sogar stolz auf unsere Kämpfe und unser Leid. Wir machen jene zu Helden, die verloren gingen und dann wiedergefunden wurden, wie jede Filmstory demonstriert. Zu kämpfen und sich abzumühen wird sehr hoch bewertet und reich belohnt.

Wir hoben mit unseren Flugzeugen ab und richteten sie direkt in den starken Gegenwind, wir jagten unsere Motoren hoch und stemmten uns mit aller Kraft gegen den Strom, der uns mit einem Bruchteil an Mühe tragen würde, wenn wir es nur zuließen. Würde jemand sagen: »Hm, du könntest einfach den Rückenwind nutzen und mit dem natürlichen Strom der Gnade mitfließen«, so würden wir vielleicht sagen: »Aber wo liegt da der Ruhm? Ich bin doch stark. Ich will auf meinem Weg Erfolg haben und es allen beweisen.« Und ist es nicht so, dass uns jeder – von unseren Eltern über unsere Kunden bis zu unseren Arbeitgebern – anfeuert und beklatscht, wenn wir hart arbeiten, wenn wir uns abrackern und abmühen, schwitzen und schuften? »Gute Arbeit! Mann, bist du tüchtig! Was für ein Stehvermögen! Du hast alle Widrigkeiten überwunden.«

Und jetzt die gute Nachricht: Jetzt kommen wir endlich dahin, uns zu erinnern, dass die meisten dieser Widrigkeiten, die wir so eifrig zu überwinden trachteten, unsere eigene Schöpfung waren. Nun, da wir aus dem Weg gehen, gibt es viel weniger zu überwinden. Wir können diese Energie für erquicklichere Dinge nutzen, für positivere, lohnendere Abenteuer und Schöpfungen.

Die Welt kann nicht von außen verändert werden, aber das, was in jedem Menschen schlummert, kann erweckt werden.

Kein noch so großer Aufwand an Schulung, Polizeieinsatz, Reglementierung, Gesetzgebung, Zwang, Kontrolle oder Bestrafung hat es je geschafft, die Welt zu verändern. Ein solcher Wandel kann nur von innen heraus kommen. Wenn die Menschen von ihrem Herzen regiert und von ihrer inneren Quelle geleitet werden, ist keine Regulierung von außen mehr nötig.

Einstein hat gesagt, dass kein Problem aus dem gleichen Bewusstsein heraus gelöst werden kann, durch das es entstanden ist. Ich zeige den Menschen, wie sie aufhören können, Probleme ausschließlich auf der physischen Ebene anzugehen, und stattdessen ihr Bewusstsein und ihre Energieebene verlagern, bevor sie handeln. Aus dem neuen Blickwinkel ist das alte Problem bald nicht mehr vorhanden! Das kann ich aus eigener Erfahrung verdeutlichen. Ich muss allerdings weit zurückdenken, um solch ein dramatisches Beispiel für Mühsal zu finden. Es gehört heute einfach nicht mehr zu meiner Realität.

Vor Jahren, als meine Schwingung noch erheblich niedriger war, beschloss ein Anwalt aus Houston, mir die vierundzwanzigtausend Dollar, die er mir schuldete, nicht zu zahlen. Er wusste, dass ich ihn wahrscheinlich verklagen würde, nachdem ich ihm etliche Monate lang Mahnbriefe geschickt und erfolglos in seiner Kanzlei angerufen hatte. So verklagte er mich zuerst, was ihm die Kontrolle über ein Spiel gab, das er exzellent beherrschte. Ich war besorgt, da ich monatelang in ein Projekt investiert hatte und das Geld jetzt brauchte. Ich befürchtete, er würde mich durch die hohen Prozesskosten, die er mir aufzwingen konnte, finanziell ruinieren. Ich nahm mir einen Anwalt, ging wie besessen immer wieder die Fakten durch, stellte den Anwalt aus Houston als den Bösen hin und lag nächtelang zitternd wach, während ich mir das Hirn zermarterte, was zu tun war. So sehr hatte ich Angst vor ihm.

Nach etwa sechs Monaten (ich war damals noch ein bisschen langsam) übergab ich das Ganze endlich an das Göttliche und bat um Führung durch einen Traum. Bald darauf hatte ich tatsächlich einen Traum, in dem ein formell wirkender, gebieterisch auftretender Mann im Smoking mir die Schlüssel zu einem sehr großen weißen Auto überreichte. Es war so groß, dass ich kaum über das Lenkrad schauen konnte. Beim Hinausfahren aus dem Parkplatz hielt ich an, um den Mann etwas zu fragen. Doch er winkte mich einfach durch, mit dem Kommando: »Fahren Sie einfach los!« Ich wachte mit einem völlig neuen Blickwinkel auf: Dieser Traum hatte mein Bewusstsein kurzerhand auf Frieden und Wohlbefinden umgepolt. Von diesem Tag an dachte ich überhaupt nicht mehr an die Sache, außer wenn ich den fantastischen Traum vom weißen Auto erzählte. Ich stellte den Anwalt aus Houston nie wieder als den Bösen hin – die Angelegenheit mit ihm war für mich erledigt; ich empfand Mitgefühl für ihn und seine Dämonen. Ich wusste, dass es vorbei war, lange bevor es konkrete Zeichen dafür gab. Einer Verbesserung in der physischen Welt geht immer eine Verbesserung auf der Gefühlsebene und damit eine Schwingungserhöhung voraus. Ich »fuhr einfach los«, wie man mich angewiesen hatte, wandte meine Aufmerksamkeit anderen Dingen zu und lebte weiter mein Leben.

Fahr einfach los!

Sechs Monate lang hörte ich gar nichts mehr. Eines Tages rief mich mein Anwalt an, um mir zu sagen, der andere habe einen Vergleich in Höhe von fünftausend Dollar angeboten. Zuversichtlich sagte ich Nein und vergaß das Ganze wieder. Monate später kam ein weiterer Anruf, diesmal mit einem Angebot von zwölftausend Dollar. Diesmal sagte ich Ja, weil das Geld zur rechten Zeit kam und somit endlich alles vorbei und geregelt sein würde – das war mir Tausende wert. Aus meinem damaligen Bewusstsein heraus war dieser Vergleich der beste Sieg, den ich erringen konnte, und er war ziemlich gut. Mit meinem heutigen Bewusstsein hätte ich auch zu diesem Angebot Nein gesagt, in der Zuversicht, dass ich im Laufe der Zeit die ganze Summe oder sogar mehr bekommen würde. Im neuen Bewusstsein finde ich mich selten in der Opferposition wieder. Die Opferrolle kann sehr verführerisch sein, weil dem Opfer Recht gegeben wird – als unschuldigem »Gutmenschen«. Mit der Zeit lernte ich aber, dass sich das nicht lohnt.

In jedem Kapitel dieser Saga und mit jeder Anhebung meines Bewusstseins veränderte sich die Art, wie ich mit der Sache umging, und genau wie Einstein es vorhersagte, existierte die Lösung auf einer anderen Bewusstseinsebene als jener, auf der das Problem entstanden war.

Mein Leben ist mittlerweile ziemlich frei von Dramen, und es ist mir klar, dass ich der Urheber von allem bin. Heute und in Zukunft ist es unwahrscheinlich, dass ich eine gerichtliche Verhandlung in mein Leben ziehen würde. Das könnte höchstens eintreten, wenn ich meine innere Führung ignorierte oder sie ablehnte – oder in eine niedrigere Schwingung abfiele.

Wenn ich heute Schülern rate: »Fahr einfach los!«, leuchtet ihnen das Bild sofort ein. Musst du deine Vergangenheit denn überhaupt klären, heilen, verarbeiten, analysieren oder irgendwie in Ordnung bringen? Nein. Du fährst einfach weiter, den Blick nach vorn gerichtet. Mach dir keine Gedanken über das Wie. *Divine Openings* wird dir dabei helfen. Lies einfach weiter.

Die Realität ist auf verschiedenen Bewusstseinsebenen radikal unterschiedlich.

Eine bestimmte Art des Seins bringt eine bestimmte Art des Tuns hervor, was wiederum Ergebnisse mit entsprechender Schwingung hervorruft. Die große Mehrheit der Menschen bombardiert ein Problem mit Aktionen, Zeit, Geld und Arbeit, anstatt die Art des *Seins* zu verändern, die das Problem verursacht hat. Mein Rechtsproblem ließ sich nicht durch Action aus der Welt räumen, es wurde dadurch sogar schlimmer. Was aber funktionierte, war die Veränderung meines *Seins*. Wenn dein Unternehmen nicht gut läuft, würde Action bedeuten, härter und länger zu arbeiten, neue Leute anzuheuern, mit den Gläubigern zu reden oder die Arbeitsabläufe zu verändern. Es wäre aber viel effektiver, *zuerst* deinen inneren Zustand zu verändern, der zu dem problematischen Ergebnis führte. Wenn du klarer *bist*, wirst du effektivere Dinge *tun*, und dann wirst du bessere Geschäftsergebnisse *haben*. Bring in dir zuerst Energie und Absicht in Übereinstimmung – dann wird die Materialisierung folgen.

Sei es zuerst, dann wirst du andere Dinge *tun*, und dann wirst du andere Ergebnisse *haben*.

Viele glauben, wenn sie mehr Geld hätten, würden die Dinge besser laufen, und dann könnten sie glücklich sein. Das ist aber auf den Kopf gestellt: Haben – Tun – Sein. In Wahrheit ist es genau umgekehrt. Wenn du dich darauf einlässt, glücklicher und zentrierter zu *sein*, wirst du die Dinge besser *tun* können, und dann wirst du mehr Geld *haben*. Ich werde dich hier nicht dazu anspornen, ein besserer »Macher« zu werden. Vielmehr wirst du dein authentisches inneres Sein hervortreten lassen, bis du dein großes Selbst *bist*. Du wirst dann zulassen, dass dein *Tun* ganz natürlich fließend daraus hervorgeht. Dein Leben und deine Lebensumstände werden sich wandeln, um sich dem neuen Selbst anzugleichen. Das müssen sie, und das werden sie auch, ganz mühelos.

Da ich Geld erwähnt habe (ein heißes und oft missverstandenes Thema), überlege dir einmal Folgendes: Glück hängt nicht davon ab, wie viel Geld du auf der Bank hast. Wenn du im Strom der Fülle des Lebens stehst, wird das, was du brauchst, dann kommen, wenn du es brauchst, manchmal sogar, ohne dass du dafür Geld einsetzen musst. Wenn du dich in diesem Wissen sicher verankert fühlst, wird die Summe, die du auf der hohen Kante hast, völlig irrelevant, auch wenn du tatsächlich deine Ersparnisse wachsen siehst. Wenn du dich aber nicht sicher fühlst, kann kein Geldbetrag dieser Welt dir Sicherheit geben. Man kann Millionäre sehen, die nicht zur Ruhe kommen, nicht spielerisch entspannen können und in ständiger Angst leben, ihre Millionen zu verlieren. Und sie können sie tatsächlich verlieren. Du kannst dich aber mit leerem Konto völlig sicher in deinem winzigen, heimeligen Nest fühlen, wenn du eine sichere Verbindung mit deinem mächtigen großen Selbst hast.

Einige von euch werden ihre neu aufblühende Kreativität und Zuversicht dazu verwenden, viel Geld zu verdienen. Andere werden sich aus Geld nicht mehr allzu viel machen, wenn sie erst einmal glücklich geworden sind. Es ist *deine* Wirklichkeit, dein grandioses, schöpferisches Experiment, und du kannst wählen. Wenn du erwacht bist, wirst du wissen, was für *dich* richtig ist.

Das Phänomen, das wir »Realität« nennen, ist nicht so solide und konkret, wie wir denken. Es liegt nur an den Dekodierungsmechanismen unserer Sinne und unseres Gehirns sowie an unserer kollektiven Übereinkunft, dass es uns so erscheint. Meine veränderte Wahrnehmung des Anwalts und des Rechtsstreites bewirkte Veränderungen in meiner physischen Realität. Wenn du dich zuallererst auf dein Bewusstsein, deine Schwingung, deinen Seinszustand fokussierst, klären sich auch die materiellen Fragen.

Vor zehn Jahren arbeitete ich mit Menschen daran, ihr Denken und ihre Wahrnehmung vom Leben zu verändern, damit sich ihre Beziehungen verbesserten, ihr Einkommen zunahm und sie glücklicher und erfolgreicher sein konnten. Das war alles schön und gut, und in jener Zeit war es der angesagte Trend, doch es gibt viel tiefgreifendere Mittel und Wege, die Realität zu verändern.

Divine Openings arbeitet überhaupt nicht an Details und einzelnen Themen. Das hat es nicht nötig, weil es auf der Metaebene (dem ganz großen Ganzen) wirkt und evolutionäre Quantensprünge auf allen Ebenen deines Seins auslöst. Es bringt dich buchstäblich auf eine höhere Stufe (wie ein Software-Update), verknüpft deine DNA-Stränge neu, schaltet neue evolutionäre Stränge ein, baut verloren gegangene Verbindungen zur Erde und anderen Dimensionen wieder auf und aktiviert deinen Lichtkörper. Die meisten Menschen erleben ein Kribbeln oder ein Gefühl der Ausdehnung nach ein paar *Divine Openings* aus dem Buch. Setze dich daher am besten nach jedem *Divine Opening* still hin, um die Nuancen vollkommen zu spüren. Es kann aber auch sein, dass du gar nichts spürst und dein Leben trotzdem innerhalb der nächsten Wochen oder Monate dramatische Veränderungen erfährt. Hör auf, deine Fortschritte bemessen zu wollen. Achte einfach darauf, was in deinem Leben besser wird. Führe nur über deine Erfolge Buch und schreibe das, was du gut findest, in ein Tagebuch. Hör auf, über Probleme zu sprechen oder zu schreiben. Du bekommst mehr von dem, worauf du deine Aufmerksamkeit richtest, denn in deiner Aufmerksamkeit liegt eine enorme schöpferische Kraft.

**Jedes *Divine Opening* öffnet dich für die Gnade,
ohne Anstrengung.**

Wenn das allein schon fantastisch klingt, so kommt noch mehr, viel mehr. Du hast jede Unterstützung, weil die Evolution der Menschheit sich gerade exponentiell beschleunigt. Stelle dir vor, du wärst ein Neandertaler, der durch unsere Straßen geht und unsere Computer, Flugzeuge und Autos zu Gesicht bekommt. Du würdest dich überwältigt fühlen. Allein in den letzten fünfzig Jahren hat sich mehr verändert als früher in Hunderten von Generationen. Hätte sich etwa jemand im neunzehnten Jahrhundert vorstellen können, dass es einmal so etwas wie Fernsehen, Raumfahrten, Düsenjets, das Internet, Mobiltelefone und Videokonferenzen geben würde? Unser gegenwärtiger Begriff von Realität wird im Rückblick bald genauso primitiv wirken wie die Realität des Neandertalers. Aus dem eingeschränkten Bewusstsein von heute haben wir keine Möglichkeit, zu fassen und zu begreifen, was kommen wird, denn die Zukunft, die jetzt beginnt, wird aus dem viel weiter entwickelten Bewusstsein von morgen entstehen.

Du brauchst heutzutage nicht mehr zu sterben, um ein frisches, neues Leben zu bekommen. Du kannst einfach hier und jetzt ein neues Leben beginnen – wenn du bereit bist, selbst das Beste von dem, was du bisher kanntest, gehen zu lassen. Ich wundere mich oft darüber, wie viele Leben ich bereits in diesem Körper verbracht habe – und es kommen noch mehr.

Divine Openings und ich selbst, wir haben uns seit meinen einundzwanzig Schweigetagen weiter ausgedehnt und entwickelt. Ich lese immer wieder von Neuem dieses Buch, höre mir meine Audios an und nehme an meinen eigenen Onlinekursen teil, denn das große Selbst, das schreibt und lehrt, ist sehr viel weiser als mein Alltags-Ich. Auch dein großes Selbst wird deinem kleineren, begrenzteren Selbst immer voraus sein und dich auffordern vorwärtszugehen zur nächsthöheren Stufe. Wenn du mitgehst, wirst du dich gut fühlen. Wenn du Widerstand leistest, wird es wehtun. So einfach ist das.

Ich weiß, dass viele von euch den starken Wunsch in sich verspüren, auf unserem Planeten etwas zu verändern. Lass dir aber reichlich Zeit, um zuerst selbst vollkommen frei zu werden.

Wenn du es nach der alten Methode versuchst, kannst du dich leicht erschöpfen. Du wirst bald leichtere Wege entdecken, wie du die Welt verändern kannst, die für dich jetzt noch unvorstellbar sind – und Arbeit spielt dabei keine Rolle. Also, schnall dich an, bring dein Tablett in senkrechter Position zum Einrasten und genieße die Fahrt.

Divine Openings:
Eine Erfahrung – kein Konzept

Von spirituellen Dingen nur zu lesen, zu sprechen und zu hören erweist sich oft als Barriere zum inneren Wissen, weil es sich bloß auf die mentale Ebene beschränkt und keine wirklichen Erfahrungen bringt. Du wirst aber das Göttliche in dir schon bald unmittelbar erfahren. Dieser unsichtbare größere Aspekt von dir wird für dich bald zum normalen Alltag gehören.

Ein *Divine Opening* kann auf verschiedenste Weise aktiviert werden. Wenn ich mit Menschen einzeln arbeite, gebe ich *Divine Openings* durch eine etwa einminütige Berührung, manchmal gebe ich *Divine Mother Hugs* (»Göttliche-Mutter-Umarmungen«). Bei einer großen Gruppe aktiviere ich *Divine Openings* durch die Kraft meiner Absicht, ohne Berührung, vom vorderen Teil des Raumes aus. Das ist genauso kraftvoll. Ein *Divine Opening* kann auch durch Kunst (wie in diesem Buch) zu dir kommen, durch Musik, über das Telefon oder auf jede andere erdenkliche Art. *Divine Openings* wirken auch aus der Ferne. Manchmal schließt die ganze Gruppe die Augen, während ich ein Lied singe, das die göttliche Öffnung in sich birgt. Im Fünf-Tage-Stille-Retreat gebe ich eine äußerst kraftvolle Initiation, indem ich den Teilnehmenden in die Augen schaue – das Göttliche sieht das Göttliche an.

Du kannst die Erleuchtung nur durch Erfahrung entdecken; sie ist nichts, das du mit deinem Verstand lernen, herausfinden oder verstehen könntest. Am besten lässt du den Verstand dabei ganz aus dem Spiel. Verstehen ist nur ein Trostpreis. Die seligsten Momente werden im Zustand des *no-mind* (»Nicht-Denken«) erfahren.

Jedes *Divine Opening* wird vermittels der Gnade tatsächlich deine Erleuchtung aktivieren – oder sie vertiefen. Es hilft dir, mehr von dem Guten in dein Leben zu lassen. Es ist alles eine Frage der Zeit, und den zeitlichen Rahmen bestimmen die göttliche Präsenz und du zusammen. Wenn du möchtest, dass dir der Prozess schnell Ergebnisse bringt, ist es am besten, du lässt los und entspannst dich, liest dieses Buch langsam und mit Genuss, aber ohne Arbeit daraus zu machen!

Intellektuelle, kopflastige Menschen tun sich leichter, wenn es ihnen gelingt, das Denken beiseitezulassen und stattdessen ins Fühlen zu gehen. Einfache Leute »vom Lande« sind oft schon mit einem einzigen Segen eines Meisters erleuchtet worden, weil ihr Kopf weniger vollgestopft war mit mentalem Kram und sie weniger Egokonstrukte und spirituelle Konzepte loswerden mussten, um in ihren ursprünglichen, einfachen, unschuldigen Zustand zurückzukehren.

Die Leute erzählen mir oft von den vielen spirituellen Büchern, die sie studiert haben, und von den Gurus, bei denen sie gelebt oder gelernt haben. Ich ziehe sie dann gern auf und frage: »Weshalb bist du dann zu mir gekommen? Du brauchst mich doch nicht.« Dann gestehen sie, dass sie noch immer nicht glücklich und erfüllt sind oder dass es in ihrem praktischen Leben nicht »funktioniert«. Sie tun sich vielleicht immer noch schwer mit Geld und Emotionen, Selbstwert, Angst und Beziehungen. Sie haben erkannt, dass sie durch den Verstand nicht zur Erleuchtung gelangen können, egal wie viele Bücher sie lesen und wie viel religiöses oder spirituelles Wissen sie ansammeln. Erleuchtung lässt sich nicht durch harte Arbeit oder Dienen erkaufen. Man kann sie weder beschleunigen noch steuern. Noch kann man sie erlangen, indem man »brav« ist, gute Werke vollbringt oder besonders »spirituell ist«. Mit göttlicher Gnade jedoch kannst du »in einem Herzschlag« erleuchtet werden.

Divine Openings passt in keine spirituelle Schublade. Um die reinste, kraftvollste, authentischste Erfahrung zu machen, musst du alle deine bisherigen Konzepte von Gott, Religion und Spiritualität hinter dir lassen. Du würdest ja auch kein vorgekautes Essen zu dir nehmen! Also nimm auch keine vorgekauten Gotteserfahrungen zu dir, egal, von wem sie stammen. Du wirst schneller vorankommen, wenn du dich für die pure Erfahrung öffnest und alles Kopfige beiseitelässt. Die Leute fragen mich, wie ich aus den einundzwanzig Tagen im Schweigen mehr herausholen konnte als andere. Ich werde später mehr darüber sagen, aber ein Schlüssel war: Ich war bereit, vollkommen leer zu werden.

**Mentales, intellektuelles Verstehen
ist nur ein Trostpreis.**

Divine Openings werden dich tiefgreifend verändern und deine Wahrnehmung der Realität radikal verwandeln. Eine Woche nach Auflösung eines großen Lebensproblems haben viele damit Schwierigkeiten, sich überhaupt noch zu erinnern, um welches riesige Problem es sich handelte. Es war einfach *fort*. Es kommt häufig vor, dass die Leute in ihrer neuen Realität weitergehen und die alte bald vergessen haben. Sie sind so sehr mit ihrem neuen Leben beschäftigt, dass sie sich für die Vergangenheit nicht mehr interessieren. Du kannst erkennen, dass du frei geworden bist, wenn du frühere Dramen und Probleme überhaupt nicht mehr zur Sprache bringen willst. Dies ist das neue Paradigma: Leben im Jetzt. Die nebulöse Vergangenheit erscheint dann völlig unwirklich.

Das kleine Selbst lässt los

Viele nennen es »Ego«, aber ich nenne es das »kleine Selbst«, damit du es dir völlig unbelastet anschauen kannst und es nicht als »schlecht« empfindest. Das kleine Selbst ist schlicht und einfach der enger fokussierte, unwissendere Aspekt von uns, der sich als getrennt von Gott, von den anderen Menschen und der Natur versteht. Es ist jener Anteil von uns, der sich gegen die Gnade sträubt, die uns mit Leichtigkeit durchs Leben tragen würde. Es ist ängstlich, armutsbewusst, defensiv, gewohnheitsgesteuert und mit allen möglichen kompensatorischen Strategien ausgestattet, um sich gegen Dinge zu schützen, die es selbst erschaffen hat. Seiner Überzeugung nach ist das Leben ein Kampf gegen etwas »dort draußen«.

Du solltest das kleinere Selbst nicht abwehren oder es für verkehrt halten. Umarme es liebevoll und rede besänftigend mit ihm, als würdest du ein furchtsames kleines Kind beruhigen.

Wenn wir uns nur auf unsere Sinne und auf die Dinge verlassen, die wir sehen, hören, fühlen, berühren, riechen und schmecken können, sind wir ein isoliertes kleines Selbst. Dann gleichen wir einem Astronauten in seiner Raumkapsel, dessen Kontakt zur Kommandozentrale in Houston abgerissen ist, die ihm das größere Bild und die entsprechende Orientierung vermittelt hatte. Er würde völlig einsam und verloren da draußen im All umherschweben. Sobald wir uns der Führung unseres größeren Selbst anvertrauen, haben wir unsere eigene Kommandozentrale.

Unser großes Selbst verliert nie den Kontakt zu jenem breiteren Blickwinkel. Es weiß Bescheid über die größeren Zusammenhänge unseres Lebens, der Welt, des Universums und der anderen Dimensionen. Das kleine Selbst ist jener Teil von uns, der es ermöglicht, uns zu begrenzen und in der illusorischen Erfahrung eines getrennten, einzigartigen menschlichen Individuums zu leben. Aber in Wirklichkeit sind wir immer im größeren Selbst eingebettet und darin geborgen. Zwischen dem großen Selbst und dem kleinen Selbst existiert nur eine imaginäre Grenze.

Dein kleines Selbst geht durch einen Prozess, bei dem es seine Ängste loslässt. Wenn du es beruhigend in den Arm nimmst, setzt es sich auf den Rücksitz und genießt die Fahrt, während das große Selbst am Steuer sitzt. Das Leben verläuft glatter und mit mehr Leichtigkeit und Anmut, wenn das große Selbst hinter dem Lenkrad sitzt. Das kleine Selbst kennt zwar flüchtige Vergnügungen, aber richtige Freude kann es nur erleben, wenn es sich ganz entspannt der Obhut des großen Selbst anvertraut.

Dieses Buch geleitet dich durch dein Erwachen, damit du dich entspannt zurücklehnen kannst. Wenn das kleine Selbst aufhört, sich abzustrampeln, und sich auf die Welle schwingt, die das große Selbst erschaffen hat, können wir es genießen, durchs Leben zu surfen. Diese Welle zu reiten ist die reinste Freude, und wir müssen nirgendwo hinkommen oder unseren Wert beweisen. Du wirst erkennen, dass dein Wert selbstverständlich ist und die göttliche Präsenz dich glücklich sehen möchte.

Sehr wichtig!

Bitte lies dies sorgfältig durch, bevor du weitermachst:
Ich bin eine Entwicklungshelferin der göttlichen Energie/
Licht/Intelligenz und verwende die Worte in diesem Buch,
die Bilder, meine Musik, die Kraft der Absicht und andere
unmittelbare Möglichkeiten im nichtphysischen Bereich,
um dies zu übertragen und dir zu vermitteln. Die Energie
der Gnade und das Zulassen und Erleben davon
sind wichtiger als die Worte.

Jedes Mal, wenn du hier im Buch auf ein Kunstwerk triffst, lass es mit der Absicht auf dich wirken, ein *Divine Opening*, eine göttliche Öffnung, zu erhalten. Ein flüchtiger Blick darauf wird dir kein *Divine Opening* geben, um das du nicht gebeten hast. Jedes *Divine Opening* »erweitert deine Kanäle« und öffnet dich mehr und mehr für die Gnade.

- Achte darauf, mindestens zwei Wochen Pause zwischen den einzelnen *Divine Openings* zu lassen. Mehr und schneller ist nicht besser. Jedes *Divine Opening* braucht Zeit, um einzuwirken und sich vollständig zu entfalten, bevor neue Energie hinzukommt. Generell könntest du in deinem Leben *insgesamt* langsamer werden, um mehr zu fühlen und – so paradox es klingt – dich schneller zu entwickeln.

- Achte also darauf, dass du höchstens ein *Divine Opening*, egal in welcher Form, alle zwei Wochen bekommst. *»Fortgeschrittene« bilden dabei keine Ausnahme.* Mehr als das könnte zu intensiv werden, und du sollst deine Entwicklung ja genießen! Erhöhe nicht schneller deine Energie, als du die Widerstände loslassen kannst. Beim Lesen kannst du eines der Bilder, die ein *Divine Opening* vermitteln, überspringen und später darauf zurückkommen.

- Schwangere Frauen im letzten Schwangerschaftsdrittel dürfen bis nach der Geburt keine *Divine Openings* erhalten. Lies nur das Buch und benutze die Bilder mit der Absicht, dir stattdessen *Divine Mother Hugs* (»Göttliche-Mutter-Umarmungen«) zu geben.

- Menschen, die an schwerwiegenden mentalen Störungen leiden, sollten zuerst Heilsitzungen bekommen, bevor sie *Divine Openings* erhalten.

- Alkohol und bewusstseinsverändernde Drogen jeder Art haben einen Einfluss auf das Gehirn und die Gefühle. Menschen, die aktive Suchtsubstanzen zu sich nehmen, brauchen möglicherweise zusätzliche Unterstützung.

- *Divine Openings* sind für Menschen über achtzehn Jahre gedacht. Jugendliche unter achtzehn können *Divine Mother Hugs* erhalten, die ihnen helfen, sich zu entwickeln und im Leben erfolgreich zu sein.
- Jede Erfahrung eines *Divine Opening* wird anders sein, darum vergleiche nicht und habe keine Erwartungen. Wenn du nichts spürst, ereignet sich dennoch etwas unterhalb der Schwelle deiner Wahrnehmung.

Das Erwachen der göttlichen Intelligenz in dir wird automatisch alles auflösen, was durch es aufgewirbelt wurde. Das geht umso rascher, je entspannter du mit einem Gefühl umgehst, es nicht beurteilst und ihm Raum gibst. Versuche nicht, auftauchende Gefühle wegzudrücken, denn sie sind wertvolle Botschaften, die dir dienen! Dich gegen niedrigere Gefühle zu sträuben hat dich dorthin gebracht, wo du jetzt bist. Sie willkommen zu heißen und anzunehmen bringt dich in ein Reich der Selbstbestimmung, das deine höchsten Erwartungen übersteigen wird. Sei mit allen Gefühlen präsent und umarme sie weich, sanft und freundlich, dann werden sie sich schneller nach oben bewegen und auflösen.

Versuche nie, die Nachwirkungen eines *Divine Opening* abzuschwächen oder zu »korrigieren« – das würde nur den sich selbst regulierenden Prozess beeinträchtigen, der keiner weiteren Hilfe bedarf.

Engel – Wandbild von Lola Jones, das ihre Interpretation des »Laute spielenden Engels« nach dem italienischen Meister Melozzo da Forlì darstellt.

Erstes Divine Opening

Dein erstes *Divine Opening* ist ein feierliches Ereignis, eine Art formeller Einweihung in die Erleuchtung, eine Öffnung in eine höhere Ebene. Nimm dir einen Augenblick Zeit, um zurückzuschauen, bis wohin dein Leben dich bisher gebracht hat, und lass dann sanft die Vergangenheit gehen und verabschiede dich von ihr. Vielleicht möchtest du dich vorweg bei der Gnade bedanken, die du jetzt zu empfangen bereit bist. Entspanne dich und betrachte mit weichem Blick etwa zwei Minuten lang das im Bild dargestellte Kunstwerk. Lass dich selbst beiseitetreten und überlass es der göttlichen Gnade, ihre Wirkung zu tun. Schließe dann die Augen, lege dich hin und ruhe dich fünfzehn Minuten oder länger aus.

Nach deinem ersten Divine Opening

Nun hast du dein erstes *Divine Opening* erhalten, eine Einweihung in die Erleuchtung bzw. eine Vertiefung deiner Erleuchtung. Das Bild wirkt auf den feinstofflichen Ebenen. Egal wie viel oder wie wenig du dabei spürst, *wirkt es dennoch in dir weiter*, und zwar zunehmend. Diese Wirkung wird mit jedem späteren *Divine Opening* intensiver.

Manchmal wirst du nichts Besonderes spüren, aber dennoch zeichnen sich in den nächsten Wochen oft erstaunliche Veränderungen ab – in deinem Körper, deinen Gedanken und Gefühlen, in deinem Leben und sogar bei den Menschen um dich herum. Registriere *jede kleine,* wunderbare Sache, die sich ereignet, und sei dafür dankbar. Führe ein Tagebuch für dich selbst, und wenn du möchtest, kannst du deine Erfolge per E-Mail an *celebrate@ lolajones.com* oder an *support@DivineOpeningsGermany.com* schicken.

Dein großes Selbst hat diese Erfahrung für dich maßgeschneidert, darum vergleiche sie nicht mit der von anderen Leuten oder mit etwas, das du gelesen hast. Anerkenne sie als *deine ureigene* Erfahrung. Lass alle Erwartungen und Urteile fallen. Keine zwei *Divine Openings* gleichen sich; du darfst also nicht erwarten, dass du die gleiche Erfahrung noch einmal machen wirst. Lass die letzte los und sei jedes Mal offen für neue Erfahrungen – wie im Leben auch!

Wenn *Divine Openings*, die live, persönlich, telefonisch oder in einem Onlineseminar übertragen werden, auch meist intensiver sind, werden uns von den Lesern viele großartige Ausnahmen berichtet. Das Subtile ist genauso kraftvoll.

Jedes *Divine Opening* wirkt wochen-, monate- und jahrelang intensiv in dir nach. Beachte und anerkenne daher alles, was in deiner inneren und äußeren Welt passiert – auch jene Dinge, die du noch nicht verstehst. Es wird dein Leben für immer beeinflussen und leichter machen – und letztendlich wird dir alles seinen Sinn enthüllen.

Du wirst in Zukunft keineswegs alle zwei Wochen ein *Divine Opening* brauchen. Bald wirst du selbst in der Lage sein, diesen Zustand der Gnade bewusst herbeizuführen, in ihm zu verweilen und für immer längere Zeit darin zu leben und im Fluss zu sein. Während sich die meisten (spirituellen) Methoden damit beschäftigen, Probleme zu klären, deine Fehler zu beheben und Gefühle oder Schmerzen wegzumachen, zeigen dir *Divine Openings*, wie du Zugang zu deiner eigenen inneren Quelle findest, wo du erkennen wirst, dass an dir nie irgendetwas verkehrt war.

Während du den *Divine-Openings*-Prozess durchläufst, können Körperarbeit, Massage, Rolfing, Feldenkrais, Yoga, chiropraktische Behandlungen, Akupunktur, Musik, Tanzen oder Gymnastik hilfreich sein, um das langsamere, kompaktere physische Selbst dabei zu unterstützen, sich zu entspannen, loszulassen und ins Fließen zu kommen. Hingegen sind Energiearbeit und die meisten anderen Methoden sowie das übliche Counseling eher kontraproduktiv für die Energie von *Divine Openings*. Sie verzögern eher deinen Prozess.

Genieße! Vor allem geht es um Freude.

Was tun, wenn unangenehme Emotionen hochkommen?

Nachdem du nun dein erstes *Divine Opening* bekommen hast, lass uns etwas Wichtiges zur Sprache bringen: Viele Menschen sind so konditioniert, dass sie es viel zu ernst nehmen, wenn unerwünschte Emotionen auftauchen. Um etwas Heiterkeit da hineinzubringen, habe ich mir einen harmlosen humorvollen Ausdruck dafür ausgedacht. Wenn eine unerwünschte Emotion hochkommt, nenne ich es »einen Haarballen hochwürgen« (wie Katzen es tun). Einige Schüler nannten es das »Rattern über Rüttelschwellen«. Diese witzigen Ausdrücke sollen dich dazu ermuntern, solche Erfahrungen leichter zu nehmen, ja sogar darüber zu lachen und es zu genießen, dass die Energie in Bewegung kommt. Es muss überhaupt nicht heftig werden – außer, man sträubt sich dagegen. Nimm als Mantra den Satz: »Alles kommt sanft und leicht in Bewegung, wenn ich es zulasse.« Das wird dann schließlich deine Realität sein.

Wenn Emotionen aufsteigen und du dich nicht dagegen wehrst, keinen Widerstand leistest und nicht auszuweichen versuchst, wird tatsächlich alles viel leichter und schneller in Bewegung kommen: Angst, Unruhe, Sorge, Zorn, unbändige Wut, Trauer, Schwermut, Traurigkeit, Ärger, Neid, Eifersucht, Unwohlsein, Müdigkeit, Kopfschmerzen, Übelkeit, Bauchschmerzen, Krankheit, ungewohnte Körperempfindungen, unkontrollierbare Zuckungen, Aufregungen und Konflikte mit anderen, finanzielle Panik, Enttäuschungen – alle diese emotionalen Zustände und noch mehr werden sich dann leichter weiterbewegen.

**Lass alles mit Leichtigkeit,
Anmut und Humor geschehen.**

Du öffnest dich, um das ganze Spektrum an Emotionen – von ekstatischer Seligkeit bis hin zu den dunkelsten Emotionen, die du als »unerwünscht« betrachten würdest – anzunehmen und sie zu würdigen. Wenn du mit *Divine Openings* anfängst, erbittest du die Gnade, dass deine Schwingung angehoben wird, wodurch die tieferen Schwingungsenergien aktiviert werden und anfangen, massenweise aufzusteigen. Vielleicht bist du in der Vergangenheit bei solchen »niedrigen« Gefühlen stecken geblieben, doch mit *Divine Openings* können diese Gefühle mithilfe der Gnade rasch weiterziehen, wenn du ihnen keinen Widerstand leistest und bereit bist, sie im Augenblick tatsächlich zu fühlen.

Man hat uns antrainiert, Lernen sei nur durch Leiden, Fortschritt nur durch harte Arbeit zu erzielen. Wenn du diese Gehirnwäsche aufgeben kannst, wird *überhaupt kein Leiden* mehr nötig sein. Spüre einfach in jedes Gefühl mit Sanftheit hinein und gib ihm Raum, sich zu bewegen. Wenn du nicht versuchst, die Gefühle zu verändern oder zum Verschwinden zu bringen, sie nicht beurteilst und als »falsch« hinstellst, wirst du kein Leid für dich erzeugen.

Aus Schmerz wird Leid,
wenn du Widerstand leistest.

Nach einem *Divine Opening* kann es sein, dass du dich selig fühlst – oder auch grundlos deprimiert, ärgerlich, wütend oder traurig. Bleib einfach bei dem Gefühl, entspanne dich damit und nimm es wahr, etwa indem du sagst: »Oh, hier kommen Jahre von depressiver Energie in Bewegung!«, oder: »Ach, jetzt scheint jahrzehntealte Traurigkeit in mir aufzusteigen!«

Daran möchte ich dich immer wieder erinnern, denn wenn du in ein Gefühl oder in eine Situation verstrickt bist, kannst du leicht vergessen, dass jede Emotion an sich *perfekt* ist. Du wirst dann immer etwas daran ändern wollen. Emotionen sind das Zeichen, dass etwas aufgerührt wird und in Bewegung kommt. Also freue dich darüber und sei dankbar für alle Emotionen und Ereignisse – und zwar wirklich für *alle*, ohne Ausnahme! Mit *Divine Openings* werden Massen an festgehaltener Energie aus vergangenen Jahrzehnten und Äonen auf eine höhere Schwingungsebene gehoben. Dabei müssen alte Glaubenssätze und begrenzende Vorstellungen auseinanderfallen.

Die beste Nachricht ist die, dass bei *Divine Openings* in dem Moment, in dem ein Gefühl angerührt wird, größere Komplexe gleichartiger Schwingungen aneinandergekoppelt, gebündelt und dann als Ganzes bewegt werden. Darum fühlst du dich danach enorm erleichtert. Du hast sehr viel mehr Energie aus der Erstarrung befreit, als dir bewusst ist.

Die Gefühle und Schwingungen, die in diesem Prozess auftauchen, sind überhaupt nicht neu – sie haben sich angestaut und verfestigt und hätten schon längst einmal in Bewegung kommen müssen. Sie beeinflussten deine Realität, unabhängig davon, ob du von ihnen wusstest oder nicht. Durch das Erlernen einfacher *Divine-Openings*-Methoden wirst du bald alle Emotionen willkommen heißen und darüber erfreut sein, wenn sie ans Licht kommen, ihre Schwingung erhöhen und dir dadurch zusätzliche Freiheit bringen. Hör auf, dich gegen diese Gefühle zu sträuben, dann musst du sie nicht mehr auf so heftige Weise ausleben, dass sie sich in der Form von unliebsamen Ereignissen und Menschen, Krankheiten, Stress und schwierigen Lebensumständen manifestieren.

Ob Ganzkörperekstase oder niedere Schwingungen, die nach oben drängen – begrüße alles! Wir haben einmal herzlich gelacht, als einige meiner Kursteilnehmer in ihrem Hals tatsächlich so etwas wie einen kratzenden Wollklumpen (das »Gewölle« bei der Katze) verspürten! Fasse den Entschluss, dass dein Erwachen voller Leichtigkeit, Gnade und Humor geschehen soll, dann wird es auch so sein. Sträube dich gegen gar nichts, wertschätze und akzeptiere alles, was du fühlst, dann wird dein Erwachen reibungsloser verlaufen. Der Großteil der verdichteten Energie wird normalerweise in den ersten paar Monaten oder im ersten Jahr von *Divine Openings* mit Licht durchflutet, wenn du den Gefühlen mit sanfter Weichheit begegnest und sie einfach da sein lässt. Keine Angst, es wird nicht ewig so weitergehen! Die alten Zeiten der endlosen Aufarbeitung sind ein für alle Mal vorbei!

Ich gebe dir alle Werkzeuge, die du brauchst. Du kannst sie nach und nach in deine Praxis integrieren, ein Werkzeug nach dem anderen. Durch die Energie der Gnade kann das alles mit Leichtigkeit und beinahe spielerisch geschehen. Es gibt keine Arbeit zu tun; Aufmerksamkeit und Zulassen sind genug.

Gib jeglichen Glauben an den Wert des Leidens auf.
Es hat keinerlei Wert zu leiden, außer es ist der einzige
Weg, den du dir zugestehst, um dich weiterzuentwickeln.

Entscheide dich für die Leichtigkeit und die Anmut der Gnade. So tat ich es, und so war es dann auch. Möglicherweise *brauchst* du tatsächlich Tränenströme und große Dramen als Beweis, dass »etwas Großes« passiert, aber wirklich notwendig ist es nicht. Du kannst den einfacheren Weg nehmen – und ich zeige dir die Schritte. Sobald du Ja sagst und dein Erwachen einsetzt, ist der Tempomat eingeschaltet, und am Steuerruder sitzt die Gnade. Wenn einiges in deinem Leben zusammenbricht, wolltest du es eben auf keine andere Weise geschehen lassen. Lass es gehen, um Platz zu schaffen für neue, bessere Dinge.

Danke dem umfassenderen, nichtphysischen Aspekt in dir, dass er dir jetzt hilft, diese verdichteten alten Einstellungen, Glaubenssätze, Masken, Strategien, Schutzmechanismen, Strukturen und Muster, die du über Jahre hinweg unbewusst erschaffen oder unhinterfragt übernommen hattest, in Bewegung zu setzen. Sie waren tief in deine Zellen eingebettet, bis in die atomare Struktur. Jedes *Divine Opening* löst nun auf, was dir nicht länger dienlich ist, wenn du es nur zulässt. Diese starre Dichte des alten, kleinen Selbst und die von deinem Denken geschaffene Illusion aus Angst und Schmerz – das bist nicht du. In dem Maße, wie deine Schwingung sich erhöht, wirst du immer leichter, heller und strahlender werden.

Neunzig Prozent Gnade und zehn Prozent bewusster Verstand

Divine Openings besteht aus zwei Elementen: 1) dem Anteil der Gnade und 2) dem Anteil des bewussten Verstandes. »Gnade« ist jenes Geschenk, das nicht verdient werden kann, es wird frei gegeben. Wenn du lernst, sie in dein Leben einzuladen, wird sie neunzig Prozent der Arbeit für dich erledigen. Die *Divine Openings*, die du mit diesem Buch erhalten wirst, sind reine Gnade. Sie arbeiten *an dir* und *für dich* in einer Art und Weise, die du allein durch menschliche Anstrengung unmöglich erreichen könntest.

Der bewusste Verstand ist der kleinere, aber unverzichtbare Teil, den du übernimmst – nur zehn Prozent, aber die sind wesentlich: Durch den freudigen Einsatz der Werkzeuge für den bewussten Verstand wirst du aus freiem Willen deine besten Entscheidungen treffen und dein Denken so einsetzen, dass es dein Diener, aber nicht mehr dein Herr ist, dein Freund, aber nicht mehr dein Folterknecht!

Schon vor langer Zeit entdeckte ich, dass die Menschen viel schneller transformiert wurden, wenn sie neben dem Empfangen der göttlichen Gnade auch ihren bewussten Verstand umtrainierten. Die ängstliche, jede Veränderung scheuende Natur deines Verstandes wird beruhigt und kann sich mehr entspannen, wenn dein Kopf eine klarere Vorstellung davon bekommt, wo dein großes Selbst dich eigentlich hinführen will.

Dieser den bewussten Verstand ansprechende Teil von *Divine Openings* hat sich im Laufe mehrerer Jahrzehnte aus meinen Träumen, aus Firmenseminaren sowie aus meinem Eintauchen in die Arbeit von Esther und Jerry Hicks und anderen zusammengeformt, aber der überwiegende Teil kam von innen. Das Konzept »großes Selbst/kleines Selbst« habe ich schon vor Jahren bei meiner Tätigkeit in Konzernen entwickelt. Selbst die kopflastigsten, linkshemisphärisch denkenden IBM-Softwareentwickler kapierten auf Anhieb den praktischen Wert der Unterscheidung zwischen großem Selbst und kleinem Selbst, sogar ohne jeden spirituellen Zusammenhang.

Diese Art, mit dem bewussten Verstand umzugehen, macht es uns einfacher, unser kleines Selbst und den furchtbesetzten, galoppierenden Denkapparat in den Griff zu bekommen, aber trotzdem erledigt die Gnade die Hauptarbeit. Kürzlich erzählte mir eine Frau: »Dieser kleine Teufel in meinem Kopf ist einfach weg, und ich habe keine Ahnung, wieso!« Es war ein Gnadengeschenk. Das Göttliche hat hier die Schwerarbeit geleistet.

Nun wollen wir uns dem Teil für den bewussten Verstand zuwenden: Es geht darum, unser Denken und unseren freien Willen *weise* zu gebrauchen. Das verlangt keine Arbeit, sondern lediglich unsere Aufmerksamkeit.

Wie navigiert man das Flugzeug des Lebens?

Ich will nun damit beginnen, dir die Grundlagen für die Steuerung deines Lebens und die Manifestation deiner Wünsche zu geben. Wenn es dir schwerfällt, die Dinge, die du dir wirklich wünschst, in dein Leben zu lassen, dann ziehe mal dies in Betracht: Ein erleuchteter, verwirklichter, wohlhabender Mensch, dessen eigene Bedürfnisse erfüllt sind, hat viel mehr Macht und Möglichkeiten, in der Welt etwas zu bewirken. Wenn du hingegen ständig herumkrebst, um deine Rechnungen zu bezahlen und Benzin zu tanken, lebst du im Überlebensmodus. Wenn du ständig auf einer niedrigen Schwingungsebene lebst, wirst du kein »Licht für die Welt« sein, wozu du aber durchaus fähig wärst.

Vor längerer Zeit hatte ich jahrelang einen wiederkehrenden Traum: Ich saß vor einem neongrünen Instrumentenbrett, einer Art Kontrolltafel und steuerte von dort aus mein Raumschiff. Meine Hände passten exakt in die dafür vorgesehenen Mulden. Beim Aufwachen löste sich die Kontrolltafel unter meinen Händen auf, während ich noch verzweifelt mit einem Gefühl der Ohnmacht danach zu greifen versuchte. Zum Glück habe ich in späteren Jahren meine Kontrolltafel, die ich so lange verloren glaubte, gefunden und einen ständigen Zugang zu ihr erlangt. Ich will jetzt auch dich wieder mit deiner Kontrolltafel zusammenbringen, die dir schon vor langer Zeit abhandenkam. (Anm. d. Übers.: Lola verwendet hier das anschauliche Bild eines »Instrumentenbretts« – engl.: *control panel, instrument panel* – im Flugzeugcockpit, um uns eine Art Navigationswerkzeug fürs Leben zu geben, unseren »inneren Gefühlskompass«, der unten ausführlicher beschrieben wird. Wir werden hier im Deutschen von »Navigationstafel« sprechen.)

Auf einem Langstreckenflug fiel mir kürzlich auf, dass auf dem TV-Display vor jedem Sitz unser Flugzeug auf seiner Flugbahn abwechselnd mit den Flugdaten dargestellt war, sodass man als Passagier immer genau wusste, wo die Maschine sich gerade befand und wie weit sie noch vom Ziel entfernt war. Die Werte für Fluggeschwindigkeit, Flughöhe und Flugrichtung konnte man auf diese Weise laufend ablesen.

Seit ich die Steuerung über mein Leben wieder in die eigenen Hände genommen habe, navigiere ich ganz ähnlich durch mein Leben. Es ist kein Blindflug mehr, bei dem ich zufällig an irgendeinem Ort lande und mich dann wundere, wie es mich dorthin verschlagen konnte. Ich weiß heute immer genau, wie ich dort hingekommen bin – und bald wirst auch du es wissen.

Wenn du deine eigene wunderbare Navigationstafel wiederentdeckt hast, wirst du nie wieder für längere Zeit verwirrt, verloren oder vom Kurs abgekommen sein. Du wirst dich zuversichtlich auf den Punkt zubewegen, zu dem du hinwillst, und du wirst reichlich Zeit haben, deine Route oder Flughöhe so zu verändern, dass ein Zusammenstoß vermieden wird und die Landung wie beabsichtigt stattfindet. Du wirst nie wieder herumrätseln, wieso ein bestimmtes Ereignis passieren konnte, denn du wirst erkennen, dass du selbst genau dorthin navigiert hast, auch wenn es vielleicht unbeabsichtigt oder unbewusst war. Du wirst genau wissen, worauf du zusteuerst, wie schnell du ans Ziel gelangen wirst und wie es sich anfühlen wird, wenn du dort angekommen bist. Du wirst die Vergangenheit besser verstehen und die Zukunft leichter erschaffen können.

Die Navigationstafel, die ich benutze und ständig im Auge habe, zeigt mir immer genau, was ich mir gerade kreiere und wohin ich in jedem Augenblick unterwegs bin. Wenn ich ein ungutes Gefühl habe, so weiß ich, dass ich mich auf einer Route befinde, die mich in unliebsame Situationen bringen wird. Wenn ich mich gut fühle, weiß ich, dass der Zielort stimmig sein wird.

Deine Navigationstafel

Jahrelang hat man uns gesagt, dass unsere Gedanken unsere Realität erschaffen – dass wir also das bekommen, womit wir uns gedanklich beschäftigen. Kein Wunder, dass wir sehr frustriert waren, wenn das nicht immer funktionierte. Wir hatten unsere Navigationstafel nicht dabei und waren ohne Unterstützung der Gnadenenergie, die uns neunzig Prozent der Arbeit abnimmt.

Den folgenden Abschnitt solltest du dir besonders langsam auf der Zunge zergehen lassen. Selbst wenn du schon fünfzig Bücher über das »Gesetz der Anziehung« gelesen hast und denkst, du wüsstest schon alles: Es gibt da einige Geheimnisse, die man dir nicht verraten hat, es wurden wesentliche Dinge weggelassen.

Bewusste *und* unbewusste Gedanken schwingen auf bestimmten Frequenzen, und diese Frequenzen strahlst du aus wie ein Rundfunksendeturm. Auf diese Weise ziehst du ähnliche Schwingungen an – Menschen, Orte, Dinge, die deiner Frequenz entsprechen. Wenn du Traurigkeit aussendest, werden andere traurige Erfahrungen, Menschen, Orte, Dinge zu dir hingezogen. Wenn du *authentische* Glücksgefühle aussendest – und nicht die spirituelle »Mogelversion« –, dann wirst du noch mehr glückliche Erfahrungen, Menschen, Orte und Dinge in dein Leben ziehen.

Dein Schöpfer gab dir die Gefühle, damit sie dir helfen, die Schwingungen, die du aussendest, zu erkennen. Deine Gefühle zeigen dir, wie sehr du mit deinem großen Selbst (oder »Gott-Selbst«) im Einklang bist; sie sind untrügliche Indikatoren für die Realität, die du als Nächstes erschaffen wirst. Wenn du beim Gedanken an ein angepeiltes Ziel »höhere« Emotionen fühlst, bist du mit deinem großen Selbst (mit dem größeren Blickwinkel) im Einklang, was diese Sache betrifft. Als großes Selbst fühlst du dich besser und kommst schneller voran. Du bist entspannt und lässt dich zur Erfüllung deines Wunsches hinführen.

Es ist nicht verkehrt, in deinem kleinen Selbst zu sein und »niedrigere« Emotionen zu fühlen, aber es ist weder kraftvoll noch effektiv. Dein großes Selbst ist immer auf einem hohen Level, und das bedeutet, dass es sich immer gut fühlt. Wenn du dich gut fühlst, kannst du demnach sicher sein, dass du mit deinem großen Selbst auf einer Linie bist. Wenn du dich schlecht fühlst, bist du mit deinem großen Selbst nicht auf einer Linie, und das *muss* sich schlecht anfühlen! Auf diesem Wege wirst du bald zuverlässig herausfinden können, warum deine Handlungen und Pläne entweder funktionieren oder nicht funktionieren.

So wirst du immer wissen, auf welcher Höhe deiner Gefühlsskala du dich gerade befindest und wo »oben« und »unten« ist. Mit dem bewussten Einsatz deiner Navigationstafel wirst du immer wissen, ob du auf dein großes Selbst ausgerichtet bist – und wenn das nicht der Fall ist, wie du wieder dorthin gelangen kannst.

Bald wirst du zweifelsfrei wissen, ob du auf dein Ziel zusteuerst oder dich davon entfernst. Sobald du dich auf deine Navigationstafel einjustiert hast, wirst du nie wieder die Orientierung verlieren. Wie der Flugmonitor auf meinem Transatlantikflug nimmt sie dir die Ungewissheit darüber, wo du dich befindest und wie weit du noch von deinem Ziel entfernt bist. Wenn du weißt, wo du stehst, ist es leichter, dorthin zu navigieren, wo du im Leben hinwillst.

Von deiner Navigationstafel kannst du ablesen, wo du dich gerade schwingungsmäßig *im Hinblick auf ein bestimmtes Thema* aufhältst. Deine Navigationstafel wird dir für verschiedene Bereiche unterschiedliche Schwingungslevels anzeigen. Zum Beispiel kannst du in Bezug auf Finanzen und Kontakte auf einem hohen Schwingungsniveau sein, während du in deinen Liebesbeziehungen auf einer niedrigeren Ebene schwingst. Demnach würde dein finanzielles und gesellschaftliches Leben erfolgreich sein, während dein Liebesleben gerade im Keller ist. Die Navigationstafel übersetzt deine Gefühle in Werte auf einer Höhenskala. Durch ihren Gebrauch wirst du dich wieder an etwas erinnern, was dir als kleines Kind total vertraut war: Es war ganz natürlich für dich, deine Gefühle abzuchecken, über die Gefühle deine Stimmung anzuheben und damit auch deine Schwingungsfrequenz. Ein Kind, dem man erlaubt, das zu tun, was es möchte, weiß von Natur aus, wie es sich nach oben bringen kann. Wir haben aber im Laufe der Zeit den Kontakt zu unserem Stimmungsbarometer verloren, weil wir auf andere hörten, statt unserem eigenen Wissen zu vertrauen.

Da dein großes Selbst ständig ganz oben auf der Gefühlsskala schwingt, ist auf der Navigationstafel jede Aufwärtsbewegung automatisch eine Bewegung in Richtung großes Selbst. An der Spitze ist die Macht – keine Macht über andere, sondern die Macht über deine eigene Wirklichkeit. Wenn du dort oben bist, hast du Zugang zur ganzen Macht deines großen Selbst – und das ist eine Menge! Ganz unten ist die Machtlosigkeit.

Worum es hier geht, ist zu fühlen, was *für dich* »nach oben« oder »nach unten« bedeutet, statt streng meiner Beschreibung der einzelnen Gefühle zu folgen. »Nach oben« geht immer in Richtung Entspannung, »nach unten« in Richtung Stress.

Bevor du in deine Navigationstafel eingeweiht wirst, die ein machtvolles, hochwirksames Werkzeug von *Divine Openings* ist, löse dich mental bitte von anderen, dir ähnlich erscheinenden Skalen und Messmethoden für Gefühle und Bewusstsein. Geh an *Divine Openings* und die Navigationstafel so unbefangen wie ein Kind heran. Das Modell hat unser Verständnis von der »Hierarchie der Emotionen« auf eine neue, höhere Ebene gebracht, und durch die Energiespritze der Gnade wird es erstaunlich einfach, diese Tafel auf dein tägliches Leben anzuwenden, um wirkliche Transformation zu bewirken.

Umsetzung in deinem Leben

Du kannst dir die nächste Seite ausdrucken oder als Farbkopie von meiner Homepage (auf Deutsch: www.DivineOpenings.com/Instrumentenbrett-auf-Deutsch?language=de) herunterladen. Hänge sie an einem Platz auf, wo dein Blick oft darauffällt. Überprüfe mehrmals am Tag, wo du dich auf der Navigationstafel gerade aufhältst – ohne es zu beurteilen, zu kritisieren, zu rechtfertigen, schlechtzumachen oder irgendwie ändern zu wollen. Sei einfach ein mitfühlender Zeuge deiner momentanen Befindlichkeit.

Deine Navigationstafel

Ekstase, Freude, Glückseligkeit, Einssein
Erkenntnis, Fülle, Selbstermächtigung, Würdigkeit
Freiheit, Entzücken, Liebe
Dankbarkeit, Anerkennung, Harmonie

Höhere,
lichtere
Schwingungen

Inspiration, Staunen, Leidenschaft
Begeisterung, positive Erwartung, Glücklichsein
Glaube, Vertrauen, Hoffnung, Möglichkeiten sehen
Neugierde, Selbstwertgefühl, Interesse, Mut

Akzeptanz, Erlauben, Zulassen, Aufgeben, Loslassen
Langeweile, Gleichgültigkeit, Ruhepause, Zufriedenheit
Entspannung, »Ich weiß nicht«, Leere, ruhiges Gemüt

⇧ ----- Der Wendepunkt – Deine Realität beginnt sich zu verändern -----

Frust, Ungeduld, Verärgerung, Unruhe, Nervosität
Überwältigtsein, Überforderung, Stress
Enttäuschung, Zweifel, Verwirrung
Ungewissheit, Handlungsunfähigkeit
Besorgnis, Unsicherheit, negative Erwartung
Entmutigung, Aufkündigung, Müdigkeit

-------- Wut – Die Brücke --------

Rache, Hass, Zorn, Eifersucht, Neid, Süchte
Abhängigkeit, Einsamkeit, Mangel, ungutes Verlangen

Niedrigere,
schwerere,
langsamere
Schwingungen

Gier, Schuld, Tadel, Vorwürfe
Angst
Traurigkeit, Kummer, Bedauern, Scham
Wertlosigkeit, Depression, Verzweiflung, Ohnmacht
Hoffnungslosigkeit, Apathie, Taubheit, Starre

Jedes Gefühl auf dieser Navigationstafel repräsentiert göttliche Energie, nur mit unterschiedlichen Frequenzen. Sämtliche Emotionen enthalten wertvolle Informationen. Heiße sie alle willkommen!

Ich veröffentliche dies hier mit Wertschätzung und Liebe für Esther und Jerry Hicks, David R. Hawkins und alle anderen, deren Skalen für Bewusstheit und Emotionen mir geholfen haben, meine eigene, lange Zeit verschollene Navigationstafel wiederzuentdecken.

Schritt für Schritt

Wenn du dich auf der Navigationstafel in Bezug auf ein bestimmtes Lebensthema weit unten befindest, wird es eine Realität hervorrufen, die du in diesem Bereich sicher nicht haben willst. Es ist aber nicht deine Aufgabe, innerhalb eines Tages nach oben bis zur Ekstase aufzusteigen. Das wäre zu viel verlangt. Deine Aufgabe besteht nur darin, dich heute ein bisschen besser zu fühlen als gestern und morgen wieder ein bisschen besser als heute. Das ist möglich. Manche werden frustriert und geben auf, wenn es ihnen nicht unverzüglich gelingt, zur Freude zu kommen oder schlank zu werden oder schuldenfrei. Aber denke doch mal in diese Richtung: Würdest du erwarten, dass ein Baby innerhalb von einem Tag das Gehen lernt? Oder in einer Woche? Würdest du erwarten, für einen Marathonlauf einen Monat lang zu trainieren, wenn du seit fünf Jahren außer Form bist? Nein! Dein Erfolg beschleunigt sich, wenn du die *kleinen* Fortschritte feierst. Die kleinen Schritte werden dich ans Ziel bringen, und wenn du dort angekommen bist, wirst du stabil sein und dich dort oben halten können.

Wenn du dich auf der Skala »nach oben« bewegst,
fühlst du stets ein wenig Erleichterung,
einen Energiegewinn.

Wenn du dich heute bezüglich Geld nur ein kleines bisschen besser fühlst, wird in den kommenden Tagen und Wochen mehr Geld zu dir kommen. Wenn du dich heute nur ein bisschen besser mit deinem Körper fühlst, wird ein besserer Körper die Folge sein. Wenn du entmutigt wirst, erzeugst du eine Spaltung, einen energetischen Widerspruch, und das positive Ergebnis wird auf sich warten lassen, weil die Materialisierung der Schwingung folgt. Sich Sorgen zu machen schafft Reibung und widerspricht deinem Wunsch. Entspanne dich.

Hole aus dem Besten am meisten heraus und aus dem Schlimmsten das Geringste.

Du hast unterschiedliche Schwingungen hinsichtlich der verschiedenen Lebensthemen. Wenn du in Angst, Verzweiflung, Ärger, Frustration oder irgendeiner anderen niederen Emotion in Bezug auf einen bestimmten Lebensbereich bist, dann gib zuerst nach, entspanne dich und akzeptiere, dass du da bist, wo du bist. Das allein bringt dich auf der Navigationstafel schon nach oben, zur Akzeptanz in der Mitte, zum Wendepunkt! Dann helfen dir Gnade und Auftriebskräfte weiter, allmählich und beständig an Höhe zu gewinnen. Der Auftrieb ist dein Freund, sobald du einen Aufwärtstrend spürst.

Du brauchst die jeweilige Emotion nicht einmal zu benennen – spüre sie einfach physisch in deinem Körper und erzähle deinem großen Selbst, wie sich das anfühlt. Die Emotion zu benennen ist dann hilfreich, wenn du zum Beispiel bemerkt hast, dass du dich vom Gefühl der *Verwirrung* zur *Frustration* bewegt hast. Das solltest du feiern! Auf einmal weißt du die Frustration zu schätzen, auch wenn sie sich noch nicht großartig anfühlt, doch immerhin schwingt sie höher als die Verwirrung.

Der Grundgedanke ist, sich auf der Navigationsskala nach oben zu bewegen und sich besser zu fühlen – schon ein kleines bisschen hilft. Statt dir vorzunehmen, heute noch bis zur Glückseligkeit zu kommen, und damit zu scheitern, peile einfach ein Gefühl an, das eine kleine Verbesserung, eine kleine Erhöhung bedeutet. Stabilisiere dich dort und geh dann weiter nach oben. Schließlich wirst du bei deinem großen Selbst ankommen – aber das lässt sich leichter stufenweise, Schritt für Schritt erreichen und wird auch länger anhalten.

Es gibt keine »schlechte« Position auf der Navigationsskala oder überhaupt als Mensch. Die göttliche Präsenz wertet niemals darüber, wo du dich befindest. Immer wenn du dich mit einem Gefühl entspannst, es zulässt und ihm Raum gibst, stimmst du mit der Präsenz überein, die stets in dieser entspannten, weichen Akzeptanz ruht.

Sobald du weißt, wie das Navigieren mit diesem Gefühlskompass geht, kannst du von jeder Stelle aus überall hinkommen. Wenn du in Los Angeles bist und lieber in New York wärst, steigst du ins Auto und fährst in Richtung New York los. Du weißt, dass es eine lange Fahrt ist, aber du weißt, dass du dort ankommen wirst.

Wenn du mit deiner Navigationstafel vertraut bist, weißt du, wo du dich in Bezug auf dein Ziel befindest. Je nachdem, wie du dich fühlst und in welche Richtung die Nase deines Autos oder Flugzeugs zeigt, kannst du einschätzen, wie lange es dauern wird, bis du ankommst. Wenn du dich damit ekstatisch fühlst, wirst du sehr schnell dort sein. Wenn du Zweifel hast, könnte es etwas länger dauern, bis du ans Ziel kommst. Wenn du darüber deprimiert bist, zielst du in die falsche Richtung.

Alles ist göttliche Energie, doch die Gefühle im unteren Teil der Navigationstafel bewegen sich mit niedrigeren Frequenzen im Vergleich zu den ungehemmt schwingenden, höheren, schnelleren Frequenzen ganz oben. Je höher die Werte, umso schneller und umso weniger dicht ist die Schwingung. Sie enthält Licht, Power, Geschwindigkeit und Vitalität. Je mehr du dich nach unten bewegst, umso träger und dichter wird sie.

Im unteren Bereich der Skala kann es sich nur schlecht anfühlen. Im oberen Bereich fühlt es sich gut an, weil du dort in einer Linie und im Einklang mit deinem wahren, mächtigen großen

Selbst bist. Es ist offensichtlich, dass du von deinem großen Selbst nie völlig abgetrennt sein kannst – das ist unmöglich, weil du ein Teil davon bist. Doch ganz oben auf der Navigationsskala schwingst du als dein großes Selbst. Betrachte einmal die Navigationstafel und *spüre* dabei in deinem Körper die verschiedenen Energieniveaus, wie sie von unten nach oben zunehmen. Wenn du dich entspannst und das Fühlen zulässt, erhöht die Energie ihre Frequenz und richtet sich zunehmend höher und intelligenter aus. Dann fühlst du dich besser, und schon bald beginnt alles besser zu werden. Widerstand ist einfach nur kontrahierte, angespannte Energie, im Gegensatz zu der weichen, expansiven, fließenden Energie auf einer hohen Schwingungsebene.

Das kleine Selbst ist von Natur aus ängstlich, argwöhnisch und widerspenstig; es hat kein Interesse daran, die Kontrolle aufzugeben und sich dem Strom hinzugeben, aber *deine Absicht*, dich gut fühlen zu wollen und dem großen Selbst den Fahrersitz zu überlassen, setzt sich mit der Zeit durch. Sei nett und mitfühlend mit deinem kleinen Selbst – mit seinem begrenzten Bewusstsein tut es, was es kann. Weil es auf Angst beruht, neigt es dazu, gegen alles Unbekannte Widerstand zu leisten, nur weil es neu ist.

Aus dem Blickwinkel deines großen Selbst wirst du die Entscheidung treffen, das kleine Selbst zu beruhigen und auf dem Rücksitz Platz nehmen zu lassen. *Triff deine Wahl.* Entscheide, dass dein großes Selbst der Fahrer deines Wagens sein soll, der alles orchestriert. Ihm stehen die größere Perspektive und unbegrenzte Ressourcen zur Verfügung. Es *ist* deine Quelle.

Aber die aufregendste, dich am meisten befähigende Neuigkeit steht noch aus – wir kommen bald dorthin, Schritt für Schritt.

**Du kannst jetzt anfangen, das Fahrzeug
von deinem großen Selbst steuern zu lassen.**

Umsetzung in deinem Leben

Übe dich in der Feinabstimmung mit deinem Körper, deinen Gefühlen und deinem Navigationsinstrument. Mach es dir eine Woche lang zur Übung, tagsüber immer wieder darauf zu achten, wie du dich fühlst. »Ich fühle dieses, ich fühle jenes. In diesem Moment fühle ich ...« Ohne es zu bewerten und ohne dir etwas vorzumachen. Ohne es korrigieren oder verändern zu wollen. Lass das Gefühl genauso sein, wie es ist. Du bist, wo du bist. Gefühle, die du gern magst, kannst du feiern – und diejenigen, die du weniger magst, kannst du als vorübergehend *und wertvoll* akzeptieren. Die meisten Menschen haben sich so an ihre negativen Emotionen gewöhnt, dass sie sie für normal halten und unbewusst darin verharren.

Doch Bewusstheit ist Macht. Um tolle Resultate zu erzielen, genügt es nicht zu lesen – setze es um! Dein Gedankenkarussell bewegt sich ohnehin den ganzen Tag, also könntest du deine Gedanken auch bewusster einsetzen. Du wirst dich wundern, was dann im Laufe der Zeit geschieht.

Erfahre die Gefühle mit deinem ganzen Körper: Wenn du dich als eher gefühllos erlebst oder oft nicht sicher bist, was du spürst, bringe deinen ganzen Körper ein, statt alles nur mental umzusetzen. Du kannst dich hinstellen und für jedes einzelne Gefühl auf der Navigationstafel, von unten nach oben, eine Körperhaltung einnehmen. Setze dabei deinen ganzen Körper ein. Agiere die Gefühle durch den Körper aus. Physische Bewegung setzt auch deine Zellen in Bewegung. Spüre, welche Gefühle eine langsamere oder schnellere Energie erzeugen. Wenn du in den oberen Bereich kommst, sei auch mal albern. Lass dich auf diese Aktivitäten ein, wenn du die Ergebnisse, von denen du hier liest, wirklich zu deinen inneren Erfahrungen machen willst. Schreibe in dein Tagebuch, wie du dich dabei gefühlt hast. Was ist dir aufgefallen?

Bist du wirklich aufgestanden und hast dich bewegt? Bevor du jetzt weiterliest, geh zurück und mach's!

Die Nase anheben

So wie Tauben bei Hochzeiten und anderen Festen in die Luft geworfen werden, hebt dich die Gnade empor, wenn du *Divine Openings* praktizierst. Durch die Praxis von *Divine Openings* wirst du fähig, mehr und mehr von dieser Gnade in dich einzulassen – von dem Geschenk, das nicht durch eigene Anstrengung »verdient« werden kann. Die Gnade übernimmt neunzig Prozent der Arbeit für dich im Nichtphysischen, wo der größte Teil von allem erschaffen wird. Das Nichtphysische ist für mich ein anderer Name für Gott.

Auch wenn die Gnade dich emporhebt und neunzig Prozent für dich erledigt, musst du dennoch deinen Anteil von zehn Prozent leisten: Zeige mit deiner Schnabelspitze in die Richtung, wo du hinwillst, und schlage gelegentlich mit den Flügeln. Halte deinen Schnabel nach oben und nicht in Richtung Boden. Die nachfolgenden Kapitel sind voll von wunderbaren, vergnüglichen Methoden, wie du deine zehn Prozent beitragen kannst, um dort oben zu bleiben. Es ist keine Arbeit – nur Aufwachen, Bewusstheit und Zulassen.

Die Gnade regnet schon immer auf dich herunter, aber wenn du sie nicht reinlässt, kannst du selbst im stärksten Regenschauer das Gefühl haben, vor Durst zu sterben. Die *Divine Openings* in diesem Buch erweitern und öffnen deine Kanäle, damit du mehr Gnade und Leichtigkeit zulassen kannst. Du wirst Momente von grundlosem Glück und voller Leichtigkeit erleben.

Nach jedem Ausbruch von Glück oder Seligkeit wirst du durch das Gesetz der Anziehung vielleicht wieder ein Stück weit heruntergeholt, in die Nähe deines alten, eingefleischten Sollwerts. Dieser Sollwert hat die klebrige Tendenz, dich wieder ein Stück herunterzuziehen, sobald du ein wenig an Höhe gewonnen hast. Doch »helles Licht leuchtet in die Dunkelheit« und vertreibt auch die letzten niedrigen Schwingungen. Akzeptiere daher sanft, was sich dir offenbart, und nutze die Werkzeuge, die du erhalten hast.

Wir können sehen, dass die Menschen nicht in ihre früheren Tiefs zurückfallen, sofern sie nicht das Suchen wieder aufgreifen und ihre Fortschritte dadurch rückgängig machen. Und sofern sie nicht nachlässig werden und ihre zehn Prozent nicht umsetzen. Aber das geschieht nicht rein zufällig.

Das Gesetz der Anziehung ist auf deiner Seite, sobald du dich auf einem höheren Level stabilisiert hast. Es hilft dir, den neuen Sollwert zu halten, und zieht dich wieder nach oben, wenn du absackst. Dann kannst du noch mehr an Höhe gewinnen und noch höher oben stabil bleiben, bis du in den Himmel fliegst. Allmähliche Steigerungen sind am leichtesten aufrechtzuerhalten. Manchmal kann man nicht mehr tun, aber das genügt. Sobald du mit einem »nicht genug« urteilst, drückst du die Nase nach unten und verlierst an Höhe.

Sei froh über jedes bisschen Rückenwind, jeden Auftrieb und kleine Gewinne. Durch dankbares Anerkennen gewinnst du immer zusätzlich an Höhe. So kommt noch mehr Gutes in dein Leben. So wie Anerkennung deinen Erfolg beschleunigt, bewirken Selbstverurteilung und Jammern das Gegenteil. Wenn du Schritt für Schritt auf dem Weg nach oben genießt, wirst du dich so kraftvoll auf jeder neuen Höhe stabilisieren, dass du künftig mit ein wenig Aufmerksamkeit auf deine Navigationstafel schon den kleinsten Abfall rasch wahrnehmen und deinen Kurs entsprechend korrigieren wirst. Du wirst dabei so »elastisch«, dass du, selbst wenn du einmal den Boden berührst, von ihm abprallst und ganz schnell wieder zurückschwingst. Ein Absturz für längere Zeit ist nicht mehr drin.

Eine Frau war verzweifelt und klinisch depressiv zu mir gekommen, doch bei der zweiten Sitzung war sie schon viel höher oben auf der Gefühlsskala. Sie klagte: »Es ist schon etwas besser, aber jetzt bin ich oft so frustriert und verärgert.« Sie machte sich das Leben schwer mit dem Gedanken, es sei falsch, verärgert zu sein. Ich sagte ihr: »Als Sie kamen, waren Sie deprimiert und verzweifelt, das ist ganz unten auf der Navigationstafel. Lassen Sie uns mal schauen, wo der Ärger steht.«

»Oh, ich bin ja schon da oben, fast in der Mitte, und das nach einer Sitzung!«

»Ja, Sie stiegen von ganz unten bis zur Mitte auf, und jetzt sind Sie in einer Aufwärtsspirale. Stabilisieren Sie sich dort und *genießen* Sie es einfach eine Weile, *verärgert* zu sein, bevor Sie sich weiter aufwärtsbewegen. Wir verurteilen manche Gefühle als schlecht, dabei gibt es keine schlechten Gefühle! Es sind *alles gute Informationen*. Richten Sie die Nase Ihres Flugzeugs nach oben und bleiben Sie in Ihrem Aufwärtstrend zu mehr Entspannung – mehr ist nicht nötig. Wenn Sie sich entspannen und sich erlauben zu fühlen, was an echten Gefühlen da ist, wird die Gnade ihr Übriges tun. Sie machen es richtig, wenn Sie Ihre Verärgerung bewusst und machtvoll erfahren.«

**Lass dich mit diesem Gefühl weich werden,
und dann bring die Nase des Flugzeugs nach oben.**

Mach es dir zur Gewohnheit, wie ein Pilot deine Instrumententafel routinemäßig zu checken. Schau nach, wo und auf welcher Höhe du dich befindest und welche Richtung du anpeilst. Mit deiner Navigationstafel kannst du überall navigieren. Wenn du sie nicht verwendest, landest du oft an unerwarteten Orten und erlebst Dinge, die du nicht willst. Dann wunderst du dich, wie es dazu kam. Die gute Nachricht ist: Wenn du deine Maschine in Richtung San Francisco startest, die Nase oben behältst und nicht nach unten absacken lässt, wirst du auch *dort ankommen.*

Wenn ich die Nase meines Flugzeugs auch nur geringfügig nach unten drücke, werde ich irgendwann mit dem Boden Bekanntschaft machen. Halte ich die Nase horizontal oder aufwärts gerichtet, kann ich so lange fliegen, bis ich am Ziel bin.

Verwechsle dieses Bild aber nicht mit dem alten Paradigma des positiven Denkens. Hier geht es um etwas anderes: Du lernst zu navigieren und deine Flugroute bewusst zu planen. Im weiteren Verlauf werden wir noch einige weitere Fertigkeiten hinzufügen. Beim positiven Denken leistet der Verstand häufig Widerstand, indem er argumentiert, es sei ja »nicht wahr«. Die Vorgehensweise, die wir hier verwenden, wird dein Verstand hingegen akzeptieren.

Einmal war ich ganz glücklich mit Schreiben beschäftigt, doch als es allmählich Zeit wurde, mich für meinen Kurs fertig zu machen, sank meine Nase nach unten: Ich wusste, ich müsste jetzt mit dem Schreiben aufhören. Ich merkte sofort, wie ich absackte, und stellte meinen Fokus darauf ein, welche Freude es mir machen würde, nach dem Unterricht das Schreiben wieder aufzunehmen. Außerdem rief ich mir in Erinnerung, wie viel Spaß ich jedes Mal mit den Leuten beim Unterricht gehabt hatte … Abwärtsspiralen können recht harmlos beginnen, darum gib acht, dass du die Nase rechtzeitig wieder nach oben hebst.

Wenn du bei einer Sache ein gutes Gefühl hast und die Nase nach oben zeigt, wirst du auch die Manifestation mögen, die sich gerade anbahnt. Wenn du dich mit einer Sache ungut fühlst und die Nase nach unten zeigt, wirst du das von dir kreierte Ergebnis vermutlich nicht mögen. Wie wertvoll wäre es, wenn du deine Ergebnisse schon im Vorhinein fühlen und voraussagen könntest? Wenn du dich mehr und mehr mit dem Fühlen vertraut machst, wird dir genügend Zeit bleiben, dich mit deinem großen Selbst in Einklang zu bringen, um genau das Ergebnis zu erreichen, das du haben willst.

Wenn du dich gerade bei »Depression« oder »Frustration« oder in einer anderen niedrigen Emotion aufhältst, dann weißt du, dass du die Nase anheben musst, um auf der Navigationstafel aufzusteigen und zu deinem großen Selbst zurückzufinden.

Sinn des Spiels ist, sich immer ein bisschen besser zu fühlen. Man hat uns so lange eingeredet, es gehöre einfach zum Menschsein, sich schlecht zu fühlen, und wir haben geglaubt, wir müssten uns dem beugen und einfach damit leben, dass wir uns schlecht fühlen. So haben wir zugelassen, auf einem niedrigen Energieniveau zu bleiben. Wir haben nicht erkannt, wie schädlich sich das im Laufe der Zeit auswirkt. Aber selbst wenn etwas Schlimmes passiert, wird es dir nichts helfen, ein schlimmes Gefühl dabei zu haben – auch wenn sich alle einig wären, wie sehr dir Unrecht geschah. Die Opferhaltung zieht noch mehr ungerechte Behandlung herbei. So lohnt sich die mickrige Belohnung, im Recht zu sein, ganz und gar nicht. Übernimm also das Steuer, hebe die Nase an und ändere deinen Kurs. Wenn du das, was du jetzt fühlst, verändern kannst, verändert sich dein Morgen. Registriere, wie es dir geht, nimm das Gefühl an und fasse die Absicht aufzusteigen.

In jenem Traum vor Jahrzehnten fühlte ich mich mächtig, wenn ich meine »Kontrolltafel« in den Händen hielt. Beim Aufwachen geriet ich in Panik, als mir die Tafel durch die Finger glitt und sich auflöste. Jetzt habe ich häufig abstrakte Träume mit esoterischen Einsichten, die mir während des Aufwachsens entschlüpfen. Ich finde es spannend, mir vorzustellen, was für neue Offenbarungen zu gegebener Zeit aus diesen Träumen auftauchen werden. Ich beklage mich keineswegs, dass ich die Bedeutung eines Traumes nicht sofort erkennen kann – das würde die Nase nach unten drücken. Ich akzeptiere einfach, dass es sich irgendwann umsetzen lässt – und das richtet die Nase wieder nach oben. So bin ich auf spielerische Art neugierig und koste aus, wie sich ständig alles weiter entfaltet.

Triff eine lebenslang gültige Entscheidung:
Das Wichtigste ist, dich immer ein bisschen
besser zu fühlen.

Zusammenfassung

Unerwünschte oder »negative« Emotionen sind hilfreich, denn sie zeigen dir, wo du bist. Du *sollst* dich schlecht fühlen, wenn die Nase deines Flugzeugs auch nur geringfügig nach unten zeigt, denn nur so wirst du auf die langfristigen Konsequenzen aufmerksam, die du damit schaffst. Ein leichtes Aufrichten der Nase deines Flugzeugs hat enorme langfristige Konsequenzen, es wird deine Flugbahn ändern – und letztlich dein Leben.

Es geht nicht darum, sofort die höchste Flughöhe zu erreichen. Hebe nur ein wenig die Nase an und nimm Kurs auf die allgemeine Richtung, in die du willst. Suche nur ein wenig Erleichterung. Du solltest die kleinen Erfolge würdigen – sie bedeuten auf längere Sicht *alles*.

Halte die Nase des Flugzeugs
nach oben gerichtet.

Anhand eines Beispiels möchte ich dir nun zeigen, wie du Schritt für Schritt die »Nase anheben« kannst. Achte darauf, was die Gefühlsskala gerade anzeigt (kursiv gedruckt) und wie die Frau allmählich höher steigt und sich nach jedem Schritt stabilisiert:

»Ich fühle mich *wertlos*, weil Bill mich nicht liebt. Ich bringe keine Energie auf, mein Leben zu ändern. Oh je! Ich bin ziemlich weit unten auf der Navigationstafel. Als Erstes werde ich mich also entspannen und mich wertlos fühlen und dabei weiteratmen. Zu wissen, wie es um mich steht, hilft mir, mich zu orientieren. Okay, wenn es das ist, was jetzt ist, dann will ich damit sein. Ich weiß, was ich will – ich will ein *besseres Gefühl von mir* haben!«

»Ich bin *traurig und deprimiert*, weil Bill mich nicht liebt. Ich kann mich nun mit diesem traurigen Gefühl entspannen, ein bisschen damit verweilen und es in mein Herz nehmen, ohne zu wollen, dass es weggeht. Traurig zu sein fühlt sich nicht gut an – aber das ist okay, weil es mir zeigt, dass ich nicht mit meinem großen Selbst im Einklang bin.«

»Ich bin *wütend*, dass ich mich so ohnmächtig fühle! Ich will meine Power zurück! Dieser Blödmann! Ist er denn völlig blind? Ahh, das tut gut! Ich atme, und meine Energie kommt wieder. Puh! Ich glaube, jetzt mache ich einen Spaziergang, entspanne mich und gebe der Wut mehr Raum, sich zu bewegen. Ich werde für mich bleiben und weder mit ihm noch mit sonst jemand darüber reden. Ich hasse dieses Gefühl, ein Opfer zu sein!«

Am nächsten Tag: »Ich fühle mich *entmutigt*, aber auf der Skala ist das schon höher als Wut. Oh ja! Jetzt bin ich dem Feiern zumindest etwas näher gekommen! Ich werde eine Beziehungspause machen, bis ich klarer sehe. Ich geb's auf! Ich finde es so entmutigend, es immer wieder zu probieren, aber meine alte Beziehungsgeschichte bringt mich immer neu an den gleichen Punkt. Ab jetzt werde ich ausprobieren, auf eine neue Art zu sein. Auf geht's Richtung Party!«

»Ich kann versuchen, mich zu trösten und mir Mut zu machen, bevor ich mit ihm rede. Wenn ich mehr bei mir bin, kann er mich besser hören. Und wenn ich lieb zu mir bin, wird mich eine sanftere Schwingung nach oben tragen. Ahhh … Das könnte gehen!«

»Das fühlt sich besser an – nicht toll, aber besser. Das genügt für den Moment.«

»Ich bin *verwirrt*, weil ich nicht weiß, was ich in dieser komplizierten Lage tun soll. Es *überwältigt* mich, jetzt im Augenblick mit ihm reden zu wollen. Das Reden hilft gar nichts.«

»Es ist *frustrierend*, weil ich schon so vieles immer wieder probiert habe. Oje, ich habe versucht, ihn zu manipulieren, damit er mich liebt! Ich hasse es, frustriert zu sein, aber jetzt werde ich auch dieses Gefühl zulassen und sanft damit umgehen!«

»Vielleicht kann ich mich einfach entspannen und es *annehmen*, wie ich mich mit dem fühle, was er vorhat. Ich werde es loslassen und alles Gott überlassen. Das Ganze *ödet mich an* – ich werde ihn für eine Weile einfach vergessen. Ich gehe tanzen.«

In der folgenden Woche: »Ah, dass ich weicher geworden bin, hat mir geholfen loszulassen. Jetzt fühle ich zumindest wieder ein bisschen *Hoffnung*. Ich muss keine Lösung finden, aber ich kann mal über *Möglichkeiten* nachsinnen. Wenn nicht er, dann gibt's vielleicht einen, der besser zu mir passt. Jemand, der mich toll findet, so wie ich bin. Jetzt spüre ich *Erleichterung*. Ich bin über dem Wendepunkt! Jetzt soll sich mein großes Selbst darum kümmern, während ich mir etwas Schönes gönne, was Spaß macht. Wenn es so weit ist, dass ich in Aktion treten soll, werde ich einen Hinweis bekommen.«

**Alles, was sich für dich besser anfühlt,
hebt deine Schwingung an.**

Betrachte es als einen Sieg, wenn du auch nur eine kleine Erleichterung spürst. Wenn du außer Form wärst und anfangen würdest, für einen Marathon zu trainieren, müsstest du mit jeder *kleinen täglichen Verbesserung* zufrieden sein, oder du würdest es nie schaffen. Übe dich im Weichwerden und Zulassen, allein schon um Vertrauen zu gewinnen, dass du dich weiterbewegst, und sei es auch noch so wenig.

Vergiss einfach mal, deine äußere Welt zu verändern. Wenn du dich darauf konzentrierst, ist es eine so große Sache, dass du dich höchstens dabei verkrampfst. Kümmere dich stattdessen nur um deine zehn Prozent. Alles, was du zu tun hast, ist, dich jeden Tag ein kleines bisschen besser zu fühlen – und die restlichen neunzig Prozent überlasse der Gnade und der Auftriebsenergie. Benutze deinen freien Willen, um dich wahrzunehmen, weicher zu werden und deine Gefühle zuzulassen – und die Nase anzuheben, wenn du kannst. Äußere Veränderungen stellen sich ganz von selbst ein, wenn du dich innerlich änderst. Das kann gar nicht anders sein – es ist ein universelles Gesetz.

Erhöhe deine Schwingungsebene, *weil es sich einfach besser anfühlt,* aber nicht, weil du diesen oder jenen Mann, das Mädchen, den Job, das Haus oder das Geld haben willst. Tue es für dich. Tue es, weil es deine Absicht ist, dich in diesem Augenblick so gut zu fühlen, wie es dir nur möglich ist. Dein Leben findet immer *in diesem Augenblick* statt, und wenn du in *diesem Augenblick* ein kleines bisschen glücklicher bist und im nächsten ... und im nächsten ... dann veränderst du damit den ganzen Streckenverlauf deines Lebens. Die äußeren Umstände kannst du nicht kontrollieren, aber du kannst wählen, wo du in diesem Augenblick deine Aufmerksamkeit hinlenkst.

Zeigt die Nase meines Flugzeugs nach oben oder nach unten?

Der erste Schritt besteht darin, Schmerz und Mühsal hinter dir zu lassen, und dieses Buch zeigt dir, wie das geht. Dann gibt es keine Grenze, um weiter zunehmendes Glück und Erfolg für dich zu erschaffen. Als du jung warst, hattest du die Wahrheit der Navigationstafel im Gefühl. Instinktiv wusstest du, wie du dich auf natürliche Weise nach oben zu den höheren Gefühlsschwingungen bewegen konntest. Ich bin dazu da, dich an das zu erinnern, was du schon einmal wusstest, ehe man dich darauf trainiert hat, die eigene innere Führung außer Acht zu lassen. Wenn du dies meisterst, kannst du anfangen, als dein großes Selbst bewusst, freudvoll und spielerisch in dieser (scheinbar) materiellen Realität zu leben – mit allem, was dazugehört.

Sag deinem kleinen Selbst, um es zu beruhigen und aufzumuntern, dass die Gefühle von heute die Realität von morgen erschaffen.

Umsetzung in deinem Leben
1. Nähre täglich deinen Verstand mit erhebenden Dingen.
2. Schreibe in dein Tagebuch alle positiven Nachrichten, Gefühle und Schritte, die du gemacht hast – oder Wunder, die sich heute ereignet haben. Übergib, kurz gefasst, all deine Fehler, Sorgen und Nöte an die Präsenz. Lass das alles los und kaue die Geschichten nicht wieder. Große Erfolge bestehen aus vielen kleinen Schritten. Hör nicht auf alles, was dein Denken sagt.
3. Schreibe eine Geschichte (ähnlich wie in dem obigen Beispiel), die dich in kleinen Schritten auf der Gefühlsskala an Höhe gewinnen lässt. Halte dich nicht zu sehr mit der »Realität« auf. Du kannst sie selbst erschaffen! Es besteht keine Verpflichtung, bei der Wahrheit zu bleiben oder »genau« zu sein. *Du erschaffst sie.*

Du wirst bald anfangen, es zu genießen, in deinem Leben sanft, behutsam und mitfühlend mit dir selbst umzugehen. Du hörst auf zu jammern, zu analysieren, über Negatives zu reden oder es auszuagieren. Wenn du Hilfe brauchst, sprichst du lieber mit deinem großen Selbst darüber als mit anderen Leuten. Wenn du immer wieder in ein Schlammloch fällst, könntest du dich jeden Tag neu davon reinigen, mit Freunden oder einem Therapeuten darüber rätseln, wie das Loch dorthin gelangte und warum du ständig hineinfällst, und du könntest es absolut skandalös finden, dass es dort ist. Du könntest aber auch das Loch mit Kies füllen – und damit das Problem an der Wurzel beheben.

Daran werde ich dich öfter erinnern, weil unser Verstand die Neigung hat, es skandalös zu finden und uns mit mentalen Geschichten zu verwirren, sobald eine unerwünschte Emotion oder Situation auftritt. Unser kleines Selbst will dann panikartig die Situation in Ordnung bringen. Das Ganze an der Wurzel – der Grundschwingung – anzugehen macht es gleich viel leichter … oder das Problem verschwindet von allein.

Deine Schwingung ist die Wurzel des Problems.

Hör endlich auf, nach Negativität zu graben; es führt nur dazu, dass du dich jahrelang vergeblich und unnötig bemühen wirst, etwas aufzuarbeiten. In Wirklichkeit erschaffst du Negativität und Probleme, wenn du danach suchst und an dir selbst arbeitest. Ist dir das schon aufgefallen: Es nimmt kein Ende! Mit *Divine Openings* präsentiert dir das Leben alles, worum du dich kümmern musst, und du kümmerst dich darum. Lebe dein Leben und sei glücklich. Alle Gefühle, Ereignisse oder Umstände, die deiner Aufmerksamkeit bedürfen, werden bei Bedarf im Verlauf des gewöhnlichen Alltags auftauchen. Einfach und elegant.

Löse dich von dem *alten Paradigma,* das besagt, Klärung, Heilung und das Lernen von Lektionen seien nötig. Die »Arbeit« am spirituellen und persönlichen Wachstum ist bei vielen ernsthaft bemühten Suchenden tief verwurzelt, wie eine Sucht. Wenn du weiter an dir arbeitest, wirst du immer in diesem Hamsterrad feststecken. Sobald du beschließt, dass es in deinem Leben um Entwicklung geht und nicht um »Lernaufgaben«, wird es richtig klasse. Evolution ist etwas, das mit *Divine Openings* einfach geschieht.

Jedes Mal, wenn du etwas fühlst, was du nicht magst, sagt dir das Leben: »Hier bist du mit deinem großen Selbst nicht im Einklang, deshalb tut es weh« oder: »In diesem Punkt bist du nicht dein wahres Selbst, darum ist es schmerzhaft« oder: »Hier bekommst du eine Chance, deine Schwingung anzuheben, um dich besser zu fühlen und weiterzuentwickeln.«

Lass dir die Party nicht entgehen!

Wenn du dir etwas wünschst, weiß dein großes Selbst, dass du es haben willst, und erschafft es dir sogleich im nichtphysischen Bereich. Zack! Erledigt! Das große Selbst startet sofort mit der Party. Neunundneunzig Prozent deines Wunsches sind bereits manifestiert und warten auf dich – auf deiner Party. Aber wo bleibst *du*?

Jetzt hast du eine Sache zu tun, und nur diese eine Sache: Bring deine Schwingung auf Partylevel, hoch oben auf der Navigationstafel. Du bist der Ehrengast, und die Party ist schon zu neunundneunzig Prozent bereit zum Start. Der Saal ist dekoriert, das Orchester stimmt die Instrumente, das Essen steht schon auf dem Tisch, und die Gäste stehen alle herum und warten – auf *dich*, den Ehrengast! Die Party kann aber nicht ohne dich anfangen, denn es ist *deine Party*. Bist du etwa der fehlende Part auf deiner eigenen Party? Stellst du dir selbst ein Bein, weil du an all die Partys der Vergangenheit denkst, zu denen du nicht gegangen bist? Machst du dir Sorgen, dass die Party gar nicht stattfinden wird, dass irgendwas in die Hose gehen oder gar niemand kommen wird?

Beruhige deinen zweifelnden Verstand und konzentriere dich mit ganzem Herzen darauf, auf diese Party zu gehen. Sei weich und erlaube dir die Zweifel. Und rede über die Party, wie du dort hinkommst und was du dir gewünscht hast, statt über die Zweifel zu sprechen. So wirst du *schneller* zu der Party kommen! Das letzte Puzzlestückchen, dieses letzte eine Prozent, ist deine Erlaubnis, dass die Party nun physisch beginnen kann. Ich habe übrigens vor, ein T-Shirt herzustellen, auf dem steht: »Ich *bin* die Party!«

Ich sage nicht, dass du nie mit jemandem über deine Schwierigkeiten reden sollst, aber geh sparsam damit um. Denn *so wie du sprichst,* fokussierst du deine Energie, und *so kreierst du.* Wenn du dich bemitleidet fühlst, ist es ein Mit-Leiden, das dich aus der Höhe in die Tiefe stürzen kann. Rede also nur kurz über deine Schwierigkeiten und lege dann deinen Fokus auf die Millionen von *Möglichkeiten.*

Ich rede mit Freunden selten über meine Probleme. Warum? Die beste, machtvollste Adresse, an die man sich unmittelbar bei Fragen und Problemen wenden kann, ist die Präsenz. Freundschaft hat für mich *gar nichts mehr* mit emotionaler Unterstützung oder Problemlösung zu tun. Wenn ich mit Freunden und geliebten Menschen zusammen bin, geht es nur noch ums Leben, Lieben, Lachen – und um »Spaß an der Freude«.

Jetzt navigiere endlich zu deiner Party!

Du fühlst es, bevor du es sehen kannst

Es ist doch ein ausgesprochen seltsamer kosmischer Witz, dass ausgerechnet das, was am stärksten real ist, unsichtbar und nicht-physisch ist: Liebe, Lebenskraft, Mitgefühl, Magnetismus, Schwerkraft, Hoffnung, die Absicht und die Energie, die der physischen Materialisierung vorausgehen. Das alles ist unsichtbar, aber auf eine sehr machtvolle Weise wirklich. Du kannst es nicht sehen, berühren, hören oder riechen. Die physische »Realität«, die wir sehen und berühren können, ist viel weniger wirklich und dauerhaft – sie ist flüchtig und unbeständig.

Wie die Physiker wissen, sind die Dinge, die uns »fest« erscheinen, es in Wirklichkeit gar nicht – sie bestehen hauptsächlich aus leerem Raum. Deine physischen Sinne sind im Begriff, sich weiterzuentwickeln, wodurch sie ein breiteres Spektrum der Realität wahrnehmen werden. Du wirst anfangen, mehr »Dinge« zu sehen, zu hören, zu wissen und zu fühlen, die noch nicht physisch geworden sind. Je feinfühliger du für die nichtphysische, noch nicht manifestierte Energie wirst, umso mehr wirst du Dinge fast greifbar fühlen können, lange bevor sie im Physischen auftauchen. Mittlerweile ist die nichtphysische Welt für mich viel realer geworden als die physische Welt.

Es ist äußerst hilfreich, wenn du fühlen kannst, dass du auf negative Manifestationen zusteuerst, während du noch meilenweit davon entfernt bist – während also noch genug Zeit ist, deine Schwingung zu verändern und deinen Kurs zu korrigieren. Wenn du ein schlechtes Gefühl hast, wirst du dann sagen können: »Hmm, ich erkenne, dass mich das nicht dort hinbringt, wo ich hinwill: Wie kann ich also meine Schwingung anheben, um den Kurs zu korrigieren?« Und wenn du ein gutes Gefühl hast von etwas, das erst kommen wird, kannst du anfangen, es zu genießen, noch bevor es eintritt!

Du wirst im Voraus wissen, was du kreierst, noch ehe es sich materialisiert hat, einfach indem du darauf achtest, wie es sich *anfühlt*, statt erst im Nachhinein zu erkennen, dass du es mit einer niedrigen Schwingung kreiert hast. Außerdem wirst du das Glücksgefühl schon erleben, bevor das Gewünschte eintrifft; du bist dann nicht einmal überrascht, wenn Dinge, die du dir schon seit Jahren wünschst, plötzlich auftauchen.

Noch einmal: Es gibt keine »schlechten« Emotionen oder Werte auf der Navigationstafel. Es sind alles nur Indikatoren dafür, ob du mit deinem großen Selbst in einem bestimmten Bereich im Einklang bist oder nicht. Emotionen zeigen dir, wohin deine Nase ausgerichtet ist, für den Fall, dass du es nicht bemerkt hast!

Ein Freund von mir, ein »Realist«, und ich stehen im Freien und betrachten die durstigen Bäume und das Gras, und ich wünsche mir sehr, dass es Regen gibt. Ich surfe auf einer Welle von glücklicher Vorfreude auf den Regen. Da braut sich 80 Kilometer östlich von uns aus dem Nichts ein großes Gewitter zusammen, und ich kann es schon riechen. Der Realist sagt: »Wir sind in einer Dürre. Es wurde kein Regen vorhergesagt. Ich sehe keinen Regen. Es wird nicht regnen.« Dann kommt der Regen. Ach, dieser süße Duft des Regens auf dem trockenen Gras!

Das Geld, die Liebe oder die Erfahrung, die du haben möchtest, sind schon da, auch wenn du sie noch nicht sehen kannst. Spring auf und surfe auf der Welle, mit der sie kommen. Du kannst es schon jetzt genießen. Es ist real. Im Nichtphysischen ist es schon da.

Das Wirklichste ist oft unsichtbar.

Manchmal fahren wir gern mit dem Wagen in die Berge. Auf drei Vierteln des Weges dorthin erstreckt sich die flache Straße achtzig Kilometer lang vor uns, ohne dass irgendein Berg in Sicht käme. Es sieht nicht gerade aus, als würde uns der angepeilte Urlaub ins Gebirge führen, aber wir kehren natürlich nicht um, nur weil davon weit und breit noch nichts zu sehen ist. Die Straßenschilder sagen uns, dass die Richtung stimmt. Wir finden

Wege, die Fahrt zu genießen – hören Musik, lachen und freuen uns auf den Urlaub, wir halten an, um zu fotografieren oder Autostopper mitzunehmen.

Wir sind schon fast am Ziel, sehen aber noch immer nichts als ein paar kleine, unscheinbare Vorberge. Im Vergleich zu unseren Traumbildern von schneebedeckten Gipfeln sind sie nicht besonders aufregend, eher unspektakulär. Bisher ist schwer abzuschätzen, ob und wann wir jemals ankommen. So fahren wir einfach weiter. Im allerletzten Abschnitt der Fahrt tauchen endlich die Berge auf: Wow, da sind sie! Ihre Gipfel ragen scharfkantig in den strahlend blauen Himmel. Es wird frostig, frisch, Kieferduft liegt in der Luft, und ein kühler, klarer Bach schlängelt sich neben der Autostraße entlang. Da erblicken wir eine wunderschöne Berghütte, in der wir wohnen können. Diese Fahrt hat sich wirklich gelohnt. Jetzt können wir unsere Punkte vergeben!

So könnte auch deine Reise aussehen: kein Hinweis, kein Hinweis, kein Hinweis … und dann: Wumm! Der große Beweis! Die rollende Schneekugel wird größer und größer, aber sehen kannst du sie erst, wenn sie riesengroß auf dich zurollt.

Mach weiter und freu dich, dass du auf dem Weg bist. Wenn du merkst, dass du nachlässt, die Hoffnung verlierst oder zweifelst, dann sprich zu dir, wie du zu einem Freund sprechen würdest, der die Orientierung verloren hat: »Es wartet auf mich! Ich muss nicht alles selber machen – das Göttliche macht die Schwerarbeit. Solange ich nicht umdrehe, werde ich ankommen. Ich muss nur die Nase oben halten, meine Richtung anpeilen und in Bewegung bleiben, bis ich da bin.«

**Nimm nur dann eine Bewertung vor,
wenn sie zu deinen Gunsten ausfällt.**

Beruhige und ermutige dich selbst

Die Gnadenenergie von *Divine Openings* beruhigt dich, und ich lade dich ein, dich selbst zu besänftigen, zu trösten und aufzumuntern. Es ist eine wesentliche Fähigkeit und gehört zu deinen zehn Prozent an Mitwirkung. Schenk dir ein Gefühl der Erleichterung durch besänftigende Worte und feine Nuancen deiner Stimme. Durch sanfte Selbstermutigung bringst du die Nase deines Flugzeugs nach oben.

Wie würdest du mit einem Kind oder einem Freund in der Krise reden? Du würdest ihm nicht sagen: »Kein sehr beeindruckender Fortschritt, so langsam! Du schaffst das nie!« Nein, du würdest sagen: »Sieh doch, jetzt fühlst du dich doch schon ein bisschen besser! Toll! Mach weiter so!« Tue das Gleiche für dich selbst. Um dein Schwingungsniveau anzuheben, sprich in diesem tröstenden Ton zu dir selbst, bis du eine leichte Verschiebung spürst, keine dramatische Veränderung. Denke an deine Absicht, die Flughöhe etwas anzuheben. Mit Unterstützung der Gnade kannst du Schritt für Schritt in eine sehr gute Position aufsteigen, und nach ein bisschen Taumeln und Wackeln wirst du dich schließlich stabilisieren und dort oben bleiben.

Ich habe noch nie ein Flugzeug selbst gesteuert, aber ich kenne genug Piloten und habe genug Filme gesehen, um zu wissen, dass du, wenn du den Steuerknüppel zu heftig betätigst, um rasch ein paar Tausend Fuß an Höhe zu gewinnen, damit riskierst, die Kontrolle über die Maschine zu verlieren und abzustürzen. Derselben Analogie folgend, ist ein gleichmäßiger Aufstieg für dich, deine Familie, deinen Körper und dein Leben leichter zu bewältigen. Bemühe dich, Tag für Tag, Woche für Woche, Monat für Monat ein wenig an Höhe zu gewinnen, dann wirst du dich auf jeder neu erreichten Höhe stabilisieren und den Zuwachs beständig aufrechterhalten können.

Sicher hast du schon mitbekommen, was geschieht, wenn man mit einem Schlag sehr berühmt wird: Ein Mensch, der solche Höhenflüge nicht gewohnt ist, verkraftet das nicht, verliert den Halt und stürzt ab. Studien haben gezeigt, dass die meisten Hauptgewinner in der Lotterie innerhalb von zwei Jahren wieder dort landen, wo sie vorher waren. Der äußere Geldzuwachs bringt keine bleibende Veränderung in ihrem Leben, weil sie schwingungsmäßig nicht darauf vorbereitet waren, dieses Niveau beizubehalten. Jemand hat dazu eine faszinierende Theorie aufgestellt: Gesetzt den Fall, alles Geld dieser Welt würde gleichmäßig an alle Menschen verteilt, dann würde es binnen zwei Jahren wieder in dieselben Hände zurückfließen, wo es jetzt ist. Diese Theorie wird durch das Gesetz der Anziehung bestätigt. Ohne Schwingungsveränderung in Bezug auf Geld würden die meisten Menschen ihren vorherigen Stand wiederherstellen, zum Besseren wie zum Schlechteren. Wenn du viel höher hinaufliegen willst, als du es gewohnt bist, kann es schwierig werden, dich zu stabilisieren. Wenn du aber allmählich aufsteigst, unterstützt dich das Gesetz der Anziehung, und du stabilisierst dich jeweils auf dem neu erreichten Level.

Zufriedenheit und Langeweile sind eigentlich ganz nette Plätze zum Ausruhen, direkt oberhalb des Wendepunkts. Die Entspannung, die dort eintritt, stellt eine große Erleichterung dar. Noch keine Seligkeit, aber schon auf dem Weg dorthin. Jetzt ist die Auftriebsenergie auf deiner Seite. Durch Loslassen deiner Widerstände, dein Nachgeben und Zulassen von dem, was da ist, wird so viel Energie frei, dass der Schwung dich weiter vorantragen kann. Wenn du an Höhe gewinnst und das Gefühl hast, gar nichts tun zu wollen, dann tue gar nichts. Gib der Energie Zeit, sich aufzubauen. Wahrscheinlich bist du hundemüde vom langen Widerstandskampf und brauchst eine Pause.

Übe dich darin, Gedanken zu bevorzugen, die dich empor-heben und deine Schwingung bezüglich deiner Lebensthemen ein wenig erhöhen, bis es dir zur natürlichen Gewohnheit wird. Schreibe deine Höhengewinne und andere Erfolge in dein Tage-buch, damit der widerspenstige Verstand zu kapieren beginnt, dass *es tatsächlich funktioniert.*

Zusammenfassung

Deine Aufgabe ist es wahrzunehmen, was du fühlst, es wie ein unvoreingenommener Zeuge zu beobachten und zuzulassen, dass die Gnade dich dabei unterstützt. Richte deine Absicht dar-auf, die Nase deines Flugzeugs ständig anzuheben.

Was für Geschichten? Ich höre keine!

Ständig laufen »Geschichten« in unserem Kopf ab, und ob wir uns dessen bewusst sind oder nicht: Sie formen unsere Wahrneh-mung von der Welt, von anderen Menschen – und erschaffen unsere Realität! Sicher hast du darüber bereits manches gelesen und vielleicht sogar tiefer studiert – aber hast du es wirklich schon gemeistert? Oder wird dein Leben immer noch von unter-bewussten Storys gesteuert? Viele, die schon jahrzehntelang auf dem spirituellen Weg sind, kommen zu mir und berichten, dass sie dies nun dank *Divine Openings* »endlich kapiert« haben!

In dem Maße, wie sich dein Erwachen mit Unterstützung der Gnade vertieft, wirst du diesen Trickbetrügern, die wir »Ge-schichten« nennen, auf die Schliche kommen und ihrer Herr werden. Du wirst bemerken, ob eine »Story« die Nase deines Flugzeugs nach oben oder nach unten bringt.

Es erfordert ein wenig Übung, bis du lernst, deine Geschichten überhaupt zu erkennen. Weil die Geschichten ununterbrochen in deinem Kopf ablaufen, vierundzwanzig Stunden am Tag und auch im Schlaf, kann es sein, dass es dir überhaupt nicht auffällt. Du bist das Geplapper des Denkapparats so sehr gewöhnt, dass es außerhalb deines Gewahrseins abläuft wie eine unterirdische Strömung. Bevor wir *Divine Openings* kennenlernen, laufen die meisten unserer Geschichten unbewusst ab. Doch sobald wir aufwachen, fangen wir an, ihrer gewahr zu werden. Das ist von lebenswichtiger Bedeutung, denn diese Geschichten beeinflussen uns, ob wir sie wahrnehmen oder nicht.

Unser ganzes Leben lang haben wir uns diese Geschichten erzählt – oder erzählen lassen –, und wir haben ihnen geglaubt, als wären es Fakten. Storys sind aber mehr Fiktion als Fakt. Es sind Produkte unseres Denkens: Interpretationen, Dramatisierungen, Verfälschungen, Verzerrungen, Bewertungen, Analysen, Kommentare. Eine Geschichte ist selten eine unverfälschte, objektive, faktische Beschreibung einer Situation. Selbst Polizeiberichte sind berüchtigt für ihre Ungenauigkeit, denn fünf Augenzeugen werden ein und dasselbe Ereignis in fünf verschiedenen Versionen berichten.

Achte darauf, ob eine bestimmte Geschichte dir guttut. Stelle grundsätzlich infrage, ob sie stimmt, und ziehe immer in Betracht, dass dein Verstand von Vorurteilen geprägt ist. Konzentriere dich auf die Geschichten, die hilfreich sind, und wenn sie es nicht sind, tausche sie aus, bevor sie dir deine Energie rauben.

**Hör dir selbst beim
Denken und Reden zu.**

Manche Geschichten erzählst du anderen Leuten, und manche erzählst du dir selbst. Sei achtsam und registriere genau, um welche Geschichten es sich handelt, denn beide Arten erschaffen deine Realität. Wenn dir zum Beispiel deine Arbeit keine Freude macht, wirst du vielleicht auf dem Weg zur Arbeit dir selbst oder irgendwem diese kontraproduktive Geschichte erzählen: »Meine Arbeit macht mir keinen Spaß. Warum bin ich bloß so genervt? Wenn ich mir überlege, woran das liegen könnte … Nun ja, meine Mutter war ziemlich dominant … Und außerdem … Tja … Soll ich kündigen? Ich sollte mich nicht so fühlen. Dieses Thema beschäftigt mich schon seit zwanzig Jahren! Wann finde ich endlich einen tollen Job, damit dieser Frust aufhört? Diese Arbeit zieht mich runter. Meine Kollegen sind alle so negativ. Aber kündigen kann ich auch nicht, denn wovon soll ich dann leben?«

Tatsache ist, dass *dein Gefühl* für deine Arbeit in so einem Fall eine niedrige Schwingung hat. Jedes Mal, wenn du dir oder anderen diese Geschichte erzählst – ob sie nun stimmt oder nicht –, hältst du die Geschichte am Laufen, und die Realität ändert sich nicht.

Solche Geschichten entwickeln ihre Eigendynamik und erzeugen mentale Wirbelstürme. Die Geschichte und die Emotionen, die sie aktiviert, erschaffen eine Realität, die du nicht haben willst. Die von der Geschichte aufgewirbelte Energie hat eine Anziehungskraft, die ähnliche Energien und Umstände anzieht – was du dann als Bestätigung dafür siehst, dass deine Geschichte wahr ist. Die Beweise häufen sich und verfestigen sich zu einer Überzeugung, und daraus wird eine eingefleischte Lebensrealität. Dann wird *deine Energie* dazu verwendet, diese Geschichten und Glaubenssätze aufrechtzuerhalten.

Du kannst dich nur allzu leicht in einer Geschichte verfangen, die zu beweisen trachtet, wie falsch etwas ist oder war, wie du in diese Situation geraten bist, wer daran schuld ist und wie hilflos du bist, etwas daran zu ändern. Solche Geschichten machen aus dir ein armes, gutmütiges Opfer, dem Unrecht geschah. Ob »wahr« oder nicht, die Geschichte macht dich zu einem Opfer. Die negative Geschichte wird verteidigt, mit Energie aufgeladen und aufgebläht – und damit hält sie dich wie Klebstoff in diesem Drama fest.

Geschichten rechtfertigen und rationalisieren, warum etwas wahr ist oder warum du im Recht bist, aber der Preis, den du dafür bezahlst, ist sehr hoch: Durch die Geschichte wird eine unerwünschte Realität festzementiert. Darüber vergisst du völlig, dass du selbst der Urheber dieser Geschichte bist oder die Geschichte jemandem »abgekauft« hast, selbst wenn er es gut meinte. Wir erben von unseren Familien die Geschichten ganzer Generationen.

Dies dient alles nur zu deiner Information. Es ist völlig in Ordnung, wo auch immer du stehst. Von diesem Tag an wirst du von deiner Navigationstafel ablesen können, wie du von dort, wo du dich befindest, weiter nach oben, auf eine höhere Schwingungsebene kommst.

Es geht hier nicht um »Wahrheit«. Wo du dich befindest, ist nur insofern wahr, als du es selbst erschaffen hast bzw. eine Realität übernommen hast, die jemand anders erschaffen hat. Du hast sie »wahr« gemacht. Und vorübergehend ist sie so lange wahr, bis du etwas anderes erschaffst!

Du kannst gleich hier etwas anderes erschaffen, das dir besser gefällt, und es »wahr« machen. Es ist hilfreich, deine Geschichte darüber zu verändern, um dich machtvoller zu fühlen. Denn sich machtvoll zu fühlen, erschafft machtvolle Realitäten.

Zusammenfassung

Jede Geschichte wirbelt einen Strudel von Gefühlsschwingungen auf, der dann ähnliche Menschen, Dinge, Ereignisse und Gefühle anzieht. So haben Geschichten wohl oder übel die Wirkung, dass sie immer wieder die gleichen Gefühle und Manifestationen erzeugen. Wenn du dich selbst beim Denken und Sprechen belauschst, wirst du deine Geschichten hören. Was dein Verstand dir sagt, solltest du niemals automatisch als wahr hinnehmen. Alles davon ist Geschichte – manches hilfreich, anderes nicht. Werde Zeuge deines eigenen Denkens und bemerke, welche Wirkung es auf deine Schwingung hat, und dann verwirf jene Geschichten und Gedanken, die dich auf eine unerwünschte Realität zusteuern lassen.

Ehe du die kraftvollen und revolutionären, grundlegenden Methoden von *Divine Openings* vollkommen meistern kannst, musst du aufhören, deinen Geschichten automatisch zu glauben. Das nimmt ihnen die Macht, deine Realität zu besetzen, und gibt dir deine Macht berechtigterweise zurück.

Glaube nicht alles, was du denkst!

Umsetzung in deinem Leben

Jedes Mal, wenn du dich selbst dabei ertappst, wie du in einer Geschichte schwelgst, sage »STOPP!« und frage dich: »Fühle ich mich *besser* oder *schlechter*, wenn ich diese Geschichte erzähle?« Übe dich darin, dir beruhigend und aufmunternd zuzureden und dir eine bessere Story zu erzählen, die deine Schwingung ein kleines bisschen anhebt. Du brauchst nur ein paar Schritte nach oben auf deiner Navigationsskala zu tun, um einen Aufwärtsimpuls zu erzeugen, dann werden sich in deiner Welt Veränderungen zu zeigen beginnen.

Es muss nicht immer eine negative Geschichte sein, die dich bremst. Es kann auch eine positive Geschichte sein, die dir früher einmal gedient hat, aber jetzt nicht mehr. Ein Schüler von mir besaß eine mittelgroße Computerfirma und hatte Schwierigkeiten, gute Mitarbeiter anzuziehen. Er hatte alle Kunden, die er brauchte, fand aber nicht genug qualifizierte Mitarbeiter für den Kundendienst. Zunächst konnten wir die Schwingung nicht ausmachen, die ihn daran hinderte, gute Leute zu finden. Ich verwies einen brillanten, aber arbeitslosen Techniker aus meinem Bekanntenkreis an ihn, doch interessanterweise fand dieser Techniker ständig Gründe, warum er ihn nicht anrief.

Schließlich kamen wir dahinter, dass der Chef seine Firma in der Überzeugung gestartet hatte, es gebe zu viele unfähige Techniker auf dem Markt für Computerreparaturen und seine Mission sei es, der »Mister Richtig« zu sein. Das machte ihn zu einem erfolgreichen Einzelunternehmer, behinderte aber jede Expansion – denn sein alter Glaube, er sei der einzige qualifizierte Mann, arbeitete nun gegen ihn. Er zog ständig gerade solche unfähigen Techniker an, vor denen er die Welt eigentlich bewahren wollte, schreckte aber die guten ab, wie meinen Freund, der nicht in seine Geschichte passte. Als er die alte Geschichte aufgab, fingen kompetente Techniker an, sich bei ihm zu bewerben.

**Unsere Geschichten spielen sich in
unserer Realität ab – und erschaffen damit
unsere Realität.**

Ein anderer Schüler hatte einen sehr geschätzten Mentor, der ihm riet: »Zahle nie für eine Arbeit, die du selbst tun kannst.« Das war prima, solange er ein ganzes Karate-Institut voll freiwilliger Helfer hatte, aber später, in einer anderen Branche, erschöpfte es ihn, der Einzelkämpfer zu sein, und brachte ihn an den Rand des Ruins. Eines Tages wurde ihm klar, dass es Zeit war, diese Geschichte loszulassen und sich Helfer zu engagieren.

Ob eine Geschichte »wahr« ist oder nicht, ist eine verzwickte, aber belanglose Ablenkung. Die wichtigen Fragen, die man sich bei jeder Geschichte und jedem Gedanken stellen muss, lauten: »Fühle ich mich dadurch besser oder schlechter? Ist es für mich eine Beschränkung oder eine Stärkung?«

Wie fühlt es sich an, wenn ich diese Geschichte erzähle?
Welche Realität wird dadurch erschaffen?

Lebe dein Leben, nicht deine Geschichten

Letztlich ist die größte Belohnung dafür, dass du deine Geschichten durchschaust, sehr einfach, aber tiefgehend und wunderbar. Die Nebel werden sich lüften, und du entdeckst, dass du das Leben unmittelbar, unschuldig und einfach wie ein Kind erleben kannst – ohne Verfälschungen und komplizierte gedankliche Kommentare darüber. Der Verstand verweilt dann in seliger Stille.

Beim Liebemachen tauchst du völlig in dein Erleben ein, ohne darüber nachzudenken. Bei der Arbeit bist du völlig vertieft in dein Tun, ohne darüber zu grübeln, wie anstrengend es ist. Beim Sitzen im Freien genießt du die prickelnde Lust am Atmen, spürst den Windhauch auf deiner Haut, die Klänge, die dein Ohr streicheln. Während du etwas tust, was du schon tausend Mal getan hast, erlebst du es wie beim ersten Mal. Da ist keine Geschichte, wie es sein sollte, wie es früher einmal war oder wie es einmal werden könnte. Du lebst vollkommen in der Erfahrung dieses Augenblicks.

Du wirst dein Leben zunehmend ohne die vielen Filter, Verzerrungen, Geschichten, Ansichten, Überzeugungen und falschen Interpretationen leben. Du antwortest frisch in diesem Augenblick und reagierst nicht aufgrund alter Glaubenssätze, Gewohnheiten und Muster, die nichts als erstarrte, rigide Geschichten sind. Du bist spontan, unschuldig und flexibel, kein programmierter Automat, der das tut, was er schon immer getan hat, und denkt, was er schon immer gedacht hat. Das Leben ist ein Wunder, wenn du jeden prickelnden Augenblick in seiner Einzigartigkeit erlebst statt durch die trüben Fenster einer müden, alten Geschichte.

In den Fünf-Tage-Retreats tauchen wir tief in diesen glückseligen Zustand des *no-mind* (»Nicht-Denken«) ein. Gemeinsam ruhen wir im tiefen Frieden und der Seligkeit eines beruhigten, stillen Verstandes ohne Storys – in dem exponentiell verstärkten Energiefeld der Gruppe. Wenn du diesen jungfräulich reinen Zustand einmal erlebt hast, ist es leichter, ihn immer wieder aufzusuchen. Dann kennst du die Adresse der Gnade.

Das nächste *Divine Opening* erweitert dein Bewusstsein dahingehend, dass du dich selbst aus der Warte des inneren Zeugen klarer sehen kannst. Außerdem bereitet es dich auf das *Diving-in* (»Eintauchen«) vor, eine der machtvollsten Praktiken von *Divine Openings*.

Zusammenfassung

Wir brauchen Geschichten und Gedanken, um ein linear ablaufendes Leben zu verstehen und darin zu navigieren. Du solltest aber deine Geschichten aufmerksam beobachten, denn sie formen deine Wirklichkeit.

Erschaffe bewusst deine Geschichten so, dass sie dich unterstützen und nicht begrenzen. Das Leben wird frisch, neu, unschuldig und magisch, wenn du *dein Leben direkt erlebst* anstelle deiner Geschichten.

Lola Jones am Meer. Foto von Carola Gracen.

Zweites Divine Opening

*J*ier wird von mir eine machtvolle Schwingung der gött-lichen Mutter invoziert. *Divine Mother Hugs* (»Göttliche-Mutter-Umarmungen«) dieser Art kannst du so oft empfangen, wie du möchtest, in unterschiedlicher Form, denn sie beschleu-nigen deine Energie nicht und brauchen keine Zeit zur Verarbei-tung. Sie wirken beruhigend, besänftigend und erdend. Betrach-te das Bild mit weichem Blick, schließe dann die Augen und entspanne dich.

Eintauchen – eine grundlegende Praxis, die dein Leben verändert

Die Methode des *Diving-in* (»Eintauchen«) habe ich entwickelt, um dir zu helfen, die gleiche Freiheit von den niedrigen Emotio-nen, dem Leiden und der Mühsal zu erlangen, wie sie mir während meiner einundzwanzig Tage in Stille und Einsamkeit widerfuhr. Das Eintauchen hat ebenso wie das »Anheben der Nase« (*Tipping the nose up*) die Wirkung, dass du dich gut fühlst; sie werden aber in unterschiedlichen Situationen angewendet. Das Anheben der Nase gehört zu den routinemäßigen mentalen Wartungsarbeiten, während das Eintauchen eine tiefgehende, dein Leben in großem Umfang verändernde Übung darstellt.

Durch das Anheben der Nase kannst du der Gedanken Herr werden, die ständig in deinem Kopf herumwirbeln und sich dir während des ganzen Tages aufdrängen und Schwingungen erzeugen, die deine Realität erschaffen. Das Eintauchen ist erstaunlich wirksam bei alten, seit Langem bestehenden, starken oder wiederkehrenden Gefühlen, Überzeugungen und Denkmustern. Es eignet sich sehr gut dafür, große Mengen an gebundener Energie auf einmal zurückzugewinnen.

Wenn das Anheben der Nase nichts bringt oder ein bestimmtes Gefühl immer wiederkehrt, ist es Zeit zum Eintauchen. Dabei werden ähnliche Schwingungen zusammengefasst und in Summe angehoben, häufig mit bleibender Wirkung, wodurch dir erspart bleibt, einzelne Lebensfelder über Jahre hinweg zu bearbeiten. Was jahrzehntelang hartnäckige Themen waren, schmilzt im Nu durch Zulassen und Annehmen der Gefühle. Im ganzen Sein werden Leichtigkeit und Freiheit wiederhergestellt. Wenn du *Divine Openings* empfängst, löst sich auch der Rückstau an stagnierender Energie und lässt diese aufsteigen.

Was noch wichtiger ist: Durch das Eintauchen wirst du bald davon befreit sein, *Widerstände gegen das Fühlen* im Allgemeinen zu haben. Das Ziel des Eintauchens besteht letztlich darin, *nicht* die Gefühle zum Verschwinden zu bringen, sondern sämtliche Gefühle zu erlauben und anzunehmen. Du kehrst zurück in den natürlichen Zustand des Kindes, das jedes Gefühl im Moment des Auftauchens fühlt und dann einfach weiterfließen lässt. Kinder und Tiere spüren die Gefühle unmittelbar, die Schwingung wird angehoben, und der Fluss geht weiter. Durch diese Methode findest du zurück zu dem Leben im Augenblick, wie es die Schöpfung vorgesehen hatte. Wenn du einmal erleuchtete Gelassenheit erlangt hast, wirst du sämtliche Gefühle fühlen können, aber du wirst nicht darin verharren oder gar leiden. Du wirst alle Gefühle erlauben, sie zu schätzen wissen und problemlos aus ihnen zurückkommen und aufsteigen. Du wirst eine außerordentliche Resilienz (Flexibilität gegenüber Herausforderungen) entwickeln.

Wenn du dich gegen eine Emotion wehrst, fällt ihre Schwingung noch mehr ab. Sie wird irgendwo im Körper oder im Energiefeld deponiert, geht aber nicht weg. Selbst wenn du einen »spirituellen Bypass« (eine Abkürzung oder Umgehung eines Gefühls) benutzt oder die Emotion ignorierst, wirken die Schwingungen in dir weiter nach und ziehen ähnliche Erfahrungen an. Wenn du hingegen sanft eintauchst, das Gefühl akzeptierst und es vollständig erlebst, geht es schnell vorüber. Das funktioniert so einfach, dass du dich bald wundern wirst, warum du nicht schon früher darauf gekommen bist. Therapeuten ebenso wie Guides und Schüler von *Divine Openings* sind begeistert, wie schnell es geht.

Eintauchen und die Geschichte loslassen

Der Schlüssel zum Eintauchen besteht darin, dass man sich total auf das Gefühl einlässt und die Geschichte (das Reden, die Worte) fallen lässt. Die Geschichte ist wie der Rauch, nur ein Symptom – und das Gefühl ist wie das Feuer, die Ursache. Nur im Fühlen selbst findest du Erleichterung und kannst die Energie, die dir abhandengekommen ist, wieder zurückgewinnen. Du würdest mit Sicherheit ein Feuer nicht zu löschen versuchen, indem du den Rauch wegbläst. Wie das Wegblasen des Rauches ein Feuer noch mehr anfacht und zunehmen lässt, wirkt auch das Reden über ein Problem oder das Erzählen einer problematischen Geschichte so, dass es das Feuer anfacht, aber niemals löscht.

Eine Geschichte ist ein wertvoller Feueralarm, der dich *auf ein Gefühl aufmerksam macht*. Sei ihr dankbar und dann lass sie fallen und widme deine ganze mitfühlende Aufmerksamkeit dem Fühlen und der Schwingung. Die ablenkende, sich im Kreis drehende, zündende Geschichte hat ihre Aufgabe erfüllt, sobald sie dir die darunterliegende Schwingung aufgezeigt hat.

Die Geschichte ist nur der Rauch.
Im Gefühl findest du die Lösung.

Etwas Magisches geschieht, wenn du dich zuerst um dein Gefühl mit seiner Schwingung kümmerst, statt dich sofort in Worte oder Handlungen zu stürzen, um die Situation in Ordnung zu bringen. Beginne immer mit dem *Zulassen und Annehmen der eigenen Gefühle*. Das heißt nicht, dass du die Gefühle oder die Umstände, die das Gefühl entfacht haben, lieben sollst; es bedeutet nur, das Gefühl zuzulassen und anzunehmen, damit es sich *in Bewegung setzen kann*.

Es ist, was es ist, und so hast du auch die Wahl, das zu akzeptieren, was in diesem Moment da ist. Widerstand ist wie Klebstoff, der dich an das bindet, was du nicht möchtest. Tue lieber, was funktioniert: Wenn du das Gefühl annimmst, bewegt sich die niedere Schwingung leichter nach oben. Die Schwingung der Akzeptanz liegt auf der Gefühlsskala in der Mitte, direkt oberhalb des Wendepunkts; von dort kann der Aufwärtsschwung einsetzen.

Die Geschichte erzeugt nur endlose Schleifen unerwünschter Gefühle, die sich zu einem Tornado an negativer Energie auswachsen können. Das gibt dir dann ein schreckliches, blockierendes Gefühl, das sich nie auflöst. Der Prozess des Eintauchens ist deshalb machtvoll, weil du niemals *in die Geschichte* eintauchst. Du nimmst sie als Zeuge wahr, akzeptierst ihr Vorhandensein und lässt sie dann sofort fallen, um *das Gefühl selbst zu fühlen*, in deinem Körper, ohne Worte, ohne Geschichte.

**Woran erkennst du, ob du die
Geschichte fallen gelassen hast? Es sind dann
keine Worte in deinem Kopf.**

Dieser wirkungsvolle, in Schritten ablaufende Eintauchprozess bringt selbst hartnäckige, lebenslang festgehaltene, zentrale Emotionen im unteren Schwingungsbereich gebündelt in Bewegung, weil er ähnliche Schwingungsfäden zusammenbringt und sie alle auf einmal anhebt. Dem folgen Gefühle von tiefem Frieden und manchmal euphorischer Befreiung. Schluss mit der endlosen Beschäftigung mit problematischen Themen.

Sobald du ein starkes Gefühl in dir wahrnimmst, das dir unangenehm ist, versuche erst gar nicht, es zu analysieren. Übe dich stattdessen im Eintauchen.

- Setze dich hin, schließe die Augen und beachte, welche Geschichte aus dem betreffenden Lebensbereich aufgetaucht ist. Benutze die Geschichte und die darin vorkommenden Figuren wie ein Seil, mit dem du dich aus deinem Kopf nach unten ins Fühlen abseilst. Lass dich in das reine Empfinden der Gefühle hinabsinken.
- Gib deine ganze Aufmerksamkeit in das *Körpergefühl*, das unter der Geschichte da ist. Stelle dir vor, du tauchst in dieses Gefühl (wie in Wasser) ein, wirst darin ganz weich und nimmst es in deine Arme wie einen alten Freund (der es ja ist).
- Atme zart wie ein Baby in dein Gefühl. Lass dabei leichte, wellenförmige Bewegungen der Wirbelsäule zu. Atme *sanft* in deine Gefühle und Körperempfindungen. Sei liebevoll zu dir.

- Gib den Empfindungen einen Namen, wenn du magst: verspannt, schmerzhaft, taub, warm, juckend, schwer, stechender Schmerz usw.
- Sage leise Ja zu dem, was du empfindest. Es hilft dir, weich zu werden und dir zu erlauben, alles zu spüren. »Ich hasse dieses Gefühl, aber es ist da, also werde ich ihm nachgeben. Darin ist gebundene Energie, die ich zurückhaben will!«
- Sobald du dich entspannt und das *Gefühl wirklich angenommen* hast, bist du schon über den Wendepunkt hinaus, zumindest bei diesem Thema. Super! Du hast deine Schwingung angehoben, und der Energieimpuls wird dich weiter nach oben tragen.
- Probier mal eine Version für Fortgeschrittene: Stelle dir das Gefühl als pulsierende Atome in deinem Körper vor. Alles ist Schwingung!
- Eine geringfügige Erleichterung genügt. Wisse, dass der Auftrieb dich weiter nach oben trägt. Dann öffne die Augen und achte darauf, wie du dich jetzt fühlst.

Umsetzung in deinem Leben

Hör jetzt mit dem Lesen auf. Werde still und lass den Atem langsamer werden. Nimm dein Tagebuch zur Hand. Ich bekomme häufig zu hören, dass Menschen die wahre Magie von *Divine Openings* erst ernteten, als sie anfingen, sie in ihrem Leben bewusst umzusetzen und Erfahrungen zu sammeln. Also lass uns gleich einmal das Eintauchen üben! Für den Anfang wähle dir ein kleines bis mittelgroßes Thema, nicht gleich ein Riesenproblem. Nimm eine Situation, ein Drama, eine Geschichte oder ein Gefühl, von dem du gern befreit sein möchtest. Schreibe nur ein paar Sätze der Geschichte auf, um mit dem Gefühl in Kontakt zu kommen. Du brauchst das Gefühl nicht einmal zu benennen; fühle es einfach nur. Dann lass die Geschichte fallen und konzentriere dich hundertprozentig auf das Gefühl und darauf, wie du es im Körper wahrnimmst. Wende den oben beschriebenen Prozess des Eintauchens Schritt für Schritt an, bis du es positiv angenommen hast. Mehr brauchst du im Moment nicht.

Zum Glück wirst du jetzt nicht mehr auf all die raffinierten Geschichten reinfallen, die deine Emotionen kidnappen, ehe du dir dessen gewahr wirst. In jeder Situation, in der dir jemand oder etwas unangenehm ist, kannst du, statt etwas zu sagen oder zu tun, erst einmal kurz *in deine eigene emotionale Reaktion eintauchen.* Du wirst dich wundern, wie sehr diese einfache Angewohnheit dich transformieren und deine Realität verändern wird.

Für manche ist es einfacher, wenn sie das Eintauchen in Gefühle tatsächlich mit dem Bild eines großen Teichs mit Wasser tief in ihrem Körper verbinden. Die Luft darüber ist quasi die Geschichte an der Oberfläche. Unter Wasser ist nichts davon zu hören.

So kannst du deine Schwingung langsam, Schritt für Schritt anheben: Weichwerden, Annehmen und ein paar Schritte aufwärts – das ist alles, was jemals dafür nötig ist. Wenn du dieses *Weichwerden und Annehmen* im täglichen Leben übst, wird es zu einer neuen Gewohnheit werden. Du wirst schon bald eine dramatische Verbesserung deiner Fähigkeit bemerken, glücklich und im Fluss zu bleiben. Das wirst du in der Außenwelt manifestieren und dadurch Einfluss nehmen. Menschen und Umstände scheinen für dich die Gestalt zu verändern. Und alles beginnt mit dem Eintauchen.

Meisterschaft im Eintauchen bringt rasche Fortschritte im Leben, und weil manche Menschen durch angeleitete Audio- oder Videomeditationen leichter lernen als durch Lesen, haben wir eine ganze Audioserie kreiert, um sie bei der Beherrschung des Eintauchens zu unterstützen. Es gibt mehr als zwanzig englisch- und teilweise auch deutschsprachige Audios und Videos, die dich durch den Eintauchprozess hindurchführen, sodass du dabei entspannt bleiben kannst und nicht überlegen musst. Wenn du meinst, das könnte dir helfen, schau mal unter *Audio-Sets* auf der Homepage www.DivineOpenings.de nach.

Übe das Eintauchen, bis es für dich zu einer neuen, automatischen Antwort auf jede Geschichte, jedes Streitthema, jedes Problem, jede niedrige Schwingung geworden ist. Übe es so lange ein, bis es dir gelingt, eine Geschichte schon zu wittern, bevor sie auf Touren kommt und dich in Beschlag nimmt. Selbst wenn du schon seit Jahren glücklich auf einem stabilen Hoch dahinsegelst: Sobald deine Schwingung wegen irgendetwas abrupt in den Keller stürzt, ist die erste Reaktion in deinem Kopf wahrscheinlich die, dass etwas *falsch* ist. Die Geschichte dazu könnte lauten: »Darüber sollte ich doch schon hinaus sein! So ein Gefühl sollte ich nicht haben.« Sich dagegen zu sträuben erhöht aber den Widerstand und verlängert nur deinen Schmerz. Sobald du deine fünf Sinne wieder beisammenhast, lass los, werde weich und tauche ein, erkenne die Botschaft deiner Gefühle und lass sie zur Akzeptanz aufsteigen.

Ein paar Mal habe ich schon laut zu mir gesagt: »Nimm dich zusammen, Lola! Vergiss die Geschichte und tauche ein. Es wird aufsteigen.« Und das tut es jedes Mal! Wenn du versuchst, das Gefühl aus der Welt zu schaffen, es »heilen« oder wegmachen zu wollen oder darüber zu reden und die Geschichte auszudiskutieren, lässt du dir eine Chance entgehen, deine blockierte Energie wiederzugewinnen. Es *soll* sich »schlecht« anfühlen, wenn du dich in einer einschränkenden Geschichte aufhältst! Schlechte Gefühle weisen dir den Weg in eine völlig neue Freiheit, wenn du das Eintauchen anwendest und die blockierte Energie befreist. Vielleicht musst du das Eintauchen zu einem bestimmten Thema mehrere Male durchführen, aber mit sanftem Zulassen wirst du es hinbekommen.

Gefühle müssen nicht »geheilt« werden. Sie sind keine Krankheit, sondern wertvolle Schwingungsindikatoren. Bist du wütend auf deine Partnerin, versuchst aber, sie zurechtzubiegen, deine Wut zu ignorieren oder darüberzustehen, wird die emotionale Schwingung weiter in dir köcheln und dann möglicherweise den Ärger deiner Partnerin, einen aggressiven Autofahrer oder einen verstauchten Zeh »magnetisch« anziehen. Sobald du das Gefühl ablehnst oder weghaben willst, erzeugst du Abwehr in deinem Körper. Im Laufe der Zeit kann es dann zunehmend stärkere Hinweise geben, wie körperliche Verspannungen, Schmerzen oder ein Missgeschick oder Unfall. Wenn du deine Gefühlslage zu lange ignorierst, wird sich vielleicht ein unerwünschtes Ereignis oder eine Krankheit manifestieren, damit dein Inneres endlich deine Aufmerksamkeit bekommt.

Wenn du versuchst, die Situation durch Analysieren der Geschichte in den Griff zu bekommen, tust du nichts anderes, als die Liegestühle auf der Titanic anders aufzustellen, um das Schiff vor dem Sinken zu bewahren, während das Leck im Rumpf die eigentliche Ursache ist. Deine Gefühlsschwingung ist die eigentliche Ursache und deine Geschichte darüber ein vertracktes Ablenkungsmanöver. Kümmere dich immer um die eigentliche Ursache – nutze das Eintauchen!

Viele Menschen versuchen es mit dem »spirituellen Bypass«, wie ich ihn getauft habe. Sie versuchen, von den niedrigen Schwingungen eine direkte Abkürzung zu Liebe und Glückseligkeit zu finden. Sie erzählen mir dann: »Ich habe versucht, die Person, auf die ich wütend war, in Liebe und Licht einzuhüllen, aber es hat nicht funktioniert.« Das ursprüngliche Gefühl muss gefühlt, zugelassen und auf eine höhere Schwingungsebene gehoben werden. Erst wenn du *das Gefühl, das du dabei spürst,* mit Weichheit annehmen kannst, wird es sich weiterbewegen. Sobald du deine Geschichte losgelassen hast, kann durch den Prozess des

Eintauchens die Energie nach oben bewegt und wiedergewonnen werden – und dann ist es gelöst.

Schmerz und Friede, Seligkeit und Wut sind alle göttliche Energie, aber mit unterschiedlichen Schwingungsfrequenzen. Die Energie von Friede und Seligkeit ist frei fließend – sie hat eine hohe, starke Schwingung. Die Energie von Schmerz, Angst und Wut ist dichter und schwingt niedriger und langsamer. Jeder Widerstand gegen Emotionen, die sich schlecht anfühlen, macht sie noch langsamer, niedriger und dichter.

Erst die Energie harmonisieren,
dann handeln!

Dein Glück ist kostbar. Du sollst nicht leiden! Wenn du dir mit irgendeinem Aspekt des Eintauchens schwertust und intensivere, persönliche Unterstützung und Hilfe brauchst, schau in den Hinweisen am Ende des Buches nach.

Eintauchen: Kurzfassung

Wenn du das Eintauchen grundsätzlich erlernt hast, verwende diese Kurzfassung:

- Lass die Geschichte fallen, lass dich nach unten in deinen Körper sinken und fühle dort das Gefühl und die Körperempfindungen.
- Atme sanft wie ein Baby in das Gefühl hinein. Nimm es liebevoll in die Arme und schenke ihm all dein Mitgefühl.
- Fühle es als reine Schwingung. Atme mit Genuss, während du sanft bei dem Gefühl verweilst, es annimmst und einfach damit bist, ohne dass es schnell vorübergehen soll. Das Annehmen hebt dich automatisch über den Wendepunkt! Mit einiger Übung kann das Ganze in wenigen Minuten ablaufen.

Lass die Geschichte fallen.
Spüre das Gefühl im Körper.

Selbst wenn du diese wirksame Strategie gelernt hast, mit der du inmitten von Verwirrung und Krisenstimmung Erleuchtung finden kannst, ist es doch ein verteufelt schwieriges Ding, wenn dein Denken bereits gekidnappt wurde. Dann ist es schwierig zu *erkennen*, dass du dich in einer Geschichte aufhältst, und dich daran zu erinnern, sie fallen zu lassen, um in das reine Fühlen und die Schwingung einzutauchen.

Wenn du deinen Körper als taub empfindest, tauche in diese Taubheit ein, und auch sie wird in Bewegung kommen und sich auflösen. Du wirst meistens ziemlich schnell eintauchen und ein Gefühl in Bewegung bringen können, doch es gibt Zeiten, da du einen oder zwei Tage oder noch länger damit sein musst. Wenn du eintauchst und sich gar nichts rührt, dann kümmere dich weiter um deinen Alltag und *erlaube dir, für eine Weile zu fühlen, was immer du fühlst.*

Alles ist Schwingung – Atome, die sich umherbewegen. Wenn du es in reine und einfache Schwingung zerlegst, könnte dein Erleben des Gefühls ohne Geschichte etwa so lauten: »Da ist ein Gefühl/eine Schwingung in meinem Körper«, oder: »Es sind nur vibrierende Atome. Ich kann es zulassen und damit sein.« Besänftige dich selbst mit Worten wie: »Alles vibriert … Lass uns mal sehen, wie sich diese Schwingung anfühlt. Die Schwingung *möchte* aufsteigen.«

Emotionen erzeugen physische Schwingungen, und wenn du darin eintauchst und sie ohne deine Geschichte erlebst, kannst du zulassen, dass sie sich auf eine höhere Schwingungsebene begeben. So einfach ist das.

Keine Geschichte, kein Widerstand = kein Leiden.

Umsetzung in deinem Leben

Erlebe in dieser Woche alles als Schwingung in deinem Körper. Fühle alles, was du fühlst, als pulsierende Atome in deinem Körper – ohne irgendeine Geschichte mit Bewertungen von »gut« und »schlecht«, ohne Namen für die Gefühle, ohne Worte und Gedanken, warum du dich so fühlst. Erlebe einfach alles unmittelbar.

Du wirst dich freier und glücklicher fühlen, wirst intuitiver und sensibler für Energien werden. Die Schwingung geht dem Gefühl voraus – du kannst sie schon vorher spüren, noch ehe ein Gefühl aufgetaucht ist, schon lange bevor sie sich als physische Realität manifestiert!

Sanft ins Fühlen einzutauchen holt die Kraft deiner göttlichen Präsenz in den gegenwärtigen Augenblick, initiiert neue Verschaltungen, erhellt neue Wahlmöglichkeiten. Durch die Erhöhung deiner Schwingung wirst du klarer im Kopf und bist im Einklang mit deinem machtvollen größeren Selbst. Wenn dann immer noch irgendein Problem übrig ist, kannst du einfach loslassen und dem Göttlichen die schweren Gewichte überlassen – oder du wirst Führung erhalten, wie du vorgehen sollst. Alles bewegt und löst sich viel leichter, wenn keine klebrige, negative emotionale Ladung mehr daran hängt.

Jedes Gefühl, das widerstandslos angenommen wird,
bewegt und erhebt sich – und macht dich frei.

Wenn du in ein Gefühl eintauchst und »präsent bist mit dem, was ist«, statt gegen das, was ist, Widerstand zu leisten, wird der Energiefluss wiederhergestellt. Du fühlst dich sofort leichter und öffnest dich dafür, dass noch mehr Gutes zu dir kommen kann. Selbst wenn nur eine geringfügige Erleichterung eintritt, weißt du, dass die Nase des Flugzeugs ein bisschen angehoben wurde und die ganze Flugbahn sich dadurch verändert. Wenn du weiterfliegst, während die Nase auch nur ein wenig nach unten zeigt, wirst du irgendwann am Boden aufschlagen. Schon wenn du sie nur ganz leicht nach oben ziehst, ändert sich alles – *du wirst nicht abstürzen!* Das verändert alles, und deine Zukunft nimmt eine andere Färbung an. Es ist möglich, dass du innerhalb von zehn Minuten größte Angst oder tiefsten Kummer in Seligkeit transformierst. Ohne eine Geschichte, die die niedrigen Gefühlsschwingungen am Laufen hält, werden die Kanäle geöffnet, und es können mehr Liebe und Seligkeit durch dich fließen.

Einmal kam ein Anwalt zu mir, der eine Menge Probleme hatte: Gegen ihn lief eine Millionen-Dollar-Klage, zwei Söhne im Teenageralter waren abgehauen, seine Frau hatte sich kürzlich von ihm scheiden lassen, und seine Firma ging gerade den Bach runter. Innerhalb einer Stunde fühlte er sich schon besser, und nach zwei Sitzungen ging es ihm so gut wie seit Jahren nicht mehr, obwohl sich auf der materiellen Ebene nichts verändert hatte. Er wirkte überwältigt, aber er fühlte sich besser. Seine Realität war radikal über den Haufen geworfen worden.

Wir glauben, Veränderung würde harte Arbeit und viel Zeit brauchen. Der Verstand denkt, das Glück wäre von äußeren Umständen abhängig. Aber dann könnte ja jeder nur dann glücklich sein, wenn alles und jeder rundherum immer angenehm wäre. Wahre Meisterschaft bedeutet jedoch, sich unabhängig von den äußeren Umständen dafür zu entscheiden, glücklich zu sein.

Für diesen Mann begann von nun an eine Aufwärtsspirale, und es ging tatsächlich ständig aufwärts in seinem Leben. Drei Jahre später lebte er seinen Traum: im Musikgeschäft tätig zu sein und Rockkonzerte zu organisieren. Als Stars in seiner neuesten Show traten auf – dreimal kannst du raten: seine beiden inzwischen heimgekehrten Söhne.

Die Gefühle, die am meisten zu einer problematischen Realität führen, sind jene, denen wir am längsten Widerstand geleistet haben. Wäre jedes Gefühl, das auftaucht, ein frisches, neues, »gegenwärtiges« Gefühl, dann würde es nicht einhaken und ein großes Problem schaffen können. Es würde einfach durch dich hindurch und weiter nach oben fließen, wie es Gefühle eigentlich tun. Wenn es hartnäckig bei dir hängen bleibt und sich nicht weiterbewegt oder wenn es immer wiederkehrt, dann weißt du, dass es eine eingefleischte Gewohnheit von dir ist, Gefühle nicht zuzulassen. Dann gibt es in dir einen tiefen Pool von ähnlichen stagnierenden Schwingungen. Durch eine aktuelle Situation wird die gewohnte Abwehr der Gefühle aktiviert, und dann kann es so aussehen, als wären all diese negativen Gefühle im Moment entstanden, während in Wirklichkeit diese ganze heftige Ladung aus der Vergangenheit stammt. Sie kann das aktuelle Problem überproportional aufblähen und dein Denken und Fühlen völlig in Besitz nehmen.

Denke daran, wenn du bei einem Thema eine starke Ladung wahrnimmst: Sie stammt nicht von dem, was gerade passiert, sondern ist überwiegend alte Energie. Tauche in sie ein und lass dich von der göttlichen Gnade unterstützen, dann wirst du nicht nur eine Entladung in der aktuellen Situation erleben, sondern diesen ganzen riesigen Energiepool zurückgewinnen. Wenn du mit deinem Gefühl sanft präsent sein kannst und zulässt, dass es sich in Bewegung setzt, wirst du dich davon befreien und ohne Altlasten in den gegenwärtigen Augenblick zurückkehren. Du erlangst deine Power wieder, wenn deine Schwingung auf das Niveau der universellen Quelle ansteigt, was auf natürliche Weise geschieht, wenn wir schmelzen. Nur durch unsere Anspannung und Rigidität stoppt der Energiefluss, dümpelt unsere Schwingung vor sich hin, und wir leiden. Wenn wir das Gefühl frei fließen lassen können, kehren wir jedes Mal ganz natürlich zum Wohlbefinden zurück.

Es wird oft behauptet, die größten Ängste der Menschen seien die vorm Reden in der Öffentlichkeit und Höhenangst. Aus meiner Erfahrung mit Tausenden von Menschen würde ich jedoch die Angst vor dem Fühlen ganz oben auf die Liste setzen.

**Wenn du vor keiner Emotion mehr Angst hast,
bist du frei.**

Habe Geduld mit dir, falls du viele Jahre lang praktiziert hast, deine Gefühle abzulehnen, dich zu verspannen und deinen Geschichten zu glauben. Durch bewusstes Üben, dich aus deinen Geschichten herauszuhalten und die Gefühle mit Weichheit anzunehmen, wird deine Schwingung mit jedem Erfolg höher ansteigen.

Wenn du dich mitten in einer Geschichte ertappst, frage dich: »Hmm, ist diese Geschichte förderlich? Was für ein Gefühl habe ich, wenn ich diese Geschichte erzähle? Wohin bringt sie mich auf meiner Navigationstafel? Ist die Geschichte eine Falle? Ich will das Gefühl vollständig spüren, dann wird es sich von selbst anheben.« Sobald die emotionale Ladung neutralisiert ist, wirst du dir bessere Geschichten kreieren, um jene zu ersetzen, die dir Stress machen und dir deine Kraft rauben.

Du kannst dir selbst auf die Schulter klopfen, wenn du dich bei einer Geschichte ertappst. Dann tauche in das Gefühl ein und finde ein wenig Erleichterung. Du weißt jetzt, dass du dir noch mehr von dem kreierst, worauf dein Fokus über längere Zeit liegt, deshalb fokussiere dich auf deine Erfolge. Halte dich in Gedanken nicht bei dem auf, was »verkehrt« oder noch ungelöst ist. Deine Zuversicht wächst, deine Entwicklung beschleunigt sich. Damit beweist du dir selbst, dass das Eintauchen funktioniert.

Geh bei allem, was dich zurückhält, immer an die Wurzel. Zum Beispiel bei der Partnersuche: Deine angstbesetzten oder bremsenden Geschichten können dir das darunterliegende Gefühl aufzeigen, wie die »Angst vor dem Alleinsein« oder die »Angst, nicht liebenswert zu sein«. Aber dann lass die Geschichte gehen. Finde in dir das weiche, mitfühlende Annehmen des Gefühls – das ist der Schlüssel beim Eintauchen. Neue Lösungen werden sich zeigen, wenn die Energie, die in diesem Gefühl blockiert war, in der Gefühlsskala nach oben rutscht.

Das Gleiche gilt für Geldprobleme. Vergiss das Geld an sich – es ist nur ein Nebenprodukt der eigentlichen Ursache: deiner Geldschwingung, deiner tieferen Gefühle bezogen auf das Geld. Wenn deine Gedanken über Geld dich eng werden lassen, ist es offenbar nicht sehr hilfreich, darüber nachzudenken. Tauche in deine Gefühle tief im Körper ein: *Angst, Sorge, Mangel an Selbstwert.* Sei sanft mit deinem Gefühl präsent, lass dich weich werden, ohne etwas verändern zu wollen, lass es zu, ohne davor wegzulaufen. Dann beginnt die Energie sich zu bewegen, ihre Frequenz zu erhöhen und auf der Navigationstafel nach oben zu wandern. Als Erstes kümmere dich darum, dich gut zu fühlen, statt darum, mehr Geld zu haben.

Beachte, dass du jedes Mal, wenn du über reiche Menschen urteilst, auf der Schwingungsebene das Geld *von dir fernhältst.* Die Religionen haben uns seit ewigen Zeiten eingeredet, dass Geld und Reichtum böse seien, aber auch sie müssen Geld verwenden, um zu funktionieren. Überprüfe einmal in dir: Wie fühlst du dich in Bezug auf Geld und Leute, die Geld anziehen? Tauche ein in dieses Gefühl, dann lass die Geschichte fallen, und wenn die Schwingung sich erhöht und dieses Urteil sich auflöst, wirst du zulassen können, dass mehr Geld in deine Richtung fließt und auch bei dir bleibt.

Geld ist lediglich eine Form von Anerkennung, die man gegen einen Wert eintauschen kann. Es besitzt keinen inhärenten Wert von Gut oder Böse – außer der Geschichte, die du von deinem sozialen Umfeld übernommen oder selbst darüber kreiert hast. Deine Geschichte erschafft dir deine Realität bezüglich des Geldes. Um in deinem Leben Freiheit und Wahlmöglichkeiten genießen zu können, brauchst du Geld. Organisationen brauchen Geld, um ihre Ausgaben zu bezahlen und ihre engagierten Mitarbeiter zu behalten und vor allem um jene zu belohnen, die Werte schaffen. Feiere und anerkenne jene Menschen, die Geld zu sich heranlassen, dann wirst auch du mehr heranlassen.

> Was du ablehnst, besteht weiter.
> Schmerz + Widerstand = Leiden.
> Widerstehe nicht deinem Widerstand! Gib nach!

Jetzt hast du verstanden, dass es das Wichtigste auf der Welt ist, sich gut zu fühlen. Wenn du dich gut fühlst, sind deine Kanäle offen, du bist eins mit deinem großen Selbst, und die göttliche Energie fließt ungehindert und frei durch dich hindurch. Unerwünschte Emotionen und Manifestationen zeigen dir, dass du in dem betreffenden Bereich niedriger schwingst als dein großes Selbst. Es ist so vorgesehen, dass es sich schlecht anfühlt, wenn deine Kanäle blockiert sind. *Sei froh*, dass es sich ungut anfühlt, wenn du nur dein kleines Selbst bist. Eine niedrige Schwingung erinnert dich daran loszulassen, die Nase anzuheben oder in die Gefühle einzutauchen, um dorthin zurückzukehren, wo dein großes Selbst immer ist – genau dort, auf der Heimatfrequenz.

Um dir selbst zu beweisen, dass das Eintauchen nichts mit Reparieren, In-Ordnung-Bringen oder An-dir-selbst-Arbeiten zu tun hat, sondern tatsächlich eine Erhöhung der Schwingung bewirkt, versuche einmal Folgendes: Wenn du dich bereits hoch oben auf der Navigationstafel befindest, tauche in ein gutes Gefühl ein, und du wirst sehen, wie es ebenfalls nach oben steigt. Du kommst damit noch höher. Tauche ein, aus reinem Spaß an der

Freude. Deine Kreativität trägt Blüten, und das Feuer deiner Begeisterung brennt hell. Du findest neue Dimensionen der Liebe.

Während *Divine Openings* den meisten eine leichte, süße Rückkehr zur Glückseligkeit beschert, glauben manche daran, dass nichts Gutes kommt, wenn man nicht einen Schmerzenspreis dafür bezahlt. Einige brauchen ein intensives, dramatisches Gefühl zur Bestätigung, dass es »funktioniert«, und dieses Festhalten am Leiden muss sich auswirken! Wenn du jetzt die Absicht fasst, alle Gefühle zuzulassen und anzunehmen, und zwar mit mehr Leichtigkeit, dann wirst du dich wundern, wie sich alles »ohne ersichtlichen Grund« zum Besseren wendet.

Wenn es geschieht, dass starke niedrigere Schwingungen in dir angerührt werden, dann denke bitte daran, dass es sich für kurze Zeit überwältigend anfühlen kann. Aber das geht schnell vorbei, wenn du dich zur Beruhigung daran erinnerst, dass es ganz alte Energien sind, die wieder wachgerufen werden. Es ist nicht etwas, das sich jetzt ereignet!

Die Zeiten sind vorbei, dass du dich jahrelang durch deine Emotionen und Lebensprobleme hindurchquälen musst. Jetzt kannst du einfach eintauchen und ein paar tiefe, alte Emotionen vollständig erleben, bis sie zur Akzeptanz aufsteigen, möglicherweise sogar bis zur Seligkeit. Damit bist du auf dem besten Weg, dich für immer von dem Leiden und der Verstrickung in alle Emotionen zu befreien. Du hast dann nach wie vor das ganze Spektrum an Emotionen zur Verfügung, aber sie steuern dich nicht mehr.

Wenn du den Prozess des Eintauchens praktizierst, ist ab einem gewissen Punkt das natürliche Ergebnis, dass du ihn nicht mehr *formal* durchzuführen brauchst. Die Gefühle fließen leicht und natürlich, wie es sein soll. Du lebst das Leben statt deine Geschichten. Du hörst völlig damit auf, den Gefühlen Widerstand zu leisten. Die niedrigeren Gefühle kommen in Bewegung, und dadurch fühlst du dich besser. Gesundheit, Wohlergehen und Wohlstand haben alle damit zu tun, deine Schwingung anzuheben. Wenn du im Fluss bist, öffnet sich alles: Gefühlsenergie, Geld, Beziehungen, Kreativität, Zufriedenheit. Du findest ein erfülltes Leben. Mit dem Zulassen und Annehmen steigt automatisch die Schwingung. Auch Verletztheit, Wut und Angst können, wenn sie durchlebt worden sind, auf die Ebene von Frieden und Glück aufsteigen. Neue Dinge beginnen sich um dich herum zu manifestieren.

Du bist auf dem Weg zu Glückseligkeit und Frieden und brauchst nie wieder zurückzugehen, außer du wirst nachlässig in der Erfüllung deiner zehn Prozent, die deine freie Entscheidung sind. Die übrigen neunzig Prozent an Arbeit übernimmt die Gnade.

Die zwei wichtigsten Methoden für niedrige Schwingungen

1. *Hebe die Nase an.* Erzähle dir eine bessere Geschichte, um die Gefühle auf der Navigationstafel anzuheben.
2. Wenn das nicht genügt oder nicht vorhält, ist es ein Zeichen, tiefer zu gehen und das *Eintauchen* anzuwenden: Lass die Geschichte los und fühle einfach nur das Gefühl.

Soll ich eintauchen oder die Nase anheben?

Ein Schüler fragte: »Wie weiß ich, wann ich eintauchen und die Emotion vollständig erleben muss, damit sie sich nach oben bewegt, oder wann ich einfach die Nase anheben und mein Denken verändern kann?« Beides hat die Wirkung, dass du dich besser fühlst. Beides bedeutet, dass die Gefühle als Botschaften wertzuschätzen sind. Beides lehrt dich, Emotionen und Energien frei in Bewegung sein zu lassen.

Vielleicht ist diese Unterscheidung hilfreich: Wenn du schon mehrfach versucht hast, deine Schwingungshöhe zu einem bestimmten Thema durch Anheben der Nase zu steigern, doch sie sinkt immer wieder ab, dann ist Eintauchen angesagt. Vermutlich ist in dir ein großer, stagnierender Teich von alten, abgelehnten Gefühlen, ein blinder Fleck, eine eingefahrene Gewohnheit, wie du mit deiner Schwingung umgehst, vielleicht auch eine unbewusste Gefühlstaubheit. Die meisten von uns haben sich Schwingungsgewohnheiten angeeignet, von denen sie keine Ahnung haben. Wir alle haben Geschichten, Denkweisen und Glaubenssätze aufgeschnappt, als wir uns an die Energie der Eltern, Lehrer, des sozialen Umfeldes und anderer Faktoren anpassten. Diese Programme laufen jetzt automatisch ab und bleiben unbemerkt. Ein altes Gefühl wird sogar nach dem Eintauchen wiederkommen, wenn du die alte Geschichte wieder aufgreifst und sie neu erschaffst. In diesem Fall wird es hilfreich sein, *Divine-Opening*-Sitzungen zu nehmen. Manchmal brauchst du einfach einen erfahrenen Guide und Experten, bis du ganz für dich selbst präsent sein kannst.

Wenn ich mich anders als gut fühle, kann ich davon ausgehen, dass das kleine Selbst sich bei irgendetwas eingeklinkt hat, was dem größeren Selbst entgegensteht. Dann gibt es nichts anderes zu »tun«, als einzutauchen und es zu fühlen. Ganz präsent für mich da zu sein, das Gefühl zuzulassen, anzunehmen und sich nach oben bewegen zu lassen – so einfach ist das! Wenn ich mich dagegen sträube, ist es schwieriger.

Ich bin, wo ich bin, und durch meine mitfühlende Annahme reduziert sich der Widerstand, und das erspart mir jede weitere »Arbeit« an mir selbst. Während der Entfaltung unserer Erleuchtung kann das kleine Selbst hinterlistige, subtile Wege finden, um uns weiter im Stress zu halten. Viele Monate nach meinem einundzwanzigtägigen Stilleretreat hatte sich in mir erneut eine körperliche Spannung aufgebaut, und ich bat meine innere Führung um eine Erkenntnis. Bald danach hatte ich einen Traum: Ich hatte einen wunderbaren Urlaub gehabt, und nun wurde es Zeit, nach Hause zu fahren. Mein Gepäck war mir schon auf dem Hinflug am Heimatflughafen abhandengekommen, aber ich hatte es überhaupt nicht vermisst. Doch jetzt, wo es Zeit war, nach Hause zu fliegen, wollte ich es plötzlich wiederhaben. Ich tätigte einen Anruf, um das Prozedere einzuleiten, mein Gepäck zurückzubekommen – und plötzlich hatte ich Stress.

Bei einem Traum sagen Gefühl, Ton oder Schwingung mehr aus als das, was passiert. Hier sprach mein kleines Selbst, das mir sagte: »Gut, der Urlaub ist vorbei. Jetzt will ich mein altes, vertrautes Leben wiederhaben!« Es war ihm offenbar egal, dass das alte, vertraute Leben viel weniger wunderbar und erfüllend war. Ich wachte mit einem Lachen auf, und mir war klar, dass mein kleines Selbst sein vertrautes Terrain zurückzugewinnen versuchte. Ich hatte sogar wieder angefangen, Kaffee zu trinken, was mich angespannt sein lässt. Ich hatte doch gar kein Koffein nötig, um mehr Energie zu bekommen, warum griff ich also wieder dazu? Ich hörte damit auf. Die Entspannung kehrte zurück.

Mit *Divine Openings* können sich deine Träume dramatisch verändern. Früher dachten wir, es sei wichtig, unsere Träume zu verstehen und zu interpretieren, aber auch hier macht *Divine Openings* jegliche Arbeit überflüssig. Wir brauchen die Träume nicht zu analysieren – nicht einmal über »schlimme« Träume muss man sich irgendwelche Gedanken machen. Im Traum wird deine Energie für dich in Bewegung gesetzt. *Fühle den Traum* einfach nur, beachte, was du intuitiv daraus entnimmst, und unternimm gegebenenfalls Aktionen, zu denen du angeregt wirst. Auf anderen Bewusstseinsebenen ändern sich die Regeln. Du profitierst auf jeden Fall von einem Traum, ob du dich nun daran erinnerst oder nicht. Ein Großteil der »Arbeit« von *Divine Ope-*

nings geschieht in deinen Träumen oder im Schlaf, wenn du ganz aus dem Weg bist und am wenigsten Widerstand leistest. Lass zu, dass es so einfach ist!

Es kann vorkommen, dass du in seltsamen, leeren Zuständen wachgehalten wirst. Liege einfach da, entspanne dich, atme, kuschle dich in dein Bett und genieße es. Wenn du nichts dagegen hast, dass du wach liegst, wirst du ausgeruht aufstehen. Normalerweise ist eine Insomnia mit Anspannung und Stress verbunden, aber die Schlaflosigkeit nach *Divine Openings* ist nicht dasselbe: Du könntest bloß zwei Stunden geschlafen haben und trotzdem vor grenzenloser Energie glühen. Ich habe schon ganze Nächte wach gelegen und währenddessen ein »Download« für ein Retreat oder ein Projekt empfangen, und am nächsten Tag habe ich mich die ganze Zeit wunderbar gefühlt. Werde nachgiebig. Kuschle dich in dein Leben. Lass es geschehen.

Die innere Baustelle

Zu oft versuchen Menschen, Dinge, die ihnen ein schlechtes Gefühl geben, in Ordnung zu bringen, indem sie »da draußen« etwas oder jemanden zu ändern versuchen. Sie meinen, wenn nur der andere sein Verhalten ändern würde, wenn sie es ausdiskutieren, die Umstände manipulieren, den Job wechseln, die Welt ändern – dann, ja dann wären sie glücklich. Wenn aber die Welt sich ändern muss, bevor du glücklich sein kannst, hast du ein Riesenproblem. Da gibt es viel zu viele Leute und viel zu viele Dinge, die sich ändern müssten – und hast du es je geschafft, auch nur einen *einzigen* Menschen zu ändern? Muss deine Regierung sich ändern, bevor du glücklich sein kannst? Muss dein Körper sich zuerst ändern? Muss dein Einkommen sich zuerst ändern? Das ist ein harter Weg.

Deine ganze Welt verwandelt sich, wenn du dich verwandelst. Schluss damit, sich mit den Herausforderungen abzustrampeln und Menschen und Umstände kontrollieren zu wollen. Als Erstes gilt es, dein Schwingungsniveau zu verändern. Mit größeren Aktionen und Entscheidungen solltest du warten, bis du hoch oben angekommen und ganz klar geworden bist. Wenn du von einer geringen Höhe aus ins Handeln gehst, wirst du dich zu sehr anstrengen müssen – oder wieder die gleichen alten Dinge erschaffen.

Nun, da du lernst, gebundene Energie zu befreien, kannst du diese Power dazu benutzen, auf der nichtphysischen Ebene zu erschaffen. Du wirst dich über die Klarheit, die Energie und die Synchronizitäten wundern, die auf magische Weise auftauchen werden, wenn du mit diesem Buch weiter fortschreitest – ohne dass du an dir arbeitest! Zuerst wirst du Absicht und Schwingungsenergie einsetzen, um zu kreieren. Dann handeln, wie du geführt wirst. Geführtes Tun hat eine exponentiell größere Wirksamkeit.

Du kannst dein Tun auf einen Bruchteil reduzieren.

Das Leben kommt in Fluss

Du wirst allmählich darauf vorbereitet, mit den kommenden *Divine Openings* höher zu steigen. Lass dir dabei Zeit! Wenn du den Drang verspürst, vorzupreschen oder etwas zu überspringen, zeigt dir das deinen ruhelosen Verstand. *Werde langsam*, um eine solide Basis zu schaffen.

Entspannung tritt ein, wenn du dem, was ist, als Erstes mit Weichheit begegnest. Du verlagerst deine Energie, bevor du zu handeln beschließt oder versuchst, etwas zu verbessern. Wenn wir uns zu schnell ins Tun stürzen, legen wir uns zu sehr ins Zeug, um eine Situation in Ordnung zu bringen, ohne uns um die eigentliche Ursache zu kümmern: die Schwingung, durch die sie herbeigeführt wurde. Ein niedrig schwingendes Gefühl kann für das verantwortlich sein, was in Arbeit, Beziehungen oder Gesundheit los ist. Halte dich aus der Geschichte heraus – das mentale Geplapper, das dein Kopf darüber veranstaltet – und erlaube dir stattdessen, einfach zu fühlen. Wenn dich beispielsweise etwas traurig macht, erlebe es mit sanfter Achtsamkeit und lass die Traurigkeit zu, ohne dir die Geschichte zu erzählen, warum du traurig bist. Du bist ängstlich, also fühle die Angst, ohne dir Angst machende Geschichten zu erzählen. Wenn deine Gefühle einfach da sein dürfen, erhöhen sie ihre Schwingung, und du fühlst dich erleichtert. Was aber das Beste ist: Du hörst auf, dir immer die gleichen alten, unerwünschten Dinge in dein Leben zu holen.

Manchmal wirst du versucht sein, die Geschichte in deinem Kopf immer wieder abzuspulen, zu analysieren oder sie anderen zu erzählen. Jetzt weißt du aber schon, dass dich das noch tiefer in dein Drama verstrickt und dich in die Rolle eines Opfers oder eines selbstgerechten Richters bringen kann, der entweder einer Person oder einer Situation die Schuld gibt. Du weißt, dass die Geschichte dieses schlechte Gefühl nur fortsetzt und mehr davon erzeugt, was die Geschichte noch mehr aufbläht, die Situation verschlimmert und außerdem ähnliche Ereignisse magnetisch anzieht. Entwickle die Gewohnheit, die Geschichte zu registrieren, und akzeptiere, was im Moment da ist, sodass es sich weiterbewegen kann. Mit zunehmender Erleuchtung wirst du es mehr zu schätzen wissen, glücklich und liebevoll zu bleiben, als in Bezug auf deine Geschichte recht zu behalten, und dann entscheidest du dich dafür, kraftraubende oder verstörende Geschichten aufzugeben.

Was passiert, wenn deine Schwingung ansteigt

Sobald du deine Emotionen im Innern erleben kannst, statt sie im Außen auszuagieren, wird dein Leben zu einer dramafreien Zone. Ich denke an die Zeiten zurück, als ich versuchte, mich aus Konflikten herauszuhalten, und es mir nicht gelang. Jetzt erscheint es mir unbegreiflich, wie ich im Dramamodus leben konnte, und ich sage mir lachend: »Was habe ich mir dabei nur gedacht?« Das war aber ein anderes Bewusstsein, im neuen Bewusstsein machst du die Entdeckung, dass viele von den alten Problemen einfach nicht mehr existieren – es erscheint dir sonderbar, dass du sie je hattest.

Die meisten Konflikte und das Unglück mit anderen nehmen ab, sobald du erkennst, was dein Anteil am Kreieren dieser Beziehungen war. Die Menschen fangen an, sich völlig anders mit dir zu verhalten, sobald du dich nach deinem großen Selbst ausrichtest.

Drei Arten von Veränderungen treten typischerweise ein, wenn du deine Schwingung erhöhst:

1. Andere Leute ändern sich in ihrem Verhalten dir gegenüber; die Situationen ändern sich.
2. Deine Wahrnehmung ändert sich, und was dich vorher gestört hat, stört dich nicht mehr.
3. Du trennst dich leicht von einer Person oder Sache, die für dich nicht mehr passt, oder sie verschwindet aus deinem Leben.

Deine größte Kraft liegt darin, deine Schwingung zu erhöhen, bevor du redest oder handelst. Viele Methoden in diesem Buch helfen dir, dies zu meistern. Im Moment versuche einfach nur, wichtige Entscheidungen oder Gespräche erst anzugehen, wenn du eine hohe Schwingung hast. Selbst wenn es dir so scheint, als müsstest du auf der Stelle handeln oder etwas richtigstellen, kannst du fast immer abwarten, bis du dich besser fühlst – es sei denn, dein Haus steht in Flammen. Es mag den Anschein haben, als läge der Grund für deine Emotion »dort draußen«, bleib aber trotzdem auf dein Inneres fokussiert, auf deine Gefühlsreaktion in der Situation, denn dort liegt deine Power. Dies wird dir zu einer neuen Gewohnheit werden, die dich ermächtigt.

Wenn du eine Emotion vollständig erlebt und die darin gebundene emotionale Energie wiedergewonnen hast, kannst du die Situation mit mehr Klarheit und Weisheit betrachten, und dein Tun wird von der Gnade getragen, im Fluss und daher viel effektiver sein. Wenn du dem anderen immer noch etwas zu sagen hast, nachdem du mit dir selbst ins Reine gekommen bist, werden deine Worte echter und wirksamer rüberkommen. Dann wird der andere dich vielleicht zum ersten Mal hören können, und eure Beziehung entwickelt sich auf eine liebevolle, leichte Art weiter.

> **Niedrig schwingende Gefühle**
> **eignen sich normalerweise »nur für den**
> **internen Gebrauch«.**

Sobald du innerlich geklärt und frei bist, sprichst du aus deinem großen Selbst, ohne emotionale Ladung, und das zieht weniger emotionale Ladung von anderen an. Aus einer klaren, geläuterten Position kannst du deinem Gegenüber sagen, wie du dich fühlst oder gefühlt hast oder was du brauchst, ohne jede Spur von Opferenergie. Wenn du emotional und energetisch »für dich selbst da bist«, ist es wahrscheinlicher, dass auch andere für dich da sind. Wenn du tatsächlich explodierst und an jemandem Dampf abläss, ist es menschlich. Übernimm aber dafür die Verantwortung, bring es in Ordnung und teile dem anderen mit, dass du es mit dir selbst erst innerlich hättest klären müssen. Damit bist du wieder in deiner Integrität. Der andere wird dich dafür respektieren.

Einmal kritisierte mich eine Verwandte vor einem Freund, indem sie ihm alle meine Fehler aus ihrer Perspektive aufzählte. Nachdem ich ins Bett gegangen war, bin ich in meine Gefühle eingetaucht und habe sie vollständig gefühlt, indem ich mich weich gemacht, sie zugelassen und angenommen habe, ohne sie mental richtigstellen zu wollen. Am nächsten Morgen fühlte ich mich zentriert und im Herzen und wusste, ich würde gut kommunizieren können. Als mein Freund aus dem Zimmer gegangen war, umarmte ich meine Verwandte, und dabei schossen mir Tränen in die Augen – nicht die Tränen von jemandem, der sich als Opfer fühlt oder Vorwürfe macht, sondern Tränen eines offenen Herzens. Ich sprach darüber, *wie ich mich gefühlt* hatte, und nicht darüber, *was sie getan* hatte. Ich sagte zu ihr: »Es hat mir wehgetan, als du das über mich gesagt hast, besonders zu ihm.« Sie entschuldigte sich auf der Stelle, und ich hörte ihr einfach nur zu, als sie mir von ihrer Traurigkeit erzählte, denn sie war sehr deprimiert über die Behinderung ihres Ehemannes. Unsere Beziehung bewegte sich damit auf ein neues, höheres Niveau.

Es gibt Zeiten, in denen du blanken Zorn konstruktiv einsetzen wirst, um etwas zu bewirken – etwa, um dich aus Depression, Angst, Gram oder Verzweiflung herauszuholen, jemandem die Stirn zu bieten, einem Menschen, den du liebst, zu helfen oder eine Situation zu verändern. Zorn ist, wenn er bewusst eingesetzt wird, sehr machtvoll – wenn du Herr über ihn bist und nicht aus Unbewusstheit von ihm übermannt wirst.

Nutze jede Gelegenheit, um in der realen Welt das zu üben, wovon du hier liest. Jeder Misserfolg ist bloß ein Feedback für dich. Bleib dran mit dem Üben.

Warum *Divine Openings* so viel Betonung auf die Emotionen legen

- Wenn du gelernt hast, deine Schwingung zu steuern, navigierst du erfolgreicher durchs Leben. Emotionen sind Indikatoren für dein Schwingungsniveau auf der Navigationstafel.

- Sobald du deine Emotionen gemeistert hast, kannst du machtvoll manifestieren. Deine Erfahrungen, deine körperliche Befindlichkeit, deine Finanzen und Beziehungen reflektieren alle die emotionale Energie, mit der du schwingst und die du ausstrahlst. Wenn du in der Lage bist, emotionale Energie zu bewegen, vermagst du jegliche Energie zu bewegen. Etwas zu manifestieren bedeutet die Fähigkeit, Energie zu fokussieren und fließen zu lassen.

- Emotionale Meisterschaft hilft dir, die Erleuchtung aufrechtzuerhalten. Keine Menge an esoterischem Wissen kann emotionale Meisterschaft ersetzen. Man kann tiefe, blitzartige Erleuchtungserfahrungen haben, diese aber wieder verlieren, wenn man mit emotionalen oder schwierigen Lebenssituationen konfrontiert wird. Paradoxerweise ist es so, dass du dich die meiste Zeit gut fühlen wirst, wenn du mit jedem Gefühl präsent sein kannst, und das ist hilfreich, um deine Erleuchtung zu stabilisieren. Viele Menschen entwickeln hohes spirituelles Wissen, aber im praktischen Leben läuft es noch nicht so gut, oder es fällt ihnen schwer, das zu manifestieren, was sie wollen. Emotionale Meisterschaft öffnet uns für mehr Erfolg in allen Bereichen des praktischen Lebens.

Die Gnade hebt das Gesetz der Anziehung auf

Die beste Nachricht ist die, dass die Gnade das Gesetz der Anziehung aufhebt. Du erhältst Gratisschübe, um in Schwung zu kommen, und musst deine Schwingung nicht allein ankurbeln. *Divine Openings* sind kein »Do-it-yourself-Programm« wie das Gesetz der Anziehung, obwohl wir auch das Gesetz der Anziehung anwenden. Bei *Divine Openings* übernimmt eben das Göttliche die Hauptarbeit. neunzig Prozent geschieht durch die Gnade. Deine Aufgabe, die übrigen zehn Prozent, ist es, dich darin zu üben, deinen freien Willen effektiver einzusetzen, um dein Schwingungsniveau zu steuern und *mit dem Fluss der Gnade mitzugehen*.

Durch das Gesetz der Anziehung werden Gefühle, Menschen, Dinge und Erfahrungen angezogen, die mit deiner Schwingung übereinstimmen. Wenn du Glücksgefühle spürst, bringt dir das Gesetz der Anziehung mehr glückliche Gefühle, Menschen, Dinge und Ereignisse. Die Gefühlsskala der Navigationstafel hilft dir, deinen genauen Standort zu einem bestimmten Thema abzulesen, zu verstehen, was du anziehst, und deine Schwingung zu verlagern.

Wie die Gesetze der Physik ist das Gesetz der Anziehung unpersönlich. Würden Hitler und Gandhi beide am Rand einer Klippe stehen und sich nach vorn lehnen, so würden beide abstürzen und auf dem Boden aufschlagen. Die Schwerkraft ist nichts Persönliches, sie urteilt auch nicht über Gut und Böse. Das Gesetz der Anziehung wird dir helfen, oben zu bleiben, wenn du oben bist, aber es wird auch dazu beitragen, dich unten zu halten, wenn du unten bist. Es hat eine »klebrige« Wirkung, die dich auf die Schwingungshöhe deines Sollwertes zurückholt, bis du einen höheren Sollwert nachdrücklich für dich beanspruchst.

Gleiches zieht Gleiches an.

Das Gesetz der Anziehung und die Navigationstafel haben nichts damit zu tun, dass du gut oder schlecht sein könntest. Es geht um deine Ausrichtung auf dein größeres Selbst. Du bist nicht »schlecht«, wenn du nicht im Einklang mit deinem größeren

Selbst bist – es fühlt sich nur nicht so gut an und arbeitet nicht zu deinen Gunsten. Hab Mitgefühl mit dir, egal wo du dich befindest. Lass dich weich werden, und du steigst unverzüglich zum Akzeptanzpunkt auf, der schon ziemlich weit oben auf der Navigationstafel liegt. Begrüße diesen Anstieg, und du wirst einen weiteren erleben. Sage dir selbst: »Ich bin froh, dass es sich nicht gut anfühlt, mit meinem großen Selbst nicht auf einer Linie zu sein.« Das bringt dir sofort einen weiteren Anstieg.

Du bist nicht »schlecht«, wenn du auf einem niedrigen Niveau schwingst; du steuerst damit nur auf Ziele zu, die du nicht mögen wirst. Du bist nicht »gut«, nur weil du auf einer hohen Schwingungshöhe bist, aber wenn du dort oben mit deinem großen Selbst im Einklang bist, wirst du irgendwo hinkommen, wo du dich gut fühlen wirst.

Deine angeborenen Instinkte wissen üblicherweise, dass Wut eine kraftvolle Aufwärtsbewegung heraus aus Gefühlen wie Depression, Angst, Traurigkeit oder Verzweiflung bewirkt. Du bist mit einem Instinkt, wütend zu werden, auf die Welt gekommen, um deine Power zurückzugewinnen, wenn du ängstlich, traurig oder deprimiert bist. Als Kind wusstest du, dass es sich besser anfühlte, wütend zu werden, als verzweifelt zu sein. Aber was hat man zu uns als Kindern gesagt, wenn wir wütend wurden? »Du bist schlimm!« »Sei brav.« »Du wirst gleich eins draufkriegen!« Wir wurden wütend, bekamen aber schlechte Reaktionen von anderen Leuten, drängten es zurück und verzogen uns in die Depression. Dann kehrte unser natürlicher Instinkt, wütend zu werden, zurück. Wir wurden wieder wütend, und wieder sagte jemand, wir sollten das nicht tun. So ging es ständig hin und her: Wut, Depression, Wut, Depression – oder Wut, Angst, Wut, Angst. Auf diese Weise kamen wir nie ganz nach oben auf dem Höhenmesser. Einige von uns verloren sogar ihre Navigationstafel, schalteten sie aus oder stellten sie auf den Kopf.

Wenn du Wut als Brücke benutzt, kannst du deine Schwingung nach oben bis zur Frustration anheben. Von dort kannst du über den Wendepunkt hinaus Akzeptanz, Langeweile, Frieden oder Hoffnung erreichen, von wo die Schwungkraft dich automatisch weiter nach oben trägt. Bald fliegst du hoch oben als dein großes Selbst.

Wenn du voll von Wut, Rachegelüsten und Schuldvorwürfen bist und Freunden davon erzählst, die dir recht geben und dir deine Geschichte abkaufen, bringt dir das gar nichts. Wende dich damit besser direkt an die göttliche Präsenz in dir. Deine Wut wird dann schnell vorübergehen und dich mit produktiveren Gefühlen zurücklassen. Wenn wir wütende Gefühle einer anderen Person gegenüber ausdrücken, kann es eskalieren, und wenn der andere nicht weiß, wie er seine Schwingung anheben kann, hat er es danach vielleicht schwer, diese Energie wieder loszulassen, während du dich auf der Gefühlsskala nach oben katapultiert hast und dich jetzt toll fühlst. Geh daher *zuerst* auf eine höhere Schwingungshöhe, und erst dann rede von deinem großen Selbst aus mit dem anderen. Wenn du ihm etwas Heikles zu sagen hast, wirst du es auf diese Weise effektiver tun. Dein großes Selbst ist in der Lage, auch heikle Dinge mitfühlend auszusprechen. Ich habe sogar erlebt, dass Leute mir im Nachhinein gedankt haben, dass ich wütend auf sie reagiert habe!

Andere Leute wollen, dass wir das tun, was sich für sie gut anfühlt, und nicht, was sich für uns gut anfühlt. Wenn uns mehr daran liegt, was andere denken, als an dem, was wir selbst wissen und fühlen, geben wir unseren freien Willen auf. Als ein Ergebnis davon ist bei vielen von uns in der Kindheit die eigene Gefühlssteuerung völlig aus dem Gleichgewicht geraten, und wir konnten nicht mehr navigieren. »Ich mag das gern, aber meine Mama sagt, es ist schlecht«, oder: »Ich habe kein gutes Gefühl dabei, aber meine Lehrerin findet es richtig.« Oben war unten, und unten war oben – in welche Richtung soll ich gehen, um mich besser zu fühlen?

So haben manche von uns ihre Navigationstafel weggeworfen, sich taub gestellt oder die Signale ignoriert. Sie haben ein breites, unechtes Grinsen aufgesetzt und sind damit weitermarschiert, ständig überrollt von den Dingen, die ihnen widerfuhren und die überhaupt keinen Sinn machten, weil sie sie nicht vorausfühlen konnten. Sie hatten keinen blassen Schimmer, wie sie dort hingekommen waren, weil sie keine Gefühlsskala zum Ablesen hatten.

Wenn du in kleinen Schritten vorangehst und dich auf jeder neu erreichten Höhe stabilisierst, unterstützt dich das Gesetz der Anziehung. Dann fällst du nicht mehr zurück und gelangst schließlich zu einem neuen, höheren Sollwert. Wegen ihrer »klebrigen« Wirkung lehnt der Verstand Affirmationen ab, die zu weit von dem entfernt sind, was er im Moment für möglich hält. Der Sprung von der Depression in die Freude ist einfach zu groß, um die Höhe beibehalten zu können. Wenn du sagst: »Ich bin schlank und gesund«, aber dein Gefühl sagt dir: »Du lügst, du bist dick«, dann übernimmst du dich. Begnüge dich mit einem bescheideneren Sprung, den du dir zutrauen kannst, etwa: »Ich übe jetzt, meine Schwingung von Tag zu Tag anzuheben.« Muntere Motivationssprüche, die du dir selbst nicht abkaufst, werden deine Schwingung nicht anheben. Sie verleiten dich höchstens zu glauben, dass du die Nase deines Flugzeugs anhebst, während das gar nicht der Fall ist und du dem Erdboden immer näher rückst, um bald seine Bekanntschaft zu machen. Geh lieber Schritt für Schritt vorwärts.

Während ich damals bei der Geschichte mit dem Rechtsanwalt das Gesetz der Anziehung noch nicht vollkommen verstanden hatte, sehe ich jetzt, was es mit dem Dilemma zu jener Zeit auf sich hatte. Die klebrige Wirkung meiner alten Schwingung machte es mir schwer, gleich so hoch hinauf zu springen, dass ich mit einem einzigen Projekt so viel Geld auf einmal verdienen konnte.

Zum Thema Geld hatte ich eine gemischte Schwingung: Opfer, vermixt mit Zuversicht. Ich hatte gerade eine Arbeit abgeschlossen, bei der ich mich sehr ohnmächtig gefühlt hatte. Heute erinnere ich mich daran, dass ich nervös war, als der Anwalt mir den Auftrag erteilte. Mein Kopf sagte: »Klar, das schaffe ich! Ich bin zuversichtlich. Jetzt habe ich den Auftrag in der Tasche, das ist gut. Ignoriere einfach die Angst!«, während mein Bauch sagte: »Irgendetwas stimmt nicht.« Aber ich konnte es nicht einordnen. Heute würde ich niemals ein Gefühl ignorieren und sagen: »Ich spüre Angst, aber ich mache es trotzdem.« Du lieber Himmel! Ich würde entweder zuerst meine Schwingung anheben, bevor ich den Auftrag annehme, oder ihn ablehnen. Deine wahre Kraft kündigt sich an, wenn du zu spüren beginnst, was du dir da anziehst, *während du es anziehst.* Dann hast du genug Zeit, deine Schwingung noch rechtzeitig anzuheben, um es zu verändern.

Übe so lange, bis du eine hohe Schwingung in Bezug auf etwas, das du dir wünschst, halten kannst. Werde weicher und lass die klebrigen, widersprüchlichen Gefühle und Gedanken zu, bis sie nach oben gewandert sind. Wenn du das höhere Gefühl ein paar Minuten lang genießen kannst, ohne ihm zu widersprechen, bist du auf dem besten Weg, die Anziehung zu meistern.

Du stehst nie still – entweder bist du gerade in einer leichten Aufwärts- oder einer Abwärtsspirale, denn das Gesetz der Anziehung verbindet immer das, was du aussendest, auch wenn es gegensätzlich ist. Doch die Gnade wird dich immer emporheben, wenn du sie in dich hereinlässt.

Blinde Flecken

Während die Gnade das Gesetz der Anziehung aufzuheben vermag und dir kostenlose Höhengewinne zukommen lässt, kannst du sicher sein, dass das Gesetz der Anziehung dich nie betrügt. Wir sind niemals Opfer. Das Leben macht Sinn. Selbst wenn ich nicht weiß, *wie* ich etwas kreiert habe, werde ich, sobald es mir möglich ist, *den Anspruch erheben,* es kreiert zu haben. Denn würde ich das nicht tun, wäre ich ja ein Opfer.

Auch *verurteile ich mich nie* für unerwünschte Ergebnisse. Damit würde ich mich ebenfalls selbst zum Opfer machen. Ich übernehme die volle Verantwortung, aber keine Schuld, und das versetzt mich augenblicklich wieder in den Stand meiner Macht. Ich kann diese Power dann dazu verwenden, mich vorwärtszubewegen und etwas anderes zu kreieren.

Wenn deine Schwingung bezüglich einer bestimmten Sache hoch ist, du aber immer noch nicht bekommen hast, was du willst, kann es daran liegen, dass du entweder zu früh das Ergebnis konstatierst und somit einen Mangel ausstrahlst – oder du sendest eine Energie, die dir nicht bewusst ist. Das nenne ich einen »blinden Fleck«. Du praktizierst schon so lange bestimmte Schwingungsgewohnheiten, dass es dir nicht einmal auffällt. Du hast aufgehört, deine Schwingung zu fühlen, und bemerkst nicht mehr, dass es sich gar nicht gut anfühlt. Oder du hast bei deiner Navigationstafel den Stecker rausgezogen. Du bist in mancher Hinsicht gefühlstaub geworden oder nimmst die niedrigere Schwingung inzwischen als normal hin. Sich schlecht zu fühlen ist aber *nicht normal.*

Wir haben in unseren frühen Jahren Glaubenssätze und Schwingungen einfach übernommen, für die wir jetzt keinen Blick mehr haben. Ganze Kulturen und auch die Familien haben unbewusste kollektive Schwingungsmuster, etwa in Bezug auf Geld, Gewalt, Selbstwertmangel, Armut. Oder Frieden, Liebe, Vertrauen und Würde. Wenn wir uns nicht für das Aufwachen entscheiden, werden wir in dieser Welt in viele willkürliche, zufällige Richtungen gezogen. Wenn wir in einem begrenzten, engen Glaubenskorsett leben, ist es schwierig, das zu sehen oder sich vorzustellen, was außerhalb davon eigentlich möglich ist. Erst nachdem *Divine Openings* in mein Leben kamen, ist mir aufgefallen, wie extrem kriegerisch Amerika als Kollektiv ist. Manche Länder kämpfen dagegen überhaupt nicht; es gehört einfach nicht zu ihrem kollektiven Bewusstsein und ihrer kulturellen Identität. Einige Länder haben eine kollektive Opferschwingung und werden von anderen Ländern oder ihren eigenen Führern missbraucht.

Divine Openings öffnen dir allmählich die Augen für blinde Flecken, die du vorher nicht sehen konntest. Hole dir die Hilfe eines *Divine Opening,* wenn du blinde Flecken bei dir vermutest.

Auch bestimmte Schwingungen,
die du unbewusst aussendest, sowie blinde Flecken
ziehen bestimmte Wirkungen an.

Wir kommen gleich zu deinem nächsten *Divine Opening.* Du musst dafür weder einen Bezug zu dem abgebildeten thailändischen Buddha haben, noch musst du ihn für einen Gott halten, um in den Genuss dieses *Divine Opening* zu kommen. Ich habe nie den Buddhismus oder andere östliche Religionen studiert. Ich bin nie einem spirituellen Pfad gefolgt. Ich bin ein universeller Mensch. Dieses Bild floss einfach aus meinem Pinsel, nachdem ich auf einer Autofahrt die Statue eines thailändischen Buddhas gesehen hatte. Das Bild wurde im Freien gemalt, auf dem Picknicktisch eines kalifornischen Campingplatzes.

Jedes *Divine Opening* ist ganz und gar einzigartig, und dieses wird nicht wie dein letztes sein. Du musst nichts spüren, während du ein *Divine-Opening*-Bild betrachtest, und trotzdem hat es eine machtvolle Wirkung auf dein Unterbewusstsein. Es ist keine Arbeit, und es gibt nichts zu erreichen. Lass einfach die göttliche Gnade zu.

Thai-Buddha. Gemälde von Lola Jones.

Drittes Divine Opening

Dieses Bild öffnet einen Energiewirbel der Gnade und aktiviert dein Bewusstsein. Setze dich still hin und lass das Kunstwerk zwei Minuten lang auf dich wirken. Dann schließe die Augen, entspanne dich, am besten im Liegen, mindestens fünfzehn Minuten lang oder länger. Spüre dich.

Worauf du deinen Fokus richtest, das erschaffst du

Auch wenn die göttliche Gnade dich emporträgt, ist es deine freie Willensentscheidung, mit dem Fluss der Gnade mitzugehen oder ihm zu widerstehen. Deine fokussierte Aufmerksamkeit ist so machtvoll wie das Navigationssystem einer ferngesteuerten Rakete. Wenn dein Fokus beständig auf das gerichtet ist, was du willst, richtest du gewissermaßen die Nase deines ferngelenkten

Flugkörpers darauf. Du landest dort, wo du hinsteuerst. Wenn du deinen Fokus darauf richtest, wo du hinwillst, wirst du zur rechten Zeit dort hinkommen. Jedes Mal, wenn du abschweifst – indem du beklagst, noch nicht da zu sein, oder dich in negativen Gedanken verlierst und deine Nase dadurch nach unten richtest –, so erinnere dich einfach wieder an dein ersehntes Ziel. Fasse das Gute ins Auge und stelle dir vor, wie es sein wird, wenn du angekommen bist. Nimm wieder den Blickwinkel des großen Selbst ein und fokussiere dich neu, dann wirst du bald wieder auf Kurs sein.

Ich wohnte früher in der Nähe eines Flughafens, keine zehn Kilometer Luftlinie entfernt. Ich konnte ihn von meinem Hügel aus sehen, musste aber fast dreißig Kilometer fahren, wenn ich hinwollte. Es gab keine Straße, die direkt zum Flughafen führte. So ist das Leben manchmal. Nimm einfach die Straße, auf die du geführt wirst, und behalte dein Ziel im Auge, ohne einen Gedanken an die Biegungen und Kurven der indirekten Route zu verschwenden. Selbst wenn du vom Kurs abkommst, wird dein großes Selbst, dein inneres GPS, die Route neu berechnen, sodass nichts schiefgehen kann, solange du in Bewegung bleibst.

Wenn du dem, was du nicht willst, ständig Aufmerksamkeit gibst, ist es so, als würdest du sagen, dass du nach Kalifornien willst, mit deinem Flieger aber die alte Wohnung in New York anpeilst. Wenn du ständig die alte Wohnung im Kopf hast und darüber redest, wie voll und laut es in der Gegend war, wenn du bedauerst, dass du immer wieder in New York landest – das allein wird dich in New York festhalten.

Dich im Leben auf das zu konzentrieren, was du *nicht* willst, und zu erwarten, dass du bekommst, was du willst, ist ein Zeichen von geistiger Verwirrung. Selbst wenn du für deine unerwünschte Realität, dass du von New York nicht wegkommst, reale physische Beweise hast, kannst du es dir einfach nicht leisten, deinen Fokus darauf zu richten. Orientiere dich lieber mit einer solch intensiven Absicht auf das, was du willst, dass es alle gegenteiligen Schwingungen ausschaltet. Dann wird die Essenz dessen, was du willst, kommen *müssen*. Versteife dich aber nicht auf den Zeitpunkt, *wann* es kommen soll, oder auf eine bestimmte Form, in der es kommen soll – das erhöht nur den Widerstand. Anspannung ist Widerstand. Genieße das Leben, freue dich über das, was schon da ist, bleib nachgiebig und offen für sämtliche Möglichkeiten – das vermindert den Widerstand.

Die meisten Menschen starren wie gebannt auf das Unerwünschte und geben ihre Macht ab, indem sie ihm unwissentlich ihre Energie senden. Die Frau verhält sich nicht so, wie der Ehemann es will, und so hängt er die ganze Zeit in seiner Unzufriedenheit, und mit dieser Geschichte spinnt sich immer mehr Unzufriedenheit zusammen. Durch seine ständige Kontrolle über ihr Verhalten verstärkt sich das Ganze, sie entlieben sich und reichen schließlich die Scheidung ein. Genauso existiert der Terrorismus, und unsere Führer nötigen uns, Angst davor zu haben und uns damit zu beschäftigen, was unsere Unsicherheit und Angst nur noch erhöht. Krieg ist eine Realität; wir wollen ihn nicht und wünschen uns, dass er verschwindet. Darum reden wir ständig darüber, wie schlimm der Krieg ist, wir lesen darüber, protestieren, schließen uns Gruppen an, um ihn gemeinsam zu bekämpfen, und wir streiten uns darüber, welcher Politiker an alldem schuld ist. So werden wir zu Generatoren von Angst und Aggression.

Die gute Nachricht ist: Jeder Einzelne von uns hat einen machtvollen Einfluss auf das Kollektiv, wenn er sein eigenes Bewusstsein erhöht. Ein Mensch mit einem hohen Erleuchtungsgrad wirkt sich ausgleichend, harmonisierend und besänftigend auf die kollektive Bewusstseinsenergie von Millionen Menschen mit niedrigerer Schwingung aus. Hohe Schwingungsenergie ist exponentiell viel kraftvoller als die gleiche Menge an niedriger Schwingungsenergie.

Das Wesen des Lebens ist ständiger Wandel, alles in unserem Dasein ist ständig in Bewegung. Es kommt nie ins Stocken; nur wir tun das, indem wir die gleichen Dinge immer und immer wieder von Neuem erschaffen und immer und immer wieder die gleichen Schwingungen erzeugen. Die Realität kommt nie zum Stillstand, darum können wir auf der Stelle das Ruder herumreißen, wenn wir aufhören, dieselben alten Dinge immer wieder neu hervorzubringen. Krankheiten würden ganz von selbst heilen, Geldsituationen würden sich auf natürliche Weise einfach verbessern, würden wir konsequent eine Schwingung von Gesundheit und Wohlstand verbreiten. Wenn wir aber wie gebannt auf Krankheit und Schulden starren, erschaffen wir buchstäblich dieselbe Situation immer und immer wieder, solange unsere Aufmerksamkeit unsere Energie dorthin lenkt. Wenn du auf eine Sache stark fixiert bist, kannst du sehen, wie du ihr Treibstoff in den Tank füllst, während dein eigener Tank inzwischen leer läuft.

Durch die Arbeit mit Tausenden von Menschen fiel mir auf, dass die meisten, die sich in Therapie befanden, fortwährend noch mehr Probleme und unangenehme Gefühle erzeugten, *indem sie darüber redeten.* Therapeuten, die unser Zertifikationstraining als Guides absolviert haben, bringen ihren Klienten bei, ihre »Geschichten« loszulassen und die Gefühle einfach zu spüren, weich zu werden und das Gefühl anzunehmen. Die Gnade, die durch dieses Buch vermittelt wird, erleichtert dies, weshalb diese Therapeuten ihren Klienten das Buch auch zum Lesen geben.

Du bist immer dabei zu »manifestieren«.
Entscheidend ist zu erkennen, *wie* du es machst.

Wenn mir jemand sagt: »Ich werde mich erst gut fühlen, wenn sich die äußeren Umstände oder diese Person geändert haben«, dann bekommt er von mir zu hören: »Auweia! Da sitzt du aber ganz schön in der Patsche! Du zäumst das Pferd von hinten auf. Finde zum Gefühl, das du haben willst, gleich jetzt.« Wo bleibt deine Macht, wenn deine Umgebung, andere Leute und äußere Umstände über deine Gefühle bestimmen können und deine Realität erschaffen? Nur wenn du deinen Fokus selbst wählst – egal was passiert, egal was ein anderer tut, egal unter welchen Umständen –, bist du frei und machtvoll. Nimm für dich in Anspruch, das erschaffen zu können, was immer du willst, wo immer du dich befindest. Ich will, dass meine Nase nach oben zeigt, unabhängig davon, was andere tun oder sagen. Wenn ich mich hier oben aufhalte, bin ich in der Lage, auch anderen zu helfen, hier hinzukommen.

Prinzipiell solltest du niemals zulassen, dass jemand anders die Ursache für irgendein Gefühl ist, das *du nicht selbst wählst*. Deine wichtigste Macht liegt in deiner inneren Haltung der freien Wahl deiner Schwingungshöhe. Nimm diese Macht in Anspruch und *entscheide* dich dafür, deine Schwingung immer oben zu halten – komme, was wolle. Nichts ist es wert, deine Schwingung sinken zu lassen.

Die berühmteste und vielleicht eine extreme Geschichte über unsere Macht des Wählens erzählt Viktor Frankl in seinem Buch *Trotzdem Ja zum Leben sagen*. Viktor Frankl überlebte ein Konzentrationslager der Nazis, mit einem offenen Herzen. Er fasste den Entschluss, inmitten täglicher, ständiger Beweise für Sinnlosigkeit, Grausamkeit und Tod trotzdem liebevoll zu bleiben, für andere zu sorgen, sich seinen Lebenssinn zu bewahren und seine Gedanken auf das Leben zu konzentrieren. Seine junge Frau und sein Kind kamen um, doch seine Kraft, die eigene Wirklichkeit selbst zu bestimmen, blieb ungebrochen – und nur dadurch war es ihm möglich, zu überleben und auch wieder zu heiraten. Gemeinsam mit seiner Frau unterrichtete er andere, ihre eigenen Gedanken, Gefühle und Haltungen selbstbestimmt zu leben. Er weigerte sich, seine Aufseher zu hassen, und somit verschloss er sich nicht dem *Strom seiner Liebe* und verlor nie seine Ausrichtung auf Gott.

Der Schlüssel zum Kreieren von dem, was du dir wünschst, liegt also darin, dich auf das zu fokussieren, was du dir wünschst, es dann loszulassen und täglich dein Bestes zu geben, nicht damit im Widerspruch zu sein. Dann muss das Gesetz der Anziehung dir das Erwünschte bringen. Falls die unerwünschte Denkweise oder Realität deine Aufmerksamkeit wieder kidnappt, schalte schnell um. Dafür gibt es ein gutes Mantra:

Nichts ist es wert, meine Schwingung zu senken!

Mach dir keine Sorgen über deine niedrigen Gedanken und Gefühle – leiste deinem Widerstand keinen Widerstand! Deine positiven Gedanken sind mächtiger als die negativen, und die im Universum vorherrschende Kraft der Gnade ist ganz auf deiner Seite. Mach dir keine Gedanken darüber, nicht perfekt zu sein – du brauchst keine Perfektion! Du würdest nur unliebsame Dinge manifestieren, wenn du über längere Zeit den niedrig schwingenden Gedanken deine Energie gibst.

Gewohnheitsmäßig glückliche Menschen haben ihre Biochemie – bewusst oder unbewusst – auf Glücklichsein trainiert. Trainiere deinen Verstand in der Weise, dass du übst, Gedanken zu denken, die dir ein gutes Gefühl geben. Sage dir selbst: »Ich werde mich gut fühlen, was auch immer geschieht.« Sei so sehr darauf erpicht, dich gut zu fühlen, und so engagiert, in einer Linie mit deinem großen Selbst zu sein, dass du immer einen Weg findest, um dich ein bisschen besser zu fühlen, unabhängig von den äußeren Bedingungen. Welche andere heilsame Wahl hättest du?

Die meisten Menschen sind der Ansicht, sie würden Fakten berichten, wenn sie eine Situation beschreiben. Aber in dem Moment, in dem du etwas beschreibst, fängst du an, es *als Schwingung aktiv zu kreieren*. Deine Geschichte darüber erzeugt eine Schwingung, und eine Schwingung erschafft Realität. Sei dir also deiner Worte und deiner Geschichten bewusst. Sei dir bewusst, worauf du deine Aufmerksamkeit lenkst und was du kreierst! Wenn die Leute in unseren Sessions ihre Geschichten erzählen, erinnere ich sie daran: »Es spielt keine Rolle, wie stark deine Beweise sind, dass es wahr ist. Allein zwei Dinge zählen: Bringt deine Geschichte die Nase nach oben oder nach unten? Und ist das die Richtung, in die du willst?«

Sprich aufmunternd zu dir. Wenn du etwas beobachtest, was dir nicht behagt, dann sage zu dir in einem beruhigenden Ton: »Alles läuft immer auf das Beste hinaus. Dies ist nur vorübergehend; es wird sich ändern. Alles, was ich mir wünsche, ist schon zu mir unterwegs. Mittlerweile könnte ich es mir doch gut gehen lassen.« Manche lernen, sich selbst aufzumuntern, indem sie zuhören, während ich es vormache. Auf der Website www.DivineOpenings.de gibt es unter *Audio-Sets* eine englischsprachige Aufnahme mit dem Titel »Soothe Yourself«.

Hör damit auf, deine Gefühle und deine Realität von dem, was du »da draußen« wahrnimmst, beeinflussen zu lassen. Wenn du dir von »den Fakten« deine Schwingung diktieren lässt, bist du ein Opfer. Übernimm die Verantwortung für dich selbst und sei ein Schöpfer statt ein bloß reagierender Beobachter oder Reporter von Fakten. Entscheide selbst, wie du dich fühlen möchtest, weil das die Realität erschafft, in der du lebst.

Andere werden die Wahl, die du triffst, möglicherweise nicht verstehen und dich vielleicht beschuldigen, dir würde nichts an

ihnen liegen, wenn du dich nicht auf ihr niedriges Schwingungsniveau begibst und sie bedauerst. Du kannst in deiner Welt aber
nur dann dein Bestes geben, wenn deine Schwingung hoch ist.
Wenn du zu anderen hinabsteigst, kannst du überhaupt niemandem helfen. Lass sie wissen, dass du sie liebst, hör genau zu, was
sie dir sagen und was sie fühlen, aber begib dich nicht auf dieselbe Ebene wie sie. Außerhalb meiner Kurse »predige« ich nicht
und belehre auch niemanden. Ich höre einfach nur mitfühlend
zu, nicke mit dem Kopf und überschütte mein Gegenüber mit
Liebe. Ich begebe mich nicht zu ihm hinunter. Leute, die es gern
hätten, dass du sie bemitleidest, sagen dann vielleicht: »Du bist
egoistisch!« Du kannst ihnen dann mitfühlend und humorvoll
antworten: »Willst du etwa, dass ich mich genauso schlecht fühle
wie du? Wer ist da egoistisch?«

> **Richte den Fokus auf das,**
> **was du willst.**
> **Sei begeistert von dem,**
> **was sich richtig anfühlt.**

Nicht alles findet Platz in diesem Buch, und selbst wenn das der
Fall wäre, ist es besser, sich erst auf einer Ebene zu stabilisieren,
bevor man zur nächsten weitergeht. Das Buch, das auf dieses
folgt, heißt *Du bist so viel größer, als du denkst. Anleitung zur Manifestation.* Es enthält das Material für die zweite Stufe und leitet
dich noch tiefer dazu an, wie du Meisterschaft über die Kraft
deiner Absicht durch Fokussieren auf die gewünschte Realität
erlangen kannst.

Wert und Unwürdigkeit

Du existierst. Dir wurde das Leben geschenkt. Darum bist du würdig. Punkt. Ende des Themas. Du bist ein Teil des Alles-was-ist, also bist du wertvoll. Vielleicht hast du viel zu hart daran gearbeitet, etwas zu erlangen, das du schon hast, oder etwas zu beweisen, das nie infrage stand: deinen Wert.

Unwürdig zu sein, »unwert«, ist ein Verstandeskonstrukt. Unwürdigkeit kann es überhaupt nicht geben. Selbst Menschen, die du vielleicht für schlecht oder böse halten würdest, sind würdig, denn das Göttliche hat ihnen das Leben und einen freien Willen geschenkt, mit dem sie alles tun können, wozu sie sich entscheiden. Ja, auch Hitler kehrte heim in die reine positive Energie, auch »Himmel« genannt, ebenso wie Mutter Teresa. Derjenige, der allem innewohnt, urteilt nicht darüber, was du mit dem Geschenk deines Lebens anfängst, sondern gibt allen auf das Großzügigste einen freien Willen – wohlwissend, dass es für ein ewiges Wesen letzten Endes kein Risiko gibt. Auch Fehler existieren nicht, vom Göttlichen wird darüber weder Buch geführt, noch wird irgendetwas gegen dich verwendet. Karma ist eine primitive religiöse Vorstellung, ähnlich wie Hölle und Verdammnis. Beides leugnet jegliche Gnade. Das kannst du alles loslassen. Jedes Leben, jeder Tag, jeder Augenblick ist ein frischer Neubeginn.

Im Leben geht es um innere Freiheit, Glücklichsein und Liebe – wenn du es nur zulässt. Wir sind hier, um zu leben, zu lachen, zu lieben, uns zu erfreuen, zu kreieren, uns zu erweitern und das zu wählen, was wir wollen – was auch immer es sei. Es gibt nichts zu verdienen, zu bekommen, zu überwinden oder zu beweisen. Viele Menschen meinen: Wenn sie es wert wären, würden sie die Liebe und Zuwendung bekommen, die sie sich wünschen, und auch die Beliebtheit und all die guten Dinge. Es hat aber nichts mit Wert oder Unwert zu tun. Wir haben irrtümlich menschliche Qualitäten auf Gott übertragen. Wenn uns zum Beispiel unsere Eltern oder andere Menschen kritisierten, statt uns bedingungslos zu lieben, zogen wir daraus den Schluss, Gott mache es genauso. Menschliche Liebe ist unbeständig, wankelmütig und an Bedingungen geknüpft. Göttliche Liebe aber ist unerschöpflich und bedingungslos. Dein großes Selbst vergöttert dich in jedem Fall, ganz gleich, was du machst.

Die Religionen erzählen uns manchmal, wir seien unwürdig, und wenn du glaubst, das sei wahr, wirst du die Folgen dieses Glaubens erleben. Unsere Glaubensvorstellungen manifestieren sich in unserer Realität, und diese lässt sie umso wahrer erscheinen, als immer »Beweise« auftauchen, die mit unserem Glauben übereinstimmen.

Die Unwürdigkeit hast du von anderen gelernt, die von ihrem großen Selbst abgeschnitten wurden. Sie haben immer wieder »Beweise« für diesen Glauben erbracht, und du hast sie ihnen vermutlich abgekauft. Du hast ihre Schwingungen übernommen, damit du bist wie sie, damit du dazugehörst und dich sicher fühlen kannst. Das geschah vor so langer Zeit, dass du dich nicht mehr daran erinnerst. Du hast dich daran gewöhnt, hast es nicht hinterfragt und kannst nicht spüren, wie schädlich es sich auswirkt. Doch wenn sich etwas schlecht anfühlt, ist es nicht der Zustand des Göttlichen; du bist nur nicht im Einklang mit dem, was Gott darüber denkt.

Unwürdigkeit fühlt sich schlecht an, und das soll sie auch, weil sie dir deine Trennung von Gott in dieser Hinsicht aufzeigt. Die göttliche Präsenz liebt dich, und wenn du dies von dir weist und anderer Meinung bist und dich für unwürdig hältst, bist du nicht im Einklang mit dem Einen, der dich erschaffen hat.

Gefühle von Unwürdigkeit und Minderwertigkeit gehören zu den größten Hindernissen für das Empfangen der göttlichen Gnade. Je schneller du diese Bewertungen deiner selbst aufgeben kannst, umso vollständiger kannst du das Gute empfangen, das ununterbrochen zu dir hinfließt und dich durchströmt. Unwürdigkeit ist eine Lüge, ein großer Irrtum. Lass sie los. Fasse jetzt in diesem Moment den Entschluss, dass du es wert bist! Gott hat es schon getan. Warum bist du nicht Seiner Meinung und wirst wieder eins mit Ihm?

Mithilfe der angenehmen Prozesse und der Gnadenenergie von *Divine Openings* wirst du deinen Wert erkennen und das unbeschränkte Gute, das auf dich wartet, hereinlassen können. Sei einfach dazu bereit.

Dein Wert ist eine Tatsache.
Du kannst jetzt all das Gute hereinlassen.

Die vier häufigsten Widerstände, die deine Befreiung bremsen, sind:

1. Unwertgefühle. Du lässt das Gute nicht herein, weil du dich dessen nicht für würdig erachtest.

2. Süchte. Sie bemächtigen sich deines Willens, verzehren deine Energie und verfälschen deine Entscheidungen. Befreie dich davon.

3. Bedingte Liebe, die nicht ausnahmslos alle Menschen in deinem Leben einschließt, in Gegenwart und Vergangenheit. Wir werden später noch darauf zurückkommen.

4. Kopflastigkeit, ein allzu dominanter analytischer Verstand. Ich würde dir gern die Gnade in deine Seele singen, denn du wirst *Divine Openings* nie, unter keinen Umständen mit deinem Gehirn erfassen können. Der Kopf ist einfach nicht fähig, es zu erfassen oder zu erklären. Er kann es höchstens zusammenschrumpfen lassen.

Es ist dein Leben, und du bist wichtig.
Stelle deine Höherentwicklung an die erste Stelle,
alles Übrige wird sich finden.

Worin bestand mein Geheimnis?

Man hat mich oft gefragt, wie es kam, dass ich mehr Freiheit und Macht mit nach Hause brachte als andere Teilnehmer des Einundzwanzig-Tage-Retreats. Ich lade dich ein, in aller Ruhe in jede einzelne meiner Antworten *hineinzuspüren*. Diese Antworten erklären unter anderem, warum es mir heute möglich ist, die Menschen in meinen Retreats in nur fünf Tagen an den gleichen Punkt zu bringen:

1. Ich gab meine Energie nicht an andere ab und fokussierte mich ausschließlich nach innen, auf die Präsenz in der Stille.

2. Ich warf mein gesamtes Wissen über Bord und machte mich leer, um Platz für eine vollkommen neue, »aktualisierte« Version des Lebens zu schaffen. Wenn du alles loslässt und wieder bei null anfängst, erschließen sich dir neue, enorme Energien. Mein Leben wurde wirklich einfach.

3. Ich versuchte nicht, irgendetwas zu begreifen, sondern begab mich direkt in den Zustand von *no-mind* (»Nicht-Denken«) und *no-thing* (»Kein-Ding«, »Nichts«) – einen sehr machtvollen Zustand reinen Seins, jenseits des rationalen Denkens, jenseits der physischen Realität, noch vor der Manifestation.

4. Ich hörte auf zu suchen, nach Antworten zu grapschen, an mir zu arbeiten und verschiedene Praktiken zu mischen.

Keine Arbeit mehr an dir selbst!

Bevor ich über weitere Methoden rede, möchte ich sichergehen, dass du es völlig aufgegeben hast, an dir zu arbeiten. Ich will nicht, dass du *Divine Openings* in dieses müde, alte Paradigma von der »Arbeit an sich selbst« hineinstopfst und damit seinen Wert reduzierst. Die vielen Jahre, in denen du in diesem (oder früheren) Leben an dir selbst gearbeitet, Lektionen gelernt, Karma geläutert oder dich selbst geheilt hast, sind genau das Gegenteil von dem, was *Divine Openings* bedeuten. Nicht falsch, aber das Gegenteil. Manchmal brauchen die Leute eine Weile, bis sie das kapieren und sich darauf einlassen können – und Wiederholung ist eine gute Lernmethode.

Es ist tatsächlich möglich, die Prozesse von *Divine Openings* zu genießen, sich damit zu entspannen und die Präsenz (dein großes Selbst) die Arbeit machen zu lassen – und fertig!

Lass dich schmelzen in Bezug auf deine Themen und Probleme, *fokussiere dich weniger darauf,* dann wird sich das, wogegen du gekämpft hast, auf natürliche Weise lichten oder transformieren. *Divine Openings* verwenden jede Menge »Genusspraktiken«, die deinen Widerstand gegen die Gnade zum Schmelzen bringen, aber sie sind keine Arbeit. Wenn du an dir selbst »arbeitest« oder jemand anderem die Verantwortung überträgst, an dir zu »arbeiten«, verzögert sich dein Fortschritt oder wird sogar aufgehoben.

Hier spricht der »Cowgirl-Guru« in mir: »Fang an zu leben!« Wenn sich deine sozialen Kontakte um spirituelle Suche, Sessions, Seminare, Reden über Probleme, emotionale Unterstützung und Counseling, neue Therapien, Besuche von metaphysischen Treffen und Meditationen drehen, dann kann ich nur sagen: »Fang wirklich an zu leben!« Wenn du anderen erzählst, worum es in diesem Buch geht, werden deine Freunde und deine Familie bald mit dir spielen und nicht über ihre Probleme, Wunden, Fehler und Defizite reden wollen. Suche dir echte Hobbys, bei denen du Spaß haben kannst. Kreiere dir auch ein Leben außerhalb deines Berufes. Werde einfach lockerer und lebe, dann wird diese ganze Sucherei anfangen, dich gehörig zu langweilen.

Sind wir nicht alle auf einem spirituellen Weg, um glücklich zu werden und ein tolles Leben zu führen? Für viele ist die Suche zum Selbstzweck geworden – doch sie kommt nie ans Ende!

**Jetzt beginnt dein Leben
erst richtig!**

Sind nicht alle Energien gleich?

Jemand hat gefragt: Ist nicht alle göttliche Energie gleich? Nein – es ist zwar alles göttliche Energie, aber du kannst in der gesamten Schöpfung beobachten, dass es unterschiedliche Energiefrequenzen gibt. Manche Frequenzen sind viel stärker als andere, und sie alle bewirken unterschiedliche Ergebnisse. Röntgenstrahlen sind etwas anderes als Mikrowellen. Oder würdest du etwa dein Essen mit Röntgenstrahlen kochen? Oder eine Krankheit mit Mikrowellen diagnostizieren?

Die Energie von Radiowellen ist zwar gleichartig, doch die verschiedenen Radiosender übertragen auf vielen verschiedenen Frequenzen, und jeder Sender ist anders. Würdest du dir zwei Radiosender gleichzeitig anhören, auch wenn beide ganz toll wären? Das Mischen verschiedener Energien, Bücher oder Methoden erzeugt einfach nur Chaos und bringt deine Schwingung durcheinander. Wenn Menschen verwirrt oder unglücklich und am Suchen sind, neigen sie dazu, noch mehr Verwirrung anzuziehen: mehr Methoden, mehr Bücher. Das blockiert die von ihnen gesuchte Klarheit und Erleuchtung nur.

Einfach ist am besten

Wenn wir außerhalb von uns selbst nach Antworten suchen, was ich fünfundzwanzig Jahre lang getan habe, ist es *unmöglich* zu erwachen. Wir können unsere innere Führung erst dann vernehmen, wenn wir aufhören, sie mit zu vielen Stimmen und Informationen von außen zu übertönen. Dein großes Selbst kann erst den Fahrersitz übernehmen, wenn du ihm dort Platz gemacht hast.

Ich werde dich niemals auffordern, etwas zu glauben. Glaube ist nur nötig, wenn du keinen Beweis hast. Wenn du *Divine Openings* praktizierst, erhältst du jede Menge Beweise. Entscheide dann selbst, was für dich richtig ist. Allerdings sagten diejenigen, die zum großen Erwachen gelangten, sie hätten es *einfach, leicht und unverwässert* gehalten. Das war zweifellos auch für mich der Schlüssel zur Freiheit. Seit meinem Schweigen vor zwölf Jahren, als ich alles zurückließ außer *Divine Openings,* arbeitete ich nie wieder an Problemen, doch das Tempo meiner Entwicklung hat sich exponentiell beschleunigt.

Die Wahrheit ist einfach.

Ich würde nie einen anderen Weg schlechtmachen. Einige meiner langjährigen Schüler behaupten aber, dass für sie die Wirksamkeit von *Divine Openings* von den meisten (aber nicht allen) Therapien, Seminaren, emotionalen und spirituellen »Heilungsmethoden« und diverser Energiearbeit verwässert würde. Mit *Divine Openings* wendest du dich nach innen und öffnest dich für die Erkenntnis deiner eigenen Wahrheit.

Energiearbeit kann Menschen helfen, sich vorübergehend besser zu fühlen, aber wenn sie anschließend dieselben energetischen Muster und Überzeugungen wieder aufgreifen und die gleichen Bedingungen wiederherstellen, wird diese Wirkung nicht lange anhalten. Außerdem wird jemand, der glaubt, bei sich etwas klären oder heilen zu müssen, unbewusst etwas kreieren, das er klären und heilen will, und *das hört nie auf.* Es ist ein Hamsterrad, von dem man nie wieder herunterkommt.

Divine Openings sind keine Energiearbeit. Sie sind überhaupt keine »Arbeit«. Es gibt da weder Therapie noch Reinigung oder Klärung, kein fragmentiertes Herumdoktern an endlosen Themen. Du kannst ein für alle Mal damit Schluss machen, und dennoch wird sich dein ganzes Wesen mithilfe der Gnade automatisch in einem beschleunigten Tempo entwickeln, gesteuert von der übergeordneten Intelligenz deines großen Selbst. Und das wird ewig so weitergehen.

Werde dir klar, welche Wahl du hast: Aufwachen – oder endloses Suchen, Ausbessern und Arbeiten an dir selbst.

Ich ziehe es vor, das Wort »Heilen« nur dann zu verwenden, wenn du wirklich körperlich krank bist. Wenn du nicht krank bist, brauchst du keine »Heilungsarbeit« – du musst nur aufwachen. Weder du noch dieser Planet brauchen »Heilung«. Tut mir leid, aber einiges von diesem New-Age-Denken nagelt dich auf dem Hamsterrad fest, dass mit dir und der Welt etwas nicht stimmt und du es in Ordnung bringen musst. Lass das Herumflicken hinter dir und werde endlich zum machtvollen Schöpfer. Wenn du befreit bist, brauchst du nie mehr zurückgehen, außer du wirst so nachlässig, dass du in den Schlaf zurückfällst – oder zur Suche außerhalb von dir selbst zurückkehrst (was dasselbe ist).

Praktiziere weiterhin deinen Sport oder deine Übungen, Yoga, Körperarbeit oder Massage. Einfache Meditationen, die dir Spaß machen, sind wunderbar, aber die komplizierten lass lieber sein.

Die Wahrheit ist einfach. Wenn dir deine Religion weiterhin etwas bedeutet, bleib dabei. Du kannst inspirierende Texte anhören oder lesen, aber wenn es im Widerspruch zu *Divine Openings* steht – zum Beispiel, wenn du »an dir arbeiten« oder dich von jemandem »reparieren« lassen sollst, dem du deine Verantwortung überträgst, damit er dich »emotional, seelisch oder geistig heilt« (obwohl du auf diesen Ebenen gar nicht krank bist und auch nie warst!) –, dann sei dir klar darüber, dass du damit deine Kraft abgeben würdest.

Das Leben darf jetzt für dich einfach sein.

Was ist Mitgefühl?

Wenn jemand, den du liebst, in einen tiefen, mit Wasser gefüllten Brunnen fiele und keine Möglichkeit hätte, allein wieder herauszuklettern, was würdest du tun? Würdest du aus Sympathie zu ihm hinterherspringen? Und wenn ja, was wäre damit gewonnen?

Du würdest dich vermutlich dazu entschließen, ein Seil zu holen und ihn von oben herauszuziehen versuchen. Das Gleiche gilt für jedes tiefe, dunkle emotionale, spirituelle, mentale oder körperliche »Loch«, in dem ein Freund oder Familienangehöriger, ein Mitglied deiner Gemeinde oder deines Volkes sich befindet. Wenn du an einen solchen Ort mit niedriger Schwingung hinabsteigst, wird das niemandem von dort heraushelfen. Es verringert nur deine eigene Fähigkeit, dem anderen zu helfen.

Während du dich in diesem Prozess der *Divine Openings* befindest, lege im Moment den ganzen Fokus auf dich selbst. Wenn du selbst befreit bist, wirst du anderen helfen können.

Wir haben uns in dem wirren Gedanken verbissen, für jemanden Mitgefühl zu empfinden sei dasselbe, wie Mitleid mit einem

Menschen zu haben oder seine Last mit ihm zu teilen. Dieser Irrtum ist so allgemein verbreitet, dass andere von dir erwarten, mit ihnen zu trauern, zu leiden oder zu lamentieren und dich mit ihnen ganz elend (»unten«) zu fühlen. Wenn du oben bleibst, erweist du aber allen einen größeren Dienst, vor allem dir selbst. Wenn jemand leidet, kannst du ihm zuhören und ihn wissen lassen, dass du zuhörst, aber geh nicht zu ihm hinunter in den Keller. Bleib oben, ganz egal, was um dich herum passiert.

Mitgefühl mit dir selbst steht an erster Stelle. Bevor du weiterliest, triff die Entscheidung, dass du weich und sanft mit dir umgehen willst. Viele spirituelle Menschen empfinden Mitgefühl für alle anderen, nur nicht für sich selbst. Versöhne dich damit, wo du gerade im Leben stehst, und wisse, dass du dein Bestes gegeben hast und jetzt ohne zurückzuschauen nach vorn weitergehen kannst. Empfindsam mit dem zu sein, was gerade läuft, macht dich frei, auf deiner Reise jetzt und heute das Leben zu genießen, so wie du bist. Du bist da, wo du eben bist! Wenn Gott es nicht beurteilt, warum tust du es? Gehst du mit dir selbst ebenso mitfühlend um wie mit anderen?

Was auch immer du in diesem Prozess erlebst, ist genau richtig. Genieße die Momente des Glücks, aber lass die niedrigeren Gefühle genauso zu und bleib in Bewegung! Gib dir dabei selbst viel Ermutigung und Unterstützung, in allen Bereichen deines Lebens. Wie Jesse Duplantis, ein sehr unterhaltsamer Südstaatenprediger, einmal gesagt hat: »Wenn du durch die Hölle gehst, bleib bloß nicht stehen! Geh weiter!« Und dieses Zitat stammt von mir:

»**Direkt vor dir tut
sich der Himmel auf.**«

Die Evolution hat dich zum Jetzt geführt

Das ganze spirituelle Zeug, das du in diesem Leben gelernt hast, bis du zu *Divine Openings* kamst, war überhaupt nicht nötig, um in den Genuss dieser göttlichen Öffnungen zu kommen. Anfänger begreifen *Divine Openings* häufig schneller, weil sie leer und unvoreingenommen kommen. Frühere Unterweisungen und Studien können sich als Handicap erweisen, wenn dein Verstand an dem alten Zeug hängt, in das er viel »investiert hat«, ohne deine Suche zu Ende zu bringen.

In einem weiteren Sinne bist du im Laufe der menschlichen Evolution in vielen Leben und Äonen genau an diesen Ort und in diese Zeit geführt worden, trotz aller Umwege. Es hat Milliarden von Jahren gedauert, bis die Lebenskraft diesen evolutionären Lebensraum für dich entwickelte. Dann brachte die Evolution dich hervor. Und nun setzt du diese Evolution fort und wirst dich bis in alle Ewigkeit weiterentwickeln, wenn du dazu bereit bist. Da die Quelle es liebt, zu erschaffen und sich auszudehnen, und niemals damit aufhört, wirst du dich, sofern du deine weitere Evolution zulässt, weiterentwickeln und entfalten, ohne daran »arbeiten« zu müssen. Du wirst damit nie fertig sein, und deshalb kannst du aufhören, dir irgendwelche Gedanken über Perfektion, Vollkommenheit, Vollendung, Hinterherhinken oder »Erlangen der Erleuchtung« zu machen. Freue dich über diesen Augenblick, als wäre jetzt der Weihnachtsabend und du im Begriff, einen weiteren erstaunlichen Berg noch nie gesehener Geschenke zu öffnen.

Dieser Augenblick ist alles, was es in Wirklichkeit gibt. Dieses Buch hat zum Thema, wie du in diesem Augenblick glücklich sein kannst. Wenn du in diesem Augenblick glücklich bist, dann bist du im Einklang mit der göttlichen Präsenz. Die Zeit der Erleuchtung ist *jetzt*. Die Zeit, dass die Menschheit aufwacht, ist *jetzt*. Die Methoden dafür liegen hier vor dir, jetzt, in diesem Buch. Jetzt im Moment bist du auf deinem Weg zur Erleuchtung. Wahrhaftig! Endlich.

Genieße die Reise. Ihr Kommen hat lange auf sich warten lassen. Auf meinem spirituellen Pfad sah es jahrzehntelang so aus, als würde sie nie kommen, aber jetzt ist sie hier. Sie erfordert wenig von dir, denn du verdankst sie der Gnade. Die universelle Intelligenz hat sich eingemischt und gibt sie dir jetzt, auch wenn du sie bislang nicht finden und weder durch Studium, Logik, Analyse oder den begrenzten menschlichen Verstand erlangen konntest.

Es war schon immer so. Die Mönche früherer Zeiten widmeten sich inbrünstig ihren Studien und Gebeten, leisteten jahrelang hingebungsvolle Dienste ohne ein Zeichen der Erleuchtung – aber dann, irgendwann eines Tages, wenn sie Glück hatten, öffnete die Gnade sie ganz unvermittelt, aus heiterem Himmel. *Divine Openings* öffnen dich, um sie jetzt hereinzulassen.

Dieser Augenblick ist ein Neuanfang, und die Ewigkeit ist voll von endlosen Neuanfängen.

Viele Persönlichkeiten

Du bist nicht eine einzige Persönlichkeit – du bist viele. Beobachte sie einfach, wie sie kommen und gehen, als Antwort auf die jeweiligen Umstände. Mal bist du der Zuchtmeister und mal der Faulenzer, mal das Kind und mal der Perfektionist, der Angsthase und der Geizkragen, der Anführer und der Gefolgsmann, der Träumer, der Liebende, der Ernährer, der Urteilende. Wenn du irgendwelche ungeliebten Aspekte von dir selbst ablehnst, wird es sie höchstens stärken. Bleib Zeuge dessen, wie sie kommen und gehen, betrachte sie als *Energien* und begrüße sie alle mit offenen Armen und offenem Herzen. Bewusstheit ist alles, was du brauchst, um mit der Zeit zu deinem authentischeren essenziellen Selbst zu werden. Halte dich nicht damit auf, sie verändern oder entwickeln zu wollen. Damit würdest du das Spiel nur nach ihren Regeln spielen, doch du könntest nie gewinnen, und es würde niemals enden. Lass sie fließen, ohne Widerstand zu leisten, dann werden sie sich weiterbewegen – denn dazu neigt Energie immer.

Es mag Zeiten geben, in denen du dich selbst verabscheust, wenn du Aspekte deiner selbst zu spüren bekommst, die weit entfernt sind von deiner Göttlichkeit. Du magst an einem Tag Gefühle von Peinlichkeit, Schuld, Scham und Abscheu empfinden über Dinge, die du gesagt oder getan hast, am nächsten Tag Überheblichkeit gegenüber deinen Mitmenschen. Sei präsent mit deinen Gefühlen, aber lass deine Geschichte über das, was du getan hast, beiseite. Fühle einfach ohne Worte. Das ist wirklich alles, was du zu tun hast. Die göttliche Präsenz liebt dich, egal was passiert, und sie urteilt nicht über dich. Sobald die Gefühle in Bewegung kommen, hebt sich deine Schwingung von selbst.

Ich rede nie über das Ego. Das Ego ist ein künstliches Konstrukt, das nicht wirklich existiert, und gegen irgendeine Illusion anzukämpfen wäre irrsinnig. Um dein Überleben auf der physischen Ebene zu sichern, brauchst du das Gefühl von einem getrennten Selbst. Menschen, die mit dem Wort »dickes Ego« abgestempelt wurden, sind für einige der segensreichsten Entdeckungen und Ereignisse in der Geschichte verantwortlich. Betrachte das Ego nicht als verkehrt und mach dir keine Gedanken darüber. Das, was du ablehnst, bleibt bestehen. Bring einfach deinen Fokus auf dein großes Selbst, dann brauchst du dich nicht mit dem Ego abzugeben. Dein kleines Selbst wird sich auf natürliche Weise verfeinern und veredeln, während du dich weiterentfaltest. Es kann verschiedene Stadien durchlaufen, von »Ich bin wertlos« bis »Ich bin besser als alle«, bis es schließlich zu einer gereiften Anerkennung *deiner authentischen Größe* gelangt.

Wer (oder was) ist die göttliche Präsenz?

Dies ist kein religiöses Buch. Jeder Mensch, egal welcher Glaubensrichtung oder ohne jeden Glauben, der geistig offen ist, wird vom Lesen des Buches und dem Erwachen, das dadurch ausgelöst wird, profitieren. Zwar benutze ich Ausdrücke wie »das Göttliche«, doch ließe sich das beliebig ersetzen durch Ausdrücke wie »universelle Intelligenz«, »organisierende Intelligenz«, der Innewohnende (*The Indweller*), Energie der Quelle, der Schöpfer, die (göttliche) Präsenz, das Licht, Jesus, Buddha, Mohammed, Guanyin, die Mutter, Gaia, Natur, Lebenskraft, Es, das »Ich-weiß-nicht-was-Es-ist«, Fred oder irgendeine andere Bezeichnung, die dir zusagt.

Es ist egal, wie du Es nennst – Es weiß genau, wer Es ist! Und du wirst es in diesem Prozess selbst für dich herausfinden, statt es mir oder irgendjemand anderem zu glauben, von dem du es »aus zweiter Hand« hörst. Nachdem dies gesagt ist, will ich dir von meinen Wahrnehmungen berichten, die natürlich durch meinen gegenwärtigen Bewusstseinszustand gefiltert sind und die höchsten Schwingungen darstellen, dir mir zum Zeitpunkt des Schreibens zugänglich waren. Sie entwickeln sich noch weiter, und die aktuellsten Downloads, die ich bekomme, können in meinen Retreats online oder live miterlebt werden.

Werden wir jemals das ganze Ausmaß des göttlichen Mysteriums erkennen, während wir uns in diesem Körper aufhalten und dieses Gehirn gebrauchen? Werden wir es je mit Worten definieren und wissenschaftlich festlegen können? Ich bezweifle es.

Nach diesem Leben, wenn du in das unermesslich große, unbegrenzte Sein zurückkehrst, das du vor diesem Leben warst, wirst du reichlich Gelegenheit haben, dieses Mysterium wieder vollständig zu erkennen. Ich will aber, dass du es jetzt, in diesem Körper, *noch in diesem Leben* erfahren und verwirklichen kannst.

Eine Ärztin, die sagte, sie glaube nicht an Gott, nahm an einer Live-Kursreihe mit mir teil. Atheisten kommen normalerweise nicht zu mir, und ich war neugierig, wie es ihr ergehen würde. Schon nach ihrem allerersten *Divine Opening* leuchteten ihre Augen auf und begannen zu strahlen. Die Präsenz in ihr erwachte sehr schnell. Es war kurios, denn sie hatte keine Erklärung für das, was sie erlebte, und es verwirrte sie. Aber es geschah etwas. Da war etwas in ihrem Innern, von dem sie nie geglaubt hatte, dass es da sei – doch es war da! Sie hatte keinen Namen, keine Erklärung dafür, aber es war real. Sie wirkte fassungslos. Wortlos kam sie in den Kursraum gestürzt und lief ohne ein Wort wieder hinaus. Später schickte sie mir eine E-Mail über die Veränderungen in ihrem Leben. Es war ein ungewöhnlicher Segen, dass sie eine direkte, authentische Erfahrung der Präsenz ohne den ganzen Ballast von früheren kulturellen Prägungen, Religionen und Dogmen haben konnte.

Ihre alles durchdringende Anspannung in Bezug auf das Leben, Beziehungen, ihre Karriere und ihre Mutterschaft als Alleinerziehende verschwand schon nach der ersten Unterrichtsstunde. Sie war weg. Auch das kann für jemanden recht verwirrend sein. Wenn ein Gefühl, das man sein Leben lang gefühlt hat, plötzlich nicht mehr da ist, kann es sich wie ein Vakuum anfühlen, wie ein Verlust. Aber bald schon kommt etwas Besseres nach. Ob du nun daran glaubst oder nicht, es ist schon in dir, und du wirst es erleben.

Wenn du »erfahren« und »fortgeschritten« bist: Je mehr du all deine vorgefassten Meinungen und Überzeugungen loslässt, umso reiner und unmittelbarer kannst du die Präsenz erfahren anstelle von alten, abgenutzten Konzepten und Vorstellungen.

Mit *Divine Openings* erleben wir einen ganz persönlichen »Gott« ganz unmittelbar, und die meisten von uns sind dann nicht mehr daran interessiert, darüber zu reden, sondern ziehen es vor, einfach nur darin zu verweilen. Alle Definitionen und Benennungen machen es höchstens kleiner. Trotzdem übersteigt es unser begrenztes menschliches Gehirn. Oft sagt jemand nach einem *Divine Opening* zu mir: »Es ist schwer zu erklären.« Ich kann dann nur lächeln und nicken.

Der Schöpfer hat verschiedene Seinsebenen – vom unendlichsten und größten Aspekt, der für uns undefinierbar und unkennbar bleibt, bis hin zum persönlichsten Aspekt, als der wir in einem Körper auf die materielle Ebene gekommen sind. Der größte Aspekt ist unpersönlich, und ehrlich gesagt glaube ich nicht, dass wir darin eine Rolle spielen. Im großen Maßstab existiert das Universum immer weiter, ob mit oder ohne uns. Niemand vermisst die Dinosaurier. Es ist aber der persönlichere Aspekt Gottes, mit dem wir in Beziehung treten können und auf den wir hier unseren Fokus richten, um ihn zu kultivieren.

Die göttliche Präsenz oder unser großes Selbst weilt ständig in Glückseligkeit und urteilt nie über unsere Erfahrungen. Das Göttliche weiß um seine (und unsere) ewige Natur, darum sind Tod, Zerstörung, unsere Fehler, Irrtümer und scheinbaren Tragödien nur flimmernde Bilder auf der ewigen Leinwand des Lebens. Die göttliche Präsenz in uns summt in ihrer hohen, feinen Schwingung – egal was sich in unserem Menschenleben abspielt. Ob wir Menschen aufwachen oder nicht und egal wie unser Leben verläuft: Von ihrer hohen Schwingung aus erfreut und erweitert sich die Essenz des Lebens, indem sie durch uns lebt. Unabhängig davon, was geschieht: Gott sinkt nie in die unteren Schwingungen ab, so wie wir es tun. Die Präsenz sieht immer unendliche Möglichkeiten, bietet Lösungen an und hält unsere »Heimatschwingung« als beständiges Signal für unsere Heimkehr bereit. Wir kamen mit dem Wissen hierher, dass wir die Wahl zwischen niedrigen Schwingungen ebenso wie deren Gegenteil haben würden: Freude und Leid, Erfüllung und Frustration, Begeisterung und Verzweiflung, Gefühle, die wir genießen, und solche, die wir ablehnen. Wenn du noch nicht bewusst zwischen den Gegensätzen zu wählen vermagst, übe weiter, bis du es meisterst.

Du bist so viel mehr, als du sehen kannst. Es ist aber nicht immer leicht, dir dessen sicher zu sein, denn du setzt deine körperlichen Sinne ein, um festzustellen, was real ist, und deine körperlichen Sinne können dein nichtkörperliches Sein nicht immer wahrnehmen. Doch dein großes Selbst – dieser unbegrenzte, ausgedehnte, nichtphysische Aspekt deiner selbst, von dem du nur ein kleiner körperlicher Teil bist – ist immer für dich da, und du kannst es ganz nah kennenlernen und spüren.

Viele, die dieses Buch lesen, akzeptieren die Vorstellung bereits, dass sie schon vor diesem Leben gelebt haben, dass es etwas vor dieser körperlichen Erfahrung gab und auch danach geben wird. Aber die gute Nachricht lautet: Du musst nicht sterben und in das Körperlose zurückkehren, um diesen größeren, körperlosen Aspekt von dir erleben zu können. Du kannst diese Erfahrung jetzt schon haben. Durch dein inneres Selbst, das zu allen Zeiten die Gesamtschau der Wirklichkeit hat, steht dir eine wunderbare Führung zur Verfügung: der allumfassende Blickwinkel deines größeren Selbst.

Eine Klientin, die in meinem Seminarraum saß und mein göttlich inspiriertes Gemälde einer Thai-Göttin sah (du kannst es weiter hinten im Buch sehen), fragte mich, ob ich frühere Leben im Osten verbracht hätte. Sicher, die Göttin bin ich selbst, aber alles, was ich in früheren Leben wurde, ist jetzt hier bei mir und erweitert sich täglich mehr, ohne dass ich »etwas tue«. Ich gehe nicht in der Zeit zurück, um dort etwas zu finden oder zu entdecken. Während der Session lächelte die Göttin von der Wand, aber ihre Energie und Weisheit sind hier und jetzt in mir. Ich plane keine meiner Sitzungen, nicht einmal die Fünf-Tage-Retreats. Alles kommt in dem Moment durch mich hindurch, in dem ich mich entspanne, loslasse und die Energie fließen lasse.

Dein großes Selbst ruft nach dir, damit du aufwachst und dich an all das erinnerst, was *du* wirklich bist – damit du das Leben als dein großes Selbst erlebst: weise, voller Freude, Akzeptanz und Mitgefühl, ohne Urteil, ohne Leid und ohne Anstrengung. Dein großes Selbst sendet ein konstantes Heimkehrsignal aus, das dich nach Hause ruft, um als göttliche Präsenz in physischer Form kraftvoll und großartig zu leben.

**Es ist keine »Heilung«,
es ist ein »Aufwachen«.**

Ich fühlte mich tief geehrt, als ich meinen Platz in der Schöpfung erkannte, im Zentrum des Universums. Ebenso ist auch jeder andere wunderbarerweise im Zentrum dieses holografischen Universums. Als Co-Kreierende (Mitschaffende), zusammen mit dem Schöpfer, können wir es so gut machen, ergänzen, ausgleichen und verbessern, wie wir wollen.

Die formlose, nichtphysische Essenz des Lebens braucht *dich*, um das Wunder der Körperlichkeit vollständig erleben zu können. Wenn du vollkommen zu deinem großen Selbst erwacht auf dieser Erde wandelst, wenn du weißt, dass du ein körperlicher Konzentrationspunkt des Göttlichen bist, wird die Sehnsucht des Schöpfers nach dem vollständigen und bewussten Erfahren dieser materiellen Schöpfung erfüllt. Du erforschst neue Grenzbereiche und erschaffst Dinge, die es noch nie zuvor gab. Wir ewigen Geschöpfe sind niemals fertig, und auch der Schöpfer ist niemals fertig – wir dehnen uns immer weiter aus und experimentieren. Du kannst dich diesem gewaltigen, nie endenden Abenteuer jetzt mit einem tiefen, entspannenden Atemzug hingeben!

Das Göttliche kann es
nicht ohne dich!

Viele Menschen reden davon, ihre Bestimmung zu finden, als wäre es eine ernste, gewichtige Sache. Was für eine puritanische Einstellung zu glauben, Gott habe eine hohe, schwerwiegende Erwartung an dich oder du müsstest irgendeine Mission erfüllen, um vollständig zu werden! Nichts könnte die Wahrheit mehr verzerren. Deine Bestimmung ist, dich an deinem Leben zu erfreuen! Entdecke, wer du wirklich bist, und gib dich hin – dem großen Selbst, das ein fröhliches Wesen ist; dann werden sich deine Talente von selbst vervielfältigen und erweitern. Die »Lebensbestimmung« ist eine alberne New-Age-Idee. Frag mal eine Giraffe, was ihre Bestimmung ist. Es ist ihre Bestimmung zu leben. Ich garantiere dir, dass Botschaften von deinen Geistführern, die sagen, du müsstest irgendeine schwierige Mission erfüllen, durch den Filter alter, überholter Konzepte von Gott gelaufen sind. Du bist Hände, Stimme und Körper des Göttlichen, aber geh locker damit um. Liebe, lebe und genieße! Diene, wenn es sich wirklich gut für dich anfühlt. Spielen bringt unserem Planeten genauso viel Mehrwert wie Arbeit.

Ein paar Menschen werden nicht aufnehmen können, was ich sage. Sie könnten sogar böse auf mich werden. Wenn ihre Gefühle in Bewegung kommen, werden manche wegrennen, als wäre der Teufel hinter ihnen her. Eine Freundin von mir hatte, einige Jahre bevor ich sie kennenlernte, eine blitzartige Erfahrung von kosmischem Einssein – eine, von der man wohl sagen würde, es wäre das Höchste überhaupt. Ihr Erwachen hielt aber nicht lange an, weil sie weder bereit war, niedrigere Schwingungen zu fühlen, noch wollte sie gelten lassen, ihr Leben selbst zu erschaffen. »Ich habe meinen Exmann nicht erschaffen …!« »Mein Papa ist einfach ein Idiot …« Ich musste lächeln, als sie über dieses Buch sagte: »Dieses Buch lässt mich Dinge spüren, die ich nicht mag.« Sie hörte auf, es zu lesen. (Wir sind immer noch befreundet.)

Jeder Lehrer, Kanal, Hellseher, jedes Medium, ja, jeder Mensch hört, sieht und fühlt etwas anderes, wenn er mit Gott redet, je nach Entwicklungsstufe seines Bewusstseins. Dinge, die auf einer Bewusstseinsstufe »wahr« sind, sind für ein höheres Bewusstsein »weniger wahr«. Es ist eine große Herausforderung, Gott frisch und unbelastet von kulturellen Vorstellungen und Mythen zu erleben, aber ich bestärke dich darin, es anzustreben. Dein Verständnis von Gott wird sich mit *Divine Openings* endlos weiterentwickeln.

Ich teile mit dir einige meiner Erkenntnisse über das Leben aus eigener Erfahrung und innerem Wissen, und sie entwickeln sich beständig weiter, so wie sich auch deine weiterentwickeln werden. Dein Verständnis des Lebens wird durch dein momentanes Bewusstseinsniveau gefiltert. Was du Gott »sagen hörst«, wird immer von deiner eigenen Schwingung und deinen Glaubenssätzen gefärbt sein.

Wenn jemand behauptet, Gott habe etwas Wütendes, Strenges oder Urteilendes zu ihm gesagt, er habe eine schlechte Nachricht von Gott erhalten oder eine negative Manifestation des Geistes erlebt, so ist das eben die höchste Stimme Gottes, die dieser Mensch zu diesem Zeitpunkt und in diesem Bewusstsein hören kann. Du wirst im Fernsehen nicht Kanal vierundzwanzig empfangen, wenn du die Frequenz von Kanal sieben eingestellt hast. Du hörst immer die höchste Schwingung, die du von deinem

Zustand aus hören kannst. Werde weicher. Sei bereit, gehen zu lassen, was du im letzten Jahr »gewusst hast«. *Es ist längst nicht mehr aktuell.*

Die Verfasser der alten Schriften schrieben aus ihrem damaligen Bewusstsein heraus, und jeder Übersetzer, der ihre Texte übertrug, kolorierte seine Interpretation mit seinem eigenen Bewusstsein und oftmals mit einer starken politischen oder religiösen Agenda. Es ist einfacher, Menschen zu kontrollieren, die sich ihrer wahren Großartigkeit nicht bewusst sind.

Ein Lehrer oder Medium mit Schwingungen von unaufgelöster Wut wird einen wütenden Gott hören und eine solche Botschaft an seine Schüler weitergeben. Ein Lehrer, der ungelöste Angstschwingungen in sich trägt, wird Botschaften der Gefahr, Gewalt, unheimlicher Wesenheiten, böser Geister und apokalyptischer Szenarien übermitteln und dich zu Schutzmaßnahmen drängen. Ein Mensch mit aktiven Schwingungen von Traurigkeit wird dir weniger positive Botschaften über Liebe und Beziehungen geben. In meinen einundzwanzig Tagen der Stille und des Schweigens legte ich bewusst meine ganze Konditionierung aus der Vergangenheit, mein emotionales Gepäck, meine Vorurteile und spirituellen Konzepte ab, um einfach nur das Alles-das-was-ist erfahren zu können.

Damit du überhaupt vernehmen kannst, was ich sage, muss dafür Platz in deinem Kopf sein. Du musst dich schwingungsmäßig in der Nähe dieses Materials aufhalten. Manche haben längere Zeit mit diesem Buch unter dem Kopfkissen geschlafen, bis sie bereit waren, es zu öffnen. Was ich öfter zu hören bekomme, ist, dass jemand, der am Anfang gar nichts damit anfangen konnte, das Buch später wieder zur Hand nahm und dann sagte: »Wieso habe ich das nicht schon früher kapiert?«

Im Rückblick auf meine eigene Entwicklung kann ich sehen, wie meine Sichtweise sich mit meiner Bewusstheit veränderte.

Ich schrieb einmal ein Buch mit dem Titel *Dating to Change Your Life* (zum Thema Partnersuche und um sein Leben zu verändern). Das war lange vor *Divine Openings*. Für mich war es ein Durchbruch, und vielen Menschen hat das Buch geholfen. Viele der Ideen, Regeln und Glaubenssätze, die ich darin erwähnte, waren aber nach *Divine Openings* nicht mehr haltbar. Für Menschen, die sich in Bezug auf Beziehungen in dieser Entwicklungsphase befinden, ist das Buch jedoch nach wie vor eine überaus wertvolle, lebensverändernde Erfahrung. Es werden von jedem Buch die richtigen Leser angezogen.

Was einen hervorragenden Lehrer allgemein auszeichnet, ist die Einfachheit seiner Darstellung. Wenn eine Methode oder Botschaft sehr einfach, direkt und wirksam präsentiert wird, trägt sie in der Regel eine höhere Schwingung. Ist sie aber kompliziert, technisch und schwierig, sodass man auf Schritt und Tritt auf die Unterstützung des Lehrers angewiesen ist, wird sie dich nicht befreien. Das Göttliche braucht keine komplizierten Prozesse, Theorien und Methodiken, es wirkt mit eleganter Einfachheit, Effizienz und Schnelligkeit, wenn du es zulassen kannst.

Ich persönlich schätze Lehrer besonders, deren Botschaft eine sehr hohe und positive Schwingung hat; Schwarzseher und Vermittler von schlechten Nachrichten meide ich. Obwohl ich meistens nach innen gehe, um Führung, Information oder Inspiration zu erhalten, hole ich mir immer noch Inspiration von jedem Botschafter, den das Göttliche schickt, unabhängig von seinem Platz im Leben. Ein Freund, ein Fremder im Vorübergehen oder ein Obdachloser übermittelt manchmal eine Überraschungsbotschaft vom Göttlichen. Wir schätzen diese Fälle von Synchronizität sogar noch mehr, wenn wir erkennen, dass die anderen, die solche Botschaften bringen, in der Einheit genauso Aspekte von uns selbst sind. Immer öfter erlebe ich mich als einen Aspekt der göttlichen Präsenz.

Gestalte deine persönliche Beziehung mit der Präsenz

Weil das große All-das-was-ist, die höchste Form Gottes, so unermesslich groß, unpersönlich und unmöglich zu kennen ist, können wir einfach keine Beziehung dazu entwickeln. Die beste Art, Gott zu »kennen«, besteht darin, uns eine persönlichere Spielart Gottes einzuladen, mit der wir reden können. Nach innen zu gehen, um dort deine Antworten zu finden, wird einfacher, wenn du eine vertraute Beziehung zu »dem, der in dir wohnt« (*The Indweller*) herstellen und dessen pure Schwingungen in Worte übersetzen kannst, die du verstehst. Die Menschen haben seit Anbeginn des Bewusstseins nach Bildnissen von Gott gesucht, zu denen sie einen Bezug herstellen konnten, von den ersten Zeichnungen der Steinzeit, den Regen- und Fruchtbarkeitsgöttern, den vielen spezialisierten Hindugottheiten, den Göttern der griechischen Mythologie, der Weißen-Büffel-Frau bei den nordamerikanischen Indianern bis hin zu Jesus und so weiter.

Ein »persönlicherer« Gott wird uns kennen, sich für uns interessieren und nicht nur wollen, dass wir überleben, sondern auch, dass es uns gut geht und wir uns freuen können. Dieser persönliche Gott hat uns hervorgebracht, und jeder von uns ist ein holografischer Punkt davon. Deshalb fühlt sich auch jeder von uns wie das Zentrum des Universums, das wir tatsächlich sind. In Wirklichkeit gibt es nur ein einziges Sein in zahllosen einzigartigen, wunderbaren Körpern und Formen, jedes von ihnen behaftet mit der Illusion des Getrenntseins.

Die uns »innewohnende Präsenz« ist bereit, sich uns in jeglicher Gestalt zu zeigen, die wir annehmen und zu der wir in Beziehung treten können. Einem Christen kann sich »der Innewohnende« als Jesus, Heiliger Geist oder Herrgott zeigen. Einem Hindu mag er als ein besonderer Aspekt erscheinen, wie Krishna, Lord Ganesha, Lakshmi oder Shiva, einem Buddhisten als Buddha, einem New-Age-Anhänger als weißes Licht, einem mehr wissenschaftlich orientierten Menschen als formlose universelle Intelligenz oder Ordnung. Einem Musiker kann die göttliche Präsenz in inspirierter Musik spürbar werden. Du kannst sie als Lebenskraft, Intuition oder Bewusstsein kennen. Manche nennen sie Mutter Natur oder Mutter Erde.

Gott ist es egal, wie wir ihn nennen. Nur der Mensch trifft all diese lächerlichen dogmatischen Unterscheidungen und Urteile. Gott weiß schon, wen wir meinen, wenn wir mit ihm sprechen.

In Indien hat meine Vorstellung von Gott eine erstaunliche Wandlung erfahren: Mir wurde klar, dass Gott keine Selbstnatur besitzt, sondern einfach das ist, wofür wir ihn halten. Ich erkannte, dass die Fülle an göttlicher Gnade, die du einlässt, von deiner Beziehung zu ihm abhängt. Beweise dafür hatte ich schon früher gesehen, denn meine tiefgläubigen Großeltern väterlicherseits bekamen tatsächlich immer alles, worum sie Gott baten, bis hin zu körperlichen Heilungen und Wundern. So primitiv mir ihr biblischer Glaube an Hölle und Fegefeuer auch vorkam, so hatten sie doch offenbar eine persönliche Beziehung zu ihrem Gott, *die funktionierte.*

Als Kind und Jugendliche konnte ich allerdings nicht auseinanderhalten, was daran gut oder schlecht sein sollte, und ich konnte mit diesem richtenden Gott, den mein Großvater als Priester der *Assembly of God* ständig predigte, überhaupt nichts anfangen. Wir berauben uns unendlicher Möglichkeiten, wenn wir an den geerbten einschränkenden Konzepten von Gott festhalten.

Ich fand es spannend und inspirierend, in Indien zwei neue Namen für Gott kennenzulernen. Obwohl ich mich nie für die

Hindutradition interessierte, haben diese Namen meine Beziehung zum Göttlichen für immer verändert. Sie halfen mir, ein Konzept von Gott zu entwickeln, sodass ich tatsächlich neben ihm wie neben einem Freund hergehen und reden konnte.

Yathokthakari – einer, der tut, worum er gebeten wurde.
Bhakti Paradina – einer, der dem Verehrenden
auf den leisesten Wink gehorcht und jederzeit
zur Verfügung steht.

Was für ein erstaunliches Konzept: dass Gott sich unseren Erwartungen entsprechend verhält und tatsächlich zu tun bereit ist, was *wir* wollen, statt uns *seinen* Willen aufzuzwingen! Aber so überraschend ist das gar nicht – die gesamte Realität beugt sich dem, was wir glauben.

Ich dachte, ich hätte die alten, negativen Konzepte von Gott schon in meinen Dreißigern über Bord geworfen und einen liebevolleren, umfassenderen Gott angenommen, aber ich erkannte, dass der unermesslich große, formlose Gott, auf den ich mich zu beziehen versuchte, ein viel zu verschwommenes, unpersönliches und abstraktes Konzept war, als dass ich mich auf irgendeine persönliche Weise mit ihm hätte verbinden können.

Kein Wunder, dass die Beziehung kühl und distanziert gewesen war. Das Leben ist heiß und hautnah am Geschehen, und dein Gott sollte besser intensiv und real sein, wenn er mit deiner täglichen, provokativen physischen Realität mithalten soll. Mein Gott war nicht so real wie die verwirrende äußere Realität gewesen, und ich brauchte einen Gott, der näher und persönlicher war. Eine unserer größten Herausforderungen auf der physischen Ebene liegt darin, die materielle Welt nicht dominieren oder gar zu unserem Gott werden zu lassen. Was auch immer deine größte Aufmerksamkeit bekommt und wohin du deine Macht abgibst, das ist dein Gott. Wenn du mit bestimmten Lebensumständen konfrontiert bist, können sie deine ganze Aufmerksamkeit an sich reißen und deinen so überaus wichtigen inneren Fokus auf Gott verdrängen.

Als Kinder übertrugen wir natürlich unser Bild der Eltern auf das Bild von Gott. Das ist nicht überraschend, denn unsere Eltern *waren* für uns Gott – der Kanal, durch den so viele prägende Jahre lang offenbar alle Dinge zu uns flossen. Mein Vater war der unkommunikative, starke, wortkarge Typ, und entsprechend war auch meine Vorstellung von Gott. Wenn du Eltern hattest, die gütig und urteilsfrei, ermutigend und unterstützend, liebevoll und weise waren, hast du vermutlich ein entsprechend gütiges Bild von Gott. Wenn du aber Durchschnittseltern hattest, musst du vielleicht erst noch deine weniger positiven unbewussten Wahrnehmungen von Gott hinauswerfen und sie durch deine Wunschqualitäten ersetzen. Warum? Weil Gott sich so verhält, wie du es von ihm erwartest, und das Leben dir die Konsequenzen und den Beweis für deinen Glauben liefern wird.

Da all dies bereits in uns geprägt wird, bevor wir sprechen lernen, kann es sein, dass es unsichtbar, schwer identifizierbar und so tief in uns eingeschliffen ist, dass wir es nicht einmal bemerken. Wie sollen Fische merken, dass sie im Wasser sind? Keine andere Realität ist für sie vorstellbar! Du spürst nicht die Kleidung auf deiner Haut; du bemerkst sie nicht, weil du dein ganzes Leben nichts anderes gewohnt warst. Genauso können wir unsere früh gelernten Annahmen nicht wahrnehmen, weil wir nie etwas anderes kannten und keine Vergleichsmöglichkeiten hatten. Die meisten Menschen hatten nie Gelegenheit, ihre Prägungen zu erkennen und zu klären – bis jetzt. Das ist aber keine Arbeit. Du brauchst nur um göttliche Hilfe zu bitten, dir einen neuen Begriff oder ein neues Bild von Gott zu entwerfen – und alles Übrige macht Gott. Das Göttliche wird sogar zu dir kommen, falls du dich vor ihm fürchtest, darauf wütend bist oder Zweifel hast. Bitte einfach darum.

So erschuf ich mir Gott als jemanden, mit dem ich wirklich reden und in Beziehung treten konnte. Ich entwarf mir meine eigene ideale Beziehung mit Gott, indem ich Ihm/Ihr sämtliche Eigenschaften verlieh, die mein Herz sich wünschte – alle die Eigenschaften, die meine irdischen Eltern nicht aufwiesen, und all die Unterstützung, die ich mir vom Leben gewünscht, aber nicht bekommen hatte.

Das hat Spaß gemacht! Ich bat darum, dass »mein« Gott mir mit Humor und auf spielerische, freundliche und fürsorgliche Art begegnet und außerdem all die Qualitäten aufweist, die man von ihm erwartet: bedingungslose Liebe, Allwissenheit und Macht (aber ohne herrisch und autoritär zu sein). Später änderte ich es etwas ab: Ich wollte einen Gott, der sich um alle meine Bedürfnisse und jedes meiner Anliegen kümmert, der mit mir spielen und Teil meines ganzen Lebens sein will, der mir Botschaften schickt, die ich verstehen kann, der es liebt, gemeinsam mit mir zu erschaffen, und der mich als Partnerin sieht. So wurde Gott schließlich zu einem inneren Freund, der wirklich zuhörte und mit mir durch Gefühle, direktes Wissen, gelegentliche Zeichen und Ereignisse, aber auch durch meine eigene innere Stimme kommunizierte. Das unterschied sich ziemlich stark von den alten, einseitigen Bitten an den zornigen, kleinlichen, verurteilenden Gott, der in den Predigten meines Großvaters vorkam. Großpapa meinte es gut, hatte mir aber gesagt, dass Gott Mädchen, die Hosen trugen, verdamme, und auch wenn ich es ihm nicht wirklich abkaufte, so hatte es mich doch von diesem »richtenden Gott« distanziert, der in mir so schlechte Gefühle hervorrief. Damals erzeugte das Wort »Gott« nur Verwirrung und Schuldgefühle in mir. So geht es vielen von uns immer noch. Achte mal darauf, ob du beim Hören dieses Wortes zusammenzuckst.

Dieser neue Gott war einer, der mich brauchte, mich schätzte und an allen meinen Abenteuern Vergnügen fand, sogar an meinen banalen Alltagstätigkeiten. Dieses Konzept hat sich für mich ständig weiterentwickelt, sodass ich mir heute nicht einmal mehr vorstellen kann, von Gott getrennt zu sein, und daher kann ich es nur mit Mühe eine »Beziehung« nennen. Geh von dem aus, wo du jetzt bist, rede ständig mit Gott und mach jährlich ein Update.

Viele Menschen spüren immer noch einen Widerstand gegen Autoritätsfiguren, und rate mal, was ist, wenn dies bei dir der Fall ist? Dann zeigt sich Gott als die oberste Autoritätsfigur, und dies schafft eine große Distanz zwischen dir und Gott, ohne dass du es bemerkst. Nimm Gott aus der Autoritätsrolle heraus und setze ihn in die fürsorgliche Rolle, wenn du dir eine offene, liebevolle, unterstützende Beziehung mit ihm wünschst.

Mithilfe von *Divine Openings* wird Gott zur greifbaren Realität, zu einer eigenen Erfahrung anstelle eines mentalen Konstrukts. Und das beginnt, sobald du deine Beziehung mit ihm neu konzipierst. Ein witziges Wunder während meines Schweigens ließ mich das vollständig erkennen. Ich hatte eine winzige Taschenlampe, die ich mir nach dem offiziellen »Licht aus!« im dunklen Schlafsaal um den Hals hängte. Ihr kleiner Metallgriff ging eines Tages kaputt, und ein Stück Metall ging verloren. Ich stellte die Taschenlampe deshalb während der Nacht auf den Nachttisch. Am nächsten Morgen war der Metallgriff der Taschenlampe repariert. Sie war wieder ganz; das fehlende Stück war wieder daran. Der Griff war spurlos wieder angefügt. Ich lachte. Mein verspielter Gott hatte mir ein verspieltes Zeichen geschickt, und ich verstand die Botschaft. Sie sagte mir: »Alles ist bei dir jetzt so gut abgesichert, dass mir gar nichts mehr zu tun bleibt, außer deine Taschenlampe zu reparieren.« Sie sagte außerdem: »Sogar dieses kleine Detail deines Lebens ist mir so wichtig, dass ich ein Wunder veranstalte, nur um deine Taschenlampe zu reparieren.« Diese kleine Taschenlampe steht bis heute zur Erinnerung auf meinem Kaffeetisch. Wenn ich daran denke, kommen mir Tränen der Freude.

Wenn sich eine innere Stimme gut anfühlt, weiß ich, dass es mein großes Selbst ist. Wenn es sich schlecht anfühlt, ist es mein kleines Selbst. Von Minute zu Minute, von Tag zu Tag vertiefte sich meine Beziehung zum Göttlichen weit mehr als je zuvor.

Das Göttliche wird sein,
was immer du willst.

Werde weich und verabschiede dich endlich von jeglicher Vorstellung, du müsstest dir die Dinge verdienen, denn mit dieser Vorstellung wirst du dir tatsächlich alles verdienen *müssen.* Beschließe, dass Gott dich mit Leichtigkeit mit allem beschenken möchte, was du dir wünschst. Erinnere dich daran, dass dein Wert für Gott nicht infrage steht. Unwürdig zu sein ist ein Konstrukt des menschlichen Verstandes. Du bist würdig, genau wie die Vögel und die Blumen es würdig sind, genährt zu werden.

Werde weich und verabschiede dich von jeglicher Vorstellung, du seist nicht würdig, etwas zu erhalten, denn wenn du das glaubst, machst du dich eng, und die Gnade kann nicht so leicht zu dir kommen. Beschließe, mit Gott einer Meinung zu sein, dass dein Wert unbestreitbar feststeht. Allein die Tatsache, dass du das Geschenk des Lebens erhalten hast, beweist deinen Wert. Allein das Lesen dieses Buches und das Empfangen der *Divine Openings* darin werden dir helfen, dich dem Wissen um deinen Wert zu öffnen und die Gnadenenergie einzulassen, die dir in jedem Augenblick angeboten wird.

Verabschiede dich von dem Glauben, im Leben ginge es um Lektionen, denn wenn du das glaubst, wirst du jede Menge Lektionen bekommen, während du im Glauben, es ginge um Freude, jede Menge Freude erleben wirst. Das Leben wird dich weiterentwickeln; du wirst dazulernen und auf natürliche Weise wachsen, aber das muss keine ernste, eintönige Schule sein! Beschließe, dass Gott möchte, dass du Spaß hast, während du dich weiterentwickelst. Tatsächlich bist du Gott am nächsten, wenn du glücklich bist, und du wirst auch bald wissen, warum.

Werde weich und verabschiede dich von jeglicher Vorstellung, deine weltlichen Bedürfnisse und Wünsche seien für Gott unwichtig. Wenn du glaubst, Gott würde deine täglichen Bedürfnisse für trivial halten, kannst du nicht so viel Gnade hereinlassen. Die göttliche Präsenz, von der du ein Teil bist, lässt dich in der materiellen Welt alles haben, was du willst. Je mehr du also aus dem Weg treten und das Gute einlassen kannst, desto leichter kann es bei dir abgeliefert werden. Menschen, deren materielle Bedürfnisse und Beziehungswünsche erfüllt sind, haben mehr Freiheit, ein erfülltes spirituelles Leben zu leben. Jemand, der ständig darum kämpft, finanziell über die Runden zu kommen, ist weder ein gutes Vorbild für andere, noch hat er die Zeit und das Geld, um sich der Spiritualität und dem Dienst an anderen zu widmen.

Erschaffe dir eine neue Beziehung
zu einem persönlichen Gott, der dir nahesteht.

Umsetzung in deinem Leben

- Schreibe deine aktualisierte Vorstellung von Gott in dein Tagebuch oder gestalte damit eine Visionstafel. Einige Menschen, die diese Empfehlung umgesetzt haben, berichteten von großartigen Ergebnissen. Verbringe mit diesem neuen Gott eigens dafür reservierte Zeit, um mit ihm zu reden, wie du es beim Aufbau einer neuen Beziehung tun würdest. Wenn dein Bewusstsein sich erweitert, bring auch deine Vorstellung von Gott auf den neuesten Stand, denn sie wird sich ändern.

- Lies diesen Aufsatz, um ein paar alte spirituelle Irrmeinungen zu sprengen: www.DivineOpenings.com/spiritual-myths auf Englisch und auf Deutsch durch einfaches Klicken auf die Schaltfläche »Deutsch« oben auf der Website.

Deine Wünsche werden erfüllt

Rede ständig mit dem, »der in dir wohnt«. Jede Art von Kommunikation wird funktionieren. Gott wird dich nicht dafür tadeln, wie du ihn anredest, ob du es »Beten« nennst oder »Meditation« oder »Gespräch«, ob du alles richtig formulierst und ob du deine Wünsche aufschreibst oder nicht. Der, »der dir innewohnt«, ist glücklich, überhaupt von dir zu hören. Versteife dich nicht auf irgendwelche Worte, Prozesse oder Rituale. Plaudere mit Gott wie mit einem engen Intimfreund. Sei du selbst. Du kannst mit Gott auch streiten oder auf ihn böse werden. Wer könnte besser und urteilsfreier damit umgehen als er?

Gott ist einfach froh,
überhaupt von dir zu hören.

Er kennt deine unausgesprochenen Bedürfnisse. Fühlst du dich schlecht, entnimmt er daraus, dass du dich gut fühlen möchtest, und kreiert dir, was du dafür brauchst. Wenn du nicht hast, was du dir wünschst, fühlt er deinen Wunsch. Ich habe erlebt, dass Schüler während eines *Divine Opening* von lange bestehenden

Verletzungen spontan geheilt wurden, ohne dass sie mir von ihrem Problem erzählt und um Heilung gebeten hätten. Ein *Divine Opening* macht dich buchstäblich offener, und die Gnadenenergie, die immer zu dir hinströmt, kann dann hereinkommen. Es wurden so viele komplizierte Heilungs- und Klärungstechniken entwickelt – ohne dass man verstanden hätte, wie einfach es ist, zu bitten und zu empfangen. Sobald *Divine Openings* dir diese Tür geöffnet hat, musst du nur fühlen, was du brauchst und dir wünschst, dich mit diesem Gefühl weich werden lassen und es dann loslassen, in dem festen Wissen, dass es kommt …

Die Grundformel lautet: *Bitten, Antworten, Zulassen.* Du bittest, das Göttliche in dir antwortet, und du lässt es zu. Zu lernen, wie du deinen Widerstand aufweichen kannst, sodass du dir nicht mehr im Weg stehst, ist deine Hauptaufgabe, aber das braucht Übung. Der, »der dir innewohnt«, hört deine Bitte immer, auch wenn du sie nicht in Worte fasst, auch wenn es nur ein Unbehagen oder eine tiefe innere Sehnsucht ist, die du fühlst. Deine Bitte erfolgt also von deiner Seite immer automatisch. Das Göttliche in dir antwortet immer mit Ja und gewährt dir die Essenz deines Wunsches; dann wartet es lediglich auf das Anzeichen einer Öffnung, um ihn dir in der materiellen Welt zu erfüllen. Die Gnade erledigt neunzig Prozent. Deine einzige Aufgabe, deine zehn Prozent, besteht darin, in deinem Wunsch nachgiebig zu sein, beiseitezutreten und das Gewünschte hereinzulassen.

Neunzig Prozent ist Gnade.
Zehn Prozent ist dein Zulassen.

Divine Openings helfen dir gerade bei dem, womit sich die Menschen am schwersten tun: dem *Zulassen, Weichwerden, Aus-dem-Weg-Gehen* und *Hereinlassen.* Wenn unsere Kanäle geschrumpft oder starr sind, kann die Gnade mit ihren guten Gaben nicht so leicht hereinkommen. Wir bitten darum, lassen es aber dann doch nicht zu. Wir spannen uns an, zweifeln, fühlen uns unwürdig, fokussieren uns auf den Mangel und auf das, was wir *nicht* haben – und damit blockieren wir, dass es zu uns kommen kann.

Anspannung = Widerstand. Probiere einmal dies: Spanne dich an und ziehe die Muskeln zusammen, deinen Kiefer, die Schultern, balle die Fäuste. Stelle dir vor, jemand will dir in diesem Zustand etwas geben, damit du dich besser fühlst … So fühlt sich Widerstand an. Jetzt entspanne dich und halte deine offenen Hände vor dich hin. So kannst du empfangen, mithilfe der Gnade. Wir können nicht selbst alles in Ordnung bringen, aber die Gnade vermag das mühelos.

Sage einfach Ja. Sage es jetzt laut heraus: JA! JA! JA! Sage weiter Ja.

Früher habe ich mich oft gefragt, warum die Bibel sagt, Jesus sei der einzige Weg, durch den wir »erlöst« werden können. Das schien mir einen zu großen Teil der Menschheit auszuschließen, der von Jesus nie gehört hatte. Ich konnte mir einfach nicht vorstellen, wie ein liebender Schöpfer irgendjemanden ausklammern könnte. Jetzt habe ich das Gefühl, es bedeutet, dass der Mensch es nicht allein schaffen kann, weil er so sehr in seinem kleinen, abgetrennten Selbst festhängt, dass die göttliche Gnade das Einzige ist, was machtvoll genug ist, diesen Job zu erledigen. Der einzige Ausweg, wie die Menschheit aus ihrem Leiden herauskommt, scheint das Aufwachen mithilfe der Gnade zu sein. Unser alleiniges Handeln auf der weltlichen Ebene reicht dazu nicht aus. Du wirst »erlöst« (dir wird geholfen) durch die Gnade oder wie immer du es nennen willst. Bald wirst du erleben, was das bedeutet, unabhängig von irgendeiner Religion oder einem Weg. Die zertifizierten Guides von *Divine Openings* sind dazu ausgebildet worden, »die Hände und Stimmen« zu sein, die helfen, diese Gnade auf die Erde zu bringen.

Viele von uns haben mittlerweile ein solches Verhältnis zur göttlichen Präsenz, dass sie einfach an etwas denken können, ohne zu beten oder einem formalen Ablauf zu folgen, und es stellt sich ein – oder sogar etwas Besseres. Du kannst dir ebenfalls eine solche Beziehung schaffen, und das Buch wird dir Schritt für Schritt zeigen, wie. Lass jegliche Vorstellung von einem Gott, der dich nicht unterstützt, fallen. Dieser Glaube blockiert deine Fähigkeit zu empfangen. Wenn der Gott deiner Vorstellung liebevoll, gütig und unterstützend ist, wird dir das, worum du gebeten hast, auch gegeben werden, weil es zu deiner Vorstellung von Gott passt. Deine zehn Prozent bestehen nur darin, es hereinzulassen.

Wenn dein Gott freundlich ist und an deinem Alltag teilhat, wird dir alles, worum du bittest – so banal es auch sei –, in der Essenz geliefert werden. Menschen, die mit Gott eine solche Beziehung pflegen, brauchen nicht zu beten oder ihren Wunsch niederzuschreiben oder Ziele zu formulieren. Sie können einfach darum bitten, und die Lebenskraft erfüllt ihre Bitte, wie jede liebende Mutter oder jeder liebende Vater, Onkel oder Wohltäter es tun würde. Du kannst eine solche Beziehung haben, wenn du anfängst, regelmäßig mit Gott zu sprechen, als wäre er dein Freund und Vertrauter, und wenn du aufhörst, Gott als eine von dir getrennte Autoritätsfigur anzusehen. Ich bin heute an einem Punkt, wo ich nur noch selten um irgendetwas bitte. Ich lasse los und lasse mich von Gott in die beste Richtung führen. Doch gestern habe ich tatsächlich um Regen gebeten und es dann wieder losgelassen. Ohne dass der Wetterbericht Regen vorausgesagt hätte, kam er heute früh. Ich versuche nie irgendetwas zu forcieren oder zu steuern – ich äußere spielerisch meine Bitte, ohne mich an das Ergebnis zu hängen, und lasse los. Wenn dir Beten vertraut ist, dann bete und wisse, dass dir die Antwort gegeben wird, auch wenn du noch nicht weißt, wie sie lauten wird. Die Antwort kommt vielleicht nicht durch eine Stimme oder eine Vision; häufiger ist es ein Gefühl, ein inneres Wissen, ein einfacher Gedanke – oder etwas, das erst später in Form eines Ereignisses oder einer Person auftaucht. Lausche, beobachte, fühle und anerkenne es jetzt, im Vorhinein, und es wird seine Ankunft beschleunigen.

Nimm es nach innen, zur Präsenz

Der Sinn meines langen Schweigens in Indien bestand darin, die gesamte Zeit in Kommunion mit dem mir Innewohnenden zu verbringen. Ich wollte alles nach innen, zur göttlichen Präsenz tragen – meine Gefühle, Gedanken, Fragen –, um mit ihr zu sprechen und diesen Kanal zu öffnen. Ich erhielt Antworten (die meisten wortlos), wurde genährt und entwickelte diese intime Beziehung auf einer viel tieferen, greifbareren Ebene als je zuvor. Indem ich jeden Augenkontakt mit den anderen vermied, hielt ich meine Aufmerksamkeit nach innen gerichtet.

Es ist etwas Köstliches, im Schweigen zu sein – der ultimative Urlaub! Die wachsende Beziehung mit meiner geliebten göttlichen Präsenz im Innern wurde zu wertvoll, um eine Unterbrechung des Schweigens überhaupt in Betracht zu ziehen. Es fühlte sich an wie die intensiven ersten Wochen frischen Verliebtseins, wo alle Aufmerksamkeit und Zuwendung zum Geliebten oder zur Geliebten hinfließt – nur war es diesmal der »Höchste Geliebte« im Innern.

Je tiefer ich in diese stille Umarmung eintauchte, umso süßer fühlte es sich an und umso stärker wurde ich. Es war die höchste Erfüllung. Mein Verstand beruhigte sich und hörte auf zu plappern und so viel von meiner Energie abzuziehen. Das Reden mit Leuten verlor seine suchtähnliche Anziehung.

Ich konnte beobachten, dass Menschen, die sich mit all ihren Gefühlen, Problemen und Fragen nach innen, an das Göttliche, wenden, sehr tief gehende Erfahrungen machen. Jene aber, die sich nach außen anderen Menschen zuwenden, entwickeln nie diese tiefe Kommunion mit dem Göttlichen in sich selbst. Sie kommen nicht an die Quelle ihrer inneren Kraft. Manche Teilnehmer des damaligen Retreats konnten die Stille nicht ertragen, und indem sie ihre Gefühle und Gedanken zu anderen Leuten oder zu den Mönchen trugen, vermieden sie die tieferen Gefühle, stellten keinen direkten Bezug zur Präsenz her und gelangten nicht in ihre Kraft.

Achte einmal darauf, wie trivial und uneffektiv das Reden meistens ist, wie du dadurch ständig Energie abgibst und wie es dich aus dem Augenblick wegzieht. Achte darauf, wie du das Reden dazu benutzt, Gefühle zu vermeiden, sogar während du über Gefühle redest. An die Stelle meines Redens *über* Gefühle trat nun das sanfte, stille Spüren der Gefühle, komplett von Anfang bis Ende. Ich hatte überhaupt keine Lust mehr auf Beratungen und Gespräche und verspürte einen immer stärker werdenden Drang, alles der Präsenz im Innern zu widmen. Ich wunderte mich über das blitzartige Tempo, mit dem meine Bitten erfüllt wurden. Nachdem sich meine innere Verbindung mit dem Göttlichen gefestigt hatte, vollzog sich ganz leicht alles Übrige. Dinge, mit denen ich jahrelang gerungen hatte, lösten sich wie Dunst ins Nichts auf. Das Gleiche erleben letztlich alle im Verlauf ihrer Entfaltung mit *Divine Openings*.

Die Fragen hören auf

Während der einundzwanzig Tage des Schweigens wurde uns jede Woche eine halbe Stunde lang die Gelegenheit geboten, mit den Mönchen zu sprechen. Manche Teilnehmer stellten viele Fragen und stürzten sich auf die Antworten wie Kinder auf die Bonbons in einem Süßwarenladen. Mir war klar, dass ich nur gekommen war, um die Antworten in mir selbst zu finden, und so folgte ich der inneren Führung, meine Fragen direkt an die Präsenz zu richten. Mit einem Mal tauchten Antworten auf Fragen auf, über die ich schon jahrzehntelang nachgedacht hatte, zum Beispiel: »Warum machte es mir solche Angst, als ich vor Jahren einen strahlend weißen Lichtstrahl beim Meditieren sah und dann später noch einmal beim Camping in der Natur?« Die Antwort kam von innen: Das kleine Selbst fürchtet und wehrt sich gegen alles Unbekannte, Ungewohnte. Es kamen mir Bilder aus biblischen Geschichten, die ich als Kind gelesen hatte, auf denen Menschen vor Angst zu Boden stürzten und ihre Augen bedeckten, als ihnen ein Engel begegnete. Unser kleines Selbst hat sogar Angst vor unserem eigenen strahlenden Licht!

Um den neunten Tag geschah es, dass sogar meine unablässigen inneren Fragen an das Göttliche über Leben, Liebe, Geld, die Zukunft und den Sinn von allem mit einem Mal aufhörten – zum ersten Mal in meinem Leben. In meinem Kopf herrschte plötzlich eine gespenstische Stille. Statt »beantwortet« zu werden, machten die meisten Fragen keinen Sinn mehr oder verflüchtigten sich, während mein Verstand leer, friedlich und still wie ein spiegelglatter See wurde. Ich ließ die Betreuer wissen, dass ich keine Fragen mehr hatte und dass ich sie, bei allem Respekt, nicht treffen wollte. Mir wurde bewusst, dass die meisten unserer Fragen daher kommen, dass unser Verstand einfach sein Ding macht. Der Verstand hinterfragt und bezweifelt alles – und dazu ist er da. Wenn der Verstand mit seinem Geplapper aufhört und wir still sind, können wir einfach *da sein und wissen.*

In mir war alles still geworden. Ich saß einfach da und staunte über die ungewohnte Leere in meinem Kopf. Wenn irgendeine Frage auftauchte, wurde sie entweder sofort und endgültig von der Präsenz im Innern beantwortet – oder sie wurde schnell als unwichtiges, leeres Geschwätz erkannt.

Mir wurde in freudvoller Weise klar: Das Leben kennt kein Warum. *Das Leben ist.* Das Leben ist zum Leben da – oder, wie meine Freundin Penny oft sagte: »Das Leben lebt.« All unser Fragenstellen, Analysieren, Problemlösen, Benennen und Kategorisieren – das sind Ablenkungsmanöver des Verstandes, um dem wirklichen Leben auszuweichen. Menschen, die wirklich leben, sinnen nicht über den Sinn des Lebens nach – sie leben es mit Genuss! Sie er-leben jeden Augenblick. Frag doch mal einen Vogel, *warum er lebt!*

Danach habe ich nie wieder große Fragen gestellt. Wenn ich jetzt Fragen habe, dann ganz praktische: »Was würde heute die größte Veränderung bringen? Was würde sich gut anfühlen? Was will ich als Nächstes erschaffen? Wie lässt sich das leichter hinbekommen?« Die Antworten kommen entweder gleich, oder ich lasse die Frage fallen, bis sie es tun.

Ich wurde so leer, dass Stunden und Tage vergingen, und kaum ein Gedanke kräuselte die Oberfläche meines Verstandes. Es war Glückseligkeit. Als ich nach Hause ins normale Leben zurückkehrte und mein Kopf gelegentlich zugemüllt wurde, klärte er sich ganz von selbst, wenn ich »der Präsenz alles zu Füßen legte« und so zur Stille zurückfand. Bald pendelte sich ein Rhythmus ein, die Gedanken kamen und vergingen wieder – und sie hinterließen ein unbeschriebenes Blatt für den nächsten Moment. Das ist die wahre Kraft des Jetzt!

Wenn wir Gott unmittelbar erleben, stellen wir keine Fragen mehr über ihn. Wir sind dann viel zu sehr damit beschäftigt, Gott zu erleben. *Divine Openings* vermitteln dir unmittelbare Erfahrung. Lebe sie, dann wird sich immer alles entfalten.

> **Pflege dein eigenes unmittelbares Erkennen,**
> **mit der Absicht, stets nach innen zu gehen,**
> **um die meisten deiner Antworten dort zu finden.**

Ich hatte schon lange diesen Wunsch gehegt, nicht mehr bei äußeren Quellen nach Antworten, Trost, Informationen und Orientierung zu suchen. Nun hatte sich mein Traum verwirklicht. Sobald ich aus dem Weg war, konnte mich die Gnade, die schon immer auf mich herabgeregnet war, endlich erreichen. Alles, worum ich bat, stellte sich ein – manches sofort, anderes zur rechten Zeit. Manche Dinge kamen in anderer Form, als ich erwartet hatte. Ich wurde so zuversichtlich, dass alle Dinge kommen würden, dass meine alte Gewohnheit, daran zu zweifeln, einfach *verschwand*. Es kam mir nie mehr der Gedanke, ich müsse an mir selbst arbeiten, nachdem ich erkannt hatte, dass ich mich auf einer evolutionären Schnellstraße befand, die von mir nichts anderes erforderte, als aufmerksam zu sein und wach zu bleiben.

Diese Gewohnheit, mich für die meisten meiner spirituellen und emotionalen Bedürfnisse nach innen zu wenden, hat sich seit den einundzwanzig Schweigetagen fortgesetzt. Das Göttliche ist genau hier und reagiert auf jedes Bedürfnis schnell, exakt und vollständig, aus seinen unbegrenzten Ressourcen und seinem allumfassenden Wissen heraus. Alles, was ich zu tun habe, ist, mich weich werden zu lassen und beiseitezutreten. Ich könnte trotzdem noch praktischen Rat einholen oder Hilfe in Angelegenheiten, für die weltliche Expertise nötig ist. Und das Göttliche schickt mir gelegentlich seine Antwort wirklich durch eine andere Person. Ich rufe immer noch technischen Support herbei, aber selbst dafür schließe ich zuerst meine Augen, beruhige meinen Geist und hole mir eine Inspiration. Zumindest bringe ich meine Schwingung in den Empfangsmodus, um die Hilfe oder Antwort auch annehmen zu können. Oft löst sich das Problem dann ganz von selbst!

Wie oft kommt es schon vor, dass wir der göttlichen Präsenz auch nur einen ganzen Tag lang unsere ungeteilte Aufmerksamkeit schenken? Darum halte ich solche Zeiten des Nach-innen-Gehens, selbst nachdem ich mehr als vierzig fünftägige Schweigeretreats geleitet habe, immer noch hoch in Ehren. Dabei geschehen magische Dinge, für mich ebenso wie für die Teilnehmer, denn es entwickelt sich immer weiter, je tiefer wir gehen.

**Es gibt etwas, auf das du dich immer
verlassen kannst, und es ist genau dort,
in deinem Innern.**

Da sind immer noch kurze Phasen von Verwirrtheit, wenn wieder einmal alte Strukturen in mir zusammenbrechen, und dann ist es nötig, mir Zeit und Raum zu gewähren, damit alles an seinen neuen Platz rücken kann. Es gibt aber nichts zu reparieren. Ein neues Bewusstsein öffnet sich zur rechten Zeit und bringt völlig neue Möglichkeiten mit sich. Sollte einmal Verwirrung auftreten – zum Beispiel, weil Methoden vermischt wurden –, wird sie sich klären, wenn du innehältst und dich erneut nach innen fokussierst.

Probleme existieren nur in dem Bewusstsein, in dem sie erzeugt wurden. Im helleren Licht neuer Bewusstheit ergeben die alten Fragen oft keinen Sinn, ja, sie sind überhaupt kein Thema mehr. Ein Beispiel: Wenn Regierungen versuchen, eine Einigung über Nuklearwaffen zu erzielen – innerhalb des defensiven, auf Überlebenskampf gepolten Bewusstseins, das diese Waffen hervorbrachte –, dann wird dies höchstens zu Verträgen und Regelwerken führen, die nur teilweise oder überhaupt nicht funktionieren, weil sich niemand sicher genug fühlt, sie einzuhalten. In einem erweiterten Bewusstsein würden die Menschen aber nicht im Traum daran denken, solche Waffen einzusetzen. Fragen darüber, wer welche Art von Waffen besitzen darf und wie sie zu regulieren wären, erscheinen aus der Sicht des neuen Bewusstseins völlig absurd. Zurückblickend fragen wir uns dann, warum das nicht schon vorher offensichtlich war!

In den meisten Ländern führte ein erhöhtes Bewusstsein in Bezug auf Frauen zu ihrer besseren Behandlung, zur Gleichstellung und zum allgemeinen Wahlrecht. Das frühere Bewusstsein hatte diese Möglichkeiten noch nicht unterstützt. Mit einem Mal erscheint es uns dann ganz natürlich. Quantensprünge im Bewusstsein gehen zuerst von einigen wenigen Menschen in einigen wenigen Ländern aus, breiten sich dann weiter aus, bis schließlich die ganze materielle Welt davon erfasst wird und sich dieser Entwicklung anpasst. Was den Bewusstseinswandel angeht, bist du einer der Vorreiter. Wenn du das Gefühl hast, dass das alles viel zu lange dauert, vergiss nicht, dass die Evolution ewig weitergeht. Im Universum gibt es keine Eile und kein Ende. Genieße einfach das Unterwegssein!

Nach meiner Heimkehr war stets Hilfe für mich da, und sei es auch nur ein beruhigendes Gefühl. Dies wirkte sich sehr tief auf meine neue Tätigkeit aus. Göttliche Führung strömte herein. Manchmal war es eine klare Information, manchmal ein Gefühl von: »In dieser Sache kannst du dich getrost entspannen; sei ganz unbeschwert; es wird sich alles zeigen.« Manchmal war es auch ein Schubs, sofort zu handeln, und mitten beim Arbeiten, Tippen oder Reden flossen mir die Informationen zu.

Man hat mich oft gefragt: »Wie weißt du denn, welche Gedanken vom Göttlichen kommen und was nur Störgeräusche sind?« Diese Frage konnte ich erst beantworten, als ich es aus unmittelbarer eigener Erfahrung wusste. Jeder von uns bekommt vom Göttlichen ständig Mitteilungen, Inspirationen, Hinweise, Einflüsterungen, Vorschläge – aber wenn unser Verstand laut, chaotisch und unaufgeräumt und unser Blick auf Probleme und Ablenkungen fokussiert ist, landen diese inspirierten Gedanken in einem wirren Getöse von schnatternden Gedanken –, und aus diesem ganzen Wust die inspirierten Gedanken herauszufiltern, ist schwierig. Das Göttliche flüstert zumeist sanft, es brüllt nicht. Göttliche Führung geschieht nicht so häufig durch einen brennenden Dornbusch oder einen Ruf wie Donnerhall. Für mich wurde es immer leichter, die subtilen, feinen, göttlich inspirierten Gedanken von meinem still gewordenen, klaren Geist aus zu vernehmen. Wenn du geführt wirst, fühlt es sich immer gut an, und es ist immer eine gute Nachricht.

In deiner Stille kannst du die Stimme Gottes hören.
Sie klingt meist genau wie deine Stimme,
nur klüger.

Beziehung zum Göttlichen in guten Zeiten

In einer Karikatur von Tex Reid kommt ein Cowboy in eine Kirche, tippt grüßend an seinen Hut, und der Priester fragt ihn: »Was ist's diesmal, Tom? Die Dürre? Viehpreise im Keller? Grundsteuer erhöht?«

Als ich sah, wie nährend, humorvoll und praktisch sich meine neue Beziehung mit Gott gestaltete, beschloss ich, meine Kommunikation mit ihm nie wieder auf jene Zeiten zu verschieben, in denen es mir schlecht ging und ich Hilfe benötigte. Gott würde mir das zwar nicht übel nehmen, das wusste ich, aber mir selbst würde dadurch etwas entgehen. Jetzt bin ich im ständigen Dialog mit ihm, von einem Augenblick zum nächsten, sogar mitten im traulichen Gespräch mit Leuten, Tieren und der Natur, bei der Computerarbeit oder beim Autofahren. Gott ist überall, Gott ist alles. Diese vertraute Kommunion ist Leben.

Meditation aus reiner Freude ist großartig. Meditation, um einfach in der tiefen Stille der Leere zu ruhen. Meditation ist erfrischender als Schlaf. Nutze sie, um dich neu zu laden, zu regenerieren oder leer zu werden und mit der Präsenz zu verschmelzen, aber nicht, um Dinge in Ordnung zu bringen oder an irgendein Ziel zu kommen.

Die Menschen reden davon zu meditieren, um den Planeten zu retten. Sei glücklich und strahle dein Glücklichsein aus, dann führst du dem Planeten hohe Schwingungen zu, und zwar mehr, als du ahnst. Zu meditieren mit der Haltung: »Etwas läuft falsch auf diesem Planeten«, wird höchstens noch mehr davon erzeugen und den Zwiespalt in dir erhöhen. Das kann es tatsächlich noch schlimmer machen.

Obwohl ich generell im natürlichen Fluss bin, bereite ich an manchen Tagen innerlich meinen Weg vor und lasse dann los, damit die Präsenz alles für mich organisieren kann, und so erkenne ich Hinweise und unerwartete Chancen, wenn sie kommen. Wenn ich einmal um etwas gebeten habe, bitte ich selten noch einmal, denn wenn es noch nicht da ist, kann es höchstens an mir selbst liegen: Ich stehe im Weg. Dann bitte ich nur darum, dass mein Widerstand aufgeweicht wird und ich meine negativen Gefühle darüber annehmen kann.

Diese kreative, proaktive Einstellung hat die alte, perfektionistische Denkweise von Kontrolle und In-Ordnung-Bringen ersetzt, und deshalb stehen Problemlösen und »Heilen« nicht mehr im Mittelpunkt meines Lebens. Manchmal erwache ich mit einer solchen Klarheit über das, was zu tun ist, dass ich einfach aus dem Bett springe und es direkt voller Enthusiasmus und Elan angehe.

Wir bewegen uns auf eine neue Welt zu, die auf *Kreieren statt Reparieren oder Problemlösen* basiert. Fühle den Unterschied. Das ist der Schlüssel.

Reparieren, Nachbessern, Verhindern, Überleben – das alles gehört zum alten Paradigma. Wir können keine höhere Lösung sehen, wenn wir uns noch im selben niedrigen Bewusstsein aufhalten, welches das Problem geschaffen hat. Unsere Dialoge mit Gott werden schnell das Bitten um Hilfe (wie ein Kind seine Eltern bittet) transzendieren und mehr zu einem co-kreativen Prozess (auf gleicher Augenhöhe) werden.

Das kleine Selbst wird dir weismachen wollen, dass du weiterhin suchen, an dir selbst arbeiten und Probleme lösen musst. Der Verstand ist eine Art fehlersuchende Rakete. Er weiß: Wenn du erst einmal ein freies, ermächtigtes, kreatives Wesen bist, wird das kleine Selbst nicht länger die Kontrolle ausüben.

Freiheit vom Suchen und Fehlerbeheben ist für viele ein fremdes und unerträgliches Konzept, und es mag für dich zunächst nicht nachvollziehbar sein. Nach einem ganzen Leben des Kämpfens, Überwindens, In-Ordnung-Bringens und Verdienen-Müssens mag es dir abwegig erscheinen, einfach auf eine neue Welle aufzuspringen und dich an den Ort und zu der Sache hintragen zu lassen, wo du hinwillst.

Was wird aus dem Sinn deines Lebens, wenn du nicht mehr nach Erleuchtung strebst, deine Wünsche zu erfüllen trachtest, Probleme zu lösen versuchst oder irgendwo ankommen willst? Wenn alle deine Grundbedürfnisse erfüllt sind? Es ist aufregend zu staunen, und aus dem Staunen werden deine nächsten Schritte kommen.

Wenn du alles, was du wolltest, kreieren könntest, aber nicht aus einer Notwendigkeit, sondern aus reinem Spaß an der Freude (und das kannst und wirst du) – was wäre dies?

Kommuniziere auch
in guten Zeiten mit der Präsenz.
Und davon wird es jede Menge geben!

Eine zweite Chance
für eine glückliche Kindheit

Etwa am fünfzehnten der einundzwanzig Tage wurde ich buchstäblich wieder zum kleinen Mädchen. Ich flocht mir mein Haar in Zöpfchen, trippelte wie ein kleines Mädchen, schaute wie ein kleines Mädchen und fühlte mich unschuldig wie ein Kind. Eine Frau, die an mir vorüberging, brach das so stark in uns verankerte Tabu des Augenkontakts und lachte über meine blonden Zöpfchen; da streckte ich ihr die Zunge heraus, und sie kicherte! Ich musste über mich selbst lachen, als ich erkannte, dass das die authentische Antwort einer Fünfjährigen war. Ich lachte erneut, als Marian, eine vierundsiebzigjährige Frau, mir eine Woche später ihre Zunge herausstreckte. Wir waren wieder unschuldig geworden.

Als ich durch die Pfützen auf dem großen Rasen vor dem Frauenschlafsaal platschte, über die Frösche kicherte, die ihre Köpfe aus den Ritzen herausstreckten, Lieder vor mich hin trällerte und mich flüsternd mit der Präsenz unterhielt … erlebte ich eine weichere, sanftere Version meiner Kindheit als die ursprüngliche. Da waren bedingungslose Liebe und Unterstützung, und diesmal tönte die Stimme von innen tröstend und weise. Im Unterschied zu meiner ersten Kindheit gab es diesmal innerhalb und außerhalb von mir keine Stimmen, die sie überdröhnten. Die Liebe hatte eine Chance erhalten.

In dir lebt immer noch
ein unschuldiges Kind.

Die Angst vor dem Unbekannten

Du musst vielleicht eine Reihe von Schritten tun, ehe du dazu bereit bist, einige deiner alten Schwingungsgewohnheiten, früheren Verletzungen, das Arbeiten an dir selbst und anderen Ballast loszulassen. Sei sanft und gütig mit dir selbst und anerkenne, erlaube und wertschätze deine Gefühle. Je weniger du Druck ausübst und je weniger du Dinge anders haben willst, umso leichter und schneller wird es gehen.

An einem Punkt schien es, dass das, was mich am meisten zurückhielt, die Angst meines kleinen Selbst war, auch noch seinen letzten Rest an Kontrolle aufzugeben. Wir wissen, dass unser Loslassen gegenüber dem großen Strom des Lebens oder Gott – wie immer du es nennen willst – ein Schlüssel zur Freiheit ist. Das Göttliche winkt uns zu, unser Flugzeug umkehren zu lassen und mit Rückenwind zu fliegen, doch es wird uns nicht dazu zwingen und uns unseren freien Willen nehmen. Das kleine Selbst legt Wert auf seinen Kampf und will ihn nicht aufgeben, denn das wäre das Ende von seinem Spiel. Und es fürchtet das Unbekannte, auch wenn es verspricht besser zu sein.

Schließlich lassen wir aber doch los und setzen das kleine Selbst auf den Rücksitz, während das Göttliche das Steuer übernimmt. Gelegentlich kann das kleine Selbst vielleicht noch einmal kleinere Anfälle bekommen, gerade wenn du dachtest, du hättest losgelassen. Füge aber dem Widerstand nicht noch mehr Widerstand hinzu! Sei sanft und locker mit dir selbst.

Leiste deinem Widerstand keinen Widerstand.

Wenn du mit Angst vor Veränderung oder vor dem Unbekannten zu kämpfen hast, lass dich einfach mit diesem Gefühl weich werden. Nimm es an, so gut du kannst, und gib ihm ein wenig Raum, sodass es da sein kann. Beruhige und ermutige dich selbst mit gütiger Stimme. Entziehe der Geschichte, warum du dich so fühlst, deine Aufmerksamkeit und lege sie ausschließlich darauf, wo du das Gefühl im Körper spürst und welche Empfindungen du dabei hast. Atme sanft durch das Gefühl hindurch, bis du zur Akzeptanz aufgestiegen bist.

Der Tag nach dem einundzwanzigtägigen Schweigen war zu Ende gegangen. Wir waren alle am Strand und ruhten uns aus, und ich wusste, dass der Erleuchtungsprozess begonnen hatte, aber keineswegs vorüber war. Ich teilte Marian mit, dass ich immer noch ein wenig Angst hätte, meine Identität als kleines Selbst zu verlieren. Da prustete sie los, grinste und sagte: »Nach vierundsiebzig Jahren habe ich nun wirklich die Nase voll davon! Ich werde froh sein, wenn es das Feld räumt!«

Das war ein einschneidender Augenblick für mich. Ich konnte fühlen, wie sie in den ganzen vierundsiebzig Jahren, in denen das kleine Selbst die Kontrolle hatte, nie das bekommen hatte, was sie wollte. Sie war bereit, sich dem Fluss des Lebens anzuvertrauen. Ich selbst wusste in dem Moment nicht, wovor ich mehr Angst hatte: mein kleines Selbst auf den Rücksitz zu verweisen oder es weiter das Lenkrad bedienen zu lassen!

Tatsächlich wurde mein kleines Selbst sehr glücklich, sobald ich losließ. Letzten Endes war das Ganze gar nicht so furchterregend.

Sonnenwende. Tintenzeichnung von Lola Jones.

Viertes Divine Opening

Setze dich still hin und lass das Bild zwei Minuten lang auf dich wirken. Versuche nicht, etwas zu erarbeiten oder zu erreichen. Öffne dich einfach für die göttliche Gnade. Dann schließe die Augen und leg dich für mindestens fünfzehn bis zwanzig Minuten hin, gern auch länger, wenn du kannst.

Wann bin ich auf diesem Planeten fertig?

Als Kind war ich mir sicher, dass ich auf dem falschen Planeten gelandet war. Ich kenne viele Menschen, die sich ebenso fehl am Platz fühlten, und für viele gilt das bis heute. »Wer sind bloß diese Leute, die behaupten, meine Familie zu sein?« Es ist wohl wahr, dass sich die irdische Ebene dicht und schwer anfühlt im Vergleich zum nichtphysischen Reich, in dem der größere Anteil von uns lebt. Aber sobald wir erkannt haben, wie diese physische

Raum-Zeit-Realität funktioniert, birgt sie großartige Freuden – so großartig, dass unser größerer, nichtphysischer Anteil lautstark danach verlangt, immer wieder hierherzukommen.

Menschen stellen nur dann die Frage: »Wann habe ich das Erdenleben endlich erfolgreich abgeschlossen und brauche nie mehr zurückkommen?«, wenn sie sich als getrennt von ihrem nichtphysischen größeren Selbst empfinden. Wo Leiden ist, sehnen sich die Menschen nach einer Ruhepause, nach Erlösung. Wenn sie nicht mehr leiden, verschwindet der Wunsch, von hier fortzugehen. Hier ist es genauso gut wie anderswo. Du hast diese Reise angetreten – nun genieße sie endlich!

Es gibt da nichts, das man erfolgreich abschließen könnte, weil es nie eine Prüfung zu bestehen gab. Du kannst dir den Abgang von hier nicht verdienen. Das macht nur dieser Glaube an das »Leben als Schule«, den ich glücklicherweise losgeworden bin. Sobald wir wissen, wer wir sind, und unser Einssein mit der göttlichen Präsenz erleben, genießen wir vollends dieses Leben und brennen geradezu darauf wiederzukommen. Du kannst also die Schule auslassen und gleich auf den Spielplatz gehen, auf den du dich so sehr freutest, als du hierherkamst. Du kamst voller positiver Pläne und Offenheit, in Einheit mit allem. Jetzt kannst du wieder dahin zurückkommen!

Menschen, die davon sprechen, dass sie »aufsteigen« und den Körper hinter sich lassen bzw. aus der physischen Dimension aussteigen möchten, haben offensichtlich die Seligkeit des voll erwachten Körpers und des voll aufgeblühten Herzens noch nicht erlebt. Sie tragen in der Regel viel Schmerz in ihrem Körper und im Herzen; es ist nur zu verständlich, dass sie das alles hinter sich lassen wollen.

Neben vielen anderen spirituellen Märchen hat man uns erzählt, dieser Körper sei auf irgendeine Weise weniger spirituell als die nichtphysische Existenz. Die Raum-Zeit-Realität ist im Moment *das* Thema in dieser Schöpfung; genau darum dreht es sich jetzt in der Evolution, und wir sind gesegnet, unsere Weiterentwicklung in diesen Zeiten erleben zu dürfen. Es mag eine Zeit kommen, da wir in andere Dimensionen des Lebens überwechseln, aber wenn das stattfindet, wirst du es mit dem freudigen Lebewohl eines machtvollen, erfüllten Wesens tun und nicht als Rückzug eines Opfers, das genug vom Leiden hat. (Ich verweise hier noch einmal auf den Aufsatz: www.DivineOpenings.com/spiritual-myths auf Englisch und auf Deutsch durch einfaches Klicken auf die Schaltfläche »Deutsch«.)

Es ist unmöglich, sich auch nur vorzustellen, dass in einem ewigen Universum irgendetwas »abzuschließen« oder »fertigzustellen« wäre. Wenn du in Glückseligkeit, Frieden und Liebe lebst, wirst du keine Gedanken daran verschwenden, irgendetwas in dir oder anderen »in Ordnung zu bringen«. Du wirst auch nicht von diesem Leben erlöst werden wollen, sondern es richtig intensiv leben und genießen.

Das Leben fließt ständig weiter, in einem nie endenden Strom der Schöpfung. Du wirst immer mehr freudvolle und wunderbare Dinge erschaffen und sie dann wieder gehen lassen. Du wirst gegen nichts mehr Widerstand leisten oder an etwas festhalten wollen – weder es ablehnen noch dich daran klammern. Eines der Kennzeichen der Erleuchtung ist es, die Schönheit und Vollkommenheit von dem, was ist, authentisch zu erleben – und nicht, es irgendwie zu akzeptieren und zu ertragen. Diese Befreiung kannst du freilich nicht mit deinem Verstand herbeiführen, und du kannst auch nicht so tun, als würdest du sie fühlen, wenn es nicht so ist. Werde einfach nachgiebiger, entspanne dich, genieße die Reise und gib dir die Erlaubnis, dass alles sich entfalten darf. Und es wird sich entfalten.

Diese Raum-Zeit-Realität ist das angesagteste Spiel, das gerade läuft, aber unser Hiersein ist ermüdend, wenn wir ständig gegen den Wind fliegen. Lass los, lass dich von ihm mitnehmen, und er wird zum Rückenwind. Nach dem Tod geben wir allen Widerstand auf. Dann stellen wir uns erneut an, frisch und fröhlich, um wiederzukommen und eine neue Runde zu drehen, voller Zuversicht, dass wir es dieses Mal schaffen werden, uns zu erinnern, unserem inneren Wissen zu folgen und mit dem Strom zu treiben, statt gegen ihn zu schwimmen. Aus der nichtphysischen Perspektive, die wir vor unserer physischen Manifestation hatten, wollten wir unbedingt die Wunder der Körperlichkeit erfahren – mit dem vollen Wissen um die Herausforderungen und Möglichkeiten dieses Spiels.

Jetzt kannst du anfangen, dieses Leben zu genießen!

Ein Teil des Spiels ist, so zu tun, als hätten wir vergessen, wer wir sind, und es dann wieder zu entdecken. Einzuschlafen und dann aufzuwachen. Babys lieben das Versteckspiel, bei dem sie sich erst die Augen zuhalten und dann durch die Hände »Guck-guck« machen. Wir sind nach dem Ebenbild unseres Schöpfers geschaffen, und auch er liebt Versteckspiele, Abenteuer und Herausforderungen. Aber vor allem liebt es der Schöpfer zu erschaffen.

Allerdings, sobald wir hier ankommen und auf die Dichte dieser Ebene treffen, kann es schwierig sein, die hohe Schwingung, mit der wir gestartet sind, beizubehalten. Wir begegnen Disharmonie, verzerrten Energien und Menschen, die nicht mit der reinen Quelle im Einklang sind, und so werden wir von uns selbst abgelenkt. Wir versuchen, wie die anderen zu sein, um uns sicher zu fühlen, und verlieren dabei unsere frische Unschuld, lassen uns runterziehen und belasten uns mit den Gedanken und Prägungen der anderen in unserem gesellschaftlichen Umfeld. Dann mag es so aussehen, als wäre es eine schlechte Idee gewesen hierherzukommen.

Als wir als Babys aus unserem Schwebezustand im Bauch der Mutter auftauchten und die Dichte der materiellen Ebene zu spüren bekamen, fiel unsere Schwingung etwas ab, und wir weinten. Wir waren noch ziemlich offen und eins mit der Lebensquelle. Dann fingen die Erwachsenen mit guten Absichten an, uns beizubringen, wie wir »uns schützen« können, welche Schrecken wir meiden sollen, »wie das Leben funktioniert« und wie hart es doch ist. So verloren wir Stück für Stück unsere positive Erwartung und begannen uns auf Dinge zu fokussieren, die wir nicht wollten – und damit begann die Abwärtsspirale weg von unserer reinen Essenz. Wir richteten unseren Fokus nicht mehr auf unser inneres Wissen, sondern begannen uns an anderen, »erfahreneren« Wesen zu orientieren. Wir hörten auf, der eigenen Führung zu vertrauen. Wir starteten unsere Reise in dem Wissen, was sich gut für uns anfühlt, verloren aber allmählich den eigenen inneren Kompass, weil es sich so anfühlte, als müssten wir anderen zustimmen, um geliebt zu werden.

Das Ergebnis ist, dass viele, vor allem spirituelle Menschen, das Gefühl bekommen, »am falschen Ort« oder »auf dem falschen Planeten« zu sein oder dass dieser Ort »schlecht« sei und »geheilt« werden müsse. Erst wenn wir zu dem Ort der Unschuld, des Vertrauens und der Verbundenheit in uns zurückfinden, sind wir glücklich auf diesem Planeten, mit all seinen kontrastreichen, gegensätzlichen Erfahrungen, in dem Wissen, dass wir die Wahl haben und unsere Sicherheit letztlich garantiert ist. Das »Schlimmste«, das uns passieren kann, ist, dass wir unseren Körper verlassen müssen und vollständig zu unserem körperlosen, unbegrenzten großen Selbst zurückkehren.

Mit diesem größeren Blickwinkel genießen wir das Erdenleben und können davon ausgehen, dass wir, selbst wenn wir es vermasseln, für einen neuen Versuch wiederkommen werden, um das Experiment der Evolution auf einer weiteren Stufe fortzuführen. Wir wissen, dass wir beim nächsten Mal noch mehr tun können, denn alle Sehnsüchte, die sich in diesem Leben nicht erfüllen, werden ins nächste Leben hinübergenommen. So läuft das mit der Evolution. So kam es auch zu dem exponentiellen Wachstumsschub der letzten Jahre. So kommt es, dass unsere Kids, die jetzt geboren werden, schon als Dreijährige mit dem Computer umgehen können. Die unerfüllten Sehnsüchte werden von einer Generation zur nächsten weitergetragen, um von dieser späteren Generation und in einem neuen Körper verwirklicht zu werden. Die Sehnsüchte früherer Generationen hatten sich bis zu einem Punkt aufgebaut, an dem die kritische Masse erreicht war. Selbst wenn eine Generation stirbt, bevor ihre Wünsche in Erfüllung gingen, ernten die Nachkommenden die Vorteile davon. Auch im Tierreich läuft das so.

Nach deinem Wiedererwachen willst du nicht mehr irgendwo anders sein. Du wirst viel zu beschäftigt sein zu leben. Dann wirst du als voll erwachte göttliche Präsenz die Gelegenheit zu schätzen wissen, den physischen Schöpfungsprozess in seiner ganzen sinnlichen Fülle zu erleben, wie nur die körperliche Inkarnation sie ermöglicht!

Du bist am richtigen Ort!
Du kommst jetzt in den Genuss dessen,
was frühere Generationen für dich
vorbereitet haben.

Das Ende der Dramen

Die Schleier lüften sich, und du siehst Dinge, die vorher unsichtbar waren. Du kannst nicht mehr zurück, außer du wirst nachlässig und vergisst, wer du bist. Ich erinnere mich gut an einen

Tag, lange bevor *Divine Openings* in mein Leben traten. Ich hatte ein flaues Gefühl von Leere bei dem Gedanken, dass es einmal kein Drama mehr in meinem Leben geben könnte. Ich hatte gerade eine glücklose dramatische Beziehung beendet und begonnen, mich auf eine gesunde und angemessene Weise mit Männern zu verabreden, die ausgeglichener waren und zu mir passten. Im Nachhinein fiel es mir leicht, das alte Drama als das zu sehen, was es wirklich war – und schön war das nicht. Diese verzweifelte »Liebe« mit all den Konflikten, Kämpfen, Vorwürfen und Schuldzuweisungen, dem Lechzen und Leiden und der hohen Gefühlsladung radikaler Emotionen fühlte sich rückblickend so gewalttätig und abstoßend an. Das kleine Selbst schüttete mir stetig leicht entflammbaren Treibstoff ins Leben, und so wurde das Drama ewig fortgesetzt. Die endlosen Gespräche im Freundeskreis, um »Probleme zu lösen«, hatten nur noch mehr Benzin ins Feuer gegossen.

Das Verpuffen der alten »Dramasucht« hinterließ in mir ein Vakuum, wo vorher ein ganzes Feuerwerk an Zisch-Wumm-Zack-Bumm gewesen war. Ich wollte es auf keinen Fall zurück, aber mir fehlte das Gefühl von dem, was ich für »Leidenschaft« gehalten hatte. Ein damaliger Lehrer sagte mir, ich könne bewusst eine ganz neue Art von Leidenschaft und Begeisterung herstellen – etwa damit vergleichbar, wenn man einen neuen Geschmack für die vegetarische Gourmetküche entwickelt, nachdem die Geschmacksknospen bis dahin total auf Kekse, Eis, Kuchen und fettiges Fast Food abgefahren waren. Anfangs kann einem das Grünzeug ziemlich fade vorkommen, aber nach einer Weile kann man jede Nuance davon schmecken und jedes noch so feine Aroma genießen. Gelegentliches zuckriges Fast Food schmeckt dann sogar widerlich. Als das Drama ab und an noch mal einen kurzen Auftritt hatte, war es ziemlich unangenehm, und ich zog mich schnell davon zurück. Ich dankte Gott für die reiche, schmackhafte, heilsame Güte meines neuen, undramatischen und leidensfreien Lebens.

Das Ende des Suchens

Ein weiterer Schleier lüftete sich während meiner dreiwöchigen Stille, und zuerst war dahinter ebenfalls eine ungeheure Leere. So viel von meinem Leben hatte ich mit Suchen verbracht – der Suche nach Gott, nach Antworten, nach neuen Methoden. Und als die Suche zu Ende war, ging es mir wie vielen Menschen: Ich wusste kaum mehr etwas mit mir anzufangen. Mein Freund Bob sagte einmal über eine alte Freundin: »Wenn sie keine Suchende war, keine sich gerade von etwas Erholende oder Überlebende, dann wusste sie nicht, wer sie war.« Fast wäre auch ich an diesem Punkt gelandet. Ich hatte mich so sehr mit der Suche identifiziert, dass ein Ende davon undenkbar war.

Als mein kleines Selbst sich in den folgenden Monaten allmählich entspannte und losließ, erkannte ich, dass das Suchen für das kleine Selbst eine Möglichkeit ist, weiter festzuhalten und die Kontrolle zu behalten. Wenn das kleine Selbst eine unablässige Suche aufrechterhält, kann es auf dem Fahrersitz bleiben und seine Inszenierung fortsetzen: nach Lösungen zu suchen, während es süchtig immer mehr Probleme kreiert, gegen die es angehen kann, und immer mehr Ausreden, weshalb es nicht ankommt. Wenn die Suche vorbei ist und das große Selbst am Lenkrad sitzt, muss das kleine Selbst mit dem Rücksitz vorliebnehmen und loslassen. Dann bleibt ihm kein Vorwand mehr, etwas lösen zu müssen.

Es gibt eine alte Geschichte über einen Suchenden, der unerwartet zu einer Tür im Wald kam, an der geschrieben stand: »Hier wohnt Gott. Sei willkommen und tritt ein!« Beglückt trat der Sucher auf die Tür zu, um anzuklopfen, hielt dann aber inne, überlegte und setzte sich verwirrt auf die Schwelle. Bald danach stand er auf, machte kehrt und ging auf seinem Pfad weiter. Er konnte die Sucht nach dem Suchen nicht aufgeben.

Ich war bereit, sie aufzugeben. Nachdem ich die Sucht nach Drama radikal abgeschüttelt hatte, war ich bereit für ein Leben, in dem es um Schaffenskraft, Entfaltung, Spiel, Vergnügen und Liebe ging. Es fing damit an, dass ich morgens mit innerem Frieden aufwachte. Es gab nichts, um sich Gedanken zu machen, nichts zu erledigen. Ich war an einen Kopf voller Gedanken über all die Dinge und Probleme gewöhnt, die nach Lösung schrien. Nun verbrachte ich einige Tage in der Leere, lag auf dem Sofa mit kaum Interesse an Essen oder irgendetwas anderem außer Fühlen und Atmen, die mir auf einmal wie völlig neue Entdeckungen erschienen.

Und dann, eines Tages, fing mein Körper an, sich bewegen zu wollen, und mein Verstand fing an, ein paar neue, produktive Gedanken hervorzubringen. Irgendwann wusste ich, was zu tun war. Jeden Tag tat ich, wozu ich geführt wurde, und gab jeden einzelnen Moment mein Bestes, um aus dem Weg zu gehen. Und so fingen die Dinge an in Bewegung zu kommen, selbst dort, wo vorher Stagnation geherrscht hatte.

Wenn ich über meine Wünsche sprach, hatte ich schon eine Zeitlang das Bild verwendet, wie Vogelschwärme mit großer Geschwindigkeit in gemeinsamen Kurven, Schleifen und Wendungen fliegen und dabei doch, Wunder über Wunder, nie zusammenstoßen oder abstürzen. Und beim Tauchen hatte ich Fische beobachtet, die in riesigen Schwärmen, die so groß wie Häuser waren, mit nur wenigen Millimetern Abstand voneinander schwammen, aber niemals zusammenstießen, und dabei wendeten sie völlig im Einklang – getrennt, aber als eine Einheit in Bewegung.

Mein Wunsch wurde Wirklichkeit. Das Leben begann viel öfter in dieser leichten Art zu fließen. Ich weiß jetzt, dass es ein einheitliches Feld gibt, das alles Leben untereinander verbindet, und dass die unsichtbare Kraft, die alles orchestriert, alle Wesen führt, *die loslassen und im Einklang damit fließen*. Mit immer größerer Leichtigkeit reihten sich die inspirierten Gedanken und Lösungen für mich aneinander, die Menschen und die Umstände, die das beste Ergebnis für alle Beteiligten brachten. Alles, was ich zu tun hatte, war, loszulassen und mich zu entspannen, mich gut zu fühlen und mich vom Universum mit allem versorgen zu lassen. Ich war mir bewusst, dass ich immer noch eine ganze Strecke auf meiner Reise zur Erleuchtung zu gehen hatte, doch ich war völlig zufrieden damit, einen Fuß vor den anderen zu setzen, ohne danach zu streben oder mir Stress zu machen.

Ich »wusste« nicht mehr als vorher und hatte auch nicht mehr »Antworten«; ich konnte nicht weiter als die nächsten zwei Schritte vor mir sehen. Trotzdem ging ich mit dem großartigen Gefühl umher, dass nicht nur alles in Ordnung, sondern sogar in perfekter Ordnung war.

Während meiner vorzeitigen Midlife-Krise und dem langen, dunklen Durchhänger ein paar Jahre zuvor hatte ich mich gefragt, ob ich jemals wieder meine Begeisterung und Zuversicht wiedergewinnen würde. *Divine Openings* haben mich mit zweiundfünfzig »runderneuert« und mit dem Feuer der Inspiration neu belebt. Ich konnte es jeden Tag kaum erwarten, in Aktion zu treten. Die Dinge entfalteten sich in einem erstaunlichen Tempo. Meine Kreativität floss über in neue, wonnigliche Formen.

Innerhalb von sieben Wochen hatte ich, obwohl ich wieder bei null anfing, auf einmal ein voll beschäftigtes Leben, angefüllt mit Netzwerken, Veranstaltungen, Partys, Vortragstätigkeit und Privatklienten. Ich gab *Divine Openings* bei jeder sich bietenden Gelegenheit, und innerhalb von drei Monaten hatten ungefähr dreihundert Menschen eine solche Öffnung von mir erhalten. Ich war aktiver und inspirierter, als ich es in den Jahren zuvor gewesen war, und arbeitete manchmal unermüdlich zwölf bis sechzehn Stunden am Tag. Es war geführtes Tun, inspiriertes Tun. Es fühlte sich gut an. Sobald die Sache gestartet und auf einem stabilen Kurs war, verringerte sich die Arbeit, und ich hatte viel Zeit zum Spielen. Alles zu seiner Zeit.

> Die Leere ist ein mächtiger
> schöpferischer Schoß.

Gewöhnung an die neuen Energien

Nachdem ich von Indien wieder nach Hause gekommen war, lag ich etwa drei Tage auf dem Sofa, blieb einfach nur im pulsierenden Sein und gewöhnte mich an die seltsamen neuen Empfindungen und Wahrnehmungen. Ein Freund, der bei mir wohnte, meinte: »Hey, ich weiß gar nicht, was du denkst und fühlst und was überhaupt mit dir los ist.« Ich sah ihn spitzbübisch an und sagte: »Schau her, ich zeig dir, was sich in meinem Kopf abspielt.« Dann starrte ich ihn dreißig Sekunden lang mit völlig leerem Blick an. Nach wenigen Sekunden begriff er und lachte – es spielte sich in meinem Kopf überhaupt nichts ab, das ich ihm hätte mitteilen können, und ich hatte wenig Lust zu sprechen. Die frische, neue, reine Erfahrung des Lebens war so reichhaltig, dass alles Sprechen darüber vergleichsweise blass war. Ich spreche selten darüber, außer wenn ich unterrichte. Es fühlt sich besser an, es zu *erleben*, als darüber zu sprechen.

Egal wie erstaunlich und umwerfend die erhöhten Schwingungszustände anfangs für uns sind, schon bald fühlen sie sich völlig normal an. Ein Mann berichtete mir, dass ich auf einer öffentlichen Veranstaltung im Vorbeigehen seine Schulter berührt und er dabei einen solchen elektrischen Schlag verspürt hatte, dass es ihm einen Ruck gab und er sich umsah, wer das gewesen sei. Ich fühlte mich in diesem Moment ganz normal, aber er spürte meine Schwingung durch den Kontrast als etwas Außergewöhnliches (alles ist relativ!). Leute bemerken, wie sehr ich strahle, während ich mich zur gleichen Zeit vielleicht sogar eher müde fühle. Ich bin es einfach gewöhnt zu strahlen, daher ist es keine große Sache mehr. Wenn du dich in einen neuen »Energie-Download« einstöpselst, wirst du vielleicht einen solchen elektrischen Effekt spüren, aber nach einer Zeit fühlt es sich normal an. Bei dir kann es aber auch feiner und langsamer sein.

Eine Schülerin staunte nicht schlecht, als ihre Endometriose nach einer Sitzung verschwunden war und sie sich zum ersten Mal seit Jahren während ihrer Periode nicht mehr vor Schmerzen krümmte und der Kopf wieder zu klarem Denken fähig war. Sie ist glücklich und energiegeladen, lockerer und entspannter als in den Jahren zuvor, und im Gegensatz zu früher erfindet ihr Verstand keine beängstigenden Geschichten mehr darüber, was alles passieren könnte. Ihre Augen leuchten klar und hell, während sie zuvor abgestumpft und müde gewirkt hatten.

Als ich all das selbstverständlich hinnehmen und bereits einen Schritt weitergehen wollte, beugte sie sich vor und strahlte: »Das ist erstaunlich. Es ist ein Wunder!« Da fing ich zu lachen an und sagte: »So unglaublich dir das alles erscheinen mag, mir passiert es mittlerweile so oft, dass ich es einfach für normal halte! Ich schätze es sehr und danke dem Göttlichen jeden Tag dafür, aber es ist nicht mehr so überraschend für mich.« Ich war froh, dass sie es hervorhob, denn dadurch gab sie mir die Gelegenheit, es mit frischen Augen zu sehen und neu davon zu schwärmen.

Wir Menschen »gewöhnen« uns an die Dinge, sei es Ekstase oder Schmerz, und egal wie intensiv eine Empfindung ist, mit der Zeit fühlt sie sich normal an. Bestimmt hast du das schon erlebt, etwa wenn du dir eine größere Sache kaufst, die du dir schon lange gewünscht hast. Zuerst bist du ganz aufgeregt über diesen neuen Computer mit all den raffinierten Extras. Du bestaunst ihn wie ein Wunder. »Wow, ich kann noch gar nicht glauben, dass ich ihn habe!« Einen Monat später ist es nichts Besonderes mehr. Manchmal zittere ich förmlich wegen neuer heruntergeladener Frequenzen, aber dann gewöhne ich mich schnell daran. Während deiner Entfaltung wirst du zunehmend die Ausrichtung auf dein großes Selbst spüren. Wenn sich die Erleuchtung manifestiert, wirst du dich schnell den wunderbaren höheren Schwingungen anpassen, und bald fühlt sich alles ganz normal an. Die Gefühle gehen durch dich hindurch, und immer neue kommen nach. Staune darüber, und dann lass es gehen. Es gibt immer wieder einen neuen Gipfel.

Die ekstatischen Gipfelerfahrungen, die du manchmal erleben wirst, sind etwas, wofür unser Körper auf Dauer nicht gebaut ist. Genieße sie, solange sie auftreten, und dann lass los. Hänge dich an gar nichts. Möglicherweise zeigt sich auch eine Tendenz deines kleinen Selbst, die altvertrauten Tiefs erneut haben zu wollen. Das kleine Selbst hat Angst vor deinem Licht! Entspanne dich einfach mit allem, was du fühlst.

Die Energie, die ich regelmäßig herunterlade, kann manchmal sehr intensiv sein, weil ich genug davon brauche, um anderen zu helfen und mich selbst zu erweitern. Früher fühlte es sich manchmal wie ein Druck an, als würde ich versuchen, mehr Energie durch die Rohre zu pressen, als deren Durchmesser zulässt. In dem Maße jedoch, wie meine Fähigkeit steigt, ein solches Volumen an Durchfluss und Spannung zu halten, klappt es immer besser. Wenn ich spüre, dass die Energie zunimmt, wie es regelmäßig geschieht, weiß ich inzwischen, dass noch mehr durchkommen will. Wenn mein kleines Selbst Widerstand leistet und sich anspannt, weiß ich, dass ich genussvoll atmen, ein heißes Bad nehmen, mich intensiv bewegen oder irgendetwas anderes tun muss, das sich gut anfühlt und mich weich macht. Ich weiß heute, wie ich loslassen und es fließen lassen kann. Wir müssen uns ständig weiter ausdehnen, weil das ganze Universum sich ausdehnt. Jeder Widerstand schmerzt – und das soll auch so sein, damit wir Erleichterung suchen.

Die Schöpfung ist in Bewegung, ständig im Fluss. Sie hörte nicht bei den Dinosauriern auf und wird auch nicht bei uns aufhören. Wir werden nie aufhören, uns weiterzubewegen, auch wenn wir bereits einen hohen Grad an Erleuchtung erlangt haben. Wir werden aber nicht in der alten, mangelorientierten Weise danach trachten, sondern wir werden Wünsche haben, unsere Schwingung anheben, etwas erschaffen, uns entwickeln, bewegen und ausdehnen – wie das Universum.

Schneller ist nicht immer besser

Alle *Divine Openings,* ausgenommen die *Divine Mother Hugs* (»Göttliche-Mutter-Umarmungen«), wirken sich beschleunigend auf deine Entwicklung aus. Beschleunige aber nur so stark, wie du auch deine Widerstände auflösen kannst. Mit anderen Worten: Wenn du *Divine Openings* praktizierst, dich aber gegen die Gefühle, das Loslassen, den Wandel und die Bewegung in deinem Leben sträubst, ist es, als würdest du mit einem Fuß auf dem Gaspedal und dem anderen Fuß auf der Bremse Auto fahren. Löse erst deine Widerstände auf, indem du *Divine Mother Hugs,* Niederwerfungen (dazu später mehr) oder andere Mittel einsetzt, bevor du weitere *Divine Openings* erhältst. Bewege dich ständig weiter, aber lass mit dem Tempo ein wenig nach. Mit hoher Energie bei gleichzeitig hohem Widerstand nimmt dein Fahrzeug nur Schaden an Bremsen und Getriebe.

In der Praxis bedeutet dies: Wenn du zu energiegeladen bist, aber nicht produktiv vorankommst, musst du Widerstand auflösen und die Energie nicht noch mehr ankurbeln. Wenn das Leben chaotisch wird, verlangsame dein Tempo und erde dich mit körperlichen Tätigkeiten wie Gartenarbeit, Spazierengehen, Saubermachen und Organisieren.

Beim Lesen des Buches kannst du die *Divine Openings* überspringen, bis du ausreichend entspannt bist, loslassen kannst und dich an die Beschleunigung gewöhnt hast, die bereits stattfindet. Hab mehr Spaß dabei und achte darauf, dass aus *Divine Openings* keine Arbeit wird. Wenn du dein Leben liebst, spielt es keine Rolle, wie schnell es vorangeht – du bist frei. Ständig irgendeiner Sache nachzurennen ist witzlos, wenn du nicht glücklich bist mit deinem Leben.

Für Gefühle brauchst du Zeit zum Fühlen. Wenn du ständig am Rennen bist, kannst du nicht so tief fühlen – egal ob es Ziele sind, denen du nachläufst, oder etwas, vor dem du wegläufst. Je langsamer du dich bewegst, umso mehr wirst du fühlen. Ich war einmal eine Woche lang gezwungen, ganz langsam zu werden und absolut nichts zu tun. Es war eine Offenbarung! Ich bin dabei noch tiefer in die Präsenz eingetaucht. Ich dachte, ich wäre schon gut angeschlossen, aber ich konnte noch mehr fühlen, sehr viel mehr. Du willst höher kommen und dich freier fühlen? Dann hör auf, so schnell zu rennen! Verlangsame dein Tempo, damit du mehr präsent sein kannst. Du meinst vielleicht, du könntest es dir nicht leisten, das Tempo zu reduzieren, aber du kannst es dir nicht leisten, es *nicht* zu reduzieren.

Irgendwann wirst du aufhören, formelle *Divine Openings* zu empfangen, außer wenn du dahin geführt wirst. Sobald du dich von selbst kraftvoll mit der Quelle verbinden kannst, ist es nicht mehr nötig, ein formelles *Divine Opening* zu erhalten. Du wirst dein großes Selbst *sein* – das, was *Divine Openings* letztlich beabsichtigen. An irgendeinem Punkt fällt alles von dir ab, und da ist nur noch dein erwachtes Selbst, das nichts anderes mehr zu »tun« hat, als zu leben, die weitere Entfaltung nicht zu behindern und das Ganze zu genießen.

Sosehr ich mich auch dafür einsetze, dass jeder von innen heraus geführt wird, habe ich über die Jahre festgestellt, dass manche Menschen es vorziehen, auf Dauer einen Lehrer oder gewisse Strukturen zu haben. Das ist eine legitime Entscheidung, genauso wie ich mich immer auf das Spezialwissen meines Webmasters und meines Buchhalters verlassen werde, weil ich selbst dafür weder die Zeit noch die Aufmerksamkeit habe. Mein Spezialgebiet in diesem Leben ist es, neue Energien zu kanalisieren und Menschen auf höhere Schwingungsebenen zu bringen. Tue das, was sich für dich richtig anfühlt. Ich bin hier, wenn du mich brauchst – und wenn nicht, bin ich genauso glücklich.

Die neuen Energien können sich anfangs ungewohnt anfühlen, später erscheinen sie dir ganz normal.

Die Gegenwart übernimmt

Es wurde zunehmend schwieriger, mich in der Vergangenheit oder Zukunft aufzuhalten, denn die Gegenwart wurde unglaublich reich und faszinierend. Mit Freunden lachte ich oft so heftig, dass uns der Bauch wehtat, doch am nächsten Tag konnten wir uns nicht mehr erinnern, worüber wir so sehr gelacht hatten. Es schien auch nicht mehr wichtig. Wir wussten, dass der nächste Tag uns genauso lustige, wenn nicht noch lustigere Augenblicke bringen würde. Und so war es auch. Es gab nichts mehr festzuhalten. Verluste waren ebenso schnell vergessen.

Ja, es kann sein, dass dir ein paar Menschen vorwerfen, dich kümmere nichts und niemand mehr. Sie werden nicht verstehen können, dass das Leiden an Verlusten, Rückschlägen oder Beleidigungen nur ein Symptom dafür ist, dass man vom großen Selbst abgeschnitten ist. Aus der Perspektive des großen Selbst gibt es in Wirklichkeit keinen Verlust, aber selbst wenn du vorübergehend einen Verlust empfindest, wird dein großes Selbst einen Weg finden, die Lücke zu schließen, wenn du es zulässt. Ein »Manko«? Wenn du im Jetzt lebst, dich aber in diesem Augenblick nicht mit deinem großen Selbst im Einklang fühlst, wird es sich schlimm anfühlen. Und das soll es auch. Es kann sich anfühlen, als würde dieser Augenblick niemals aufhören – als wäre dieser Augenblick alles, was ist. Nun, dieser Augenblick, das ewige Jetzt, *ist tatsächlich alles, was ist.*

Das Göttliche bietet immer, in jedem Moment, Segnungen an, und sobald wir unseren Klammergriff von der Vergangenheit lösen, ist unsere Hand offen, um sich auszustrecken und das nächste Geschenk zu empfangen. Kinky Friedman, ein texanischer Sänger und Liedermacher, der 2006 bei den Gouverneurswahlen in Texas kandidierte, sagte einmal in echter Texas-Manier:

Wenn das Pferd stirbt, steig ab.

Die erstaunliche Kraft des Humors

Kinkys Zitat ist eine gute Überleitung zum nächsten Thema: Humor. Eines der am meisten geschätzten Elemente in meinem Leben ist seit einigen Jahren der Humor. Ich erzählte schon, wie ich mir mein eigenes Konzept von Gott zurechtgelegt hatte und wie Gott anfing, mehr mit mir zu spielen und mich zum Lachen zu bringen. Die meisten von uns nehmen das Leben viel zu ernst, und die frühen Bilder, die wir von Gott hatten, waren auch wirklich gar nicht lustig! Oft waren sie finster, unfreundlich und verurteilend, ja sogar furchterregend, rachsüchtig und gemein. Wie hätten wir damals auch wissen können, dass dies die menschlichen Eigenschaften jener Sterblichen waren, die dieses Bild von Gott erschaffen hatten, und nicht von Gott selbst.

Schon lange vor *Divine Openings* hatte ich die »ernsthafte Absicht«, mehr Humor in mein Leben zu lassen. Jedes Mal, wenn ich danach fragte, drehte das Leben »die Lachspur« stärker auf. Da kreuzten plötzlich witzige Freunde auf, witzige Filme, witzige Begebenheiten, und witzige Einfälle und Szenen erschienen zu meiner Belustigung in meinem Kopf. Bis heute bin ich mit meinen Freunden und in den Kursen unverschämt albern.

Es gelang mir, meine Beziehung zu meiner ewig besorgten, unzufriedenen, ständig nörgelnden Mutter zu transformieren – durch meine klare Absicht, sie bei jedem Anruf gleich mit dem ersten Satz zum Lachen zu bringen. Ihr Leben konnte ich nicht ändern, aber meine Beziehung zu ihr konnte ich beeinflussen, indem ich unsere Telefongespräche zu einem Highlight des Tages machte. Ich sammelte Witze, um sie ihr zu erzählen, begann meine Anrufe mit verstellter, lustiger Stimme und Sätzen wie: »Hallo Mami! Hast du wirklich gedacht, du könntest mich loswerden, als du mich 1965 im Einkaufszentrum zurückgelassen hast? Ich weiß, wo du wohnst!«, oder ich schrie »Mami!! Maaaammi!!!« auf ihren Anrufbeantworter, dann hörte sie mich und rannte lachend zum Telefon, um abzuheben. Aus irgendeinem Grund tut es ihr gut, wenn ich sie »Mami« nenne. Es erinnert sie an die Zeit, als sie noch jünger war. Jeder möchte sich schließlich gern besser fühlen.

Als ich mit *Divine Openings* begann, setzte sich meine Mutter einmal zu mir und fragte mich, ob ich einer Sekte beigetreten sei. Ich schaute sie entsetzt an und erwiderte: »Ich fasse es nicht, dass du dir überhaupt vorstellen könntest, ich wäre so ein Schaf! Ich bin *keiner* Sekte beigetreten. (Hier machte ich eine Pause, um die Wirkung noch zu steigern.) Ich *leite* eine Sekte!« Sie fiel vor Lachen fast vom Stuhl und brachte das Thema nie wieder zur Sprache.

Sogar als mein Vater viel Zeit im Krankenhaus verbringen musste, rief ich meine Mutter an und brachte sie zum Lachen. Damals verstand sie bereits (nun ja, zumindest intellektuell), wie wichtig es ist, die eigene Schwingung anzuheben. Nur manchmal bereitete ich ihr Kummer, weil ich nicht bereit war, ihren Kummer mit ihr zu teilen.

Herrlich, wie meine spirituelle Kraft jedes Mal einen großen Schritt nach vorn machte, wenn ich um mehr Humor bat. Wenn man weiß, dass alles schwingende Energie ist, überrascht das natürlich nicht: Humor hebt die Schwingungsfrequenz. Ich fühlte mich immer schon zu spirituellen Lehrern hingezogen, die einen Sinn für Humor haben, und die verdrießlichen, strenggläubigen, allzu ernsthaften mied ich wie die Pest. Igitt, wenn es das ist, was du von ihnen bekommst, verzichte ich darauf! Die lustigen Geschichten aus meinem Buch *Confessions of a Cowgirl Guru* werden dich erleuchten, während das Buch deine Humorkanäle öffnet!

Vor einigen Jahren war ich wahnsinnig in einen Mann verliebt, der kaum lachte und meinen Humor überhaupt nicht verstand. Seither bat ich für alle meine Beziehungen um Humor und bekam ihn auch. Ich schrieb darüber in meinem ersten Buch *Dating to Change Your Life*. Die nächste Beziehung hatte ich mit einem Mann, der äußerst witzig war und gern lachte. Er verstand meinen Humor auf Anhieb und hielt mich für die witzigste Person, die ihm je begegnet war. Wir lachten jeden Tag und führten ein reibungsloses, sorgenfreies, harmonisches häusliches Leben, das damals perfekt zu unserer Lebensphase passte, obwohl es mit der »romantischen Liebe« nicht so klappte. Schließlich trennten wir uns und begannen neue, erfüllendere Beziehungen mit anderen Partnern. Ich ging nie wieder mit einem Mann aus, der nicht einen ausgeprägten Sinn für lockeren, spielerischen Humor hatte.

Ein früherer Liebespartner von mir hatte durch ein Interview Freundschaft mit Kinky Friedman geschlossen. Kinky ist urkomisch, verzieht dabei aber keine Miene, und er ist es gewohnt, immer die Lachkanone zu sein. Nachdem er meinen Partner und mich eine Weile beobachtet hatte, fragte er: »Ist das nun eine ernsthafte Beziehung?« Ohne zu zögern, antwortete ich: »Nein, eine humorvolle Beziehung.«

Unsere Beziehung war charakterisiert durch häufiges Gelächter, oft ein unkontrollierbares, nach Luft schnappendes, wieherndes, prustendes, bauchkrampfendes, wie Eselsgebrüll tönendes Gelächter. Wir nutzten jede Gelegenheit, uns gegenseitig zum Lachen zu bringen. Eines Tages, als mein Freund gerade ein *Divine Opening* erhalten hatte und in meinem Wohnzimmer auf dem Kopf stand, um seine Yoga- und Karateübungen zu machen, sah er den Schwanz meines Hundes draußen vor dem Fenster auf und ab wedeln. Aus seiner Sicht auf dem Kopf hielt er es für einen seltsamen Vogel, der auf einem Flügel vorbeihüpfte. Als er kapierte, dass es der Hundeschwanz war, zerriss es ihn förmlich, er fiel aus seinem Kopfstand und kam nicht mehr hoch vor Lachen.

Ich halte ständig Ausschau nach Gründen zum Lachen, aber die Gelegenheiten zum Lachen finden genauso oft zu mir. Derselbe Freund stöberte einmal herum, um seine Brille zu finden. Dabei hob er das Hinterteil des schlafenden Hundes hoch und sah darunter nach. Nun weiß ich ja nicht, wie das bei dir ist, aber ich hatte noch nie erlebt, dass jemand irgendetwas unter einem Hundepopo suchte. Ich brach in ein magenverkrampfendes Kichern aus, was unweigerlich in ein keuchendes, pfeifendes Atmen mündete. Bald waren wir beide halbtot vor Lachen und schnappten nur noch nach Luft.

Ein andermal machte er mir ein richtig leckeres Omelett mit Gemüse und Avocado. Omeletts richtig herauszubacken gehörte noch nie zu meinen Kochkünsten. Ich sagte schläfrig, ich würde das nächste Kochen übernehmen, wenn er mir zeigen könnte, »wie man eines dieser, äh, zusammengeklappten Dinger macht«. Da platzten wir fast vor Lachen, und beim Geräusch unseres hemmungslosen Gegackers brach ich fast zusammen. Ich prustete mit vollem Mund los und grapschte nach einer Serviette, um nicht das ganze Essen zu verspritzen, woraufhin er sagte: »Wenn du nicht aufpasst, kommt dir dieses gelbe, zusammengeklappte Zeug mit der grünen Füllung gleich aus der Nase!« Um fachmännisch zu demonstrieren, wie sich das leicht verhindern ließ, stopfte ich mir zwei Ecken der Serviette in meine Nasenlöcher.

Nun hatten wir einen Running Gag am Laufen. Als meine langen blonden Haare einmal in den Waffelsirup hingen, sagte er: »Oh, dein langes gelbes Zeug hängt in diesem klebrigen Zeug.« Eines Tages kam er mit dem Angebot: »Hier, die roten, gefiederten Viecher haben dir eins von den braunen, ovalen Dingern gemacht.« Und ich darauf: »Davon gäbe es noch mehr, wenn das lange schuppige Ding sie nicht immer wegfressen würde.«

Wenn du die kindliche Unschuld wiedergefunden hast, gibt es nichts, das dir zu dumm oder zu albern wäre, um jemanden zum Lachen zu bringen. Sei also großzügig mit deinem Lachen! Ich erinnere mich, irgendwo gelesen zu haben, dass die höfliche europäische Gesellschaft es früher für unfein hielt, laut herauszulachen. Daher unterdrückte man sein Lachen und erlaubte sich höchstens ein mildes Lächeln, um seine Erheiterung zu verraten, damit man nicht wie ein gemeiner Bürger wirkte! Überreste dieser alten Ansicht sind heute immer noch zu finden, und ich bin so froh, frei herauslachen und meine Wertschätzung und Freude zeigen zu können. Bei meinen Firmenseminaren hatte ich beobachtet, dass Teilnehmer, die sich von ihrer reservierten, professionellen Art lösten und anfingen zu lachen, die Kursinhalte besonders gut verinnerlichten und den restlichen Tag über viel wacher, glücklicher und engagierter waren.

Schon ein winziger Anlass – ein Glitzern in den Augen des anderen, das man aus dem Augenwinkel bemerkt, oder der Anflug eines schelmischen Lächelns auf den Lippen des Gegenübers – kann mich in unkontrollierbare Lachkrämpfe ausbrechen lassen. In den Retreats kommt es vor, dass uns Lachen und Freude ohne irgendeinen Grund überrollen; wir nennen es »grundlose Glückseligkeit«. Sie kommt, wenn man sich in dieser hohen Schwingung bewegt, auf der Ebene von Freude und Seligkeit, wo das Lachen spontan entsteht, ohne dass es einen Grund dafür braucht. Wenn du eins mit dem Göttlichen bist, herrscht reine Freude am Sein, und wenn du nahe an dieser Schwingung lebst, bedarf es wenig, dich über die Linie zu katapultieren. In vielen dieser Momente habe ich tatsächlich keinen blassen Schimmer, warum ich lache – aber es fühlt sich so gut an, dass es mir egal ist.

Gelegentlich bricht auch im fünftägigen Stilleretreat grundlose Glückseligkeit aus. Irgendjemand verspürt ein inneres Kitzeln und lässt es laufen, und schon quietschen und johlen wir alle drauflos wie eine Affenhorde. Man könnte es »das göttliche lachende Selbst« nennen. Lachtränen kullern und verwandeln sich plötzlich in Seligkeit. Ich brauche nicht zu wissen, warum. Das Bedürfnis zu wissen, warum etwas so ist, wie es ist, schwindet dahin, je mehr man es genießt, einfach zu leben.

Das Leben ist zwar endlich, aber nicht so ernst.

Sobald du immer mehr Zeit in deinem göttlichen Selbst verbringst, wird es auch immer einfacher, bei beginnenden Missverständnissen innezuhalten und Humor einzusetzen. Es gibt nichts, was Ärger und Verstimmung so rasch auflöst wie Humor. Einmal wurde ein Freund, der sich über eine Geschichte in der Arbeit aufregte, ärgerlich auf mich und fing an, sich wegen etwas zu rechtfertigen, was ich darüber gesagt hatte. Es hatte offenbar etwas sehr Altes in ihm aktiviert. Ich sah, wie das Feuer in seinen Augen aufflackerte und sein Kiefer sich kampfbereit anspannte. Da zwinkerte etwas in mir, ich packte ihn an den Schultern, sah ihm gerade in die Augen und sagte: »Ich Freund.« Im ersten Moment erschrak er, aber dann ließ er sichtlich los. Wir haben sehr gelacht.

Wenn sich jemand in einer Emotion verfängt, besonders einer alten, chronisch seit Langem praktizierten Emotion, geht alle Logik flöten. Es ist, als hätte man ein brennendes Streichholz in einen dürren Heuhaufen geworfen. Versucht man, vernünftig darüber zu reden, kann es dazu führen, dass man sich stundenlang im Kreis dreht, weil es nicht logisch ist. Du kennst das bestimmt. Humor vermag die ganze Feuersbrunst mit wenigen Worten zu löschen.

Jeder Tag bringt Gelegenheiten zum Lachen, du musst sie nur bemerken. Fang einfach an, lustige Bücher zu lesen, dir lustige Filme anzuschauen und dir witzige Freunde zu suchen. Merke dir Witze aus dem Internet und erzähle sie weiter, während du darauf achtest, was es ist, das die Dinge witzig macht. Beobachte, wie witzige Menschen, gute Geschichten- und Witzeerzähler den Zeitpunkt für ihre Pointe wählen. Es ist eine Kunst, und du kannst sie dir aneignen, aber bleib locker dabei. Es ist keine Arbeit, es ist ein fröhliches Spiel, und es gibt keinen Abgabetermin. Nimm dir zuerst die Profis als Vorbild, wie du deine Pointen rüberbringst, später wirst du deinen eigenen Stil entwickeln. Achte darauf, welchen Tonfall sie wann benutzen und wie sie mit dem Überraschungsmoment spielen, um den Lacher zu erzielen. Probiere aus, wie lange man wartet, bis man die Bombe hochgehen lässt, und achte auf die Dinge, die andere Leute lustig finden. Je mehr du lachst, desto mehr Gelegenheiten wird dir das Leben servieren, um zu lachen und andere zum Lachen zu bringen.

Also, was für eine Hausaufgabe! Lachen zu üben und witziger denn je zu werden! Schreibe dir diese Absicht in dein Notizbuch und notiere dir ein paar Ideen, wie du mehr Humor in dein Leben bringen kannst. Auch meine Onlinekurse und das Mitgliederforum auf meiner Website können dir Anregungen geben.

Du kannst jetzt mehr lachen.

Eines Abends, als ich im Bett lag und meinem schwerkranken Vater ein *Divine Opening* aus der Ferne gab, sprudelte aus dem Nichts heraus eine Fröhlichkeit durch mich hindurch, und ich begann zu kichern und dann laut zu lachen, während ich spürte, wie sein Geist sich erhob. Dies war ein wunderbarer Wink, mir in Erinnerung zu rufen: Wie schlimm eine Krankheit auch sein mag, wie ernst die Situation aus unserer menschlichen Perspektive auch aussehen mag – das Göttliche in uns lebt in ständiger Seligkeit und Freude. Dieses Wissen erleichtert jede Situation.

Ein einfacher Weg,
deine Schwingung zu verändern, ist,
dich zu fragen: »Was fühlt mein großes
Selbst jetzt gerade?« Die Antwort lautet immer
»Glückseligkeit« oder »Alles ist gut«.

Cowgirl Up. Gemälde von Lola Jones.

Fünftes Divine Opening

Dieses Kunstwerk verkörpert die pure Essenz von Gnade und Freude in unsicheren Lebensumständen. Setze dich still hin und lass das Bild zwei Minuten lang auf dich wirken. Dann schließe die Augen und lege dich fünfzehn Minuten oder länger hin.

Meditiere zum Vergnügen

Meditieren wird leichter mit *Divine Openings*. Jetzt meditieren wir, weil es sich gut anfühlt – nicht, weil wir gut oder spirituell sein möchten oder etwas erreichen wollen. Tue es, um dein stilles inneres Sein zu genießen und die Freude deines erweiterten Selbst zu erleben, aber nicht, um irgendein Ziel zu erreichen. Vergiss, was andere dir über ihre Erfahrungen erzählt haben, und mach deine eigene Erfahrung. Tiefes, köstliches Fühlen und

Empfinden des Seins sind genauso viel wert wie sämtliche mystischen Visionen des Universums.

Es gibt keine Zauberformel und keinen einzig richtigen Weg, der für jeden der beste wäre. Ich empfehle dir, deinem Herzen zu folgen. Ich habe es sehr schlicht gehalten. Du brauchst keine Regeln, kein Zubehör, keine Dogmen, keine komplizierten geheimen Rituale. Wenn es Arbeit wird, wie willst du da entspannen und das Göttliche die Schwergewichte heben lassen?

- Setze oder leg dich in einer bequemen Position still hin. Schließe die Augen und lass ein leises Lächeln auf den Lippen sein. Richte deine Aufmerksamkeit sanft auf den Atem. Atme weich und langsam in den Bauch.

- Fang an, das Atmen zu genießen. Fühle, wie wunderbar es ist zu atmen. Stelle dir vor, wie du mit dem Atmen tief in dein inneres Sein eintauchst. Denke »Ja«, wenn du mit einem kleinen Lächeln einatmest, und »aah«, wenn du mit entspanntem Kiefer ausatmest.

- Wenn Gedanken auftauchen, folge ihnen nicht, aber wehre sie auch nicht ab. Lass sie einfach da sein, wie murmelnde Stimmen, irgendwo im fernen Hintergrund. Wenn du abschweifst, kehre mit deiner Aufmerksamkeit immer wieder sanft zum Atmen zurück. Es ist kein Problem; du kannst nichts falsch machen. Wenn du Führung oder unterstützende Hinweise bekommst, nimm sie an, aber suche nicht danach. Wenn das Denken still wird, bist du auf dem Weg, und die Gnade kann ihre Kraft voll entfalten.

Meditiere aus Freude,
um die reine Essenz zu genießen,
die du bist.

Begeisterung von morgens bis abends

Jeden Abend vor dem Schlafengehen und morgens gleich nach dem Aufwachen praktizierte ich ein Jahr lang eine Übung, die ich *Raving* (»Schwärmen«) nenne: Egal wie du drauf bist, ob großartig oder weniger großartig, kannst du morgens und abends ein paar Minuten damit verbringen, über das, wofür du dankbar bist und was du in deinem Leben wertschätzt, mit Begeisterung zu reden und davon zu schwärmen. Wenn du deine Aufmerksamkeit mit energiegeladener, expressiver Leidenschaft auf das richtest, was du in deinem Leben toll oder zumindest gut findest, wird es deine Schwingung von Tag zu Tag mehr anheben. Ich habe mir angewöhnt, alles, worüber ich glücklich bin, zu feiern und dadurch meine Schwingung bewusst anzuheben. Es ist mir zu einer lieben, natürlichen Gewohnheit geworden, täglich immer wieder Dankbarkeit auszudrücken.

Dankbarkeit und Wertschätzung haben eine ähnliche Schwingungsfrequenz wie Liebe. Die meisten Menschen haben eine äußerst vorbelastete oder verzerrte Vorstellung von Liebe. Möglicherweise fällt es ihnen schwer, »Liebe« überhaupt aufkommen zu lassen, wenn sie nicht glücklich sind. Unsere Vorstellung von Dankbarkeit hingegen ist recht klar und rein, sodass es viel einfacher ist, sich bewusst in Dankbarkeit zu üben als in Liebe. Selbst wenn du im Augenblick für einen Menschen keine Liebe empfinden kannst, ist es jederzeit möglich, etwas zu finden, wofür du dem anderen aufrichtig dankbar bist und was du an ihm oder ihr wertschätzt.

Von dem zu schwärmen, was wir gut finden, gewöhnt unseren Verstand daran, mehr die Dinge zu sehen, die wir lieben, bewundern und schätzen, und auf diese Weise werden magnetisch mehr von diesen Schwingungen von uns angezogen. Wir haben immer die Wahl, worauf wir unsere Aufmerksamkeit richten: auf die Dinge, die »falsch« laufen, oder auf die Dinge, die »richtig« laufen, auf das »Schlechte« oder auf das »Gute«, auf das, was wir »mögen«, oder das, was wir »nicht mögen«. Durch das Schwärmen erkennst du, welcher Fokus sich für dich besser anfühlt. Welches Gefühl oder welcher Gedanke bringt dich mehr in Einklang mit deiner göttlichen Präsenz? Fühlt sich dieses oder jenes besser an?

Bald werden deine Wahrnehmungen weniger von dieser »Gut/Schlecht«-Dualität geprägt sein. Du wirst anfangen, alles als »Erfahrung« zu betrachten, und damit wird es leichter, das, was ist, mit Weichheit anzunehmen und dich in allen Lebenslagen gut zu fühlen. In jedem Moment hast du die Wahl, wo du deine Aufmerksamkeit hinbringen willst – im Nu kannst du dich besser fühlen. Das Heute ist alles, was wirklich zählt. Das Gestern ist vorbei, das Morgen noch nicht da. Deine Macht liegt im jetzigen Moment.

Vor Kurzem gab ich einer Gruppe ein *Divine Opening*. Wie gewohnt saß ich mit geschlossenen Augen da und schuf das Resonanzfeld für die siebenundzwanzig Menschen, anschließend saß jeder einige Minuten lang still da und erlebte die göttliche Präsenz.

Als ich fragte, ob jemand über seine Erfahrungen sprechen wolle, teilte eine ältere Dame, die auf dem spirituellen Weg recht erfahren war und in ihrer Vergangenheit ein Missbrauchsthema zu bewältigen hatte, ihr tiefgehendes Erlebnis mit uns. Sie hatte Szenen aus ihrem ganzen Leben vor ihrem inneren Auge auftauchen sehen. Manche Ereignisse waren ihr zur damaligen Zeit »schlimm« und andere »gut« vorgekommen, und schließlich ordneten sie sich alle wie zu einem Mosaik an. Da erkannte sie zu ihrer Überraschung, dass heute alle diese Erfahrungen gleichermaßen in Ordnung waren und ihr gleichermaßen wertvoll erschienen. Das Gefühl, einige seien gut und andere schlecht gewesen, war nicht mehr vorhanden. Das lag aber nicht daran, dass plötzlich alles »gut« geworden wäre, sondern dass es einfach sinnlos schien, sie überhaupt zu bewerten.

Dies ist ein Zeichen von Erleuchtung, das wir »Gleichmut« oder »Gelassenheit« nennen. Dank der Gnade geschieht es auf unerklärliche Weise, dass alles, was ist oder was war, ohne Leiden, ohne eine Geschichte und ohne Bewertung angenommen wird. Es geht dabei nicht bloß um eine veränderte Wahrnehmung. Es ist *ein Sprung in eine neue Bewusstseinsdimension* jenseits des Leidens, jenseits der Dualität.

Nach einer anderen Definition ist Gelassenheit die Fähigkeit, alles genau so stehen lassen zu können, wie es ist, ohne ihm Widerstand zu leisten. Man weiß, dass es vorübergehend ist. Alles fließt vorüber – Erwünschtes ebenso wie Unerwünschtes. Je freier wir es fließen lassen, desto mehr Glückseligkeit fühlen wir, selbst unter widrigen Umständen.

Bis die Dankbarkeit zu einer ständigen, minütlichen Gewohnheit für dich geworden ist, wird eine Zeit des morgendlichen und abendlichen »Schwärmens und Dankens« deine Schwingungshöhe und deine Einstellung anheben. Übe das, bis du eine natürliche Gelassenheit erreichst; dann bist du frei vom Verstand und seinen Urteilen.

Ich finde es aufregend, wenn ich mir vorstelle, dass selbst unsere kühnsten Träume der Erleuchtung und der eigenen Ermächtigung angesichts dessen verblassen, was dann tatsächlich kommt. Wir beginnen gerade erst zu erkennen, wie wir unsere Realität erschaffen. In nicht allzu ferner Zukunft wirst du im wahrsten Sinne des Wortes neue Welten erschaffen, ganze Realitäten – aus Freude daran. Ich tue das.

Du kannst es genießen, Dankbarkeit auszudrücken,
und du kannst es genießen, was jetzt ist,
geschehen zu lassen.

Der Ruf des Göttlichen –
Erfolg, Sex oder Geld?

Die meisten Menschen suchen nicht bewusst nach Erleuchtung. Wenn ich dieses Wort früher an einem geselligen Ort erwähnte, fiel mir auf, dass sich nur sehr wenige dafür interessierten. Sie suchten nach Geld, einer besseren Beziehung, Befreiung von Leiden, Weltfrieden, besserer Gesundheit, Klarheit oder Lösungen für ihre Probleme. Das Streben nach der Erfüllung von emotionalen oder materiellen Wünschen wird von einem natürlichen inneren Drang genährt, sich besser fühlen zu wollen. Es ist der Ruf des Göttlichen. Die göttliche Präsenz in dir ruft dich dazu auf, dich wohlzufühlen und aufzublühen. Auch wenn es nicht jeder »Erleuchtung« nennt: Im Grunde wollen alle die Erleuchtung, sie wollen ihre Vollständigkeit wiedererlangen, die ihnen Glückseligkeit bringt, aber auch die weltlichen Lösungen, die sie suchen. Wie auch immer andere es nennen und wie auch immer sie zur Erleuchtung finden, ist für mich völlig in Ordnung.

Partnerschaft, Gesundheit, innerer Frieden, weniger Stress und mehr Geld oder Erfolg – das ist es, was die meisten Menschen sich wünschen, die zu mir kommen. Das sind die »Big Five«, die fünf großen Punkte ganz oben auf der Liste von dem, was die meisten Leute wollen und nicht haben. Ihr großes Selbst lockt sie nach Hause – exakt mit der Karotte, die sie sich am meisten ersehnen.

Eine Frau hatte sich bereits nach zwei Sitzungen mit mir enorm geöffnet. Ihr Denken hatte sich beruhigt, und die Anfälle von Angst und Sorge hatten nachgelassen oder waren nur noch kurzlebig. Der Ärger auf ihre Kinder hatte sich gelegt. In ihrer dritten Sitzung mit *Divine Openings* kam sie noch tiefer. Sie sagte, sie wünsche sich einen reichen Mann, der für sie sorgen würde.

»Okay, du kannst diesen Mann haben«, erklärte ich mit einer Autorität, wie sie aus dem Göttlichen im Innern kommt. »Schreibe es auf deine Wunschliste. Für die Zwischenzeit habe ich hier ein paar Dinge für dich, über die du nachdenken könntest.

Erstens: Der Gedanke ist naheliegend, dass ein Mensch, vor allem ein reicher, machtvoller Mensch, deine Quelle sein könnte. Tatsächlich ist er aber nur *ein* möglicher Kanal, durch den dir das Leben seine Gaben zukommen lässt. Was aber ist, wenn dein Mangeldenken überwiegt und du glaubst, ein Mann sei die einzige Zuflucht, von der du Liebe, Geld, Zuwendung oder was auch immer du dir wünschst, bekommen kannst? Was passiert, wenn du deine Macht an den anderen abgibst? Das Leben kann dir alles bringen, was du brauchst, durch beliebig viele Menschen oder Umstände, wenn du es nur zulässt.

Zweitens: Das Leben bringt dir stets mehr von dem, was du bereits fühlst. Wenn du also jetzt einen Mangel an Fülle wahrnimmst und dir deshalb diesen Mann herbeiwünschst, der für dich sorgen soll, dann kann dir das Gesetz der Anziehung nur noch mehr Mangel bringen. Wenn du jetzt sofort anfangen würdest, dich bereits reich zu fühlen, wärst du nicht mehr bedürftig, und das Gesetz der Anziehung könnte dich leichter mit einem reichen Mann zusammenführen. Du würdest zu seiner Schwingung passen, würdest ihn nicht brauchen, und darum könnte er bei dir bleiben.

Wir Amerikaner und Mitteleuropäer sind bereits reicher, als es so mancher Sultan vor zweihundert Jahren war. Wir müssten nur einmal innehalten, um das anzuerkennen und toll zu finden, was wir haben, statt uns mit dem zu beschäftigen, was wir noch immer nicht haben.

Drittens: Deine Beziehung mit dem Göttlichen wird sich äußerlich in deiner Liebesbeziehung spiegeln. Beginne, nur für diese Woche, zuerst einmal eine Liebesaffäre mit Gott. Wende dich direkt an die reine Quelle, um die Liebe, die Gespräche und die Verbundenheit zu erleben, die du suchst – und dann achte darauf, wer mit der Zeit im Äußeren auftaucht. Geh und unterhalte dich mit deinem Schöpfer, der dich vergöttert, dich genauso liebt, wie du bist, und der für dich sorgt. Hast du eine Vorstellung, wer da als passendes Gegenstück auf der physischen Ebene auftauchen könnte?«

Am Ende der Stunde legte ich meine Hände für das *Divine Opening* ein paar Minuten lang auf ihren Kopf und ging dann zurück in mein Arbeitszimmer, um zu schreiben. Nachdem sie lange geruht hatte, waren ihre Augen voller Tränen, und sie konnte kaum sprechen, ohne gleich wieder zu weinen. Sie sagte: »Ich fühlte mich so gehalten, umarmt und genährt vom Göttlichen, und dann konnte ich diese Anwesenheit spüren, als säße sie neben mir und würde nur darauf warten, mir zuzuhören, mit mir zu sprechen – oder was immer ich brauchte. Es hat mein leeres Herz aufgefüllt.« In diesem Moment war sie vom Mangel in die Fülle übergegangen.

»Sei dir selbst dankbar dafür, dass du so offen warst, dieses Geschenk einzulassen«, sagte ich mit einem Lächeln. »Du hast die Tür zu vielen Segnungen geöffnet.« Ihre Beziehung zum Göttlichen wurde kontinuierlich tiefer. In der folgenden Woche hatte sie intensive Nackenschmerzen (wahrscheinlich angespannte oder kämpferische Energie, die sich löste), die sich trotz der Bemühungen ihres Chiropraktikers nicht linderten. In der Nacht danach sah und fühlte sie im Schlaf eine physische Hand, die Druck auf ihren Nacken ausübte, und am Morgen war der Schmerz verschwunden. Ich kann mir kein besseres Beispiel dafür vorstellen, wie uns unsere weltlichen Wünsche nach Beziehung, materiellen Dingen, Gesundheit und Erleichterung am Ende immer zu unserer Beziehung mit dem Göttlichen zurückrufen.

Dein großes Selbst ruft dich nach Hause,
es lockt dich mit dem, was dich am meisten begeistert.
Jetzt kannst du diesem Ruf folgen.

Wie uns das Göttliche sieht

Eine meiner frühen Schülerinnen hatte eine bemerkenswerte Erfahrung aus ihrem ersten *Divine Opening* mitgenommen, die sich noch monatelang weiter entfaltete. Sie hatte auf einem Sofa in einem Raum mit etwa zwölf Personen gesessen. Als ich für das *Divine Opening* meine Hände auf ihren Kopf legte, sah sie sich augenblicklich mit drei Meter großen weißen Flügeln. Das Bemerkenswerteste dabei war, dass sie sich genauso sah, wie das Göttliche sie sieht: als absolut vollkommen. Sie fühlte es tief in ihrem innersten Sein. Sie war früher einmal Striptease-Tänzerin gewesen und hatte deshalb einige Zweifel an ihrem Selbstwert und gewisse Urteile über sich selbst. Nun aber gab es *keinen* Zweifel mehr. Als sie jede Falte ihres fünfzigjährigen Gesichts in 3D liebevoll vergrößert betrachtete, war Verehrung in ihrem Blick. Sie war das Göttliche, welches das Göttliche ansieht, es war eins mit ihr.

Das Göttliche verehrt und liebt uns. Es macht keine Unterschiede wegen dem, was wir getan oder nicht getan haben, wer wir sind und wie sehr wir uns mit Fehlern behaftet fühlen. So urteilen nur wir Menschen. Das Göttliche tut das nie.

Manchmal zeigt es sich nach einem *Divine Opening* als Gefühl überwältigender Liebe, die dich einhüllt. In diesem Moment *weißt* du, dass du geliebt wirst. Manchmal fühlst du auch gar nichts, und doch passieren danach viele gute Dinge.

Das Göttliche vergöttert dich,
denn es hat dich erschaffen.

Abkoppeln vom archaischen Denken

Carl Gustav Jung sprach oft vom kollektiven Unbewussten der Menschheit. Da jeder Gedanke, der jemals gedacht wurde, noch vorhanden ist, gibt es einen gigantischen Pool an kollektiven, von allen Menschen geteilten Schwingungen. Man könnte es auch als »altes« oder gar »archaisches« Denken bezeichnen. Es ist hilfreich zu wissen, dass wir zu einem großen Teil von den Gedanken und Schwingungen, die wir aus diesem uralten Denken aufschnappen, hypnotisiert sind und uns damit einer ziemlich einschränkenden Konsensrealität anschließen.

Das archaische Denken hielt lange Zeit alle Menschen, mit Ausnahme einiger weniger Erleuchteter, im dramatischen Überlebenskampf und im Mangel fest – gefangen in Leid, Entmachtung und Abgeschnittensein vom Fluss des Lebens. Es ist die Prägung der Menschheit durch dieses uralte Denken, was uns angespannt und resistent sein lässt. Wenn ich daran denke, wie sehr das archaische Denken die Menschen besetzt halten kann, hilft es mir, Mitgefühl auch für jene zu empfinden, die grauenhafte Dinge tun, weil ich weiß, dass sie noch keinen Zugang zu ihrem großen Selbst gefunden haben.

Das archaische Denken verbreitet heftige Schwingungen im Spektrum von Angst, Knappheit, Ungeschütztheit, Wut, Wertlosigkeit, Trennung und Illusion, aber auch subtilere, wie Unruhe oder Sich-überwältigt-Fühlen, und sogar die positiven Emotionen der Freude, der Liebe und des Friedens. Solange wir nicht höchst bewusst und wach sind, haben wir kaum eine Wahl, welche Schwingungen wir aus dem archaischen Denken aufnehmen und ausagieren. Auch sehr empathische Menschen nehmen oft nur allzu leicht Störstrahlungen auf.

Hast du es auch schon erlebt, dass du in einer Situation genau wusstest, wie du sein und handeln wolltest, dass du dich aber nicht dagegen wehren konntest, das Gegenteil zu tun. Es ist, wie in Treibsand zu versinken. Wir wollen das eine tun, machen aber zu unserem Entsetzen etwas ganz anderes, das wir gar nicht wollen. Es ist, als wären wir an einen Stromkreis angeschlossen, der uns mit disharmonischen Energien auflädt – wenn du eine Lampe an eine Steckdose anschließt, hat sie keine Wahl, woher sie ihren Strom bezieht. Jetzt aber beginnen wir uns an eine klarere, reinere Kraftquelle anzuschließen und laden uns mit einer ganz anderen Energie auf.

Ich weiß noch, wie schwierig oder sogar unmöglich es vor *Divine Openings* war, mich von unerquicklichen Energien zu lösen. *Divine Openings* koppeln uns vom archaischen Denken ab, wir schließen uns an die reine, positive Energie an und fangen an, in größerer Harmonie mit der reinen Quelle zu schwingen. Alle unsere konditionierten archaischen Denkmuster »abzuarbeiten« wäre völlig unmöglich, nicht einmal in vielen Leben. Also lass dir von der Gnade helfen. Sei einfach dazu bereit.

Während wir uns vom archaischen Denken lösen, erleben wir gelegentlich das letzte Aufbäumen seiner eingeschliffenen Muster. Keine Sorge! Sie sind temporär und gehen vorüber. Und jedes Mal lassen sie dich ein Stück freier zurück. Während du die höheren, »positiven« Schwingungen aktivierst, sterben die niedrigeren, »negativen« Schwingungen ab, weil ihnen die Aufmerksamkeit entzogen wird. In der Tat, je mehr Menschen sich vom archaischen Denken verabschieden, umso mehr verliert es seine Macht. Um unsere Beziehungen in Ordnung zu bringen, müssen wir uns vom archaischen Denken lösen und gleichzeitig Mitgefühl für jene haben, die es noch fest im Griff hat. Nicht das bloße Lesen, sondern das *Umsetzen* der Aktivitäten, die nachfolgend in diesem Buch beschrieben werden, wird dich von der Konditionierung befreien.

Die göttliche Intelligenz, die in jedem von uns zu erwachen beginnt, ist ein viel mächtigeres, reines Bewusstsein ohne einschränkende Konsensrealität. Wir sind die vielen, die eins sind. Wir sind hierhergekommen, um Individualität zu erleben und unsere Einheit zu erkennen – und um individuelle Realitäten zu erschaffen, keine Konformität.

Archaisches Denken ist grausam und will uns weismachen, wir seien unwürdig. Von allen Menschen auf dieser Welt, mit denen du deine Beziehung in Ordnung bringen solltest, bist du selbst deine Beziehung Nummer eins! Also gib dir selbst großzügige Wertschätzung und Anerkennung. Wertschätzung ist das schwingungsmäßige Äquivalent zu Liebe, und obwohl wir vielleicht nicht wissen, wie wir »uns selbst mehr lieben« können, so können wir doch immer greifbare Dinge finden, die wir an uns selbst oder anderen wertschätzen können.

Jedes Mal, wenn ich etwas ein bisschen besser kann als vorher, oder bei jeder Kleinigkeit, die gut gelaufen ist, drücke ich auf meinen »Easy«-Knopf. Das ist ein roter Knopf von Staples Office Supplies (einer Firma für Bürobedarf), der, wenn man darauf drückt, mit einer fröhlichen Männerstimme sagt: »That was easy!« (Das war einfach.) Damit feiere und anerkenne ich jeden kleinen Erfolg und kreiere mir weitere Erfolgserlebnisse.

Anerkennung ist ein magischer Akt. Mach es dir zur Gewohnheit, dir großzügig Anerkennung zu zollen, und noch etwas mehr als Draufgabe. Drücke deine Wertschätzung für dich selbst, für alles und jeden aus. Wertschätzung ist ein wichtiger Teil der zehn Prozent, die du zu erledigen hast. Wenn du damit erzogen wurdest, dass »Eigenlob stinkt!«, wie hat sich das für dich ausgewirkt? Wenn es dir anfangs schwerfällt, Wertschätzung zu zeigen, so bewundere einfach die Präsenz in dir – das erleichtert dir den Einstieg.

Zwischen den Welten

Wir bilden eine Brücke zwischen zwei Dimensionen – der alten Realität, in der du deine Gedanken ständig unter Kontrolle halten musstest, und dieser neuen Dimension, in der dein Verstand dein Freund wird. In der alten Welt mussten wir hart arbeiten, um erleuchtete Gedanken zu erzwingen, weil unser Gehirn noch nicht so verschaltet war, diese aufrechtzuerhalten. Jetzt bewirken die *Divine Openings*, dass wir buchstäblich an unsere größere Intelligenz angeschlossen werden; unsere gesteigerten Fähigkeiten werden aktiviert und unsere Systeme aufgerüstet, sodass wir in der Lage sind, »Erleuchtungs-Software« einzusetzen. Sie tritt nun an die Stelle der fehlerhaften, veralteten Software des archaischen Denkens.

Sobald wir nicht länger Sklaven unserer Gedanken und Gefühle sind und uns nicht mehr unnötig damit identifizieren, wird es leichter, unsere Schwingungshöhe zu halten oder zurückzufedern, wenn wir zu stark absinken. In jedem Augenblick haben wir die freie Wahl. Am Anfang wirst du dich etwas wackelig und schwankend fühlen, bevor du dich stabilisierst. Du kannst an einem Tag Friede und Einheit erleben und am nächsten Tag extremes Getrenntsein, wenn alte Schwingungen aktiviert werden. Heute bist du vielleicht selig vor Glück und morgen depressiv. Es gibt dabei tatsächlich nichts für dich zu tun, als »jede Erfahrung sanft zu umarmen«. Alles ist nur vorübergehend und bewegt sich schnell weiter. Wenn du eines Tages kein Gefühl mehr fürchtest, bist du frei.

> **Erlaube dir zu schwanken,**
> **bis du dich stabilisiert hast.**
> **Sei nachsichtig mit dir selbst.**

Dein Freund, der Gegensatz

Auch Erwachte erleben den Gegensatz von erwünschten und unerwünschten Erfahrungen, sie tendieren aber dazu, ihre unerwünschten Erfahrungen als Treibstoff zu nutzen, um sich mit höherer Geschwindigkeit in die gewünschte Richtung zu bewegen. Von unerwünschten Dingen prallen wir genauso ab, wie wir die Kugel vom Rand des Billardtisches abprallen lassen, um sie im richtigen Loch zu versenken.

Betrachte jeden Gegensatz als Freund, der dir wertvolle Botschaften liefert. Er sagt vielleicht: »Finde eine andere Möglichkeit … komm wieder in Fluss … richte dich in diesem Punkt mehr auf dein großes Selbst aus … da lässt sich noch etwas weiterentwickeln …« Der Gegensatz schubst dich voran, wenn du gezögert hast, dich freiwillig weiterzubewegen. Der Kontrast fordert dich heraus, über dein altes, gewohnheitsmäßiges Denken hinauszugehen.

Wenn dir kalt ist, lässt der Gegensatz dich den Mantel anziehen. Wenn du etwas nicht magst, drängt dich der Gegensatz, neue Blinkwinkel auszuprobieren, deine Einstellung zu verändern, die Schwingung anzuheben und letzten Endes inspiriert zu handeln.

Nimm Widersprüche nicht einfach nur in Kauf, sondern anerkenne ihre Existenz und gewöhne dir an, in dem Moment, wo du sie wahrnimmst, sofort *nach dem verborgenen Schatz zu suchen*. Einige meiner größten Durchbrüche wurden aus Widersprüchen geboren. Einmal stand ein Retreat kurz bevor, und es gab erst wenige Anmeldungen, weil ich zu sehr mit meinem Umzug beschäftigt gewesen war, um die Werbetrommel zu rühren. Dieser Widerspruch brachte mich auf eine Idee, auf die ich sonst nie gekommen wäre – und die sollte meine Retreats für immer verändern. Ich verschickte einen Rundbrief, in dem früheren Re-

246

treat-Teilnehmern eine ermäßigte Gebühr offeriert wurde, wenn sie wieder teilnahmen, und viele nahmen das Angebot an. Die lichtvolle Anwesenheit dieser Wiederholer trug enorm viel bei und machte es mir so viel leichter, dass ich nie wieder ein Retreat ohne sie machen wollte. So wurde die reduzierte Teilnahmegebühr zum Standard für Retreat-Wiederholer.

Sei bereit, dich in den Kontrast zu verlieben, denn er kann dir zu neuen, wunderbaren Durchbrüchen verhelfen. Durch perfektionistische Erwartungen, nie wieder eine schwierige Situation oder ein miserables Gefühl erleben zu wollen, sind Enttäuschungen geradezu vorprogrammiert. Solange du Mensch bist, wird es Kontraste, Gegensätze und Widersprüche geben, und du wirst immer einige Dinge weniger mögen als andere. Schwärme von deinen freudigen Erfahrungen und segensreichen Geschenken, aber bedanke dich auch für die Gegensätze.

Während du dich weiterentwickelst und es dir zur Gewohnheit machst, dich gut zu fühlen, wird dir schon das kleinste Abrutschen in den Kontrast *viel schärfer bewusst* werden. Lass nicht deine fehlersuchende Verstandesrakete darüber urteilen, dass du zurückrutschst, denn das tust du nicht – es ist nur der Gegensatz.

Mach das Meiste aus dem Besten
und das Wenigste aus dem Schlimmsten,
denn du erschaffst mehr von dem,
worauf du dich fokussierst.

Nehmen wir an, zehn ist die höchstmögliche Schwingungshöhe, und deine alte Schwingungshöhe lag im Durchschnitt bei fünf, daran warst du gewöhnt. Sobald du die meiste Zeit höher fliegst und dich an einen Durchschnitt von sieben gewöhnt hast, fühlt sich im Kontrast dazu der alte Bereich von fünf so schlimm an wie früher eine Drei. Die Fünf ist jetzt dein »neues Tief«, während es vorher dein »Hoch« war. Durch den Kontrast ist alles relativ.

Eine brillante, strahlende Klientin erstaunte mich, als sie jeden Bereich ihres Lebens mindestens mit einer Neun auf dieser Skala von eins bis zehn bewertete, nur ihre Beziehung zu ihrem Vorgesetzten mit einer Acht. Die meisten sind über eine Acht hocherfreut, doch weil sie an die Neunen gewöhnt war, fühlte sich die Acht wirklich niedrig an! Eine Acht würde sich auch für dich schlecht anfühlen, wenn du dich an Neunen und Zehnen gewöhnt hättest. Lass dir von deinem Verstand nicht einreden, dass der Kontrast nicht okay sei. Bleib offen für diese wertvolle Information. Die Frau hob ihre Schwingung in Bezug auf den Vorgesetzten auf Neun an und eröffnete sich damit neue Karrieremöglichkeiten.

Zusammenfassung

Gegensätze sind ein wertvoller, wesentlicher Ansporn für die Weiterentwicklung, darum solltest du jeden Kontrast begrüßen und dich bereit machen für das Gute, das daraus erwachsen kann.

Goldfische. Gemälde von Lola Jones.

Sechstes Divine Opening

Dieses Kunstwerk aktiviert eine spezielle Energie/Licht/Intelligenz. Spontane körperliche Heilungen sind von vielen Menschen berichtet worden, die dieses Bild betrachtet haben. Es ist eines meiner persönlichen Lieblingsbilder; die Originale hängen alle in meinem Haus. Setze dich still hin und lass das Bild zwei Minuten lang auf dich wirken. Dann schließe die Augen, lege dich hin und genieße es fünfzehn Minuten oder länger.

Liebesbeziehungen

So viel magische Verwandlung geschieht in Liebesbeziehungen. Ich empfehle dir sehr, ihre Entfaltung mit Verwunderung und Staunen wahrzunehmen. Es ist großartig, wie anders sich die Liebe anfühlt, wenn du selbst frei, erfüllt und ins Leben verliebt bist. Das Einssein mit deinem großen Selbst gibt dir Geborgenheit und Stabilität, unabhängig davon, wie es um dein Liebesleben bestellt ist und ob dich jemand liebt oder nicht. Erst dann kannst du wirklich Liebe für einen anderen Menschen empfinden, statt einer Illusion oder einem Bedürfnis nachzuhängen. Jede Beziehung wird für dich zu einer völlig neuen Erfahrung, wenn dein Verhältnis zu dir selbst stark und unterstützend geworden ist – wenn es keine Leere zu füllen, kein Defizit abzudecken gibt und keinen Mangel, dem du entfliehen willst. Das schwarze Loch der Bedürftigkeit zieht noch mehr Mangel an Liebe an. Das schmerzhaft sehnsüchtige Gefühl, das viele Menschen mit Liebe verbinden, ist in Wahrheit das Gefühl der Abwesenheit von Liebe oder die nagende Angst, sie zu verlieren. Wenn du selbst erfüllt bist, wirst du mehr Liebe anziehen, echte Liebe. Eine traute Zweisamkeit, die im alten Paradigma überzogen und abhängig erscheinen mag, wird im neuen Paradigma zum normalen, gesunden Zusammensein zwischen zwei Menschen, die zusammenkamen, weil sie wissen, wer sie sind.

Die sexuelle Begegnung wird wundervoll, wenn du spürst, was dein Partner spürt, und es dich total beglückt, wenn du seine Haut streichelst und deine Lust dabei noch intensiver genießt. Tiefe Verbundenheit im Sex geht weit über das körperliche Empfinden und die Reibung hinaus, sogar weit über die emotionale Liebe. Wenn die Liebesenergie im intimen Kreislauf zirkuliert, steigert sich die Lust zu fantastischer Wonne und lässt uns das exquisite Einssein erleben. Wenn das Gefühl von Getrenntheit zwischen zwei Menschen abnimmt und sie erkennen, dass sie füreinander die männliche/weibliche Ergänzung darstellen (zumindest bei heterosexuellen Paaren), wird ihre Intimität zu einer köstlichen, süßen Nahrung. Dein Partner wird zum faszinierenden Spiegel von dir. Sich sexuell zu lieben kann eine Tür zum höheren Bewusstsein öffnen, sofern es mit Liebe und achtsamer Präsenz geschieht und nicht mehr den gesellschaftlich geprägten Mustern folgt. Genauso wenig, wie es eine obere Grenze für die menschliche Evolution gibt, besteht auch keine obere Grenze für Liebe und Intimität.

Für den anderen wirklich da zu sein fällt leicht, wenn du ihn als eins mit dir erkannt hast, als einen Ausdruck des Göttlichen. Streit und Konflikte werden weniger, wenn die Kommunikation bewusst, unmittelbar und freundlich ist. Wenn du weißt, dass der andere »du selbst« ist, kannst du ihm nicht wehtun, ohne selbst Schmerz zu erleben – so wie du ihm keinen Genuss bereiten kannst, ohne ihn selbst zu erleben. Beziehungsprobleme lösen sich rasch auf, wenn du mit deinen Emotionen präsent sein kannst, sobald sie auftauchen und euch beide durchströmen – wenn du Gefühle zulassen kannst, ohne von den Geschichten weggefegt zu werden. Wenn du den anderen genau so annehmen kannst, wie er ist, hört das Leiden auf. Und wenn dein Geliebter, deine Geliebte dein echtes, selbst kreiertes Glücksgefühl spürt, ist er/sie davon entlastet, dich glücklich machen zu müssen. Was für eine Erleichterung! Dann könnt ihr spielen wie die Kinder.

Allerdings habe ich nie darauf bestanden, dass eine Liebesbeziehung ewig halten müsse. Nach zwei wunderbaren Jahren mit einem Geliebten zog es uns auf einmal in verschiedene Richtungen. Unsere frühere romantische Schwingungsübereinstimmung war nicht mehr da. Ich hatte das tiefe Bedürfnis, mehr mit mir allein zu sein. Im Grunde bin ich eine freiheitsliebende Seele, und so empfand ich die Dichte des Zusammenseins, die mein Partner brauchte, als erdrückend. Eine Zeit lang waren wir als Freunde noch gemeinsam kreativ, bis er aufhören musste, mich zu sehen, um neue Wege gehen zu können. Jede Beziehung, die ich hatte, war wunderbarer als die davor.

Für mich geht es bei Beziehungen mehr um die spirituelle und persönliche Entwicklung als darum, den »richtigen Mann fürs Leben« zu finden. Ich habe in diesem Körper so viele verschiedene Leben durchlebt – ich kann mir niemanden vorstellen, der mit all diesen Inkarnationen von mir hätte zurechtkommen können. Es macht die meisten ganz wirr im Kopf.

Während ich gerade dieses Buch nach mehr als zehn Jahren überarbeite, erinnere ich mich nur blass an das alte Ich, das es damals niederschrieb; mein Leben hat sich seither immer wieder erweitert. Ich erlebe ständig neue Realitäten und kreiere laufend neue Lehren, Bücher und Kurse. Ich liebe alle meine früheren Lieben und früheren Selbste, die damals genau richtig für mich waren. Echte Liebe endet nicht, wenn sich die Beziehung verändert. Selbst wenn du mit jemandem lebenslang zusammen sein möchtest, lass deine Liebe leicht und spielerisch sein, damit sie sich ganz natürlich entfalten kann. Lass es so sein, wie es ist. Wenn es fürs Leben sein soll, wird es geschehen. Du könntest es unmöglich aufhalten.

Ich hatte tatsächlich das Gefühl, dass es einmal jemanden geben würde, der ebenso hoch fliegen konnte und wollte wie ich und der sich über längere Zeit mit mir gemeinsam auf derselben hohen Wellenlänge weiterentwickeln würde. Ich pflegte zu witzeln, dass ich zwar nie jemandem versprochen habe: »Bis dass der Tod uns scheidet«, dies aber eines Tages doch erleben werde, weil wir so alt sein werden, dass einer von uns den Planeten verlassen muss!

Ich genoss mein Leben und kostete glücklich die Wartezeit aus, bis »er« zu mir kam: ein bereits erwachter, machtvoller Schöpfer, mir ebenbürtig, der mich in Erstaunen versetzte mit seinem Wissen und seiner Weisheit – wie er seinen eigenen Körper fühlen und heilen kann, wie er mich fühlt, mich liest, mich öffnet, mich erfreut auf eine Art und Weise, die ich mir nie hätte vorstellen können. Er sagt: »Was mich am glücklichsten macht, ist, dich glücklich zu sehen« – und was er sagt, das lebt er auch. Wir leben bewusst, absichtsvoll, kreativ und spielerisch – aber keineswegs perfekt! Neben Meditation ist tantrischer Sex ein höchst erquicklicher Teil unseres spirituellen Weges, auf dem wir uns täglich weiter öffnen und ausdehnen für die Seligkeit, das Einssein mit dem Partner und der göttlichen Präsenz. Wenn du dir eine solche Art von Verbundenheit mit einem derzeitigen oder zukünftigen Partner wünschst, geht es über den Rahmen dieses Buches hinaus, aber du könntest an dem Tantra-Onlinekurs »Die Kunst der Liebe und der Sexualität« Freude und Interesse haben (siehe Website www.DivineOpenings.de).

Bedingungslose Liebe: eine praktische Definition

Schon vor *Divine Openings* konnte ich nie verstehen, wie Menschen nach einer Scheidung, Trennung oder einem Streit »aufhören« konnten, den anderen zu lieben. Wenn wir aufhören, jemanden zu lieben, verschließen wir unsere Liebeskanäle, schneiden uns vom Fluss unserer eigenen Lebenskraft ab. Es distanziert uns buchstäblich von unserem bedingungslos liebenden großen Selbst.

Bedingte Liebe sagt: »Du musst in einer bestimmten Art und Weise sein, um meine Liebe zu bekommen.« Bedingungslose Liebe sagt: »Ich bin glücklich, egal wie du bist.« Du hast vielleicht gedacht, ich würde jetzt sagen: »Ich werde dich lieben, egal wie du bist.« Nein, du musst nicht mögen, was der andere tut, aber wenn du glücklich bist und dein großes Selbst lebst, liebst du einfach, weil dein großes Selbst Liebe ist! Wahre Liebe verschwindet nicht, wenn der geliebte Mensch dich verlässt oder sich verändert. Wenn sie verschwindet, dann war es keine wirkliche Liebe – es war eine Sucht oder ein Füllstoff für deine Leere, Besessenheit, Zeitvertreib oder Unterhaltung. Wahre Liebe bleibt, selbst wenn du beschließt, nicht mit diesem Menschen zusammenleben zu wollen, oder wenn er beschließt, nicht mit dir zu leben.

Es wird leichter, sobald die *Divine Openings* eine Zeit lang an dir gearbeitet haben. Die göttliche Gnade ermöglicht es uns, innerhalb von Minuten etwas zu erledigen, womit wir jahrelang gekämpft haben. Die Gnade, dieses Geschenk, das du dir nicht verdienen musst, kann Dinge für dich tun, die du für dich selbst nicht tun konntest.

Aber bis du zu deinem göttlichen Selbst geworden bist, richte deine Aufmerksamkeit beständig immer wieder auf das Gute in deinem Partner. Das, worauf du deine Aufmerksamkeit richtest, wird stärker. Wenn du deinen Fokus auf das richtest, was du an ihm wertschätzt, wird es mehr werden. Wenn du den Fokus auf das richtest, was du an ihm nicht magst, wirst du mehr davon bekommen. Triff eine kluge Wahl. Wenn du merkst, dass du dich mit den Fehlern des anderen beschäftigst, nimm dir jeden Tag ein wenig Zeit, um dich an seine positiven Seiten zu erinnern. Weißt du noch, wie sehr du diesen Menschen bewundert hast, als du ihn zum ersten Mal getroffen hast? Es ist derselbe Mensch, nur deine Wahrnehmung hat sich verändert. Unser Verstand, diese fehlersuchende Rakete, freut sich immer, wenn er etwas findet, das er bekritteln kann. Dein großes Selbst hingegen sieht nur das, was richtig ist und was an Gutem dabei herauskommen wird.

**Der Verstand ist eine fehlersuchende Rakete.
Du musst nicht immer auf ihn hören!**

Ein älterer Mann, der seit einer Weile *Divine Openings* bekam, stellte hocherfreut fest, dass seine dreißigjährige Beziehung zu seiner Frau nach vielen Jahren der Stagnation zu neuem Glück aufblühte. Ihm war plötzlich klar geworden, dass er ihr gegenüber passiv aggressiv gewesen war, obwohl er sich freundlich und kooperativ gab. Diese alte Gewohnheit schmolz dahin, und er fühlte wieder reine Liebe für seine Frau. Sobald die Negativität, die du nicht bist, ihre Schwingung anhebt, bleibt nur die Liebe.

Es ist möglich, dass dein Partner/deine Partnerin und du neue Flitterwochen erlebt. Oder aber, dass eure Schwingungen nicht mehr im Einklang sind und ihr euch auf verschiedenen Wegen weiterentwickeln wollt. Oder dass der eine bei seiner Schwingung verharren will, während der andere sich weiterentfalten möchte. In so einem Fall könnt ihr in Liebe auseinandergehen, ohne euch gegenseitig die Schuld dafür zu geben.

Halte deine Liebeskanäle offen, wenn ihr euch trennt. Wenn du irgendetwas von deiner Liebe ausschließt, ist dein eigener Fluss blockiert, nicht der des anderen. Fühle es und nimm es an. Auch wenn es wehtut: Bleib offen. Die Energie wird sich weiterbewegen, und der Schmerz geht vorüber, und wenn du deine Kanäle offen und durchlässig hältst, bist du frei.

Da es kein Empfinden von Mangel gibt, solange du im Fluss bist, können Beziehungen aller Art in deinem Leben kommen und gehen, und du wirst nicht mehr als einen vorübergehenden Verlust spüren, weil du weißt, dass die Liebe, die du brauchst, immer für dich da sein wird, innen wie außen.

Liebe hört nie auf.

Lege alles dem Göttlichen zu Füßen

Da ich mir nie etwas aus Ritualen gemacht hatte, habe ich in Indien zunächst die alten Hindurituale gerade so toleriert. Manche waren einfach, andere dauerten Stunden und waren für mein Empfinden unnötig kompliziert. Zwar konnte ich die Schönheit und Kraft spüren, die über Jahrtausende von vielen Generationen von Meistern als Vermächtnis in diesen Ritualen hinterlassen wurden, und ich wusste insbesondere die Zeit und leidenschaftliche Energie zu schätzen, mit der die Mönche ihre Feuerzeremonien in der drückenden Hitze für uns durchführten. Dennoch wollte ich das alles in Indien zurücklassen und eine schlichte, direkte Verbindung zu Gott ohne Rituale haben, wenn ich wieder daheim war. Irgendwie fühlt es sich für mich so an, als würde man bei allem, was zu kompliziert ist, Kraft daran abgeben. In meinem Herzen wusste ich, dass meine Beziehung zu meiner inneren Quelle niemals schwierig und kompliziert sein musste. Sie ist schlicht und in jedem Augenblick einfach vorhanden, ohne dass spezielle Rituale oder Requisiten dafür nötig wären.

Eines der Rituale berührte mich allerdings sehr tief und ist mir erhalten geblieben. Unser Tag begann jeden Morgen damit, dass einer der Mönche einen Gesang anstimmte, mit einer sich emporschwingenden, geradezu überirdischen Stimme, während das Arati durchgeführt wurde, eine Lichterzeremonie, bei der eine angezündete Öllampe hingebungsvoll vor dem Altar geschwenkt wurde. Es war aber nicht das Arati selbst, das mich so tief berührte, sondern die abschließende Niederwerfung. Dabei legten wir uns mit dem Gesicht nach unten komplett ausgestreckt auf die Strohmatten, die Stirn flach auf dem Boden und die Hände mit aneinandergelegten Handflächen in Richtung Altar ausgestreckt. (Eine genauere Beschreibung dieses Rituals folgt.)

Weil ich nicht gewillt war, mich vor einem Altar in Hingabe an den Guru niederzuwerfen, wie man es uns nahelegte, richtete ich meine ganze Hingabe direkt an das Göttliche in meinem Innern. Die Niederwerfung wurde für mich zum Symbol des Loslassens und der Hingabe an den Fluss des Lebens, meiner Wiederverschmelzung mit der Quelle. Es war eine machtvolle

Art, Widerstände aufzulösen. Während der einundzwanzig Tage machten wir insgesamt vielleicht dreißig Niederwerfungen, und jedes Mal wurde mein Körper von immer tieferem Seufzen ergriffen, sobald meine Stirn den Boden berührte. Manchmal spürte ich eine alte Last, eine unbenennbare Schwere abgehen, während ich unter Tränen der Erleichterung flüsterte: »Danke, dass es nicht mehr meine Aufgabe ist, das zu verstehen!« und: »Gott sei Dank brauche ich dieses schwere Gewicht nicht mehr zu schleppen, egal was es war.«

Du darfst nun alle Schwere ablegen.

Jedes Mal, wenn meine Stirn auf dem Boden zu ruhen kam, war es wie ein Signal für den ganzen Körper, sich so komplett zu entspannen, wie ich es noch nie zuvor erlebt hatte. Alle Spannungen, Belastungen, Ängste und Beschränkungen, die ich weiß Gott wie lange in mir herumgetragen hatte, schmolzen einfach dahin – ohne Mühe, ohne Begreifen, ohne Verarbeiten. Schließlich musste ich wohl so ziemlich alles abgelegt haben, denn mein Körper entspannte sich in einem erstaunlichen Ausmaß. Dieses Lösen von Widerständen zeigte sich auf vielfache Weise, und besonders spürbar war, wie frei und beweglich meine Hüften wurden, sodass sie sich beim Gehen wiegten, als wäre ich knochenlos. Mein Hüftgelenk hat sich nie wieder ausgerenkt. Allein zu spüren, wie mein Körper den langen Schotterweg vom Schlafsaal zur Meditationshalle dahinglitt, war die reinste Wonne. Eine Bodyworkerin fragte mich nach dem Ende des Programms, wie ich nur so locker werden konnte; sie habe noch nie jemanden so frei in den Hüften gehen sehen, nicht einmal nach intensiver Körperarbeit. Sie wollte mein Geheimnis wissen. Ich sagte es ihr: »Das Lösen von Widerständen! Loslassen.« Leider hatten viele von den anderen Teilnehmern kaum eine Ahnung davon, wie sie die Kontrolle loslassen und ihre Widerstände im Denken und Fühlen hätten entspannen können.

Anschließend wurde mir am Strand von Mahabalipuram erneut gezeigt, wie entspannt und lebendig mein Körper geworden war. Ein Masseur mit sehr gutem Ruf bot mir für zehn US-Dollar eine Massage an. Ich schaute ihn verständnislos an, denn allein der Gedanke, ich hätte Entspannung nötig, ergab für mich keinen Sinn. Mit einem breiten, strahlenden Lächeln warf ich den Kopf zurück. Ich konnte nicht nachvollziehen, weshalb ich mir eine Massage geben lassen sollte. Stattdessen schlenderte ich selig den Strand entlang, immer noch lächelnd bei dem Gedanken und staunend über das wonnige Gefühl in meinem Körper. Selbst nach zweiunddreißigstündiger Heimreise war ich weder müde noch steif oder im Jetlag. Mein Körper ist jetzt die meiste Zeit immer noch genauso entspannt. Ist er das nicht, dann lege ich mich ausgestreckt auf den Boden und atme die Spannung und den Widerstand aus! Wenn ich Übungen wie das Niederwerfen in meinen Retreats anleite, wird durch die Gruppenenergie deren machtvolle Wirkung noch intensiviert.

Dr. Hans Selye, allgemein bekannt als der Vater des heutigen Stressmanagements, führte in den 1950er-Jahren vor, dass das Gehirn des normalen Durchschnittsmenschen ständig in einem chronischen Zustand von Überlebensstress arbeitet, der in einer lebensbedrohlichen Situation völlig angebracht wäre, wenn man zum Beispiel mit einem Löwen kämpft oder vor einem Bären flüchtet. Wir haben uns so daran gewöhnt, dass wir nicht einmal merken, wie gestresst wir sind. Man hält es für normal. Erst seit ich die Niederwerfung kenne, weiß ich, wie sich ein wirklich entspannter Körper anfühlt – und das wurde mein neuer Normalzustand. Bis heute halte ich meinen Stresspegel viel, viel niedriger. Wenn ich bei der Computerarbeit verspannte Schultern bekomme, löse ich die Spannung: durch meine Absicht, ein

Bad oder eine Dehnungspause. Und wenn ich doch einmal Hilfe brauche, nehme ich eine Bodywork-Sitzung. Da wir evolutionäre Fortschritte an andere weitergeben können, übernehmen meine Schüler das recht schnell. Viele Teilnehmer »verlieren« beim Retreat ihren gewohnten Dauerzustand von Stress und Nervosität, ohne dass wir direkt daran arbeiten.

Das Lösen von Verspannungen war die erste von vielen zunehmend angenehmen Erkenntnissen darüber, wie körperlich das Phänomen der Erleuchtung ist. Je mehr sie sich entfaltet, umso mehr erfahre ich sie als Ganzkörperphänomen. Weder transzendiert sie den Körper, noch erhebt sie sich über den Körper oder überwindet ihn; sie bewohnt den Körper vollständig, erlebt ihn voll und ganz in einer Weise, die über alle sinnlichen Erfahrungen hinausgeht, die ich je hatte. Sie lässt dich in alltäglichen Augenblicken geradezu orgasmische Ekstase erleben, tiefe Wonne bei einfachen Erfahrungen, grundloses Lachen oder strömende Tränen aus tiefster Seligkeit, ohne dass ein Anlass dafür besteht. Alles Körperliche wird erhellt, und gleichzeitig bewirkt sie eine stärkere Erdung. Ich freue mich darauf, von dir zu hören, wie du es erlebst.

Niederwerfung vor der Präsenz

Hier folgt eine detaillierte Anleitung des Niederwerfens, mit dem du kraftvoll und eindeutig etwas an die Präsenz abgeben kannst. Du kannst aber auch aus reiner Freude diese Erfahrung genießen und dich in den Armen des Göttlichen zutiefst entspannen. Ich werfe mich nicht aus einer frommen, demütigen Haltung nieder. Auch »Bitte rette mich!« oder »Ich bin es nicht wert!« sind Haltungen, die eine sehr niedrige Schwingung haben. Wenn ich mich niederwerfe, dann mit der klaren Absicht;

mein kleines Selbst vollkommen an das große Selbst hinzugeben, an mehr Leichtigkeit im Leben. Aber vor allem tue ich es, weil es sich so gut anfühlt!

Die Niederwerfung kann auch als eine Form von körperlichem »Eintauchen« gesehen werden. Wenn dein Verstand noch sehr aktiv ist, leere dich zuerst an dein großes Selbst aus. Stelle fest, was du brauchst, und dann lass die Geschichte fallen und fühle deinen Körper. Die Präsenz weiß bereits, was du willst – das Niederwerfen ist ein klarer, ganzkörperlicher Ausdruck dafür, dass du bereit bist, loszulassen und Gott die Schwerarbeit zu überlassen!

Leg all die großen Dinge nieder, die schwierigen Dinge, wie das Auflösen von Verletzungen und das Öffnen deiner Liebeskanäle in Beziehungen. Drücke die Absicht aus, dass du bereit bist, das Rechthaben, dein hartes Arbeiten und den Anspruch, alles selbst tun zu müssen, loszulassen. Wirf dich nieder, um Weisheit zu erlangen, Widerstände aufzugeben, Befreiung vom Leiden zu erlangen, eine Herausforderung zu meistern oder etwas Neues zu erschaffen – was auch immer du willst. Dieses Ritual hilft dir, dich vom archaischen Denken abzukoppeln und zu einer strahlenden Kraft für die Erleuchtung des Planeten zu werden.

Rituale haben nichts mit Magie zu tun, doch ein solches Ritual wie die Niederwerfung kann dir helfen, in kraftvoller Weise deine Energie zu fokussieren. Gib aber dem Ritual selbst nicht deine Power. Niederwerfungen sind ein Werkzeug, um Körper und Geist das Loslassen zu erleichtern. Du kannst das Niederwerfungsritual in jeder beliebigen Weise für dich abwandeln.

Die Niederwerfung

- Schreibe auf oder sprich von dem, was du loslassen möchtest; leg eine Hand auf dein Herz oder falte die Hände wie zum Gebet – so wie es sich für dich am stimmigsten anfühlt.

- Setze dich still hin – lass dich total auf das Spüren deiner Gefühle ein; werde ganz weich damit und lass die Gefühle da sein, aber ohne eine Geschichte.
- Leg dich bäuchlings auf den Boden oder auf dein Bett, mit voll ausgestrecktem Körper, leg die Stirn auf ein hartes Kissen oder ein zusammengerolltes Handtuch. Streck die Arme mit gefalteten Händen wie in Bethaltung über deinem Kopf aus. Du kannst dabei auch auf der Seite liegen oder knien, wenn dir das angenehmer ist.
- Leg alles nieder. Lass los. Hör auf zu denken und versuche nicht mehr, irgendetwas zu lösen; spüre deinen Körper.
- Atme tief und lass ein tiefes, genussvolles Seufzen zu.
- Mach beim Ausatmen ein zischendes Geräusch und lass dabei alles los, mit der Absicht, der göttlichen Präsenz alles zu übergeben. Fühle die Erleichterung, wenn dein Körper am Schluss mit einem tiefen Seufzer loslässt.
- Bitte darum, vom Gefühl und dem Wissen um deine göttliche Präsenz erfüllt zu werden.

**Leg alles nieder,
was für dich zu groß ist.**

Krankheit und Gesundheit

Während des einundzwanzigtägigen Schweigens erlebten rund 80 Prozent der Teilnehmer die Auflösung ihrer alten Muster, Kindheitskonditionierungen und Blockaden als körperliche Krankheit, aber nicht durch das unmittelbare, vollständige Erleben ihrer Gefühle. Ich wurde nicht krank, denn ich wurde geführt, sämtliche Gefühle anzunehmen und alles emotional in Bewegung zu bringen. Diejenigen, die Angst vor ihren »negativen«

Gefühlen hatten und ihnen auswichen bzw. sie wegdrückten, weil sie dachten, es mache sie weniger »spirituell«, probierten es mit der spirituellen Abkürzung (»Bypass«), indem sie ihre negativen Gefühle lediglich mental zu überfliegen suchten. Das funktioniert aber nicht.

Als ich wieder zu Hause angekommen war, hatte einer meiner Schüler mehrere Unfälle, da er sich gegen seine Gefühle sträubte und um keinen Preis akzeptieren wollte, dass alles seine eigene Kreation war. In seinem Fall machte der Kontrast deutlich, wie er Entscheidungen traf, mit denen er sich selbst schadete. Körperliche Manifestationen sind der härtere Weg, den niederen Energien auf die Spur zu kommen, die wir ständig ausstrahlen. Unfälle werden oft von Menschen angezogen, die glauben, das Leben sei beliebig und rein zufällig.

Durch die *Divine Openings* kommt eine große Masse niedriger Energien nach oben und in Bewegung. Es finden schnelle, massenhafte Verlagerungen statt, im Unterschied zu dem schier endlosen, häppchenweise über lange Zeit ablaufenden Prozess des alten Paradigmas. Bei manchen kommt alles ohne großes Trara in Bewegung, ohne Widerstand, mit völliger Leichtigkeit. Falls bei dir »die Hölle ausbricht«, wenn du mit *Divine Openings* beginnst, ist es ein Zeichen, dass es längst überfällig war. Was hätte passieren können, wenn du noch länger gewartet hättest? Die gute Nachricht ist, dass es schnell vorübergeht, wenn du das, was geschieht, nicht ablehnst oder dagegen arbeitest. Manche bringen diese Energien mit emotionaler Entladung in Gang, andere mit körperlichen Ausscheidungen oder Krankheit und einige einfach dadurch, dass sie es im Spiegel ihres Lebens betrachten.

Wenn die Dinge in Bewegung kommen, ist es immer ein gutes Zeichen. Je höher du auf der Gefühlsskala aufsteigst, umso größer wird die Notwendigkeit, alles Dichte abzuwerfen, das nicht mehr zu dir passt. Wenn die verdichteten Energien zu höheren

Frequenzen aufsteigen, kann dies mühelos ablaufen, es kann aber auch mit Unbehagen, niedrigen Emotionen oder Müdigkeit einhergehen. Manche mögen es, wenn intensive körperliche Symptome auftreten, weil sie ein sicheres Zeichen brauchen, dass alles wirksam in Bewegung kommt.

Es ist verständlich, dass wir uns schnell Sorgen um unseren Körper machen, und Diagnosen einer körperlichen Krankheit sind oft am schwersten mit Entspanntheit zu akzeptieren. Wenn ein Arzt dir sagt, du hättest eine bestimmte Krankheit, und er zeigt dir eine Grafik als Nachweis für seine Diagnose, dann benötigst du deine klar fokussierte Aufmerksamkeit, um diese Mitteilung »aus berufener Quelle« an dir vorbeirauschen zu lassen und das von dir angestrebte Bild deiner Gesundheit so lange aufrechtzuerhalten, bis deine Vision die temporäre Realität der Krankheit überlagert hat. Du solltest überhaupt aufhören, einer unerwünschten Realität so viel Respekt zu zollen – alles ist vorübergehend, es sei denn, du hältst diese Realität selbst aufrecht.

Ich verwende ungern die Namen von Krankheiten, weil es ihnen mehr Realität verleiht. Gedanken, Emotionen, Materie, Geist – das alles sind nur Schwingungen unterschiedlicher Dichte. *Divine Openings* vermögen Krankheit auf einem hohen Schwingungsniveau zu unterbrechen und den Körper dabei zu unterstützen, dass er leichter wieder selbst zur Balance zurückfindet.

Die meisten von uns denken, wir würden die Realität nur beobachten. Die Realität beobachten heißt aber, sie zu erschaffen. Wenn wir beobachten, was ist, übernehmen wir die Schwingung von dem, was ist, und erschaffen dadurch mehr von dem, was ist. Dann beobachten wir das, was ist, schwingen mit dem, was ist, und erschaffen so noch mehr von dem, was schon ist. Jegliche Realität existiert nur, weil du sie in ihrer Essenz lange genug als Frequenz ausgesendet hast. Wenn jemand zum Beispiel lange genug in den Frequenzen von Unsicherheit, Sorge, Stress oder Ärger schwingt, wird es sich irgendwann als Krankheit manifestieren. Beständig im Fluss zu sein und sich wohlzufühlen hält dich gesund und gleicht gesundheitliche Probleme aus. Die Hauptursache von Unwohlsein und Krankheit ist ein mangelnder Energiefluss.

Akzeptiere als Erstes, wo du bist, und entspanne dich damit. Hör auf zu beobachten bzw. zu erschaffen, was ist, und wende deine machtvolle Aufmerksamkeit dem zu, was du möchtest. Damit beginnst du, das an dich heranzulassen, was du dir wünschst. Während du beobachtest, wie die Situation sich bessert, lädst du die weitere Verbesserung ein. Fühle das Wesen der Grundschwingung, bleib offen und nimm die Hilfe der Gnade an. Folge immer zuallererst deiner eigenen Führung, aber hole dir zusätzlich alle medizinische Hilfe, die du brauchst. Das Leben bietet unbegrenzte Möglichkeiten, und auch die moderne Medizin kann Wunder vollbringen.

Wenn du es mit einer körperlichen Krankheit oder Schmerzen zu tun hast und dir keine Erleichterung verschaffen kannst, lass dich auf keinen Fall lange leiden oder in einer aussichtslosen Lage verharren. Der Heilung und Lösung gesundheitlicher Probleme sind keine Grenzen gesetzt. Absolut keine. Hinweise auf zusätzliche Hilfestellungen findest du im Schlussteil des Buches.

Wer sind wir?

Du bist nicht irgendein unbedeutendes, zweitrangiges Wesen, das hier ist, um sich den Weg zu irgendeiner Belohnung zu verdienen. Du bist nicht hier, um dir deinen Wert erst zu verdienen. Du bist großartig – des Göttlichen feinste Schöpfung, ein Pionier für die höchste menschliche Entfaltung in der physischen Dimension. Diese wunderbare Welt der Geschmäcker, Gerüche, des Lichts, des Klangs und der Berührung will von deinen Lippen geschmeckt, mit deiner Nase gerochen und mit deinen Augen gesehen werden. Das Leben erfreut sich daran, durch uns gelebt zu werden. Und wir können wählen, ob wir es genießen oder nicht! In den Bereichen des Nichtphysischen herrscht großer Jubel, wenn wir es tun.

Seit Millionen von Jahren hat das Leben uns als Spezies vorangebracht, hat unseren Verstand und unseren Körper weiterentwickelt und darauf vorbereitet, mehr und mehr von der göttlichen Präsenz zu verkörpern. Doch die neuen Energien, die jetzt auf diesen Planeten kommen, katalysieren Quantensprünge für uns – durch reine Gnade, während wir uns auf das vollständige Herabkommen des Geistes in die Materie vorbereiten (oder des Aufstiegs der Materie ins Licht, wie man es auch sehen könnte). Du kannst dieses Erwachen nennen, wie du willst; mit dem Kopf lässt sich das Mysterium ohnehin nicht erklären, aber wir können es problemlos genießen.

Die Gnade, für die *Divine Openings* dich öffnen, bereitet das Gehirn zunehmend darauf vor, höhere Seinszustände zu halten und die Realität unmittelbar zu erleben, damit wir in dem Bewusstsein auf dieser Erde leben können, Aspekte des Göttlichen zu sein. Unsere physischen Körper entwickeln sich gerade in einer Weise, dass wir dies über längere Zeit voll und ganz werden verkörpern können.

Die Essenz des Lebens bleibt in ihrem unermesslich großen, formlosen, multidimensionalen, zeitlosen, körperlosen Zustand immer bestehen. Sie gießt jedoch Aspekte von sich in vielfältige physische Formen, uns Menschen eingeschlossen. Unsere Körper und die physischen Dinge, die wir erschaffen, sind flüchtige Manifestationen, doch unsere Essenz setzt sich durch alles hindurch immer fort und entfaltet weiter ihre Intelligenz und Weisheit, auch vorwärts und rückwärts in der Zeit.

Für ein ewiges, unsterbliches Wesen gibt es kein Risiko, weil es keinen Tod gibt; es gibt nur Leben und noch mehr Leben. Es war eine große Befreiung, als eine Nahtoderfahrung mir zeigte, dass ich wirklich keine Angst mehr vor dem Sterben hatte! Ich überlegte sogar hin und her: »Gehen? Oder bleiben?«, ohne das eine oder das andere zu bevorzugen. Nun bin ich immer in der Lage, das ruhige, stete, unerschütterliche Zentrum in mir zu finden, das niemals wankt, egal was außen passiert. Heute brauche ich mich nur darauf einzustimmen – und auf die Party zu gehen. Du kannst es jederzeit finden, wenn du innehältst und still bist. Reserviere dir jeden Tag etwas Zeit, um dich einzustimmen, ob durch Meditation, Augenblicke der Stille oder Spaziergänge in der Natur.

Es wurde zunehmend klarer, dass es jederzeit im Innern da war, wann immer ich es erleben wollte. Ich hatte das als gedankliches Konzept seit Jahren gewusst, aber nun war es lebendig und real. Es erwarten dich Abenteuer auf dieser Erde und in deinem Innern, und es ist erstaunlich, wie deine Fähigkeiten sich ständig weiterentfalten. Du beginnst gerade erst, Zugang zu finden, und je mehr du es tust, umso mehr entdeckst du deine ungenutzten Gaben und Fähigkeiten.

Auch wenn es aus dem Blickwinkel des kleinen Selbst nicht immer ersichtlich sein mag, sind wir aus der größeren Perspektive den frühen Astronauten vergleichbar, die den Schritt ins Unbekannte wagten, um das unerklärliche Verlangen danach zu stillen, unsere Welt über die vorgegebenen Begrenzungen der alten Ordnung hinaus zu erweitern. Wie das Bodenkontrollzentrum der ersten Raumfahrer agiert unsere universelle Intelligenz als navigierendes Basissystem, das uns jede Unterstützung gibt, die wir brauchen, um alles erfolgreich abzuwickeln. Unsere Aufgabe ist es, unsere Schwingung hoch genug zu halten, um die Mitteilungen akkurat zu empfangen und zu interpretieren. Wir richten sozusagen unsere Satellitenschüssel beständig auf das stete Hauptsignal aus und nicht auf irgendwelche wertlosen, disharmonischen Ablenkungen.

Wir entwickeln uns weg vom Urteilen und von dem Leid, das durch die Vorherrschaft des Denkens verursacht wird. Dazu müssen wir gar nicht wissen, wie es geht. Unser Wunsch sendet einen Impuls aus, das große Selbst bringt die Lösungen hervor und stellt sie als Schwingungssignale bereit, die wir interpretieren – und dann unternehmen wir der Führung entsprechend unsere Schritte.

Es ist letzten Endes unser physisches Selbst, das die physische Welt erweitert, indem es innerhalb der Dualität mit den Gegensätzen von »Erwünscht« und »Unerwünscht«, »Gut« und »Böse« experimentiert, während die Essenz des Lebens zuverlässig, glückselig und nichtdual bleibt. Wenn du eine starke Sehnsucht nach etwas verspürst, das noch nicht manifest ist, dann kannst du wissen, dass es für dich bereits vorhanden ist. Wenn du in Harmonie mit diesem Wunsch schwingst, wirst du die Freude daran schon jetzt erleben, und dann ist es eine Draufgabe, dass sich durch dein konsequentes Aussenden dieser Schwingung das materialisiert, was dem entspricht. Selbst wenn du es zu deinen Lebzeiten nicht mehr erfahren solltest, hast du es dennoch erschaffen und damit zur Evolution dieser und aller anderen Dimensionen beigetragen. Denke an Science-Fiction-Autoren wie Jules Verne, die nicht mehr erlebten, wie ihre Geschichten Realität wurden – sie können es in ihrem nächsten Leben erleben. Deine Sehnsucht ist nie verloren oder verschwendet, sondern wartet in einem anderen Körper, an einem anderen Ort oder zu einer anderen Zeit auf dich. Wozu wir uns als Nächstes entwickeln, ist jenseits aller Vorstellung. Du wirst die ganze Entfaltung deines Lebens ins nächste mitnehmen und sogar noch darüber hinausgehen. Stelle es dir einfach mal vor, nur so zum Spaß …

An der Spitze der universellen Ausdehnung

Der Schöpfer entwarf keinen Plan für die ganze Ewigkeit. Die Schöpfung ist immer neu, immer experimentierfreudig, ständig expandierend. Es gibt keinen kompletten Gesamtplan, der darauf wartet, dass wir ihn durchschauen und richtig verwirklichen. Es gibt keinen Test zu bestehen, keine Sporen zu verdienen, keinen Gewinn zu erzielen. Es gibt nichts zu erreichen, weil es keine Ziellinie gibt, sondern du mit diesem Leben tun darfst, was immer du wählst. Du bist frei.

Das Universum ist eine immerwährende ekstatische Explosion von Schöpferkraft. Sein Durst nach Erfahrungen spiegelt sich in uns wider, in mehr als sieben Milliarden Gesichtern. Wenn du dies liest, gehörst du aller Wahrscheinlichkeit nach nicht zu jenen, die der Norm entsprechen. Du erschaffst dir neue Möglichkeiten. Du hast kein Interesse an der Erhaltung des Status quo. Du verstehst, dass alles einer göttlichen Ordnung entspringt und niemals »verkehrt« oder »falsch« sein kann. Trotzdem willst du stets mehr, und du willst Besseres. Wir sind keine kosmischen Couchpotatoes. Wir gehören zu einer göttlichen Pfadfindergruppe, draußen an der vordersten Linie des nie endenden Schöpfungsvorgangs. Wie allen Entdeckungsreisenden gefällt uns der Gedanke, zu jenen weit entfernten Grenzen vorzudringen, an denen wir neue Pfade bahnen, Risiken wagen und Neues ausprobieren könnten, wo wir gelegentlich scheitern, uns wieder aufrappeln und es von Neuem versuchen.

Du wirst große Dinge tun, ganz leicht, mühelos und locker. Hast du dich je gefragt, warum du manchmal keine klare Führung bekommst, was du tun sollst? Nun, als göttliche Präsenz in einem physischen Körper darfst du dir deine Wegweiser, inspirierten Ideen und Lösungen selbst erfinden. Du darfst dabei viele neue Dinge ausprobieren, und es ist nicht wirklich wichtig, ob sie gelingen oder nicht. Letzten Endes gibt es kein Risiko, weil es kein Ende gibt. Du kannst nicht scheitern, denn es ist nie vorbei. Natürlich möchtest du, dass deine Unternehmungen gelingen. Aber vielleicht hilft es dir, dich auf diese Art zu beruhigen und aufzubauen, um das Ganze leichter zu nehmen und das, was du vorhast, wirklich zu wagen. Was hast du denn zu verlieren? Du wirst geführt – von einer zuverlässigen Bodenstation, die den Gesamtüberblick behält und mit Radar, Navigationsgeräten und wirksamen Hilfsmitteln ausgestattet ist, um dir zu helfen.

In diesen Grenzbereichen gibt es jedoch keine Landkarten, nur historische Belege, doch die interessieren uns sowieso nicht. Wir wollen die Geschichte nicht wiederholen; wir haben viel größere Träume. Nur weil es sicherer ist, ist es nicht zufriedenstellend. Wir werden unsere Forschung am äußersten Rand der Möglichkeiten bis in alle Ewigkeit fortsetzen. Einige von uns werden immer wieder zurückkommen in diese faszinierende und doch unerträglich dichte und langsame physische Umgebung (verglichen mit der Lichtgeschwindigkeit auf nichtphysischer Ebene), in das ungesicherte Leben als Vorreiter und Pioniere.

Es ist ja nicht so, dass der Schöpfer alles fix und fertig, perfekt vollendet hinterlassen hätte, um nun darauf zu warten, dass wir »Unvollkommenen« alles richtig machen, um uns selbst zu erlösen, zu läutern oder brav zu sein, damit wir unseren Lohn dafür empfangen. Wir sind sozusagen der verlängerte physische Arm des Schöpfers, von ihm vergöttert. Wir bringen nun die körperliche und die geistig-spirituelle Dimension stärker miteinander in Einklang, einfach indem wir fröhlich, liebevoll und kreativ sind. Ist es nicht sehr erleichternd, dass dafür keine Anstrengung nötig ist? Der Himmel war schon die ganze Zeit hier auf Erden; es braucht nur erwachte Augen, es zu sehen.

Der Himmel ist schon hier auf Erden.

Was ist Erleuchtung?

Erleuchtung ist keine große Sache. Es ist einfach die Rückkehr in den natürlichen Zustand, für den das Leben dich geschaffen hat. Wir sind dazu bestimmt, glückliche, gesunde, liebevolle, expandierende Wesen zu sein. Wenn du ständig in diesem Zustand lebst, fühlt es sich ganz normal an. Wenn du zum ersten Mal den vollen Strom der Lebenskraft durch dich hindurchfließen spürst, kann es sich zugegebenermaßen anfühlen, als hättest du deinen Zeh in eine Steckdose gesteckt. Sobald du dich daran gewöhnt hast, empfindest du es aber nicht mehr als etwas Besonderes. Es ist dein natürlicher Zustand. Ein prächtiges, gesundes, vitales Rennpferd, das sich in seinem Körper wohlfühlt, ist ein Wunder an Kraft und Geschmeidigkeit, aber nichts Übernatürliches. Es ist natürlich.

Erwartest du etwas Übernatürliches, dann wirst du enttäuscht sein, wenn dein großes Selbst diesen Weg nicht für dich vorgesehen hat. Manchmal ereignet sich die Erleuchtung plötzlich, manchmal entfaltet sie sich im Laufe der Zeit. Manchmal haben Menschen, die gar nicht darum gebeten hatten, übernatürliche Manifestationen. Überlass diese Entscheidung getrost der Präsenz. Bist du fähig, loszulassen und das zu genießen, was an wunderbaren Geschenken zu dir kommt? Wenn ja, dann kommen sie schneller.

Bevor wir uns weiter damit beschäftigen, was Erleuchtung ist, lege ich dir ans Herz, dich im Hinblick auf den Zeitpunkt und die Einzelheiten zu entspannen. Vielleicht wird deine Erleuchtung eine »klassische« sein, vielleicht auch nicht. Jedenfalls wird sie einzigartig sein. Wenn die Erleuchtung aufblüht, beginnst du Dinge zu sehen, zu fühlen und zu erleben, die schon die ganze Zeit da waren, ohne dass du sie hättest sehen oder dich darauf einschwingen können. Die Liebe zu einem entfremdeten Elternteil oder Expartner, deine persönliche Beziehung zum Göttlichen, Sensibilität für die Schönheit in allen Dingen – das alles war schon vorhanden. Durch die Gnade hat sich in dir etwas verändert, sodass du plötzlich Feinheiten wahrnehmen kannst, die dir vorher entgangen waren. Auf wundersame Weise wurde dein analoges Radio gegen ein digitales Radio ausgetauscht, und nun bist du in der Lage, sämtliche Sender zu empfangen, die es schon vorher gab, die über dein altes Radio jedoch nicht erreichbar waren.

Du hast Anschluss an ein reichhaltiges, komplexes weltweites Computernetz, musst aber nicht wissen, wie es funktioniert, um dich an diesem Wunder erfreuen zu können. Du brauchst nicht zu wissen, wie ein Computer funktioniert, was dein Herz schlagen lässt oder wie man das Gemüse anbaut, um dafür dankbar sein und es genießen zu können. Sobald du dein Einssein mit dem Einheitsfeld (des Bewusstseins) wiederentdeckt hast, bist du wieder an die Essenz des Lebens, die alles orchestriert, harmonisch angeschlossen. Wenn du bewusst als dein großes Selbst lebst, wirst du dorthin geführt, wo du sein sollst – durch Synchronizität triffst du wie zufällig genau die passenden Leute für beidseitigen Nutzen und beidseitige Freude. So weißt du, dass du in Wohlergehen eingebettet bist.

Erleuchtet zu werden ist ein Prozess, bei dem *Divine Openings* definitiv einen Geburtsmoment auslösen: Es gibt einen Schritt über eine Türschwelle in die Erleuchtung, und dennoch ist sie nie wirklich »vollendet«. Das ganze Universum expandiert und wir ebenso. Wenn du ein erleuchtetes Wesen fragst: »Bist du erleuchtet?«, wird die Antwort etwa so lauten: »Ich entwickle mich immer noch weiter, so wie alles sich immer weiterentwickelt, entfaltet und im Werden begriffen ist.« Jemand, der erleuchtet ist, braucht es nicht zu sagen. Jemand, der es sagen muss, ist noch nicht erleuchtet.

Für manche beginnt das Aufblühen der Erleuchtung innerhalb von wenigen Tagen nach ihrem ersten *Divine Opening*. Für die meisten ist es ein allmähliches Entfalten und Auskosten jedes neuen Schrittes, während sie sich an eine völlig neue Sicht auf die Welt gewöhnen. Mein eigener Prozess verlief eher schrittweise, entfaltete sich über mehrere Jahre und vertieft sich immer noch. Ich habe das Gefühl, das Göttliche gab mir einen langsameren Prozess, damit ich im normalen Leben bleiben kann, mit normalen Menschen leicht in Beziehung treten kann und sie einen Bezug zu mir in meiner Unvollkommenheit aufbauen können. Ich helfe ihnen dabei, die Ängste ihres kleinen Selbst zu beruhigen und Widerstände aufzulösen – aus einem Sein heraus, das durch dies alles selbst hindurchging, anstatt alles in einem einzigen Blitz der Erleuchtung erhalten zu haben. Die großen, kosmischen Blitze sind nicht die Wunderlösung, für die man sie halten mag.

Werde langsamer und koste den Tag aus!
Langsamer ist oft schneller.

Wir sind Lebensenergie in menschlicher Form, die in ihrer eigenen Schöpfung spielt. Als ich zum ersten Mal sah, wer ich wirklich bin, fürchtete sich mein kleines Selbst vor dem Licht meines eigenen Seins. Es kann sein, dass dein Verstand weiterhin abstreitet, dass die Erleuchtung in dir aufzublühen beginnt, und versucht, seine alten Gewohnheiten beizubehalten. Ein Ventilator dreht sich noch eine Zeit lang weiter, nachdem man ihn ausgeschaltet hat. Nach einer Weile wird er langsamer und bleibt dann stehen.

Während sich das Bewusstsein erweitert, erhalten wir bewussten Zugang zu einer breiteren Perspektive, und das ist, was ich »mein großes Selbst sein« nenne. Das große Selbst ist weiser, liebevoller und mächtiger als das eng fokussierte kleine Selbst. Das kleine Selbst muss nicht alle Details kennen, wenn es der Führung des großen Selbst aus der Kommandozentrale folgt. Astronauten müssen nicht alle Instrumentenwerte kennen, welche die NASA vom Boden aus ablesen kann. Sie bekommen nur die Informationen, die sie im Augenblick brauchen, um dorthin zu gelangen, wo sie hinwollen, oder die anstehende Aufgabe zu erfüllen. Dein kleines Selbst ist der Astronaut, dein großes Selbst die Kommandozentrale.

Der höchste Schöpfer, der viele Universen, viele Dimensionen, viele Realitäten umspannt und dessen Blickwinkel so weit, so unermesslich und unvorstellbar groß ist, fasste den Entschluss, einen kleinen Teil von sich selbst als einen Brennpunkt in dir auszudrücken. Du bist also ein etwas verengter kreativer Fokus der Quelle. Der unermessliche größere Aspekt von dir bleibt ständig im nichtphysischen Bereich, aber du hast stets Zugang zu seinen Ressourcen. Jetzt kannst du auf dem Planeten als dieses große Selbst leben und das Spiel, das wir »Leben auf dem Planeten Erde« nennen, in vollem Gewahrsein deines großen Selbst spielen – voll erwacht zu allem, was du bist.

Erleuchtung bedeutet Bewusstwerdung.

Klassische Anzeichen der Erleuchtung

Du wirst anfangen, Zeichen der Erleuchtung an dir wahrzunehmen, und magst dich fragen, was du zu erwarten hast und was das alles bedeutet. Die frühesten Anzeichen der Erleuchtung sind meist zunehmender innerer Friede, ein beruhigter Verstand, Augenblicke von grundloser Seligkeit und das mysteriöse Verschwinden von Sorgen und Ängsten. Auch das verstärkte Auftreten von Synchronizität ist ein Zeichen. Wenn du dich dem Fluss des Lebens entspannt hingibst, bringt sein natürliches Zusammenspiel Menschen, Umstände und Ereignisse so zusammen, wie es alle brauchen. Im Leben ist alles mit allem verbunden, vollkommen intelligent, vollkommen eins, und natürlich arbeitet es im Einklang mit deinen Bedürfnissen und Wünschen. Die heutige Wissenschaft nennt es das »Einheitsfeld«.

Ich hatte um eine gut anwendbare, geerdete, verbundene und praktisch umsetzbare Form der Erleuchtung gebeten, weil ich mich in der Welt und ihren Angelegenheiten weiterhin voll engagieren wollte. Manche möchten vielleicht irgendwo in einer Höhle sitzen und aus der Entfernung erleuchtete Energie in die Welt aussenden. Das ist ein ehrenwerter Dienst – wenn es das ist, was du willst. Ich wollte eine Erleuchtung, die praktisch, geerdet und spirituell, aber nicht religiös ist und Spaß macht. Ich wollte, dass die Erleuchtung mich in meinen geschäftlichen Angelegenheiten noch effizienter macht und in allen meinen Beziehungen liebevoller und offener. Du kannst dir deine eigene Erleuchtung genauso gestalten, wie du sie gern haben möchtest, und an einer späteren Stelle im Buch bekommst du dafür noch mehr Hilfestellung.

Auch wenn es ein paar typische Zeichen gibt, wird deine Erleuchtung einzigartig sein. Nicht jeder erlebt die »klassische« Variante, auch müssen nicht alle Zeichen auf einmal auftreten, sondern können sich allmählich entfalten.

1. Wahrnehmung aus dem inneren Selbst

Eines der Markenzeichen der Erleuchtung ist, dass du dich selbst objektiv aus deinem großen Selbst heraus zu beobachten beginnst. Dieses »Zeugesein« von dir selbst kann als tatsächliche außerkörperliche Erfahrung erfolgen, bei der du auf deinen Körper herabschaust. Es kann aber auch subtiler ablaufen, indem du, das weisere, objektive große Selbst, die Handlungen und Reaktionen deines menschlichen Selbst mit Liebe und Unterscheidungskraft, aber ohne Bewertung beobachtest. So erlebe ich normalerweise den »inneren Zeugen«. Du fängst an, die Funktionsweisen deines Verstandes wahrzunehmen, statt dich mit den Gedanken zu identifizieren und dich darin zu verlieren. Dann wirst du auf einmal die alten Gewohnheiten, Muster und Glaubenssätze, die dein Leben gesteuert haben, deutlich erkennen können. Der Verstand hört nicht unbedingt komplett auf, das zu tun, was er tut, aber er wird dich nicht mehr lenken, weil deine Bewusstheit größer ist als dein Verstand. Du beginnst zu verstehen, dass du nicht dein Denken bist. »Nur weil mein Kopf etwas sagt, heißt das noch lange nicht, dass ich darauf hören muss!«

Du wirst immer weniger mit den Dramen, Geschichten und Täuschungen des Verstandes identifiziert sein, je mehr du alles vom Standpunkt des größeren Selbst aus betrachtest. Du bist immer noch menschlich und machst Fehler, aber du bist dir deiner selbst bewusst. Du bist dir dessen bewusst, was du fühlst, sagst oder tust, und lässt dich nicht mehr davon beherrschen. Ich kann jetzt sogar dann tiefe Zustände von Meditation erreichen, wenn mein Kopf weiterplappert. Ich nehme es wahr, als wäre ich ein außenstehender Zeuge, und ignoriere es einfach.

2. Gelassenheit und das Ende des Leidens

Die Fähigkeit, jeden Augenblick so zu erleben, wie er sich darbietet, ohne ihn verändern oder ihm entfliehen zu wollen, ist Gelassenheit. Dieser Aspekt der Erleuchtung erlaubt uns, die gegenwärtige physische Realität, andere Menschen und unsere eigenen Emotionen so zu erfahren, wie sie wirklich sind, ohne Widerstand, ohne Vermeidungs- oder Fluchtversuche. Der Erleuchtete schätzt und akzeptiert alles, wie es ist, ohne dass er es verändern müsste, um glücklich zu sein. Er ist die Ruhe im Zentrum des Sturms. Die Erfahrungen ziehen kaleidoskopisch in einer bunten Prozession an ihm vorbei. Er fügt keine »Geschichten« hinzu und bleibt im reinen Erleben. Erleuchtete pflegen zu sagen: »Es ist, wie es ist« oder: »Interessant, dass ich das erschaffen habe« oder: »Alles ist flüchtig – auch dies geht vorüber.« Der Erleuchtete kann produktiv sein, egal wie er sich fühlt. Die Erleuchtung wird auch »das Ende des Leidens« genannt.

Ich hatte einen lieben Freund, sechsundfünfzig Jahre alt, der in einem Pflegeheim lebte, ans Bett gefesselt, abhängig von der Dialyse und einer Invalidenrente, seit er beide Beine durch Diabetes verloren hatte. Ich gab ihm viele Monate lang *Divine Openings*. An einem Punkt ging er durch eine lange, dunkle Nacht der Seele und tauchte in die tiefsten Tiefen der Verzweiflung ein. Dabei verließ er eine Zeit lang seinen Körper und kommunizierte in einem weiten weißen Raum ohne Boden und Wände mit verstorbenen Verwandten. Danach kam er friedlich und voller Freude zurück. Trotz seines eingeschränkten Körpers und keiner Aussicht auf Besserung fühlte er sich nicht ohnmächtig. Er begann sogar, die Ärzte und Schwestern aufzubauen. Zu dem Zeitpunkt, als er von uns ging, war er einer der glücklichsten Menschen, die ich je kannte.

Meine persönliche Erfahrung ist, dass mir die Fähigkeit, wegen irgendetwas zu leiden, allmählich abhandenkam – buchstäblich bis zu dem Punkt, seit dem nur noch sehr wenig meinen inneren Frieden länger als ein paar Minuten stört, wenn es ganz arg kommt, ein paar Stunden oder einen Tag. Wenn wir die Dinge aus der Perspektive des großen Selbst oder Gottes erleben, gibt es nichts, weswegen wir leiden könnten. Selbst wenn ein Mensch stirbt, wissen wir, dass es keinen wirklichen Tod gibt, nur einen Wechsel der Form. Wenn wir jemanden oder etwas verlieren, wissen wir, dass es keinen Mangel gibt. Wenn wir das Leid in der Welt ansehen, halten wir die Energie der Lösung bereit, weil dies kraftvoller ist als das Mitleiden, was nur noch mehr Leid erzeugt. Doch diese Gelassenheit kannst du dir nicht erarbeiten – sie stellt sich von selbst ein, wenn du an deiner Entfaltung dranbleibst.

3. Einssein und bedingungslose Liebe

Dies ist der vielleicht wichtigste Aspekt der Erleuchtung. Geistige Kräfte, mediale Fähigkeiten, Manifestieren und mystische Visionen sind unbedeutend, ja sogar nutzlos, wenn dabei keine Liebe fließt. Im vollständigen Aufblühen des Herzens wirst du die Verbindung mit Allem-was-ist erleben. Du kannst plötzlich grundlose Liebe für fremde Menschen empfinden oder das Gefühl haben, als wäre alles in dir oder als gäbe es keinen Unterschied zwischen dir selbst und allem anderen. Es kann sein, dass du direkt mit der Natur redest, Regen machst, mit den Tieren sprichst oder intuitiv weißt, was jemand gerade braucht. Du wirst dich an die universelle Intelligenz anschließen, um Nützliches aus deinen Interessensgebieten zu erfahren, sei es Wissenschaft, Automechanik oder Geschäftliches. Es gibt kein Gefühl von Trennung mehr zwischen dir und Allem-was-ist. Du bist dir bewusst, ein individueller Teil von Allem-was-ist zu sein. Meistens kommen solche Erlebnisse in einer Gipfelerfahrung, die den Menschen für immer transformiert, es sei denn, er entscheidet sich dafür »weiterzuschlafen«.

Für manche Dinge im Leben ist es gut, wenn man jemanden hat, der einem sagt, was man zu erwarten hat, und von dessen Erfahrung man profitiert. Ich bitte dich aber dringlich, offen in dieses äußerst persönliche spirituelle Abenteuer zu gehen und die einzigartigen Geschenke zu entdecken, die das Göttliche nur für dich vorbereitet hat. Du kannst hier nicht fehlgehen, und Perfektion ist nicht das Ziel dieses sich beständig ausdehnenden Universums, genauso wenig wie sie von den Menschen erwartet wird. Im Verlauf dieses Buches und im Verlauf deiner Erfahrung wirst du noch mehr dazu lernen.

Wenn du mit der Entfaltung deiner Erleuchtung angefangen hast, ist es, wie wenn du in einem Flugzeug von New York nach Kalifornien sitzt: Du kannst aus dem Flugzeug nicht aussteigen und brauchst dir deshalb keinen Stress machen, ob du am Ziel ankommst oder nicht. Du kannst die Reise auch nicht beschleunigen, indem du den Gang auf und ab läufst, also kannst du dich genauso gut entspannen und den Flug genießen. Jedes Stadium hat seinen eigenen Reiz, also genieße es. Du wirst zur richtigen Zeit ankommen!

**Klassische Anzeichen für die Erleuchtung gibt es,
aber deine wird auf jeden Fall einzigartig sein.**

Besondere Kräfte und mystische Phänomene

Kräfte und mystische Phänomene sind wunderbare Talente und nützliche Gaben, aber keineswegs mit Erleuchtung gleichzusetzen. Jemand, der beeindruckende Dinge vollbringen, geistig Informationen übermitteln oder heilen, Geistführer oder Wesen aus anderen Dimensionen sehen kann, aber seine Liebe den Mitgliedern seiner Familie oder seinen Liebsten vorenthält oder in Mangel, Konflikt oder Angst lebt, der hat das Aufblühen der Erleuchtung noch nicht erlebt.

Während sich deine Erleuchtung entfaltet, erwartest du vielleicht, bestimmte Dinge zu sehen oder zu hören, von denen du gehört oder gelesen hast, wie zum Beispiel Visionen, Stimmen, Wesenheiten, Engel, aufgestiegene Meister oder Lichterscheinungen. Solche Dinge können geschehen – oder auch nicht. Wenn du all deine Vorstellungen darüber loslässt, wie eine spirituelle oder religiöse Erfahrung aussehen sollte, dann wirst du deine eigene, einzigartige Erfahrung besser schätzen und genießen können. Vergleiche und Erwartungen, dass du ähnliche Erfahrungen wie andere machen solltest, bereiten den Boden dafür, dass du enttäuscht wirst. Erleuchtung ist bei jedem Menschen anders, sieht bei jedem anders aus, und so sollte es auch sein. Die Geschenke, die du erhältst, werden einzigartig sein, und deine Dankbarkeit wird ihren Wert noch steigern.

Manche werden andere Dimensionen oder die Aura sehen, geistige Wesenheiten kennenlernen und Engel, Geistführer oder sogar »Gott« sehen. Andere werden niemals solche Erlebnisse haben, und es spielt überhaupt keine Rolle! Es gibt kein Ziel. Ich persönlich erlebe die Quelle überhaupt nicht als etwas von mir Getrenntes. Sie wird für mich als direktes Wissen spürbar oder als mein großes Selbst, das zu mir spricht. Je öfter du es frisch erleben kannst, desto reiner und weniger verzerrt wird es sein.

Vergiss nicht, dass Engel, Geistführer, Wesenheiten und sogar Visionen von Gott alles manifestierte Formen sind, während die reinste Essenz des Schöpfers formlos, unkörperlich und noch unmanifestiert ist. Im tiefsten Einssein mit der Präsenz gibt es nichts als die Stille der Leere. Der erleuchtete Sänger und Komponist Miten singt in seinem Lied »Empty Heart«: »Ich versuchte, das Namenlose zu benennen. Ich versuchte alles, um zu verstehen. Als ich meine Faust zumachte, war natürlich nichts drin. Ich hatte nichts in meiner Hand. Ich habe nur dieses leere Herz, das ich nicht erklären kann. Keine Sehnsucht nach Liebe, kein süßer

Schmerz. Keine Stimme höre ich in der Stille der Nacht. Nur ein leeres Herz, voller Licht.«

Ich möchte dich ermutigen, alle deine mentalen Schubladen von alten Konzepten zu säubern: Vorstellungen von dem, was du für spirituell hältst, wie du dir Gott vorstellst und welchen Sinn das alles hat. Was würdest du erleben, wenn niemand dich je beeinflusst hätte, wenn niemand Bücher darüber geschrieben hätte? Es gibt Forschungsberichte, die zeigen, dass die Menschen Gott so erleben, wie ihre Kultur es ihnen antrainiert hat. In ihren mystischen Erfahrungen sehen Christen Jesus oder Maria oder Engel. Im Osten sieht das niemand! Sie sehen Krishna oder Ganesha, Mohammed oder Buddha. Innerhalb einer Kultur unterscheiden sich die Erfahrungen nur geringfügig, doch zwischen verschiedenen Kulturen bestehen große Unterschiede. Es geht also um Konditionierung, aber nicht um frische, authentische Erfahrung.

Wie wäre es, wenn du vergessen würdest, was die Bücher und deine Kultur und andere Leute gesagt haben? Wie wäre es, wenn du eine unmittelbare persönliche Erfahrung haben könntest? Du würdest deine allererste, reine, authentische spirituelle Erfahrung machen. Die Menschen sind oft so sehr damit beschäftigt, einer Sache nachzulaufen, von der sie gelesen haben, dass sie ihre eigene Erfahrung verpassen!

Für viele, mich eingeschlossen, bestehen die tiefsten Erfahrungen aus reinem Fühlen, direktem Wissen und seliger Stille in der Leere. In meinen Retreats gibt es viele, die durch die Initiationen dramatische und intensive Erfahrungen machen, weil sie sich im Laufe des Retreats nicht mehr selbst im Weg stehen. Aber auch diejenigen, die subtilere Einweihungserfahrungen haben, können ein genauso glückliches Leben haben. Urteile und vergleiche nicht – alles ist gut.

Eines Morgens beim Aufwachen fühlte ich mich körperlich und seelisch ziemlich mies. Ich entspannte mich in dieses Gefühl hinein, um es vollständig zu erleben und auf eine höhere Schwingungsebene anzuheben. Innerhalb von zehn Minuten hatte es sich nicht nur gelöst, sondern ich war in so tiefer Glückseligkeit, dass ich noch eine halbe Stunde liegen blieb, um mich darin zu baden. Wenn der Kausalkörper von Licht erfüllt wird, fühlt es sich schon ekstatisch an zu atmen. Und dann gewöhnst du dich daran, und es wird ganz normal für dich. Solche Erfahrungen treten bei mir viel häufiger auf als spektakuläre Phänomene, und ich liebe sie. Ich würde mit niemandem tauschen, selbst nicht für irgendwelche kosmischen Erfahrungen. Meine Erfahrungen gehören authentisch zu mir. Mach du deine authentischen Erfahrungen.

Was jeder Mensch sich wünscht, ist glücklich zu sein und sich gut zu fühlen. Aber überleg mal: Warum wollen manche Leute unbedingt Geistführer hören und Engel sehen? Damit sie ihnen helfen, sich besser zu fühlen! Wenn du dich gut fühlst – und das wird mit *Divine Openings* schnell der Fall sein –, dann ist es dir egal, ob du jemals einen Geistführer gehört oder einen Engel zu Gesicht bekommen hast.

> **Du kannst jetzt deine eigene, authentische spirituelle Erfahrung machen. Sie wird sich auf natürliche Weise vertiefen und erweitern.**

Gestalte deine eigene Erleuchtung

Eine meiner größten Befürchtungen im Hinblick auf die einundzwanzig Schweigetage war, dass ich nachher vielleicht nicht mehr fähig sein würde, in dieser Welt zu leben, mit normalen Menschen in Beziehung zu treten und den praktischen Alltag meines Lebens zu bewältigen. Doch dann wurde mir klar, dass ich mir meine Erleuchtung so entwerfen konnte, wie ich sie haben wollte. Ich hatte Bedenken wegen des Programms und fand, dass den Gurus zu viel Macht gegeben wurde. Ich gab jedoch keine Macht ab und ließ mich nur auf den Teil ein, den ich wollte, den Rest ließ ich außer Acht. Bei *Divine Openings* gibt es kein Dogma und keine Regeln, nur Informationen und Unterweisungen, die du für deine Reise ermächtigend und hilfreich finden könntest.

Die letzte Angst – die Angst, mein »getrenntes Selbst«, die Persönlichkeit zu verlieren – war etwas, dem ich mich würde stellen müssen. Manche wollten mystische Erfahrungen und kosmisches Bewusstsein erleben. Einige wollten tatsächlich ausgelöscht werden, aber Erleuchtete, die ihren Verstand komplett aufgelöst haben, sind manchmal kaum mehr funktionsfähig in dieser Welt. So etwas mag ja für einen Mönch, einen esoterischen Lehrer oder jemanden, der nicht mehr an der materiellen Welt interessiert ist, angehen. Mir war jedoch klar, dass ich mich in dieser Welt weiterhin voll engagieren wollte. Die Erleuchtung, die ich für mich entwarf – und um die ich das Göttliche bat –, war sehr praktisch ausgerichtet. Sie sollte es mir ermöglichen, weiterhin wirksam agieren zu können – im Leben, bei Geschäften, in Beziehungen und allen Aspekten der materiellen Welt.

Ist es nicht komisch, wie wir dem Göttlichen, unserem großen Selbst, dem unbegrenzten Aspekt von uns nicht zutrauen zu wissen, was für uns am besten ist? Wir vertrauen unserem Auto, dass es anspringt, der Sonne, dass sie morgens aufgeht, und dem Flugzeug, dass es in der Luft bleibt, aber wir vertrauen nicht unserem innersten Selbst! Es war seltsam zu wissen, dass die Hingabe an das Göttliche der richtige Weg war, und doch war ich anfangs nicht vollkommen dazu bereit. So ist die Menschheit in den Zustand geraten, in dem sie sich jetzt befindet – entschlossen, es auf ihre eigene Art zu tun, selbst wenn es die mühsamere Art ist.

Wenn du sämtliche Konzepte von Erleuchtung aufgeben kannst, wirst du entdecken, dass sich eine authentische Erleuchtung für dich entfaltet. Die meisten literarischen Berichte und bekannten Beispiele für Erleuchtung stammen von spirituellen Lehrern. Es ist aber nicht jeder dazu bestimmt, ein spiritueller Lehrer zu sein. Erleuchtete gehen heute allen möglichen Tätigkeiten nach, sie sind für Hightech-Jobs verantwortlich, lenken Busse, stellen Rezepte aus und ziehen Kinder auf. In meiner Vision gibt es Erleuchtete in allen Bereichen des Lebens und allen Berufssparten; sie ist nicht bloß für Mystiker, spirituelle Lehrer und Heiler, obwohl dies das Klischee wäre, das wir erwarten. Ich sehe Menschen unnötig leiden wegen ihrer Karriere im spirituellen Bereich, sie krebsen erfolglos als Heiler oder Lehrer herum, obwohl es nicht ihr Weg ist. Wir brauchen Erleuchtete in allen Rollen im Leben – von Bäckern, die mit Liebe backen, über Putzfrauen, die mit Achtsamkeit saubermachen, bis zu Firmenchefs, die erleuchtet Unternehmen leiten. Falle also bitte nicht der populären Manie zum Opfer, du könntest glücklicher und erfüllter sein, wenn du in einem anderen Beruf mit mehr spiritueller »Sinnhaftigkeit« arbeiten würdest.

Ich hatte das Unterrichten aufgegeben, weil ich wusste, dass es mir genauso gut gehen würde, wenn ich mich künstlerisch betätigte. Überraschenderweise wurde ich später von innen wieder zum Unterrichten zurückgerufen. Wenn du zum Lehrer oder Heiler berufen bist, wirst du dich selbst nicht daran hindern können! Wenn etwas für dich nicht fließt, achte genau darauf, was dich tatsächlich in den Fluss bringt, und mach das. Du wirst in jedem Beruf etwas für andere bewirken können, wenn du einfach dein erleuchtetes Selbst *bist*.

Wie schon bei meinem Konzept von Gott sollte auch bei meiner Erleuchtung jede Menge Humor und Spaß, Verspieltheit und Spontaneität mit dabei sein. Was ein echtes Cowgirl ist, das interessiert sich nicht die Bohne für Eigenschaften wie Heiligkeit oder Frömmigkeit. Ich wollte nur gerade so viel Ernsthaftigkeit, dass man mich glaubwürdig findet und ernst nimmt. Mein Talent ist eher, Menschen aufzuheitern, als dass ich eine ernste, strenge Figur abgeben könnte – wie langweilig!

Jeder Einzelne ist im täglichen Leben ein Sendeturm. Wir strahlen immer irgendetwas aus, ob wir nun Unternehmen beraten, Speisen servieren oder Autos reparieren. Erleuchtet bist du ein Leuchtturm, egal was du tust. Es gibt keinen Beruf, der eines erleuchteten Menschen nicht würdig oder weniger wert wäre als irgendeine andere Tätigkeit. Wenn du an etwas Freude hast und darin gut bist, ist es wertvoll. Ich würde es gern sehen, dass es ein erleuchteter Beruf wird, Bauer zu sein. Dann werden Menschen darin arbeiten, die sich in Harmonie mit dem Land, den Pflanzen, den Tieren und dem Ökosystem fühlen und energievolle, gesunde Nahrung in einer sauberen Umwelt produzieren. Bei einem Fünf-Tage-Retreat mit *Divine Openings* in Nordkalifornien nahm beispielsweise eine Frau teil, die die Fähigkeit besitzt, das Vieh auf ihrer Farm mit Gedankenkraft zu lenken.

Was würdest du alles gern in deine Erleuchtung mit einschließen? Was würdest du weglassen? Nimm dir ein paar Augenblicke Zeit, um deine Neugier in diese Richtung zu lenken. Wenn deine Erleuchtung erst so richtig in Schwung kommt, wirst du vielleicht neue Seiten an dir entdecken, die du dir jetzt noch gar nicht vorstellen kannst. Und dann wirst du immer weiter daran bauen und dich updaten.

Hab ein bisschen Spaß, davon tagzuträumen. Du bist ein machtvoller Schöpfer, einer, der Wunder wirkt. Was für Talente schlummern in dir, und was könntest du mit ihnen anfangen?

Umsetzung in deinem Leben

Schreibe ein paar von deinen Ideen gleich jetzt in dein Tagebuch oder kreiere dir eine Visionstafel (Vision Board, Traumcollage). Stelle dir vor, wie du dich in deiner idealen Wunschwelt fühlen wirst, einfach so zum Spaß. Halte dich nicht mit Einzelheiten auf und öffne dich für ungeahnte Möglichkeiten, denn wir wissen nicht immer, was möglich oder am besten für uns ist. Die Präsenz wird gemeinsam mit dir co-kreieren, um deine limitierenden Vorstellungen zu sprengen.

Und dann lass alle deine Einfälle komplett fallen und mach dich leer, bevor du das nächste *Divine Opening* empfängst. Nimm nichts mit, sei eine Tabula rasa, ein unbeschriebenes Blatt.

Geisterpferde. Gemälde von Lola Jones.

In Farbe kannst du dieses Kunstwerk auch in der Art Gallery
auf der Homepage www.DivineOpenings.com genießen, aber es ist genauso
wirksam in Schwarz-Weiß. Auf der Homepage kannst du druckbare
Farbgrafikdaten oder große Ausdrucke bestellen. Viele Menschen
erfreuen sich an dieser Energie in ihrem Wohn- oder Arbeitsraum.

Siebtes Divine Opening

*B*etrachte das Bild zwei Minuten lang, schließe dann die Augen, leg dich hin und lass los.

Negative Manifestationen trotz Schwingungserhöhung

Eines vorweg: Was auch immer geschieht, liefert dir wertvolle Informationen. Wenn du es »negativ« nennst, wertest du es ab. Was in deinem Leben zurzeit passiert, ist das perfekte Abbild deiner Schwingung in der Vergangenheit. Es ist ein Echo deiner Vergangenheit. Sobald du aufhörst, es zu erschaffen, ist es eine Geschichte der Vergangenheit, und du kannst dein »morgen« ab sofort verändern. Sei dankbar für alles, und es wird sich schneller verändern.

In dieser physischen Welt sind alle Dinge, die materiell existieren, nur deshalb hier, weil sie in der Vergangenheit durch Energie, Gedanken, Aufmerksamkeit und Gefühle (bewusst oder unbewusst) eine kritische Masse erreichen, durch die sie erschaffen wurden. Die heutige Realität ist ein Ergebnis dieser Schwingung, die über Wochen, Monate oder Jahre ausgesendet wurde.

Selbst wenn du heute deine Schwingung anhebst, sind noch Menschen, Ereignisse oder Dinge mit den alten Energien zu dir unterwegs, sozusagen im »kosmischen Lieferwagen«. Es kann etwas dauern, muss aber nicht, bis die Zustellung der alten Manifestationen aufhört und die neuen Dinge, die du haben möchtest, angeliefert werden. Du kannst aber jede alte, ausstehende Lieferung bis zu dem Punkt noch aufheben, wo sie bereits physisch im Lieferauto auf dem Weg zu dir ist.

Wir hätten es gern, dass sich die Dinge sofort manifestieren, aber du kannst froh sein, dass eine räumliche und zeitliche Verzögerung eintritt, bevor deine Gedanken manifest werden. Sei dafür dankbar, denn eine bestimmte Schwingung muss sich eine Zeit lang geltend machen, bis die kritische Masse für eine physische Manifestation aufgebaut wurde. Gäbe es diese Verzögerung nicht, würde schon die kleinste Befürchtung oder Sorge innerhalb von Sekunden vor deinen Augen real werden. Stelle dir vor, du machst dir Sorgen, von einem Hai gefressen zu werden, und prompt würde ein Hai – ein Kampfhund, ein Gerichtsprozess – auftauchen und dich aufzufressen drohen! Zum Glück gibt uns diese Verzögerung in unserer Dimension genügend Zeit, um die Sache noch aufzufangen und zu sagen: »Hoppla! Besser, ich hebe die Nase meines Flugzeugs jetzt an und finde ein besseres Gefühl, als dass sich so etwas manifestiert!«

Dazu eine Anmerkung: Es manifestiert sich nicht immer wortwörtlich das, was du gefühlt oder gedacht hast, aber die Schwingungsfrequenz trifft es immer. Wenn wir uns zum Beispiel gegen Veränderung sträuben und für unsere Realität nicht geradestehen wollen, kann es sein, dass wir Knochenbrüche anziehen, weil

Knochen unter Druck brechen können. Wenn wir diese Welt für einen unsicheren Ort halten, ziehen wir Situationen an, in denen wir Opfer sind.

Einer meiner Schüler baute eine Reihe von Unfällen, als wir gerade mit der gemeinsamen Arbeit begonnen hatten. Zuerst verstauchte er sich den Knöchel beim Spielen mit ein paar Kindern. Das erhöhte seine Abhängigkeit von Schmerzmitteln und Antidepressiva – er war zu mir gekommen, um sich davon zu befreien. Eine Woche später stürzte er unter dem Einfluss eines Schmerzmittels auf der Treppe und brauchte deshalb noch mehr davon. Es gibt keine Zufälle. Ich dachte: »Aha!«, und fragte ihn: »Neigst du schon immer zu Unfällen?« In der Tat hegte er schon lange die Überzeugung, ein Pechvogel zu sein und vom Leben nicht unterstützt zu werden. Diese alte Schwingung saß ihm in den Knochen.

Die gute Nachricht: Was bei *Divine Openings* hochkommt, löst sich ein für alle Mal auf. Schon bald ging es ihm viel besser, und er bemühte sich weiter, von seinen Süchten wegzukommen, die seine Ehe in die Brüche gehen ließen. Kürzlich ist er Vater geworden, hat einen tollen Job, eine gute Ehe, ein gutes Leben – und er macht auch wieder seine Musik. Sein großes Selbst hatte die gute Gelegenheit erkannt, alles auf den Tisch zu bringen. Es bescherte ihm diese Unfälle, damit er sehen konnte, wie er gewohnheitsmäßig mit seiner Schwingung umging. Und er nutzte die Gelegenheit und holte sich seine Kraft zurück.

Auf einem höheren Schwingungsniveau zu leben fühlt sich nicht nur gut an und befreit uns von der Versklavung durch unsere Gefühle und Gedanken. Es hat noch eine erstaunliche, wunderbare, natürliche »Nebenwirkung«: Je länger du mit einer höheren Schwingung lebst, umso positiver gestalten sich deine äußeren Lebensbedingungen.

Wenn du auf Menschen und Umstände triffst, die du mit Sicherheit als unpassend für dich erlebst, ist meist eine unbewusste

Schwingung mit im Spiel – ich nenne das »blinde Flecken«. Der einzige Grund, dass man ein Ereignis nicht als natürliche Konsequenz der eigenen Schwingung erkennen kann, liegt darin, dass man mit dem Gefühl oder der Schwingung, die es hervorgebracht hat, nicht in Kontakt ist. Man hat entweder gelernt, es zu ignorieren, zu betäuben, zu rationalisieren oder wegzuerklären – oder es ist schon so lange im Körper vorhanden, vielleicht von Geburt an, dass es gar nicht auffällt. Man fühlt es nicht, es ist unsichtbar und unbewusst.

Wir Menschen gewöhnen uns an ein Gefühl und halten es für normal, wenn wir keine andere Erfahrung gemacht haben, mit der wir es vergleichen könnten. Leider neigen wir dazu, uns dem Schmerz oder Mangel in unserem Leben anzupassen und ihn für normal zu halten. Manche missbrauchten Kinder flehen darum, zu dem Elternteil, der sie missbraucht hat, zurückgehen zu dürfen – das ist ihnen vertraut, es ist ihr Zuhause.

In anderen Fällen hat der Mensch oft keine Ahnung, wie wichtig es ist, sich gut zu fühlen. Oder er ist gehirngewaschen durch sein soziales Umfeld, in dem gute Gefühle keinen Wert haben. Er bekommt ein »schlechtes« Gefühl, wenn er sich für die guten Gefühle entscheidet. Wie traurig das ist! Siehst du dir Filme im TV oder Kino an, die dich runterziehen, liest du Horrormeldungen oder redest über furchtbare Dinge, egal wie du dich danach fühlst und was es mit dir macht? Wenn du andere Erfahrungen haben willst, solltest du deinen Fokus ändern.

Stelle dir vor, ein Flugzeugpilot ignoriert den Höhenmesser im Cockpit, während das Flugzeug auf einen Berg zusteuert, oder er ignoriert die niedrige Treibstoffanzeige, bis ihm der Treibstoff ausgeht! So wie die meisten von uns konditioniert wurden, lassen sie ihre Instrumente häufig unbeachtet. Oder sie haben die heftigen Gefühle, die durch irgendeine Geschichte aufgewühlt wurden, einfach abgeschaltet, wenn es zu schmerz-

292

haft wurde. Sie liefen so lange vor ihren schmerzhaften Gefühlen weg, wehrten sich dagegen oder versuchten, sie in Ordnung zu bringen, dass sie vergaßen, wie sie sich selbst zurechtfinden und orientieren können. Dafür wird ihnen niemand einen Vorwurf machen. Man hat sie von ihrer eigenen inneren Weisheit abgeschnitten.

Seit unserer Geburt haben gutgesinnte Menschen uns dazu angehalten, auf sie zu hören, statt auf unsere eigenen Gefühle zu vertrauen. Besonders in der Schule war alles darauf angelegt, uns Anpassung und Gehorsam beizubringen und nicht auf unsere innere Stimme, sondern auf die äußere Führung zu hören, unsere Energie zu dämpfen, natürliche Bedürfnisse zu unterdrücken und die Befriedigung unserer Leidenschaften hinauszuschieben. Vieles von dem, was man uns lehrte, diente der Bequemlichkeit und dem Vergnügen anderer Menschen, aber nicht unserer Selbstermächtigung.

So kam es, dass wir nicht wissen, wo »oben« und »unten« auf unserer Navigationstafel sind. Manche von uns wurden so sehr auf den Kopf gestellt, dass sie ein gutes Gefühl für schlecht und ein schlechtes Gefühl für gut halten. Aber von nun an wirst du wissen, wo »oben« ist, und du wirst erkennen, dass es ganz einfach ist: *Gut fühlt sich gut an, schlecht fühlt sich schlecht an.* Ich fühle jedes Mal einen zischenden Energiestrom, wenn ein Schüler den Rückenwind seines großen Selbst erhascht und anfängt, in die Höhe zu steigen, um sich neu auszurichten. »Kannst du's fühlen?«, frage ich dann. Die meisten können es. Sie erinnern sich wieder daran, wie sich feinstoffliche Energien anfühlen, gegen die sie vor langer Zeit unempfindlich gemacht wurden. Die Rückkehr zum Fühlen ist die Tür zur Glückseligkeit.

Divine Openings setzen Gefühle in Bewegung und geben uns unsere Energie zurück. Die Gnade vollbringt für uns das, was wir für uns selbst nicht vollbringen können. Bleib einfach dabei und übernimm deinen Anteil: das Loslassen und Aus-dem-Weg-Gehen. Entscheide dich in jedem Moment für die höchste Schwingung, die dir gerade möglich ist. Sage Ja zu jedem Gefühl, entspanne dich damit – und das Leben wird dir neue Türen öffnen.

Unsere alltäglichen Beziehungen – der Schlüssel zum Weltfrieden

»Einssein« war bloß ein nettes, intellektuelles, aber unerreichbares Konzept für mich, bis ich anfing, das Erwachen des Göttlichen in mir tatsächlich zu erleben. Wenn das kleine Selbst sich entspannt, verlieren wir unsere Angst vor Getrenntsein, Konkurrenz, Gefahr und Mangel. Was hätten wir zu fürchten, und wovor sollten wir uns schützen, wenn wir alle ein Teil von Allemwas-ist sind? Wir verlieren unsere Angst vor den anderen, sobald wir erkennen, dass es die anderen nicht gibt. Auch wenn ich als Mensch konkret weiß, dass mein und dein Körper, mein und dein Selbst aus praktischen Gründen getrennt existieren, so erkenne ich doch, dass wir Teile desselben Lebensstromes und aus dem gleichen Stoff gemacht sind, dass wir aus ein und derselben Quelle stammen. Ich kann den scheinbar anderen nicht verletzen, ohne selbst den Schmerz zu spüren. Das ist der eigentliche Anfang für großartige Beziehungen, in denen wir unsere Handlungen danach wählen, wie es sich anfühlt, und nicht, wie wir uns »verhalten sollten«.

In dem Maße, in dem immer mehr Bewohner dieser Erde erleuchtet werden, wird es uns gelingen, die anstehenden ökologischen, politischen, sozialen und wirtschaftlichen Krisen mit Leichtigkeit und Spontaneität aus einem völlig neuen Bewusstsein zu lösen – wir werden Möglichkeiten erkennen, die wir jetzt noch nicht sehen können. Der aktuelle Stand der Dinge ist das natürliche Produkt des aktuellen kollektiven Bewusstseins und seiner Konsensrealität, die das, was möglich ist, erheblich einschränkt. Wenn unser Denken sich zur Höhe unserer inneren göttlichen Intelligenz aufschwingt, werden wir beständig auf einer Ebene operieren, die bisher nur den Genies zugeschrieben wurde. Jeder Mensch trägt in sich die Samen für seine individuelle, einzigartige Genialität.

Doch innerhalb des eigenen Selbst hat jeder von uns Anteile und »Parteien«, die sich untereinander nicht einig sind oder im Widerstreit stehen. Diese Zwietracht in jedem von uns manifestiert sich in der Außenwelt als Konflikt und Krieg. Wenn wir uns selbst verurteilen, verabscheuen oder kritisieren und wenn wir bestimmte Aspekte von uns ablehnen oder bekämpfen, statt sie vollständig zu erleben und anzunehmen, sind wir im Krieg mit uns. Wenn wir abgespalten sind von unserem großen Selbst, das grundsätzlich immer friedvoll ist, haben wir Krieg im Innern. Wenn es innerhalb unserer Familie Unruhe und Kampf gibt, herrscht die gleiche Energie wie im Krieg.

Der Friede beginnt in jedem Einzelnen von uns. Mitgefühl und Akzeptanz für uns selbst kommen aus einem beruhigten, friedlichen Verstand, der alle unsere Anteile und Aspekte zusammen da sein lässt. Indem wir unsere verstreuten Anteile und Fragmente annehmen, wertschätzen und bejahend erleben, werden sie besänftigt und schließen Frieden miteinander. Dann kann von diesem befriedeten, stillen Ort in unserem Innern die Liebe, die unsere wahre Natur ist, mühelos hervorströmen. Das Herz kann aufblühen. Von da an ist es eine natürliche Entwicklung, dass wir anfangen, authentisch mehr Liebe, Dankbarkeit und Mitgefühl zu fühlen und zu geben und sie mit unseren Geliebten, unseren Familien, mit Kollegen und Freunden zu teilen. Dann beginnen wir, das Einssein auch mit unserer Stadt, unserem Land, mit der Welt und darüber hinaus zu fühlen, während sich unser innerer Friede wellenförmig ausbreitet. Jeder von uns ist ein Sender für die Energie, die er überwiegend ausstrahlt. Du solltest keinesfalls unterschätzen, was für ein mächtiger Generator du bist.

> **Mutter Teresa wurde gefragt, wie man
> den Weltfrieden fördern könne. Ihre Antwort war:
> »Geht nach Hause und liebt eure Familie.«**

Die logische Ausweitung des inneren Friedens, den wir durch *Divine Openings* gewinnen, ist der äußere Friede. Doch Friede bedeutet keineswegs, dass man immer mit allen einer Meinung ist. Es kann bedeuten, respektvoll dieselbe oder auch eine ganz andere Meinung zu vertreten.

Nur aus dem großen Selbst heraus kann es echte Bezogenheit zu einem Liebespartner, einem Kind, einem Elternteil oder Kollegen geben. Aus der Perspektive des kleinen Selbst sind Beziehungen unecht, austauschbar, zurückhaltend und distanziert, konfliktreich und konkurrierend, voller Bedingungen, Bedürfnisse und Einsamkeit, und sie zerbrechen leicht. Aus dem großen Selbst gelebt, sind Beziehungen bedingungslos, sie lassen Verschiedenheiten und Gegensätze zu, sind reich und tief, sicher und lohnend, zeitlos und ewig expandierend. Bedingungslose Liebe bedeutet nicht, dass du bei ein und demselben Menschen bleibst. Bedingungslose Liebe bedeutet, dass du jemanden *so sein lässt, wie er ist oder nicht ist.* Du liebst ihn, egal wie es auf der physischen Ebene abläuft. Du liebst ihn aus der Nähe oder aus der Ferne, ganz nach deiner Wahl.

Wenn du die Perspektive eines anderen wirklich nachempfinden, die Welt durch seine Augen sehen und durch seine Sinne wahrnehmen kannst – dann beginnst du, echtes »Bezogensein« kennenzulernen. Nelson Mandela erzählt, er habe im Gefängnis zweiundzwanzig Jahre gebraucht, bis er seine Wut loslassen, die Welt aus dem Blickwinkel seiner »Feinde« sehen und diese zu seinen Freunden machen konnte. Dann wurde er entlassen und transformierte sein Land und sein Volk. Er war kein vollkommener Mensch. Du musst nicht vollkommen sein, um große und gute Dinge zu vollbringen.

Bezogensein ist etwas anderes als eine Beziehung. Eine »Beziehung« ist eine Sache, die man beherrschen oder besitzen kann; »Bezogensein« ist ein Gewährenlassen, ein flexibler, wandlungsfähiger, lebendiger, aktiver Prozess.

Wenn du es »Beziehung« nennst, kann man es leicht für etwas Festes, Zementiertes halten – eine »Beziehungskiste«. Leben ist Veränderung. Eine Beziehung, die sich nicht verändert, ist *nicht offen und fließend.* Unsere Angst macht, dass wir den Versuch unternehmen, sie zu steuern, zu manipulieren, zu konservieren oder einzufrieren. Beziehe dich in jedem Augenblick – auf deine Mutter, deinen Vater, deinen Liebespartner – in einem aktiven, fließenden Ablauf, der dein ganzes Herz und deine ganze Aufmerksamkeit erfordert. Triff die Entscheidung, dass du wirkliches »Sich-Beziehen« in deinen Beziehungen *erleben* (und nicht bloß in der Fantasie dir ausmalen) willst, dann werden Geben und Nehmen kaum voneinander zu unterscheiden sein.

Mitgefühl, Liebe und Einssein lassen sich mit Gesetzen und Vorschriften einfach nicht erfolgreich regeln. Wie erfolgreich sind denn unsere Gesetze und Gefängnisse, was die Kontrolle über Kriminalität und Terrorismus mit gesetzlichen Anordnungen betrifft? Jeder Versuch, Menschen von außen durch das Ausüben von Kontrolle verändern zu wollen, bewirkt nur ein kurzfristiges Nachbessern. Glücklicherweise muss ein Friede, der authentisch im Innern eines jeden Individuums entspringt, weder mit Gewalt noch durch Manipulation oder gesetzliche Reglementierung herbeigeführt werden.

Friede wird sich ausbreiten, wenn immer mehr einzelne Menschen ihre eigene Göttlichkeit erkennen und ihr Einssein mit allen anderen spüren. Erleuchtete treffen auf natürliche Weise Entscheidungen und schaffen Lösungen, die ihre Erkenntnis von dem, was sie in Wirklichkeit sind, in allem widerspiegeln.

Daraus ergibt sich eine natürlich fließende Entwicklung, miteinander gut auszukommen – mit anderen Familien, Gruppen und natürlich auch anderen Ländern –, sich zu respektieren und zusammenzuarbeiten, statt viel über Regeln nachzudenken, wie sich das erreichen ließe. Wir können gar nicht anders handeln, sobald wir wissen, wer wir sind – wenn wir unser vollständiges Selbst, unser großes Selbst, unsere Göttlichkeit erfahren haben.

**Verwirf alle Geschichten über das,
was andere tun, und achte auf das Gefühl, mit dem
du auf sie reagierst. Sobald du damit weich bleiben,
es bejahend annehmen und zulassen kannst, wird
dein Leben ausgeglichen und glücklich ablaufen,
unabhängig davon, was sich gerade ereignet.**

Wie kläre ich meine Beziehungen?

Die Gnade hilft dir, und dein großes Selbst führt dich dabei. Deine Absicht und die aufrichtige Bereitschaft, frei zu werden, sind alles, was dazu nötig ist. Die göttliche Quelle wird dich nicht zwingen, gegen deinen Willen frei zu werden. Es ist deine Entscheidung, aber du brauchst nicht zu wissen, *wie* es geht. Du musst nur sagen: »Ich will es. Tue es für mich und zeige mir, wie es geht.« Dann stellt die Präsenz, die in dir wohnt, die Mittel und Wege dafür bereit. Aber mach keine Arbeit daraus. Es ist nicht kompliziert. Deine Aufgabe ist nur, dich zu entspannen, deine Widerstände aufzugeben und zuzulassen, dass es geschehen kann.

Bei einem Workshop in Houston hatte eine Teilnehmerin nach ihrem ersten *Divine Opening* in der Stille, die in ihrem Kopf eingetreten war, eine tiefe Erfahrung: Sie sah vor ihrem inneren Auge eine kurze Diashow, in der ihre verstorbene Mutter vorkam, die alles andere als liebevoll mit ihr umgegangen war. Die Tochter fühlte in das Gefühl der Zwietracht hinein und konnte bald spüren, wie es sich löste – da wusste sie, dass es erledigt war. Vollständig! Sie war in der Absicht zu dem Workshop gekommen, ihr Leben voranzubringen, hatte aber nicht erwartet, eine Lösung für die Beziehung zu ihrer Mutter zu finden. Ihr großes Selbst wusste, wie wesentlich das Klären der Schlüsselbeziehungen ist, und die göttliche Gnade machte sich ans Werk.

Viele Teilnehmer berichteten von einer ähnlichen »Diashow«, die ihnen eine unmittelbare Auflösung lieferte, ohne dass die dramatischen Emotionen der ursprünglichen Erfahrung abliefen. Einige konnten nur *spüren, dass sich etwas löste*, ohne irgendwelche Details zu wissen oder zu sehen. Andere werden vielleicht während des *Divine Opening* erst einmal gar nichts hören oder fühlen, doch an den darauffolgenden Tagen »passiert etwas«. Am Tag nach einem *Divine Opening* zum Beispiel rief der Vater einer Teilnehmerin seine Tochter zum ersten Mal nach dreißig Jahren an. Sie konnte bei sich nicht einen Funken von »Vergebung« finden, nur noch Liebe.

Gott vergibt niemals

Eine Frau betete monatelang inbrünstig zu Gott um Vergebung für einige schreckliche Dinge, die sie getan hatte. Eines Nachts lag sie erschöpft von all dem Schmerz im Bett und gab auf – sie wollte nur noch sterben. Da hörte sie eine Stimme, die sagte: »Ich kann dir nie vergeben …« Sie geriet in Panik und begann zu wimmern. Doch die Stimme setzte fort: »… denn ich habe dich nie verurteilt.«

Die göttliche Präsenz wird dich weder verurteilen noch bestrafen oder nachtragend sein. Nur Menschen tun das. Kürzlich hörte ich von einer amischen Mutter (die Amischen sind eine religiöse Glaubensgemeinschaft in den USA – Anm. d. Übers.), deren Kind bei einem Schulmassaker erschossen wurde. Sie erklärte öffentlich, dass sie gegen den Täter keinen Groll fühle. Um ein Beispiel zu setzen, dem andere folgen konnten, erstand sie Tausende von Radiergummis, auf denen die Worte »Groll-Radierer« standen, und verschenkte sie bei öffentlichen Medienveranstaltungen.

Menschen öffnen ihr Herz spontan und mühelos wieder für andere, die sie daraus verbannt hatten, manchmal schon nach einem einzigen *Divine Opening*. In dem Moment, wo ihre Sichtweise sich zum großen Selbst hin verlagert, fragen sie sich, wie es denn so schwierig oder kompliziert gewesen sein konnte, das Alte loszulassen. Wenn diese Veränderung eintritt, vermag das Wort »Vergebung« nur unzureichend zu beschreiben, was dann geschieht. Aus der Sicht des neuen Bewusstseins gibt es nie irgendetwas zu vergeben, denn dein großes Selbst hat nie über etwas geurteilt.

Nach einem *Divine Opening* wurde eine Frau innerlich geführt, eine Liste von etwa zehn Menschen aufzuschreiben, denen sie seit Jahren »zu vergeben versucht« hatte, und während sie die Liste durchging, um einen nach dem anderen »abzuarbeiten«, fiel ihr auf, dass nichts mehr zu vergeben übrig war! Sie fand nur noch Frieden und sogar Liebe.

Denke mal darüber nach. Klingt es nicht ein wenig arrogant, wenn du zu jemandem sagst: »Ich vergebe dir«? Als ob dein kleines Selbst jemals das Recht besessen hätte, den anderen zu verurteilen. Und jetzt lässt du dich herab, ihm zu sagen, er sei »in Ordnung«? Ich denke inzwischen so darüber, dass es ein Loslassen in mir selbst, ein Akt der Selbstbefreiung ist. Es ist meine Entscheidung, zur Sichtweise des großen Selbst zurückkehren zu wollen. Ich habe mir immer wieder diesen alten Stock ins Auge gedrückt, und jetzt lege ich ihn nieder. Ich habe ständig diesen Schmerz in mir genährt, und jetzt gehe ich weiter – als freie Frau. Es fühlt sich deshalb präziser für mich an zu sagen: »Ich habe aufgehört, dich zu beurteilen«, statt zu sagen: »Ich vergebe dir.«

Statt zu sagen: »Ich verzeihe dir«, versuche es mit: »Ich höre auf, dich zu beurteilen, damit ich frei sein kann.«

Alte Verletzungen loslassen

Zuerst lass dich um das schmerzvolle Gefühl herum weich werden. Lass dieses Gefühl einfach da sein, so wie es ist, auch wenn du es ablehnst. Bleib fokussiert auf deinen Körper, atme durch das Gefühl hindurch und ignoriere die Geschichte, die dein Verstand darüber erzählen könnte. Sage zu der anderen Person in deinem Kopf: »Wenn ich die Verletzungen loslasse, an denen ich festgehalten habe, *befreit es mich* und beendet die Vergiftung meines Körpers und meiner Seele durch Groll, Wut und Traurigkeit. Ich lasse es los, *meinetwegen*.«

Setze dich still hin und sprich in deinem Herzen mit jemandem, ob tot oder lebendig, der dich verletzt hat. Sage ihm, wie du dich gefühlt hast und was du von ihm wolltest. Geh nicht in die Geschichte hinein. *Sage einfach, wie du dich fühltest und was du dir gewünscht hättest.* Punkt. »Ich fühlte mich wertlos. Ich wollte mich geschätzt und geliebt fühlen.«

Ein Mann ging in die innere Stille und bat die Präsenz, ihm beizustehen, während er seinem verstorbenen Vater sagte, wie sehr es ihn verletzt habe, dass er ihn von Kindheit an bis in die Teenagerjahre schlug. Er gestand seinem Vater, dass er von ihm gern umarmt und gelobt worden wäre. Von dieser Last befreit, wurde er von Liebe überschwemmt, und zum ersten Mal konnte er sehen, wie gequält sein Vater gewesen sein musste.

Wenn du diese Schritte erledigt hast, wirst du wissen, ob du dem Lebenden noch irgendetwas sagen musst. Und falls du mit ihm redest, sprich vom Standpunkt dessen, *was du gefühlt hast und was du wolltest,* statt über ihn und das, was er tat. Und dann lass seine Antwort gelten und auf sich beruhen; sie spielt keine Rolle. Deine Freiheit ist garantiert.

Die einzig gute Verwendung, die ich für das Wort »Vergebung« gefunden habe, ist die, *mir selbst* zu vergeben. Über dich selbst zu urteilen, dich selbst für etwas zu verachten – das ist der schlimmste Schaden, den du in der Schöpfung anrichten kannst.

Jetzt darfst du dir selbst vergeben: »Ich vergebe mir, dass ich dies erschaffen habe. Ich liebe mich.«

Befreie dich selbst, der Rest folgt von allein

Wenn dich jemand in der Vergangenheit verletzt hat, egal wie schmerzhaft es war, ist es jetzt Geschichte. Du lernst jetzt, wie du dir in der Zukunft etwas Besseres in dein Leben holen kannst. Erlebe die Emotion ohne die Geschichte, bis deine Schwingung ansteigt, dann wirst du davon befreit und brauchst sie nicht mehr anzuziehen. Wenn du ein Opfer bleibst und diese Emotion und die niedrige Schwingung weiter erzeugst, indem du die schreckliche Geschichte für dich selbst und vor anderen ständig wiederholst: *Wer ist es dann, der dich verletzt?* Du selbst verletzt dich immer wieder neu, weil du an dem Gefühl festhältst. Es ist, als würdest du mit einem Stock im eigenen Auge herumstochern, um weiter den alten Schmerz zu spüren.

Die Kette des Schmerzes kann bei dir enden.
Du darfst jetzt aufhören, sie zu tragen.

Es ist zu kompliziert, wenn man logisch herausfinden will, wer zuerst wen und warum verletzt hat. Die Schmerzenskette wird seit Tausenden von Generationen weiter fortgesetzt. Menschen, die dich verletzt haben, waren selbst in irgendeinem Schmerz gefangen, und so geht es immer weiter zurück bis in uralte Zeiten. Aber mit Leichtigkeit und Gnade kann diese Kette jetzt bei dir zu einem Ende kommen. Wenn du dich selbst davon befreist, wird es in die ganze Menschheit hinausstrahlen, sogar rückwärts und vorwärts in der Zeit.

Du meinst, du hättest gewollt, dass andere für dich da sind. Was du aber wirklich gebraucht hast, war, *für dich selbst da zu sein.* Nimm dir jetzt gleich vor, immer für dich da zu sein, wie ein großer Bruder oder eine Schwester, auch wenn damals niemand für dich da war. Durch diese unglaublich machtvolle Entscheidung verändern sich deine Vergangenheit, Gegenwart und Zukunft. Und am wichtigsten: Jetzt kann die göttliche Präsenz ganz für dich da sein.

In jeglicher Situation ist es deine oberste Priorität,
nicht die anderen oder das, was sie tun, verändern zu
wollen. Nimm vor allem deine gefühlsmäßige Reaktion
darauf wahr. Sie zu fühlen öffnet alle Türen.

Du bist das Einzige, was du beeinflussen kannst. Triff die Entscheidung, loszulassen und die Schwergewichte dem Göttlichen zu überlassen. Bitte darum, die Wahrheit zu erkennen, die Einheit zu erkennen und zu gewähren, dass die Quelle des Lebens dich voll und ganz durchströmt. Bitte darum, dass jegliches Hindernis beseitigt wird. Wenn du daran arbeiten wolltest, käme zum Widerstand nur noch mehr Widerstand hinzu. Bitte darum, diesen Prozess mit Leichtigkeit und Gnade zu durchlaufen. Fühle den Widerstand, umarme und beatme ihn, ohne darüber nachzudenken, und lass die Schwingung sich anheben und auflösen.

Es ist *deine Liebe*, die blockiert worden ist, und wenn du sie wieder fließen lässt, bist du befreit. Du gibst dich deinem wahren Selbst zurück. Tue es für dich, nicht für den anderen. Wenn dein Liebeskanal verstopft bleibt, ist deine ganze Lebensenergie abgeklemmt; du ziehst dich zusammen und bist nicht mehr im Einklang mit deinem großen Selbst. Dein großes Selbst hat nie etwas zu vergeben, weil das große Selbst nie urteilt. Der einzige Mensch, dem zu vergeben Sinn macht, bist du selbst. Um die negative Ladung aufzuheben, sage: »Ich vergebe mir selbst, dass ich diese Realität erschaffen habe.«

Beziehungen sind wesentlich für das, worum es im Leben in dieser Dimension geht. Sie sind ein wichtiger Schlüssel zu deiner Freiheit. Wenn du Verletzungen und Fehler gehen lässt, bedeutet es nicht, dass das, was geschah, für dich in Ordnung war. Du bekräftigst nur, dass es dir wichtiger ist, glücklich zu sein, als recht zu haben. Du machst deine Kraft geltend, dich selbst zu befreien. Wenn du praktizierst, *für dich selbst da zu sein*, findest du heraus, dass dein großes Selbst schon immer da war und auf dich gewartet hat; es ruft dich zur Freiheit. Wenn du die Entscheidung triffst, dich mit deinem großen Selbst wieder in Einklang zu bringen, sieht die Situation automatisch anders aus und fühlt sich anders an.

**Auch wenn nie jemand für dich da war,
kannst *du* jetzt für dich da sein.**

Ich erzähle dir die nächsten beiden Geschichten mit Mitgefühl (ohne Verurteilung), um eines klarzumachen: Auch mit den seligen Gratisfahrten, die uns die Gnade schenkt, sind wir selbst dafür verantwortlich, unsere Erleuchtung aufrechtzuerhalten und auf die Erde herunterzuholen. Der bewusste Verstandesanteil beträgt zwar nur zehn Prozent der Gesamtarbeit bei *Divine Openings*, ist aber für unser Erwachen notwendig.

Erinnerst du dich an die besagte Freundin, die vor unserer Begegnung eine so spektakuläre kosmische Einheitserfahrung gemacht hatte, dass man es für die ultimative, alles erledigende »spirituelle Goldgrube« hätte halten können? Sie war monatelang in orgasmischer Ekstase, doch als alles wieder vorüber war, hatte sich ihr Leben erstaunlicherweise kaum verändert. Sie gibt sich zwar damit zufrieden, ein schlichtes Leben mit wenig Geld zu führen, hegt aber immer noch Groll gegen ihre Familie, rechtfertigt ihn und glaubt nicht daran, dass sie ihre Realität selbst erschafft, und sie neigt zu Unfällen (was dem Glauben entspricht, die Probleme in ihrem Leben seien rein zufällig). Und obwohl sie sehr schön und sexy ist, halten ihre Liebesbeziehungen nicht lang. Sie liest immer noch buchstäblich Hunderte von spirituellen Büchern, ist aber nicht bereit, ihre niedrigeren Schwingungen zu fühlen und sich als Schöpferin ihres Lebens anzuerkennen. »Energiesüchtige« jagen den kosmischen Energiegipfeln hinterher, vermeiden jedoch die alltäglichen Gefühle und streiten ab, sie selbst hervorzubringen, oder sie machen andere dafür verantwortlich.

Ein promovierter Psychologe, der dieses Buch nicht gelesen hat, erlebte eine spontane kosmische Explosion von Ekstase und Einheit, die wochenlang anhielt, lang bevor wir uns begegneten.

Anschließend kehrte er wieder dahin zurück, seine Exfrauen zu verabscheuen und kontinuierlich Liebeskummer anzuziehen. Er unterrichtete das Gesetz der Anziehung, tat sich aber schwer damit, es zu leben.

Das Erwachen ist nur dann vollständig und dauerhaft, wenn wir unseren kleineren Part von zehn Prozent übernehmen, um es »auf die Erde« zu bringen. Das vorliegende Buch begleitet dich durch die Übungspraxis für den bewussten Verstand, bis sie dir zur Gewohnheit wird.

> **Die Gnade wirft dich wie eine Taube in die Luft,**
> **damit du fliegst. Es bedarf deiner bewussten**
> **Entscheidungen, dich dort zu halten.**

Die folgende Übung, zusammen mit dem darauffolgenden *Divine Opening*, befreit dich und stellt deinen Energiefluss wieder her. Alles, was du tun musst, ist, einfach aus dem Weg zu gehen und es geschehen zu lassen. Sei dazu bereit! *Es gibt nichts zu bearbeiten.* Wenn du merkst, dass *Divine Openings* für dich zur »Arbeit« werden, bist du dem alten Paradigma von Mühe und Anstrengung auf den Leim gegangen, was deinen Fortschritt höchstens erschwert.

Stelle in deinem Notizbuch eine Liste von all den Menschen in deinem Leben zusammen, für die du deine Liebe auch nur ein kleines bisschen zurückhältst oder nicht frei fließen lässt. Es ist egal, ob diese Menschen früher Teil deines Lebens waren oder es jetzt sind, und es ist egal, ob sie noch leben oder bereits verstorben sind.

- Die wichtigsten sind Eltern, Geschwister, Kinder, Familienmitglieder, (Ehe-)Partner, Expartner.
  Danach kommen Geschäftspartner, Vorgesetzte, Kollegen und Freunde.

- Beziehe dich selbst mit ein – fließt die Liebe zu dir selbst völlig frei? Verehrst du dich selbst so, wie es das Göttliche tut?
- Wie steht es mit Regierungschefs und allgemein Politikern?
- Feinden deines Landes? Terroristen? Umweltverschmutzern?
- Menschen bei deiner Arbeit? Reichen, gierigen Menschen? Armen, faulen Menschen?
- Menschen, die engstirnig, gemein oder pervers sind?
- Menschen, die andere erniedrigen und schlechtmachen?
- Diejenigen, die dich im Stich ließen oder enttäuschten, dir dein Herz brachen oder deren Herz du gebrochen hast?
- Menschen, die dir offensichtlich geschadet haben?
- Denjenigen, gegenüber denen du auf der guten Seite stehst, während sie (eindeutig!) böse oder schlecht sind?
- Wie steht es mit jenen, die dich auf die Palme bringen oder brachten?
- Jedem, bei dem du (immer noch) emotional geladen bist?

Wenn deine Liste leer ist und deine Liebe zu jedem Menschen dieser Erde frei fließt, prüfe zuerst, ob du ehrlich zu dir bist! Wenn es wirklich stimmt, dann setze dich hin und genieße, wie diese bedingungslose Liebe von dir ausstrahlt. Deine Absicht könnte lauten: »Wie kann ich noch tiefer gehen?« oder: »Lass mich ein Leuchtfeuer sein!«

Erinnere dich daran: Alle Menschen auf deiner Liste waren oder sind genauso im Griff des alten Denkens, wie du es gewesen bist, und ihre Gedanken und »freien Entscheidungen« waren oft nicht ihre eigenen. Erinnere dich daran, dass auch sie sich besser fühlen, besser agieren und frei von den Fesseln des Verstandes und der Gefühle hatten sein wollen. Sie konnten es aber nicht, genauso wie du es nicht immer konntest. Bitte dein großes Selbst, dir zu helfen, deine Schwingung in Bezug auf deine Beziehungen zu erhöhen, damit du frei sein kannst und deine Erleuchtung voll aufblühen kann. Du musst die Hauptarbeit nicht tun, du brauchst nur bereit zu sein, sie dem Göttlichen in dir zu übergeben, und es wird für alles gesorgt.

Umsetzung in deinem Leben

Hör auf zu lesen und mach die folgende Übung. Lesen allein bewirkt gar nichts. Du musst es auch gefühlsmäßig durchleben und Erfahrungen in verschiedenen Situationen deines Lebens damit sammeln:

- Lege deine Hand auf dein Herz und atme durch dein Herz.
- Stelle dir vor, es ist die Hand deines großen Selbst, der göttlichen Präsenz.
- Lass dich weich werden mit den Gefühlen und lass sie so sein, wie auch immer sie sind, ohne dass du versuchst, sie in Ordnung zu bringen oder wegzumachen. Tauche ein (wie im Kapitel »Zweites Divine Opening« gelernt).
- Sei offen dafür, dass eine Erfahrung von Verletztheit, Enttäuschung oder Verlust mit einem wichtigen Menschen in deinem Leben oder aus der Vergangenheit hochkommt.
- Drücke sanft, mit einem Flüstern aus, welches Gefühl du dir gewünscht, aber nicht bekommen hattest.
- Empfange das nächste *Divine Opening* im nächsten Kapitel.

Mach das Gleiche zu einem anderen Zeitpunkt in Bezug auf alle, die du verletzt hast. Notiere während der nächsten Tage oder Wochen in deinem Tagebuch, was dir an deinen Beziehungen auffällt. Es kann sein, dass du während der Übung oder während des *Divine Opening* nichts Außergewöhnliches gespürt hast, deine Beziehungen sich aber von selbst weiter öffnen, Liebe fließt oder du dich gut mit dem fühlst, wie es jetzt ist. Feiere alles, was in Bewegung kommt; es wird noch mehr werden.

Aus der Perspektive des großen Selbst

Aus dem Blickwinkel deines großen Selbst erkennst du, dass du deine Realität erschaffst. Mach dir »keine Vorwürfe«, wie es das kleine Selbst gern tut, wenn es sich als Opfer fühlt. Geh sanft und liebevoll mit dir um. Hole dir zuerst deine Kraft zurück und erhöhe deine Schwingung, bevor du dir zu viel Verantwortung auflädst. Wenn niedrigere Emotionen auftauchen, fühle sie, bis sie in Bewegung kommen und du authentisch aus ihnen aufsteigst.

Erkläre aus deinem großen Selbst heraus: »Ich habe das erschaffen«, und spüre, wie deine Kraft zunimmt. Du musst nicht wissen, warum du es erschaffen hast. Wenn es wichtig ist, wird die Antwort zu dir kommen.

Analysiere nicht, treibe dich nicht an und kämpfe gegen nichts. Es kann sein, dass dir beim dritten oder vierten Lesen des Buches auf einmal alles ganz natürlich und mühelos vorkommt. Diesen Tag kannst du dann feiern, wenn er gekommen ist!

Es gibt keine Eile. Dein großes Selbst ruft geduldig nach dir, aber es urteilt nicht.

Sobald du dir eingestehst, dass du etwas erschaffen hast, bekommst du deine Kraft zurück.

In diesem Buch von Stufe 1 (*Level 1*) geht es vor allem darum, dich aus dem Leiden zu befreien und dir Schwingungsimpulse in Richtung Frieden, Stabilität und Freude zu geben. Es soll dir helfen, dein großes Selbst öfter auf den Fahrersitz zu bekommen. Bei *Divine Openings* geht es nicht ewig um »Rüttelschwellen« und »hochgewürgte Haarballen« – diese Dinge gehören noch zum alten Paradigma. Du kannst dir absolut sicher sein, dass die Gnade ihre neunzig Prozent erledigt, aber du musst auch deinen freien Willen einsetzen, um deinen Part zu erledigen. Deine zehn Prozent bestehen hauptsächlich im Weichwerden, Loslassen und der Anwendung des Übungsmaterials für den bewussten Verstand – alles keine harte Arbeit.

Hörst du immer noch auf die Schauermärchen in deinem Kopf? Machst du aktiv die Übungen, oder begnügst du dich mit passivem Lesen? Du hast doch aufgehört, Probleme zu verarbeiten und an dir selbst zu arbeiten, oder?

Ein paar Mal bin ich schon in den Konfrontationsmodus des Cowgirl-Gurus gesprungen und habe Klienten ins Gesicht gesagt: »Triff eine Entscheidung! Werde sauer, wenn es nötig ist! Entscheide dich, deinen Kopf nicht länger über dein Leben bestimmen zu lassen! Entschließe dich jetzt, die Spitze des Fliegers nach oben gerichtet zu lassen. Beschließe, dass nichts – aber auch gar nichts! – es wert ist, die Spitze länger nach unten zu halten. Es ist *dein* kostbares Leben. *Nur du selbst* kannst diese Entscheidung treffen. Es ist dein freier Wille!« Das hat sie wachgerüttelt, sie trafen ihre Wahl, und es brachte sie auf eine ganz neue Ebene.

Um deinen Fortschritt zu beschleunigen und zusätzliche Unterstützung zu bekommen, stehen dir jederzeit die Onlinekurse zur Verfügung, wenn du sie willst. Das Resonanzfeld wird verstärkt, wenn du meine Stimmfrequenzen in den Audios und Videos hörst, die ich beim Unterrichten und in den Sitzungen aufgenommen habe. Die erste Kursstufe umfasst meine Lesung des ganzen Buches als E-Book und Hörbuch. Umfangreiches Material, das ich kreiert habe (und weiterhin kreiere), seit dieses Buch geschrieben wurde, lässt dich am Ball bleiben und deine Aufmerksamkeit fokussieren, während die Welt alles unternimmt, um dich abzulenken. Da ich während dieser Sitzungen Kanal bin, ist die Energie bereits spannend genug, und das, was als Antwort auf die speziellen Bedürfnisse und Wünsche der Schüler zu jedem Thema durch mich durchkommt, wird zu dir sprechen, als wäre es für dich gedacht.

Wähle in jedem Lebensbereich das, was dich in jeder Hinsicht nährt und unterstützt. Und am wichtigsten: Mach es dir zum Ziel, dein Leben jetzt gleich zu genießen!

Blick auf mein kleineres Selbst

Ich empfehle dir, *niemals, zu keiner Zeit* nach Negativität in dir oder irgendjemand anderem zu suchen. Du wirst es spüren können, wenn du niedriger schwingst. Durch die *Divine Openings* wird es immer unerträglicher, sich in niedrigen Schwingungen aufzuhalten. Es wird sich schrecklich anfühlen, und das soll es auch! Stemple es nicht als schlecht oder falsch ab, habe keine Angst davor und sträube dich nicht dagegen. Die Schwingung wird sich anheben, wenn du den Fokus deines großen Selbst darauf richtest und sie liebevoll und sanft umarmst. Mehr gibt es nicht zu tun. Das »schlechte« Gefühl zusammen mit dem Wunsch, dich besser fühlen zu wollen, wird dich zu gegebener Zeit dorthin bringen, wo du sein willst.

Das Dunkle ist nicht dein wahres Selbst. Es ist nur das, was du erlebst, wenn dein kleineres, verdichtetes Selbst seine Augen vor dem Licht verschließt. Nimm dein kleines Selbst in den Arm, sei bei ihm, dann wird es dich bald nicht mehr steuern – du bleibst aber menschlich und unvollkommen.

Unsere spirituellen »positiven« Rollen und Masken sind um nichts weniger heimtückisch als die negativen Persönlichkeiten. Als ich das Göttliche darum bat, mich von einigen falschen Selbsten, die ich mir zurechtgezimmert hatte, zu befreien, mochte ich es überhaupt nicht, was ich da zu sehen und zu fühlen bekam. Aber ich war bereit, damit präsent zu bleiben. Als ich dann ganz natürlich von dem, was ich nicht wollte, auf das umschwenkte, was ich wollte, da überrollte mich wie eine große Welle die starke Sehnsucht, authentischer zu sein. Wie hatte ich nur *nicht* sehen können, wie unecht es war, mich fröhlicher zu geben, als ich wirklich war? Wie konnte ich nur den Grad meiner Entfremdung von anderen Menschen übersehen? Eine transaktionale Mentalität wurde sichtbar. Einige meiner Entscheidungen beinhalteten eine Strategie der Verlustvermeidung, die in meinem reichen, gesegneten Leben überhaupt keinen Platz hatte. Ich ging aber freundlich mit mir um und verurteilte nichts. Und als die Masken Schicht um Schicht von mir abfielen, fühlte ich mich unglaublich erleichtert und erneuert. Im Licht des Bewusstseins erhöhte sich die Schwingung ohne jegliche Mühe. Dankbarkeit für einen weiteren Grad an Freiheit und Authentizität erfüllte mich und strömte aus mir heraus.

Wenn das Erwachen einmal begonnen hat, freuen wir uns, wenn wir diese Dinge sehen können! Meine Aufgabe war es, zu entspannen und zu empfangen – und dem Göttlichen die Schwerarbeit zu überlassen. In letzter Zeit brauche ich mich nur noch leicht auf etwas, das ich mir wünsche, zu fokussieren, und es entwickelt sich ziemlich schnell. Es findet keine Arbeit mehr an mir selbst statt. Ich bin eingestellt auf »automatische Evolution« (Autoevolution) und du ebenso. Sobald du mit dem Suchen aufhörst und es mit Leichtigkeit probierst, wird der Wunsch oft über Nacht erfüllt. Ich bin noch immer unvollkommen. Es geht aber nicht um Vollkommenheit, sondern um diese sich ewig weiter entfaltende Entwicklungsreise.

Es ist nicht nötig, deine menschliche Unvollkommenheit zu verstehen oder zu reparieren. Verliebe dich einfach in deine vollkommene Unvollkommenheit!

Entfaltung des Erwachens

Hier ist die beste Nachricht: Je mehr du dich ausdehnst, umso weniger schwierig wird es für dich, deine Schwingungshöhe oben zu halten. Der einzige Grund, warum wir überhaupt Schwierigkeiten mit den niedrig schwingenden Gefühlen hatten, ist der, dass wir sie nicht vollständig spüren konnten oder uns weigerten, sie vollständig zu fühlen, und deshalb einen enormen Rückstau an verdichteter Energie in uns trugen. Man hatte uns beigebracht, bestimmte Gefühle seien schlecht und unerwünscht, oder wir dachten, wir könnten es nicht ertragen, sie zu fühlen. So unterdrückten wir sie und hemmten ihren Fluss. Wir taten alles, um schmerzhafte Gefühle zu vermeiden. Ich weiß, wie weh es manchmal tat, und es schien nie aufzuhören! Nun, das ist jetzt vorbei.

Jetzt können alle Gefühle durch dich hindurchfließen, wie es der göttliche Entwurf vorsah – schnell und problemlos, ohne analysiert oder verarbeitet zu werden. Jetzt kannst du alles total leben und total fühlen. Du kannst für alles durchlässig sein. Du hast das volle Spektrum an Emotionen zur Verfügung. Du erlebst den Kontrast, das Spiel der Gegensätze. Du hast nach wie vor deine Vorlieben und Abneigungen. Aber du lässt dich nicht mehr davon einfangen oder überrollen und leidest nicht mehr darunter. Das bedeutet Gelassenheit.

Hin und wieder wirst du immer noch wütend, traurig, enttäuscht oder frustriert sein. Und während du jedes Gefühl vollständig erlebst, kann es sich entspannen und aufwärtsbewegen. Je länger du dich in den höheren Schwingungen aufhältst, umso mehr wirst du vom Gesetz der Anziehung dort oben gehalten und umso »elastischer« wirst du. Nach jedem Abstieg schnappst du schnell wieder in die hohen Schwingungen zurück, als würde dich ein Gummiband mit der Spitze der Skala verbinden. Und je länger du dort oben schwingst, desto dicker und stärker wird dieses Gummiband. Dann können sogar tiefe negative Emotionen schnell in Seligkeit umschlagen, wenn sie angenommen werden.

Fünf Minuten Meditation gehen jetzt tiefer als früher eine ganze Stunde. Ein kurzer Moment des Eintauchens und Wechselns in den Blickwinkel des großen Selbst kann stille Seligkeit oder schallendes Gelächter auslösen.

Erleuchtung ist etwas anderes als Heiligkeit, bei der du niemals wütend wirst und immer deinen Heiligenschein trägst. Vom Dalai Lama weiß man, dass er Dummköpfe und Zeitverschwender nicht duldet; er beendet dann abrupt das Interview und verlässt den Raum. Ich kenne einen erleuchteten Mann, der Zigarren raucht und gelegentlich Whiskey trinkt. Als Erleuchteter könntest du sogar ein ungehobelter, griesgrämiger Typ sein, der kein Blatt vor den Mund nimmt, unanständige Witze erzählt und die Leute vergrault. Deine Einzigartigkeit bleibt erhalten oder nimmt sogar zu. Einheit bedeutet nicht Gleichförmigkeit oder Einheitlichkeit. Unterschiedliche Sichtweisen werden geschätzt. Erleuchtung bedeutet auch nicht Perfektion. Bitte lass deine alten Klischees fallen und sei *du*. Dies ist eine völlig neue Welt.

**Wir sind hier, um das ganze
Spektrum individueller Ausdrucksformen,
die diese Dimension zu bieten hat,
zu erfahren.**

Die Evolution dessen, der du bist

Sechs Monate nachdem ich mir ein persönlicheres Konzept von Gott kreiert hatte, entwickelte ich mich in einen Zustand hinein, in dem ich Gott überhaupt nicht mehr als getrennt von mir erlebte. Er hatte sich von einem bloßen Konzept zu einer realen Erfahrung ausgeweitet. Ich weiß, dass ich nicht *alles* bin, was Gott ist, aber ich bin ein Teil von Gott und eins mit Gott. Mein täglicher Dialog mit der göttlichen Präsenz fühlt sich nun praktisch so an, als würde ich mit mir selbst reden, mit meinem größeren Selbst. Das ist nun normal. Was sich mittlerweile seltsam anhört, sind die Stimme und die Gefühle meines kleinen Selbst.

So etwas kann anfangs beunruhigend und verwirrend sein, wenn du dich dein Leben lang nach »äußeren« Autoritäten gerichtet hast: Eltern, Experten, Anführern, Ärzten und einem Gott, der »dort draußen« ist, über dir und getrennt von dir und der bestimmt, wo es langgeht. Wenn du daran gewöhnt bist, gesagt zu bekommen, was richtig und falsch ist, was gut und schlecht ist, was die »beste« Vorgehensweise ist, dann fühlt es sich jetzt an, als ob man die Stützräder abgenommen hätte und du dein Rad erstmals allein steuerst. Diese Angst ist aber nur ein Überrest des Blickwinkels vom kleinen Selbst. Wir sind niemals allein oder getrennt!

Deine eigene, von innen geführte Autorität zu werden ist eine spirituell gereifte Haltung. Was wäre, wenn dieses Leben (und der Schöpfer selbst) viel experimentierfreudiger, unvollständiger und abenteuerlicher wäre, als wir alle glauben möchten? Was wäre, wenn deine aktive Mithilfe bei der Erschaffung der Zukunft sehr begrüßt würde und man dir völlig freie Hand ließe, das zu tun, was immer du tun willst, und dir alle Ewigkeit zur

Verfügung stünde, um alles Mögliche auszuprobieren? Das könnte manche Menschen nervös machen, besonders wenn sie Regeln und absolute Schwarz-Weiß-Antworten für alles benötigen. Aber diejenigen, die als Vorreiter und Pioniere vorangehen, wird es begeistern, beleben und beglücken.

> **Die gute Nachricht zur Selbstverwirklichung ist die, dass du für deine gesamte Realität verantwortlich bist. Die schlechte Nachricht zur Selbstverwirklichung ist die, dass du für deine gesamte Realität verantwortlich bist.**

Das war nur ein Witz. In Wirklichkeit gibt es keine schlechte Nachricht. Wenn wir uns dem großen Selbst hingeben, gibt es keine erdrückende Verantwortung dafür, unsere Realität im Detail zu managen oder strategisch zu planen. Wir werden von einem Strom des Lebens getragen, der uns mit Leichtigkeit viel Arbeit und Anstrengung abnimmt. Sobald wir den ersten Schritt tun, unsere Augen öffnen, unsere eigene Macht wieder beanspruchen und die Details sich selbst überlassen, ist der Rest einfach. Die göttliche Intelligenz inszeniert unser Leben. Wir erschaffen durch unseren freien Willen immer noch mit, wir werden immer noch tatkräftig mitwirken, aber je mehr Anspannung und Widerstand wir aufgeben, umso einfacher läuft es. Wir nehmen immer noch selbst den Hammer in die Hand und klopfen damit auf den Nagel, aber wir zielen genau und klopfen uns seltener auf den eigenen Daumen. Das Leben macht mehr Spaß.

Es stimmt, dass Ärger vorprogrammiert ist, wenn das kleine Selbst sich des Konzeptes bemächtigt, es sei Gott. Aber das ist eines der Risiken in diesem Spiel, und du wirst damit schon umgehen können. Und selbst wenn du abstürzt und verbrennst, mach dir keine Sorgen – steh wieder auf und versuch es noch einmal. Wir nehmen dieses Spiel, das man Leben nennt, alle viel zu ernst.

Wie würdest du leben, wenn du wüsstest,
du kannst nicht verlieren?

Lichtwolken. Künstlerisch bearbeitetes Foto von Lola Jones.

Achtes Divine Opening

*B*etrachte dieses künstlerische Foto zwei Minuten lang, schließe dann die Augen und erlebe es in dir.

Eine neue Art zu arbeiten

In der allzu kurzen Geschichte vom paradiesischen Garten Eden gab es eine Zeit, da der Mensch herrlich und in Freuden lebte. Die Nahrung wuchs auf den Bäumen, das Leben war leicht, und es gab keine Arbeit. Ob man nun glaubt, diese Geschichte sei wörtlich zu nehmen, oder sie als eine Metapher versteht, so stimmen die meisten doch in einem Punkt überein: Irgendwo unterwegs in die Gegenwart ist der Mensch in die Irre gegangen. Seit der paradiesischen Zeit waren zahllose Leben unzähliger Generationen ein einziges langes Kapitel von Mühsal, Plackerei, Kampf und Zwietracht.

Nimm dir einen Augenblick Zeit, um dich an die Handlung von Filmen zu erinnern, die dir gerade in den Sinn kommen, und du wirst feststellen, dass es darin fast immer um ein Problem oder einen langen Kampf geht, bei dem der Held oder die Heldin nach größten Schwierigkeiten die Herausforderungen überwindet. Kurze Szene am Ende: glücklicher Held. Davor zwei Stunden lang nichts als Schmerz und Kämpfen, Ringen und Konflikte bis ins letzte Detail, mit einer kurzen Andeutung von »glücklich und zufrieden bis ans Ende ihrer Tage«. Nachdem wir das allerdings nie im Detail zu Gesicht bekommen, haben wir nicht viel Beweismaterial dafür, dass es überhaupt existiert. Nach einer kurzen Verschnaufpause folgt ohnehin eine Fortsetzung mit noch mehr Kampf und Mühsal. Held siegt, schwarze Bildfläche. Denke mal darüber nach! Wir haben eine entsprechende unbewusste Erwartung, die uns antrainiert wurde. Und kein Mensch stellt es infrage, wenn wir das Unterhaltung nennen!

Uns ist gar nicht bewusst, wie tief diese Überzeugung in uns sitzt, dass das Leben so sein muss: ein langes, zähes Ringen, mit superkurzen Episoden von Glücklichsein. Manche Filme bieten uns nicht einmal ein glückliches Ende – und diese gelten als »realistischere« oder »ernst zu nehmende« Filme, die bei den Oscar-Verleihungen bevorzugt werden, während die glücklichen, lustigen Filme als »frivol« oder »trivial« abgetan werden. Wir bemerken nicht einmal, wie anmaßend das ist, aber wir leben es. Es gibt nicht annähernd so viele Vorbilder und Beispiele für »überwiegend glücklich« wie Idole und Identifikationsfiguren für »Kämpfer und Überwinder von schweren Schicksalen«.

In der faszinierenden, aus dem Leben gegriffenen Geschichte des Rennpferdes Seabiscuit, die in einem gleichnamigen Buch und Film erzählt wird, geht es zum Beispiel um die Überwindung von niederschmetternden Hindernissen, mit ein bisschen Triumph und Glück, spärlich verteilt. Und das nannten wir bisher »das echte Leben«. Es ist alles genau hier, in unseren Filmen, zu sehen, in Technicolor.

Aber statt uns noch länger damit aufzuhalten, wie es kam, dass das Leben seine Leichtigkeit verlor, lass uns lieber direkt zum Happy End übergehen – und dieses Mal wird es nicht zu kurz sein! Die archaische Geschichte kannst du verändern, wenn du beschließt, die Massenhalluzinationen abzuschütteln und deine eigene Geschichte zu kreieren.

Die Zukunft, die du erlebst, hängt von den Entscheidungen ab, die du heute triffst. Die Realität ist multidimensional, und jeder einzelne Mensch auf dieser Erde erlebt eine *andere Version der Realität.* Du lebst tatsächlich in einer anderen Realität als deine Eltern, deine Kollegen oder Freunde. Wir alle haben unendliches Potenzial, aber manche von uns erlauben sich mehr Möglichkeiten, während sich die anderen an die Illusionen und vorgeschriebenen Grenzen der Konsensrealität klammern, weil sie dazugehören und sich wohlfühlen wollen.

Je mehr du damit spielst, umso mehr wird dir auffallen, dass sich die Menschen in den neuen Realitäten, die du erschaffst, anders verhalten. Du und die anderen, ihr seht in der neuen Realität anders aus. Die Dinge funktionieren dort anders. Wenn Leute vom Weltuntergang oder von dieser oder jener bevorstehenden globalen Katastrophe reden, sage ich: »Das ist nicht *meine* Realität.« Ich kann nicht die Realität aller anderen verändern, aber ich kann ihnen zumindest zeigen, wie es geht.

Für alle, die sich entscheiden, ihre innere Kraft für sich in Anspruch zu nehmen, wird es eine unbegrenzte Auswahl an Realitäten geben. In den kommenden Zeiten wird Arbeit darin bestehen, dass jeder von uns tut, wozu er geboren wurde und was ihm Spaß macht. Egal ob du Lkw-Fahrer, Friseurin, Bestatter oder Arzt bist, deine Arbeit wird ein Überfließen deines Genies und deiner Leidenschaft sein, eine Form des Selbstausdrucks, eine Art, deine Lebenskraft so fließen zu lassen, wie es dir die meiste Freude bringt. Du wirst mit dieser materiellen Realität spielen – nicht, um zu überleben, sondern um schöpferisch zu sein, zu experimentieren, auszuprobieren, dich zu erweitern und deine gewählte Aufgabe zu meistern. Du wirst nicht mehr dein ganzes Leben damit zubringen, dir den Lebensunterhalt zu verdienen – das ist Überleben. Du wirst arbeiten, um dir dein Leben zu erschaffen – das ist Kreativität.

Diese Rückkehr ins Paradies ist kein Endziel. Es ist lediglich eine weitere Phase der Evolution. Wir sind in eine schnelllebige neue Dimension der Evolution eingetreten, wie sie in der gesamten dokumentierten Menschheitsgeschichte noch nie da gewesen ist.

Der hölzerne Pflug ist primitiv im Vergleich zu den riesigen Mähdreschern von heute. Die fantastische Realität von heute wäre für einen König im Mittelalter unvorstellbar gewesen. Auf die gleiche Weise ist es uns unmöglich, uns von hier aus vorzustellen, was kommen wird. Es macht aber Spaß, es zu versuchen – es erweitert deinen Sinn für Möglichkeiten und deine Fantasie! Eines Tages werden wir sogar noch mehr mit der Essenz des Lebens gemeinsam erschaffen, nicht nur auf dieser Erde, sondern um völlig neue Welten in neuen Dimensionen zu erschaffen. Wie würde es dir gefallen, ein »Welten-Designer« zu werden? Darüber wirst du auf Stufe 2 (Onlinekurs Level 2) mehr erfahren, wo es nur noch um Freude geht, um die Lust am Erschaffen. In Stufe 3 und dann 4 ist *Jumping the Matrix* (»Herausspringen aus der Matrix«) das Hauptthema, bei dem wir mit alternativen Realitäten außerhalb von Zeit und Raum spielen. Die meisten neuen Entwicklungen fließen in meine Onlineretreats ein, weil ich so eine Freude an Multimedia habe – Audios, Videos, farbenfrohe Grafiken und Kunst machen so viel Spaß. Das Internet »lebt«, ist flexibel und perfekt für die Art, wie ich ständig

Dinge kreiere, verbessere, hinzufüge und auf den neuesten Stand bringe.

> Tue, was du liebst, und liebe, was du tust.
> Es fühlt sich gut an, wenn es durch
> dich hindurchströmt.

Das Leben bestätigt dir, woran du glaubst

Als sich ein Freund über einige unerfreuliche Manifestationen beklagte, wurde ihm klar, dass er durch seine misstrauische, abwehrende Art häufig Situationen anzog, die ihm seinen Glauben an Konflikt, Kampf und die Notwendigkeit der Vorsicht bestätigten. Das Leben liefert uns ständig Beweise für das, was wir für wahr halten. Dann sagen die Leute: »Ich kann doch nicht einfach so tun, als wäre es nicht wahr, wenn es doch wirklich so ist. Siehst du, es ist schon wieder passiert! *Das beweist, dass es real ist!*«

Eine Wahrheit ist aber nur wahr, weil du an sie glaubst und eine Menge Beweise dafür gesammelt hast oder weil eine ganze Gesellschaft daran glaubt und du es geschluckt hast. Das Gesetz der Anziehung macht dann, dass es erst recht wahr erscheint.

Es war nachvollziehbar, dass der Freund sich als Kampfkünstler die ständige Bereitschaft, Angriffe zu parieren, antrainiert hatte. Wir sprachen darüber, wie viel Disharmonie diese Schwingung in Beziehungen mit anderen erzeugt hatte – mit Geliebten, Geschäftspartnern, Freunden. Er konnte das sehen, wusste aber überhaupt nicht, wie er damit umgehen sollte. Während es mir normalerweise mit meinen Schülern leichtfällt, in der gelassenen, ruhigen Perspektive des großen Selbst zu bleiben, spürte ich in mir eine emotionale Ladung, während ich an diesem Tag mit dem Freund redete.

Bald wurde mir klar, warum, und auch ich erhielt ein Geschenk der Bewusstheit. Am selben Abend begannen Ströme von Tränen aus meinen Augen zu fließen, als ich plötzlich sah, dass auch ich mich abwehrend verhalten hatte, nur hatte es sich bei mir anders manifestiert. Es war versteckter, denn ich hatte mir Konflikt und Verteidigung nicht anmerken lassen. Ich hatte sie nicht so offen ausgespielt. Es hatte in meinem Leben weniger Schaden angerichtet, aber nichtsdestoweniger war es vorhanden. Als ich dem Freund zu mehr Klarheit verhalf, sah ich auch mich selbst klarer. Mein Atem wurde leichter, als ich in dieser weichen, klaren Nacht meine Mauern einriss. Danach konnte ich beobachten, wie der Freund sich etwas mehr für die Welt öffnete und weniger auf der Hut war. Seine Geschäfte florierten. Meine eigene Partnerbeziehung vertiefte sich. Und ein Freund, der mich Monate zuvor heftig kritisiert hatte, rief wieder an und erneuerte unsere auf Distanz gegangene Freundschaft. Das Leben öffnet uns neue Türen, wenn unsere Herzen weich werden.

**Was du glaubst – und als Schwingung aussendest –,
wird sich dir immer wieder aufs Neue beweisen.**

Gesammelte Beweise für deine Realität

Du meinst, das Leben bringe deine Überzeugungen hervor, aber in Wirklichkeit bringen deine Überzeugungen dein Leben hervor. Du meinst, die Umstände bringen Emotionen hervor, aber auch hier ist es umgekehrt: Deine emotionale Schwingung bringt die entsprechenden Umstände hervor. Und nachdem sich eine Serie von ähnlichen Ereignissen magnetisch an dich geheftet hat, entwickelst du eine Überzeugung und triffst dann noch öfter auf ähnliche Umstände.

Unser Verstand liebt es, unsere Erfahrungen zu katalogisieren und über das, was er für wahr hält, Regeln aufzustellen, damit wir beruhigt sein können, die Sache unter Kontrolle zu haben. Wir entwickeln Überzeugungen, indem wir immer wieder ähnliche Dinge und Gefühle anziehen. Durch unsere Schwingung ziehen wir »Beweise« für diese Überzeugungen an, die wir in den Schubladen unseres Verstandes ablegen. Damit ziehen wir noch mehr Beweise für unsere Überzeugungen an. Jede Schublade an Beweisen, die du gesammelt hast, zieht laufend neue Beweise an, um zu bestätigen, dass es stimmt, selbst wenn die Überzeugung nicht stimmt. So häufen sich die vermeintlichen Beweise.

Das schafft große Probleme, denn wir vereinfachen und verzerren die Dinge, damit sie in die Schubladen unseres Verstandes passen. Wir glauben den Beweisen. Wir nutzen die Schubladen unserer früheren Erfahrungen, wenn wir wissen wollen, was wahr und echt ist, statt dass wir in Echtzeit unser großes Selbst um Führung bitten.

Wenn du meinst, deine Schwester sei faul, wirst du Belege dafür zusammentragen und jeden Gegenbeweis unter den Tisch fallen lassen, weil er nicht in deine aufgeräumte kleine Schachtel im Hirn passt. Wenn du meinst, man könne den Menschen nicht vertrauen, wird dieser Glaube aktiv Leute anziehen, denen du nicht trauen kannst. Ich bin äußerst vertrauensvoll, aber *scharfsichtig*. Einmal ließ ich aus Versehen eine Geldbörse mit achthundert Dollar Bargeld in einer Disco in Mexiko liegen und bekam sie am nächsten Tag zurück. In einem Laden fielen mir fünfzig Dollar auf den Boden, und ich bekam sie zurück. Ich habe mich von fremden Leuten im Auto mitnehmen lassen. Ich liefere damit den Schachteln in meinem Kopf ständig Beweise, dass ich mich sicher fühlen kann, und dazu nutze ich meine Intuition, gepaart mit Weisheit, um Schwierigkeiten zu vermeiden. Diese Schachtel funktioniert sehr gut. Kein Problem. Wie aber steht es mit Schachteln von Beweisen, die dich einschränken, ausbremsen oder deinen Erfolg und deine Beziehungen hemmen?

Ich hatte früher kartonweise Beweismaterial dafür, nicht liebenswert zu sein. Die Erfahrungen, die ich in Beziehungen machte, als ich nach dieser Schachtel lebte, erscheinen mir heute fremd, obwohl sie einmal sehr real waren. Heute fühle ich mich total liebenswert und sicher, und ich werde sehr geliebt; es ist einfach kein Thema mehr.

Alles ist wahr – für irgendjemand anderen –, aber es muss nicht für dich wahr sein. Ich lebe jetzt in einer anderen Wirklichkeit, außerhalb dieser Schachtel. Du würdest dich heute nicht mit einem Buch der 1950er-Jahre über Medizin oder Weltraumtechnik informieren. Die Wahrheiten in deiner heutigen, erweiterten Realität sind »wahrer« als deine alten, einschränkenden Wahrheiten.

Ein weiteres Beispiel hierfür ist ein Mann mit Schachteln voller Beweise dafür, dass sein Vater ein schlechter Mensch war. Das erweiterte sich bald zu: »Männer in Autoritätspositionen sind schlechte Menschen.« Seine Beweise mögen faktisch »wahr« sein, aber eine solche Schachtel zieht nur noch Autoritäten an, die ihre Stellung missbrauchen. Solche Überzeugungen können unser Leben ruinieren, ohne dass wir verstehen, was vor sich geht.

Manche Menschen haben Kisten voll Beweise dafür, dass sie schüchtern sind oder kein Geld verdienen können oder unattraktiv sind. Andere sind davon überzeugt, sie hätten keine Intuition, seien nicht klug, die Welt sei dem Untergang geweiht oder Arbeit sei anstrengend. Und alles bestätigt sich durch die Beweislast ihrer Schachteln. Ich hörte, wie ein Mann im Café sagte: »Dieser Spruch, dass man tun soll, was man gern tut, und dass dann Geld hereinkommt – ich hab's ausprobiert, und es stimmt nicht!« Ich dachte: »Wie traurig. Bei mir hat es immer gestimmt. Aber für sich hat er natürlich recht, denn seine Schachteln sind voll von Beweisen für seine Ansichten, und sie werden immer größer.«

Sobald du dein ganzes Schubladendenken sprengst, kannst du dich vom Fluss des Lebens tragen lassen. Im neuen Paradigma werden wir durch Intuition und Information genau dann geführt, wenn wir es brauchen. Du brauchst keine Erinnerungshilfen, genauso wenig, wie du eine Route im Vorhinein kennen musst, um einen Ausflug oder eine Reise zu machen. Halte einfach deine Navigationstafel bereit und folge deiner Führung von einem Moment zum nächsten. Der Verstand will sich immer mit Beweisen absichern, aber du hast jetzt verstanden, dass dies auf Angst beruht. Du brauchst nicht einmal »Glauben«, wenn du dein großes Selbst als Führung hast.

Lebe im Jetzt, nicht im Schubladendenken.

Bleib einfach ganz entspannt, wenn du Schubladen in dir entdeckst, die sich zu groß anfühlen, als dass du sie allein sprengen könntest. Bitte dein großes Selbst, es für dich zu tun. Wenn eine Überzeugung auftaucht, werde einfach weich damit und gib dich hin. Die Gnade macht alles möglich – selbst bei Dingen, mit denen wir jahrelang gekämpft haben.

Umsetzung in deinem Leben

Wie viele Schachteln mit »echten Beweisen« kannst du finden, die dir überhaupt nicht helfen? Schreibe in dein Tagebuch eine Liste von Überzeugungen und Glaubenssätzen, die dich begrenzen und einschränken. Bitte das Göttliche um Hilfe, diese »Beweise« gehen zu lassen. Zur Verstärkung könntest du auch das Eintauchen oder die Niederwerfung einsetzen.

Woher weißt du, was möglich ist?

Wie weißt du, ob etwas »möglich« oder »unmöglich« für dich ist? Beziehst du dich dabei auf das Internet, auf Bücher, die Wissenschaft, Statistiken oder deine Schachteln und Schubladen? Auf diese Weisen entscheiden die meisten Menschen, ob etwas für sie oder andere möglich oder unmöglich ist. Krebs? Aids? Oh, das ist unheilbar. Blindheit? Unheilbar. Reich sein? Keine Chance. Einfach zu leben? Nicht für mich. Jeder Mensch auf der Erde satt? Nö, dafür ist nicht genug da.

Wenn dir etwas noch nie untergekommen ist oder du niemanden auf diesem Planeten kennst, der es gemacht hat, dann werden dir sämtliche Daten in deinen Schachteln sagen: »Nein, das geht nicht, das ist unmöglich!«, während die göttliche Führung möglicherweise sagt: »Leg los, du schaffst das!« Wie können wir jemals über das hinausgelangen, was jemals getan wurde, wenn wir erst Beweise dafür brauchen, dass etwas möglich ist?

Dies unterstreicht noch einmal, wie wichtig es ist, unseren eigenen Visionen mehr Glauben zu schenken als äußeren Indizien und früheren Erfahrungen.

Die Erde ist rund, der Mensch kann fliegen, die Meile in vier Minuten, mit Menschen am anderen Ende der Welt sprechen – all das war einst unmöglich, und die damals aktuellen wissenschaftlichen Beweise belegten es. Inzwischen ist es nicht nur möglich, sondern *alltäglich* geworden.

Wenn du mehr über Schachteln, Überzeugungen und die Befreiung davon lesen möchtest, dann suche unter den kostenlosen Artikeln (50+ free articles) auf www.DivineOpenings.de nach dem Artikel »Realität: Etwas De-Montage erforderlich«.

Übergib alles deinem großen Selbst,
was für dein kleines Selbst zu groß ist.

Übergib deine To-do-Liste an Gott

Ich mache immer noch To-do-Listen und *Vision Boards* (Traum-Collagen), allerdings ganz anders als früher. Gedanklich setze ich alles auf die »Gott-Liste«, wie ein Klient sie taufte. Dann tue ich nur das, wozu ich mich angestoßen, inspiriert oder hingezogen fühle, oder wo es eine Frist einzuhalten gibt, etwa um Rechnungen zu bezahlen. Sobald es auf der »Gott-Liste« steht, ist es im Nichtphysischen schon erledigt. Dann lege ich die Liste beiseite und vergesse sie! Statt die Punkte auf meiner Liste der Reihe nach abzuarbeiten, bleibe ich offen für inspirierte Gedanken oder Handlungsimpulse, die sich bei mir reichlich einstellen. Ich liebe es, etwas zu vollbringen. Wenn ich denke, dass etwas getan werden muss, spüre ich der Schwingung nach und prüfe, ob es sich schon »reif« oder »gar gekocht« anfühlt. Ich tue nicht viel, bevor ich nicht den Rückenwind dahinter spüre oder sogar einen Anschub. Wenn es sich zäh anfühlt, ist die Zeit noch nicht reif, und keine Menge an Aufwand würde Erfolg bringen. Wenn die Energie noch nicht reif ist, wäre jede Aktivität verschwendet. Erst wenn sich meine Energie zu diesem Thema mit meinem großen Selbst in Einklang gebracht hat, ist es Zeit zu handeln.

Bei großen Projekten und großen Herausforderungen schätze ich es sehr, wenn ich jemanden finde, der die Dinge, die ich nicht gut kann, erledigt – wie Geld zu erschaffen, das genau richtige Teil zu finden und Lösungen zu liefern in Angelegenheiten, von denen ich selbst keine Ahnung habe. Ich setze all die alltäglichen, trivialen Dinge ebenso wie alles, was mir »eine Nummer zu groß ist«, auf die mentale Gott-Liste. Wenn ich irgendwelche Widerstände in mir wahrnehme, schreibe ich es auf Papier. Das ist sehr effizient. Eine Menge Schwerarbeit wird vom Universum erledigt, von jemand anderem oder muss am Ende überhaupt nicht mehr getan werden. Oft taucht etwas auf, das besser und müheloser funktioniert als das, was man vorgehabt hatte.

Überlass die Schwergewichte
dem Göttlichen.

Umsetzung in deinem Leben

- Schreibe eine Liste mit all den Menschen in dein Notizbuch, von denen du glaubst, dass du unmöglich deine Themen mit ihnen lösen kannst. Dann lass los.
- Schreibe eine Liste von Herzenswünschen, die »zu groß« oder zu kompliziert für dich sind und die du erledigt haben möchtest. Dann lass los.

Deinem großes Selbst ist alles möglich.
Übergib ihm das Ganze und sei offen.

Wann ist Tun angesagt?

Während du dich immer feiner auf deine innere Führung einstimmst und weniger abhängig von Antworten im Außen wirst, lebst du doch in einer physischen Welt. Sitze nicht einfach nur an deinem Schreibtisch und erwarte, dass alles von innen heraus zu dir kommt – oder gratis, auch wenn das möglich ist. Ja, ein gewisses Maß an Handeln ist erforderlich, um in dieser physischen Dimension etwas zu erschaffen. Wir sind hierhergekommen, um mit Materie umgehen zu lernen, mit anderen Menschen zu kommunizieren und physisch mit unseren Händen den Ton zu formen – und das macht Freude. Hätten wir nur in den nicht-physischen Bereichen etwas erschaffen wollen, wo alles unmittelbar durch bloße Gedankenkraft erscheint, wären wir in der nichtphysischen Welt geblieben.

Auf der Erde gehört die materielle Manifestation mit zum Spiel. Wir haben mehr Spaß und sind weniger müde, wenn wir den faktischen Vorteil nutzen, dass 99,9 Prozent der Schöpfung durch Energie, Schwingung, Aufmerksamkeit und Absicht geschehen und nur das letzte 0,1 Prozent die physische Manifestation ausmacht. Ich habe mit dir nun die ganze Zeit am energetischen Teil gearbeitet. Jetzt, wo deine Energie angehoben ist und du dich vom Fluss des Lebens tragen lässt, wirst du dich zur Handlung inspiriert fühlen. Beginne mit *einem* Schritt. Du wirst vielleicht nur Schritt für Schritt geführt, und die Straße könnte viele Abzweigungen haben.

Wenn dir das Tun schwerfällt, frage dich, ob du deiner Führung oder deinem Verstand folgst. Die Leute sagen, das Schreiben sei schwierig, aber weil ich aus der Führung schreibe, finde ich es beglückend, mühelos und fließend. Ich genieße das Schreiben und kann oft gar nicht aufhören. Mein großes Selbst erledigt das Schreiben, und ich gebe mich hin und lass es durch mich geschehen. Ich lese meine eigene Arbeit, höre meine Audioaufnahmen und werde dadurch erinnert und inspiriert, weil es von meinem großen Selbst kommt und nicht von meinem kleinen Ich. Du kannst in jedem Beruf die Schwerarbeit dem Göttlichen überlassen.

Du hast gesagt, was du dir wünschst. Jetzt wird dein großes Selbst dir Führung anbieten und dich zu dem leiten, was du tun musst. Du wirst in die Richtung von Menschen geschubst werden, die über genau die Fähigkeiten und Informationen verfügen, die du nicht hast: den super Babysitter, den besten Buchhalter, die Materialien, die du benötigst, das beste Urlaubsangebot oder den Typen, der dir eine Website gestaltet, die deine Arbeit enorm erleichtert.

Genau so jemand fand mich! Lee nahm mit seiner Frau Brook an einem der frühen *Divine Openings* der Stufe 1 teil. Ich wusste nicht, dass er Websites entwickelte, und er wusste nicht, dass ich nach einer Lösung dafür suchte. Einen Monat später schickte er mir eine E-Mail mit einem Vorschlag für genau die Website, die ich mir wünschte. Sein Angebot war, sie im Tausch gegen das Fünf-Tage-Schweigeretreat für sich und seine Frau zu machen. Wir fingen sofort an. Innerhalb von zwei Monaten hatte ich eine ausgefuchste neue Website, und schon nach vier Monaten erledigte sie bereits neunzig Prozent meiner Arbeit für mich. So haben dank Internet die Dinge angefangen, sogar *noch besser* zu laufen, während ich abwesend bin!

Das Leben liefert dir Gelegenheiten für Co-Kreationen mit anderen, um Ziele zu verwirklichen, Spaß zu haben, Sport zu treiben, eine Firma aufzubauen oder dein Auto zu tunen. Es wird dich genau im richtigen Moment anstupsen, damit du eine Beziehung klärst, einen Unbekannten grüßt, einen Anruf machst, die Person einstellst, einen Artikel liest und einer Spur folgst. Der natürlichste nächste Schritt wird immer dann offensichtlich, sobald die Energie dafür bereit ist. Bist du offen genug, es zu erkennen?

Deine Aufgabe ist es, dich einzutunen, das rechte Timing zu spüren und dann zu tun, wozu du geführt wirst. Wenn es an der Zeit ist zu handeln, flutscht es. Das nenne ich »Geschmeidigkeit« und es fühlt sich körperlich gut an. Zweifel sind nicht da.

Mein nächstes Buch trägt den Titel *Du bist so viel größer, als du denkst. Anleitung zur Manifestation* (frühere Ausgabe: *Pass auf, wohin du zielst. Meisterschaft über die Kraft der Absicht*). Es entwickelt deine Fähigkeit weiter, mit reiner Absicht zu erschaffen und zu manifestieren.

Göttliche Führung ist ständig zu haben.
Bist du darauf eingestimmt?

Folge deiner Führung

Eine Klientin, die am Ende selbst eingeweiht wurde, um *Divine Openings* zu geben, hatte nach ihrer ersten Sitzung ein großes Erwachen. Sie hustete einen oder zwei »Haarballen« hoch. In der ersten Woche tauchten wiederholt schreckliche Szenarien vor ihrem inneren Auge auf, in denen ihr unbekannte Menschen sie misshandelten oder versuchten, Macht über sie auszuüben. In ihrer lange praktizierten Gewohnheit des »spirituellen Bypass« (die Gefühle zu umgehen, statt sie zu fühlen) versuchte sie, diese Menschen »in weißes Licht einzuhüllen und wegzuschicken«. Sie kamen immer wieder zurück.

Während wir darüber sprachen, fühlte ich intuitiv, dass sie als Kind keinen Ärger ausdrücken durfte. Ihr Leben lang konnte sie, wann immer ihr jemand das Gefühl gab, machtlos zu sein, keine Wut einsetzen, um sich auf der Skala hochzukatapultieren. Sie hatte ihr Leben lang erfolglos versucht, bei negativen Gefühlen die spirituelle Umfahrungsstraße zu nehmen: »Denke einfach an Licht und Liebe.« Nun ja, es ist ein zu großer Sprung von Machtlosigkeit zu Liebe, und die meisten Menschen können sie nicht dauerhaft erreichen. Sie fallen wieder zurück und fühlen sich dann als Versager.

Ich ließ sie ihre Gefühle spüren, von der Ohnmacht ausgehend über den Zorn nach oben. Ich brachte ihr bei, wie sie sich ihren Misshandlern im Geiste stellen konnte, wie sie wütend werden und ihnen sagen konnte, dass sie sie nicht mehr missbrauchen und manipulieren konnten. Die Erleichterung folgte rasch.

Dann leitete ich sie an, die Gefühle bis in den Kern hinein zu spüren, die Geschichte und die handelnden Figuren jedoch fallenzulassen. Sie hatten ihren Zweck erfüllt. Ich führte sie tiefer in den Prozess des Eintauchens hinein. Die Gefühle erhöhten ihre

Schwingung, und die Misshandler hörten auf zu erscheinen. Nun war sie wirklich oben in Liebe, Licht und Kraft und konnte dort bleiben.

Manchmal wollen spirituelle Menschen aus dem Bedürfnis heraus, ein »guter Mensch« zu sein, *niemals* niedrigere Schwingungen haben, zugeben oder spüren, da sie meinen, sie hätten dann versagt. Ich sehe, wie hoch entwickelte spirituelle Menschen nicht weiterkommen, bevor sie nicht lernen, ihre Emotionen anzunehmen, zuzulassen und fließen zu lassen. Sobald du sie umarmst, wächst du aus ihnen heraus.

Der Hauptgrund, warum ich die Geschichte dieser Frau hier erzähle, ist allerdings, dass diese Visionen ihre göttliche Führung waren. Wir halten nach Engeln Ausschau und warten auf die dröhnende Stimme Gottes, um aber aus der Machtlosigkeit herauszukommen, bekommst du von Gott oft etwas geschickt, das dir den Impuls gibt, wütend zu werden, um dir deine Macht zurückzuholen. Als sie das erkannte, fühlte sie sich nicht nur großartig – sie vertraute nun darauf, dass negative Gefühle einen Sinn haben. Sie begann sie zu würdigen und in Bewegung zu bringen, anstatt zu versuchen, sie loszuwerden.

In der dritten Sitzung wusste ich, dass sie kurz davorstand, in die nächste Ebene durchzubrechen. Sie lief auf Hochtouren, bei einhundertfünfzig Kilometern pro Stunde. Überdrehte Leute sind meistens auf der Flucht, in der Regel vor ihren Gefühlen. Mein Eindruck war, dass sie ihr ganzes Leben ihrem Körper vorausgeeilt war. Und wer kann es ihr verübeln? Wer will sich schon in einem schlechten Gefühl aufhalten, wenn er keine Ahnung hat, wie er damit umgehen soll? Hier kommt die Hilfe der Gnade ins Spiel. Ich redete besänftigend mit der Frau, und sie war bereit, mir zu erzählen, dass es in ihrer Kindheit Missbrauch gegeben hatte. Sie hatte die Methode des Eintauchens in die Gefühle zwar schon kennengelernt, aber dieses Thema war immer noch zu beängstigend. Ich half ihr, das Gefühl des Missbrauchs einzuladen und zu spüren, ohne es zu analysieren oder in die Geschichte zu gehen. Und so wurde diese alte, beängstigende Emotion sehr bald zu »einem Häuflein Asche«, wie sie es formulierte. Wieder einmal war sie selig. Von nun an konnte sie es auch allein schaffen, in schwierige Gefühle einzutauchen.

Führung passiert gewöhnlich nicht durch die Stimme Gottes oder eines Geistführers; sie hört sich nicht immer so an, wie du es vielleicht erwartet hättest. Es kann sein, dass sie mit einer niedrigen Emotion beginnt, die dich schließlich auf der Navigationstafel nach oben bringt zu Inspiration und Handeln. An der Spitze der Gefühlsskala wird die Führung oft als reine Seligkeit erlebt, die dich fröhlich auf einen bestimmten Pfad ruft. Folge ihr auf jeden Fall!

> **Führung kann immer anders aussehen und
> sich anders anhören, je nachdem, auf welcher Höhe
> du auf der Gefühlsskala stehst.**

Inspiriertes Handeln

Inspiriertes Handeln ist unglaublich effizient und fühlt sich so an, als würde es dich tragen. Eine Stunde inspirierten Tuns ersetzt Tausende Stunden Geschäftigkeit, Pflichterfüllung oder harte Arbeit. Es ist natürlich klar: Wenn du einen offenen Kamin aus Steinen bauen willst, musst du Steine heben und mit Mörtel zusammenfügen. Bist du aber inspiriert, wirst du mit Begeisterung die körperliche Bewegung, das Entstehen deiner Neuschöpfung und den anschließenden Muskelkater erleben. Du bist hier auf diese Erde gekommen, um mit Steinen und Mörtel zu bauen, mit Zahlen zu jonglieren, Geschäfte zu tätigen und Geschirr zu spülen – aber nicht, um in höheren Sphären zu schweben. Genieße die Köstlichkeit aktiven Tuns. Und wenn sich dieses Gefühl ändert, mach eine Pause.

Wie weißt du, ob eine Handlung, die dir in den Sinn kommt, inspiriert ist? Wenn dein Verstand die meiste Zeit ruhig und friedvoll ist, wird so ziemlich alles, was dir einfällt und sich gut anfühlt, inspiriertes Denken sein. Erinnere dich, die Stimme des Göttlichen hört sich genauso an wie die deine, nur weiser. Mittlerweile sind fast alle meine Gedanken inspiriert, geführt, nährend oder erhebend. In der übrigen Zeit ist mein Verstand gar nicht so aktiv. Wenn Gedanken ins Negative abdriften, wende ich mich von ihnen ab und steuere wieder in die Richtung, in die ich gehen möchte. An einem bestimmten Punkt hörst du fast nichts in dir. Das ist gut! Es zeigt, dass du aus dem Weg bist und die Gnade dich leicht führen kann. Geh einfach mit dem Fluss.

Ich vergleiche den alten Verstand mit einer von Müll übersäten Landebahn. Dein großes Selbst lässt ständig Geschenkpäckchen auf die Landebahn fallen, die dich leiten können. Wenn die Bahn jedoch mit Schrott zugemüllt ist, kannst du die wertvollen Päckchen inmitten des Mülls gar nicht finden. Früher habe ich mit all dem geistigen Müll auf der Landebahn meine Zeit vertrödelt, weil ich nicht unterscheiden konnte, was wertvoll war. Es verwirrte mich.

Als kreativer Mensch habe ich oft so viele Einfälle, dass ich sie nicht alle umsetzen kann. Dann konnte ich mich total verzetteln, mit zu viel Einsatz und zu wenig Ergebnis – oder ich gab überwältigt auf. Diese ganze Aktivität ermüdete mich nur.

Das änderte sich, als *Divine Openings* das ganze Gerümpel von der Landebahn wegräumten. Wenn sich eine göttliche Inspiration im Landeanflug befand, war sie nun leicht auszumachen, und es gab überhaupt keinen Zweifel, dass es eine »wichtige« Idee oder Aktion war. Inzwischen weiß ich genau, welches die inspirierten Gedanken sind, die meine vorrangige Aufmerksamkeit verdienen. Sie leuchten wie Neonschilder auf diesem leeren *funway* (»Tollbahn«) ... *runway* (»Rollbahn«). (Interessanter Tippfehler – ich lasse ihn so stehen!)

Selbst wenn mein Denken sehr beschäftigt ist, höre ich darauf, sofern meine Flughöhe hoch ist, weil ich davon ausgehen kann, dass es hochwertige Gedanken sind. Ein reger Verstand kann äußerst produktiv sein, aber du brauchst dennoch stille Ruhepausen. Wenn zu viele Ideen auf einmal kommen, schreibe sie auf, um sie festzuhalten, und lege sie dann beiseite. Der rechte Zeitpunkt wird kommen, um sich mit ihnen zu beschäftigen, oder das Universum wird einen Großteil für dich erledigen. Oder du wirst das Ergebnis, das du wolltest, bekommen, *ohne einen Finger dafür zu rühren*!

Wenn die Führung nicht klar ist und ich mich nicht inspiriert fühle, handle ich gar nicht, außer es ist unvermeidlich. Ich warte, bis alle nötigen Teile auftauchen, und sie tun es. Ich bezahle natürlich pünktlich meine Rechnungen und Steuern, ob ich mich nun inspiriert fühle oder nicht. In den Angelegenheiten jedoch, in denen ich den Zeitpunkt wählen kann, handle ich nicht und treffe auch keine Entscheidungen, solange ich Verwirrung, Widerstand oder kein gutes Gefühl bei der Sache wahrnehme, sondern ich warte, bis Klarheit und Inspiration vorherrschen. Uninspiriertes Handeln aus dem kleinen Selbst, ohne Verbindung mit dem großen Selbst, ist oft nutzlos, verschwendete Kraft. Geld, Zeit und Energie, die aus Angst oder einem Bedürfnis heraus in ein Projekt investiert werden, sind verschwendet.

Wenn wir uns beim bloßen Gedanken an eine Aufgabe unten auf der Gefühlsskala unserer Navigationstafel befinden, ist dies eine Botschaft, die sagt: »Erhöhe zuerst deine Schwingung, bevor du handelst!« Motivationsredner raten uns, groß in Aktion zu gehen. Aber wir machen schon mehr Überstunden als je zuvor in der jüngeren Geschichte der Menschheit und glauben, mehr Aktion bringe mehr Ergebnisse und damit mehr Geld. Ein kurzer Blick auf die Reichsten und die Ärmsten auf der Welt zeigt, dass mehr Arbeit nicht unbedingt mehr Geld bedeutet. Auch hier gilt: Wenn deine Handlung inspiriert ist und du diese Arbeit liebst, ist sie auf geradezu magische Weise effektiv!

Wenn du dein Leben auf die leichtere »Fahrt-mit-Rückenwind«-Art gestaltest, werden dich die Menschen, die sich dort draußen zu Tode schuften, faul nennen, aber du kannst es einfach nicht allen recht machen. Lass sie auf ihre Weise leben und tue das, was sich für dich richtig anfühlt. Der alte, puritanische Arbeitsethos besagt, dass anstrengende Arbeit und Mühsal eine Tugend seien. Der »Freudenethos« hingegen besagt: »Arbeite, weil es sich gut anfühlt, produziere etwas, weil es befriedigt, handle, wenn du im Einklang mit deinem großen Selbst bist, und geh zu der Party, wo bereits alles für dich vorbereitet ist!«

Hinauszögern oder Antriebslosigkeit sind oft Signale, dass deine Energie in Bezug auf das betreffende Projekt noch nicht auf Höhe der Vision deines großen Selbst ist. Warum also deine Kraft verschwenden? Wenn sich dein Widerstand zu diesem Thema entspannt hat und deine Schwingung hoch ist, wirst du plötzlich voller Energie sein und dich zum Handeln gedrängt fühlen. Das bedeutet »Loslassen und Gott übernehmen lassen«. Nicht alles muss unbedingt jetzt auf der Stelle getan werden. So urteilt nur dein kleines Selbst oder eine Stimme deiner Eltern oder irgendein Zielsetzungsbuch, das du gelesen hast. Arbeit, sogar schwere Arbeit, ist beglückend, wenn du im *flow* bist.

Wenn du keine Kontrolle über den Zeitpunkt hast, weil du für jemand anders arbeitest oder wenn es einen Notfall oder eine Frist gibt, tue alles, um deine Energie auszurichten, bevor du handelst, dann wird alles glattgehen.

Also ja, handle! Aber hebe zuerst deine Schwingung an und richte die Spitze deines Fliegers dorthin, wo du mit deiner Energie hinmöchtest. Sonst fliegst du in einen Gegenwind. Du kannst nicht gegen die natürlichen Kräfte des Universums bocken und gewinnen, es würde dich nur erschöpfen. Tust du das, was dir wirklich am Herzen liegt, oder lässt du dich vor den Erfolgskarren eines anderen spannen?

Tätigkeit und Schwitzen können durchaus erfüllend und lohnend sein. Wenn das nicht so ist, dann schau mal, wo du möglicherweise nicht mehr im Einklang mit deinem großen Selbst bist. Die gleiche Handlung, die sich gerade jetzt schwierig anfühlt, kann sich leicht anfühlen, sobald du deine Schwingungshöhe angehoben hast. Ändere deine Einstellung dazu. Finde etwas Freude daran (er-freue dich daran). Stelle dir vor, dass du auf deiner Party bist – von dort sieht alles anders aus und fühlt sich anders an. Es ist buchstäblich eine andere Dimension.

Wenn du inmitten einer Aktion anfängst, an Höhe zu verlieren oder ins Stottern zu kommen, so heißt das: Stopp! Entspanne dich, mach eine Pause, atme, lass den Widerstand gehen und bring deine Energie wieder in die Balance. Richte die Spitze des Fliegers nach oben und in die Richtung, in die du fliegen möchtest. Hör auf, deinen Blick auf die Hindernisse zu fixieren. Stelle deinen Kurs neu ein, in Richtung auf dein Ziel.

Gib die großen Aufgaben an Gott ab, lass los und warte ab, bis du geführt wirst. Mach derweil etwas, das sich gut anfühlt, und du wirst erfrischt zu deiner Aufgabe zurückkehren. Sie eine Weile zu vergessen löst den Widerstand.

Energie, Absicht und Ausrichtung bahnen den Weg.
Die Handlung folgt dem schon geebneten Weg.

Sei zufrieden mit deinem jetzigen Stand

Du würdest alles bekommen, was du willst – und das Unterwegssein genießen –, wenn du nur entspannen, das Vergangene loslassen und dich vom Lebensstrom mitnehmen lassen könntest. Alles, was du willst, würde zur rechten Zeit kommen. Jedes Mal, wenn du sagst: »Es ist noch nicht da«, verzögerst du es, weil du eine Schwingung erzeugst, die dem, was du willst, widerspricht. Du hast den Lieferwagen zum Lagerhaus zurückgeschickt.

Ob tiefere Erleuchtung, mehr Liebe, ein wunderschönes Zuhause oder ein Traumjob – die beste Möglichkeit, es schneller zu bekommen, besteht darin, für all das, was du bereits hast, dankbar zu sein. Wenn du dir einen Liebespartner wünschst, denke an alle anderen Formen von Liebe, die bereits da sind, oder erinnere dich an die besten Seiten früherer Liebesbeziehungen und sei dafür dankbar. Dann wird das Leben dich leichter mit Dingen dieser Art zusammenführen können. Wenn du in deiner Vergangenheit keine Liebe findest, für die du Dankbarkeit empfinden kannst, ist das ein Hinweis. Dann werden deine aktiven Schwingungen komplett überlagert von den »schlechten« Gefühlen, die du mit früheren Partnern und deiner Vergangenheit verbindest. Das mag der Grund sein, warum jetzt keine Liebe in deinem Leben ist. Möglicherweise sind dir andere Dinge wichtiger, oder du hast deine Absichten aufgeteilt und erkennst es nur nicht. Vielleicht ist dir deine Freiheit so wichtig, dass du glaubst, die Liebe würde sie einschränken. Wenn du größten Wert auf deine Freiheit legst, wird die Freiheit sich gegenüber der Liebe durchsetzen.

Akzeptiere, dass du die Situation, so wie sie ist, nicht magst, aber lass deine Kontrolle los. Festhalten und Kontrolle bedeuten Widerstand gegen den Fluss, der das Gewünschte zu dir bringen könnte! Du willst es zu arg! Würdest du den ganzen Tag nur mit angenehmen Tagträumen verbringen, in denen du alles schon genießt, was du dir wünschst, dann würde es kommen können. Aber weil es so schlimm für dich ist, dass du es noch nicht hast, kreierst du damit, dass es nicht da ist. Je mehr du dich auf das Gefühl seiner *Abwesenheit* fokussierst, umso länger wird es dauern, bis es kommt. Wenn du die Energie des Mangels aussendest, findet das Leben die passende Entsprechung in noch mehr Mangel. Wenn du etwas nicht auf eine »gute« Art und Weise herbeiwünschen kannst, ist es besser, du denkst überhaupt nicht daran. Beschäftige dich mit anderen Dingen. Die Aufmerksamkeit zu verlagern löst den Widerstand.

Wenn du an etwas zu angestrengt arbeitest, mach eine Pause, in der du nicht daran denkst. Wenn du zum Beispiel einen tollen Job haben willst, fokussiere dich jeden Tag auf die besten Seiten deiner jetzigen Arbeit. Äußere dich wertschätzend über deinen gegenwärtigen Job. »Ich arbeite total gern mit Anna.« »Die Arbeitszeit ist angenehm.« In der Finanzwelt bedeutet *appreciation* (Aufwertung, Wertsteigerung), dass dein Geld sich vermehrt hat. In der Welt der Schwingungen bedeutet es das Gleiche.

Anerkennung erhöht den Wert
deiner Schwingungsaktiva.

Genieße die Vorfreude. Während du darauf wartest, fang an zu sagen *(und zu fühlen)*: »Ich fühle, dass mein neuer Job bald kommt. Er ist schon unterwegs. Wird das nicht schön sein, wenn er da ist? Wie wird sich das anfühlen?«

Bewerte deine Ergebnisse nicht zu früh. Bewerte den Punktestand erst, wenn er zu deinen Gunsten ausfällt. Ansonsten verschiebe die Punktebilanz auf später. Bewerte das Ergebnis nur zu deinen Gunsten. Finde Beweise, dass es eintreffen wird, und übergehe Hinweise, nach denen es nicht der Fall ist. Die Qualität deines tagtäglichen Lebens wird weitgehend davon abhängen, worauf du dich fokussierst. Wenn du dich also das nächste Mal dabei ertappst, dass etwas »noch nicht hier« ist, dann schwenke hinüber zu dem, was bereits da ist, und fühle, wie dankbar du dafür bist.

Wenn der neue Job noch auf sich warten lässt, fang an, dir Tagträume darüber auszudenken. Dabei spielt es keine Rolle, ob du in der Fantasie neue Jobs ausprobierst oder dich an gute frühere Jobs erinnerst. Wichtig ist, dass du das Kreieren mit dem *Gefühl machst, dass du das Gewünschte bereits hast.* Mangel zieht Mangel an. Überfluss zieht Überfluss an. Darum werden die Reichen immer reicher und die Armen immer ärmer.

Halte Ausschau nach jeder Möglichkeit, Liebe, Humor, Spaß und Abenteuer zu kreieren. Strahle es aus, unternimm Schritte in diese Richtung, und dann lass es zu dir kommen! Das wird viel besser funktionieren, als wenn du dich über das beklagst, was du *nicht* hast.

Schließe immer wieder Frieden mit deinem aktuellen Stand – wo du jetzt bist und jetzt und jetzt. Sage dir Dinge wie: »Ich bin, wo ich bin! Wo sollte ich sonst sein? Heute ist das Ergebnis meiner gestrigen Schwingungshöhe auf der Gefühlsskala. Morgen ist das Ergebnis meiner heutigen Entscheidungen – meiner Gefühle, Absichten, Handlungen, Träume und Visionen.«

Du bist, wo du bist, und wo auch immer du stehst, ist in Ordnung, denn jetzt weißt du, wie du überall hinkommen kannst, wo du hinwillst! Kannst du die sofortige Erleichterung darin spüren?

Erleuchtung heißt, dich an deine wahre Essenz zu erinnern, mit der du ein Versteckspiel spielst. In dem Maße, wie du dich öffnest, um mehr Gnade hereinzulassen, gewinnst du mehr von deiner Essenz und Kraft zurück. Deine Aufgabe ist es, dich zu entspannen und nicht im Weg zu stehen.

Jedes Mal, wenn du in einer Plateauphase ungeduldig wirst oder gelangweilt mit dem bist, was du bereits erreicht hast, halte inne und anerkenne, wie weit du bereits gekommen bist. Solange du lebst, wird es immer noch mehr geben, was du erreichen willst.

Dich über dich selbst zu ärgern ist viel schädlicher, als dich über jemand anderen zu ärgern. Dein großes Selbst ärgert sich nie über dich; wenn du es also tust, bist du nicht im Einklang mit ihm. Das Göttliche betrachtet dich genau jetzt als vollkommen, wenn auch in ständiger Entwicklung. Stimme ihm zu! Wenn du dich schon ärgern musst, dann ärgere dich über etwas oder jemand anderen oder sogar über Gott (der damit umgehen kann). Wut gibt dir Energie, um dich auf der Navigationstafel nach oben zu bringen. In dem Moment, wo du aufhörst, dich selbst ins Unrecht zu setzen, wird deine Energie frei. Du bist nicht mehr festgefahren und kannst viel leichter weitersegeln. Halte dich nicht zu lange mit deinem Ärger auf. Bleib in Bewegung! Feiere jedes kleine bisschen Fortschritt, Bewusstheit und Glück.

Sei beruhigt! Du bist, wo du bist.
Aber du weißt jetzt, wie du in Bewegung
bleiben kannst!

Ich leiste keinen Widerstand!

Niemand beabsichtigt, Widerstand zu leisten, in einer niedrigen Schwingung oder unglücklich zu sein. Wenn du immer noch unglücklich bist und dein Leben weiterhin nicht so läuft, wie du es dir wünschst, selbst nachdem du dieses Buch gelesen hast, so gibt es immer noch Hoffnung, denn du hast ja erst angefangen. Lies das Buch noch mal.

Ich füge hier einen Follow-up-Brief ein, den ich nach einem Fünf-Tage-Retreat an meine Ausbildungsschüler schrieb:

»Menschen, die Schwierigkeiten damit haben, ihre Gefühle zuzulassen, werden möglicherweise länger kämpfen, bis der Damm bricht. Sie spüren oft große Brocken an Gefühlen auf einmal hochkommen, weil sie sich schon so lange dagegen gesträubt haben, und das macht ihnen Angst. Es ist erstaunlich, dass das Spüren eine der am meisten gefürchteten Erfahrungen der Welt ist.

Ein Teilnehmer erlebte die volle Kraft seines göttlichen Selbst während der Einweihung im Fünf-Tage-Retreat. Er hatte das Gefühl, gleich vom Boden abzuheben, während er dort stand und in der Energie badete. Wenige Tage später kam eine *riesige* Menge alter, stagnierender Energie (Angst, Terror, Traurigkeit, Gram) in Bewegung, begleitet von intensiven körperlichen Symptomen. Da er sich mehr als fünfunddreißig Jahre an die Maxime »Menschliche Stärke und menschlicher Geist triumphieren über die Materie« gehalten hatte, konnte er nicht erkennen, wie groß sein Widerstand gegen das Fühlen war. Er war schon zwei Jahre bei *Divine Openings*, aber mit Widerständen – eine übermenschliche Leistung! Es verbraucht ungeheure Mengen an Energie, wenn man irgendetwas zurückhält. Deshalb fühlte er sich während des Retreats auch so müde.

Aber das Erwachen des wahren inneren Selbst, das beizeiten und unausweichlich kommt, bringt alles hoch, was nicht mit ihm im Einklang ist. Seligkeit hat die Tendenz, ihr genaues Gegenteil hervorzuholen und alles andere, was nicht Seligkeit ist, auszutreiben. Dann beginnt sich dieses niedrige Gefühl zu erheben. Auf diese Weise wird die Erleuchtung auf die Erde gebracht und vollständig verkörpert. Das kann eine Weile dauern, muss aber nicht. Männer tun sich schwerer, tiefer zu spüren, wurden sie doch ihr ganzes Leben lang darauf trainiert, keine »Schwäche« zu zeigen. Was für eine Einschränkung, wenn der überwiegende Teil deines eigenen Gefühlsspektrums tabu ist und dir nicht zur Verfügung steht! Wut mag für einen Mann in Ordnung sein, während Trauer und Tränen nicht erlaubt sind. Für Frauen ist es die Wut, die oft tabu ist, während Tränen zulässig sind.

Ein Kriegsheld, der kein Gewehr, keine Bombe und kein Messer fürchtet, kann sich in ein zitterndes, panisches Häuflein Elend verwandeln, wenn er mit seinen eigenen Gefühlen oder der Krankheit eines Elternteils oder Kindes konfrontiert wird. Gefühle kann man weder erschießen noch erstechen oder überwältigen, aber der Widerstand dagegen bringt nur Leid.

Mit mir zusammen zu sein ist intensiv. Es herrscht ein machtvoller, beschleunigter, die Evolution vorantreibender Energiewirbel, der Energie und Gefühle in Bewegung setzt. Ich liebe es, aber manche meiner Liebes- und Arbeitspartner, die starke Widerstände hatten und sich nicht spüren oder weiterentwickeln wollten, konnten einfach nicht in diesem Resonanzfeld bleiben. Manche schmolzen buchstäblich im eigenen Widerstand dahin und mussten weggehen.

Manchmal versuchen Leute, alles über den Kopf zu steuern und das Fühlen zu umgehen. Sie meinen, sie könnten *mit dem Denken die Gefühle durchlaufen*, sie nehmen den spirituellen Bypass. Ein im Geschäftsleben sehr, sehr mächtiger und erfolgreicher Mann hatte bereits zugegeben, dass Gefühle sein Waterloo waren. Er floh aus einem meiner Kurse, in kalten Schweiß gebadet, mit total verkrampften Rückenmuskeln. So furchtbar kann es für manche sein, sich zu spüren, wenn ihnen ihr Kopf jahrzehntelang eingeredet hat: »*Das* darfst du auf keinen Fall fühlen! Alles, nur nicht das!« Ich weiß aber, dass dieser Mann wiederkommen und den Kurs vollenden wird, wenn er dazu bereit ist. In der Zwischenzeit macht er die Onlinekurse mit und gibt sich genügend Zeit, um im Spüren weicher zu werden. Er ist ein liebenswerter, großzügiger, feinfühliger Mensch. Er will Gutes in der Welt bewirken und tut dies auch. Er hat *Divine Openings* seiner ganzen Familie nähergebracht.

Sobald wir mit irgendeinem Problem weicher werden, übernimmt die Gnade und bewegt uns, leitet uns und hilft uns sehr schnell. Wer sich wirklich einlässt und loslässt, wird keine großen Schwierigkeiten haben. Die Gnade schenkt euch eine süße, sanfte, liebliche Entfaltung. Ihr sollt aber wissen, was passieren kann, falls der Widerstand sehr stark ist. Nun, ihr werdet weder den Verstand verlieren, noch werdet ihr sterben. (Auf ein paar medizinische Alarmzeichen müsst ihr jedoch achten.) Werdet weich und übergebt alles dem Göttlichen. Es ist wirklich nicht eure Aufgabe, es allein zu lösen.«

Lass es einfach und leicht sein. Du bekommst keinen Bonus, wenn du es auf die harte Tour schaffst.

Du kannst dir sicher sein, dass *Divine Openings* nichts hochbringen, was nicht bereits da war. Sie erschaffen kein Problem, das nicht bereits existierte. Sie machen es dir nur bewusst, damit es sich bewegen kann. Während viele von euch mittlerweile große Veränderungen sehen, gibt es hier noch weitere Hilfen zum Loslassen.

So verhinderst du möglicherweise unbewusst das Fühlen

- Du analysierst, rationalisierst oder durchdenkst alles, anstatt es zu durchfühlen.
- Du wirst überrumpelt und überrascht von Menschen und Ereignissen. Du konntest die Anzeigen auf deiner Navigationstafel nicht lesen und wusstest daher nicht, was kommt.

- Du läufst auf Hochtouren, bist immer in Eile, sitzt kaum still und bist ständig beschäftigt.
- Oder du hast kaum Energie und schaffst wenig. Du bist häufig müde, schwerfällig und matt (das kommt von all der Energie, die du zurückhältst und die sich bewegen möchte). Dein Stoffwechsel ist langsam.
- Taubes Gefühl. Du bist dir nicht sicher, wie du dich in Bezug auf manche Themen fühlst. Die körperlichen Empfindungen sind gedämpft.
- Du redest viel. Du bist redesüchtig.
- Du musst ständig Menschen um dich herum haben und kannst allein nicht glücklich sein.
- Oder du meidest Menschen und Intimität und hast oberflächliche Beziehungen.
- Du bist immer vergnügt, aber die Dinge laufen nicht so gut. Wenn das der Fall ist, ist die Fröhlichkeit nicht authentisch und stimmt nicht mit der Schwingung überein, die du tatsächlich fühlst.
- Du vermutest, dass du blinde Flecken hast – Schwingungen, die dir nicht bewusst sind. Es passieren Dinge, von denen du nicht weißt, wie du sie kreiert hast.
- Du bist zynisch und resigniert oder gibst dich mit weniger zufrieden, als du tatsächlich möchtest.
- Du gibst dich taff und wirst deshalb auch von anderen Menschen und vom Leben taff behandelt.
- Oder du zeigst dich »spiritueller« und versuchst, mit positivem Denken, Meditation, »spirituellem Bypass« und anderen Mitteln um die Gefühle herumzukommen.

Was kannst du tun, wenn du nach dem Lesen dieser Liste den Verdacht hast, nicht so viel zu spüren, wie du könntest? Verurteile dich nicht dafür – es wurde dir antrainiert, nicht zu spüren. Es ist nicht deine Schuld. Sei unglaublich lieb mit dir selbst. Behandle dich wie ein süßes, kostbares, neu geborenes Baby. Du trägst Sorge für dein Auto, deine Wohnung, deine Kinder, Freunde und Haustiere. Nur, wie steht es um dich selbst?

Mach die täglichen Übungen für die Genusspraxis und nutze die dreißig Wege, um deine Schwingung zu erhöhen, die du im Schlussteil des Buches aufgelistet findest. Nimm an einem Onlinekurs teil, schau dir die Videos an und höre die Audioaufnahmen, um in die höhere Schwingung einzutauchen. Verdeutliche dir selbst durch dein Tun deine Absicht und Bereitschaft.

Bitte darum zu fühlen, und dann sei auch bereit zu fühlen. Ich bin immer wieder erstaunt zu hören, wie viele Menschen sich jeden Tag meine Audios anhören; es hilft ihnen, ihre Schwingung zu heben und ihrem Verstand positive Nahrung zu geben.

Du wirst sehen, dass es dir von jetzt an gut gehen wird. *Divine Openings* machen das Leben recht schnell einfacher, und dann fängt der Spaß an. Doch manche Leute brauchen noch mehr Hilfe, um ihre tiefe Taubheit, die starken Widerstände, blinden Flecken oder die zu starke Kopflastigkeit zu durchbrechen. Hole dir die Hilfe, die du brauchst. Im hinteren Teil des Buches findest du eine Liste von Ressourcen und Unterstützungsmöglichkeiten. Viele Leute erzählen uns, wie froh sie sind, dass wir sie nach diesem Buch nicht im Stich lassen.

Häufige Fragen

Ich fürchte, ich werde süchtig danach. Der Grund, warum Zwölf-Punkte-Programme (wie zum Beispiel das der Anonymen Alkoholiker, Anm. d. Übers.) so gut funktionieren, liegt darin, dass sie dir zeigen, dass jede Sucht nur eine fehlgeleitete Suche nach spiritueller Seligkeit ist. Wenn du nach Gottes Liebe süchtig wirst, dann bist du bei der ultimativen Sache gelandet – so gesund, wie wenn man nach guter Nahrung süchtig ist. Du kannst nach innen gehen, still werden und jederzeit diese Energie erleben. Sobald du die Verbindung in deinem Innersten gefunden hast, brauchst du dafür kein *Divine Opening* mehr. Deshalb wirst du auch nicht davon abhängig. Komm weiter hierher, um dir Unterstützung auf der Schwingungsebene zu holen – so lange, bis du sie nicht mehr brauchst. Dann wirst du vielleicht gern wegen der gemeinsam erfahrenen Wirklichkeit mit den anderen in Kontakt bleiben.

Ich kann nicht einfach durch diese Erfahrung erleuchtet werden, ohne die harte Arbeit an mir selbst zu leisten, meine Ängste, Glaubenssätze und Blockaden zu durchbrechen. Doch, das kannst du. Mach die Übungen, lass los und nimm die Gnade in Empfang. Lass das Göttliche die Schwerarbeit tun. Dass es hart sein muss, besagt nur das alte Paradigma. Wenn sich *Divine Openings* jemals wie harte Arbeit anfühlen, hast du das alte Paradigma übernommen, man müsse sich auf dem spirituellen Pfad abrackern. Das kannst du getrost loslassen.

Ich frage mich, ob diese erste Erfahrung das größte Hoch ist, das ich je erleben werde, und ob ich von zukünftigen Divine Openings enttäuscht sein werde. Jede Erfahrung wird anders sein, ja. Die Erlebnisse werden in ihrer Intensität ansteigen und absinken, wie Ebbe und Flut bei den Gezeiten. Sie sammeln sich jedoch an und bringen dich mit der Zeit immer höher. Du kannst nie vorhersagen, wann die Höhepunkte, die kosmischen Erfahrungen, die Seligkeit oder das Gelächter kommen. Genieße jede Erfahrung als das, was sie ist. Bleib nicht daran hängen, lass sie los.

Wie kann ich mich besser fühlen, wenn dieser Moment zum Kotzen ist? Nun, es ist deine Antwort auf diesen Moment, die dein Morgen bestimmt. Du kannst es dir einfach nicht leisten, deinen Fokus zu lange auf das zu richten, was dir nicht gefällt, was schiefgelaufen ist oder wie schrecklich alles ist. Sicher, deine Einstellung ist »berechtigt«; jeder wird dir recht geben. Doch der Preis dafür, in dieser gerechtfertigten Opferhaltung zu bleiben, ist *einfach zu hoch.* Lass die Umstände oder andere Leute nicht zu deiner Ausrede werden, warum du in einer niedrigen Schwingung bleibst und dich nicht mit deinem großen Selbst verbindest. Wende deine Gedanken immer wieder weg von dem, was verkehrt lief, und hin zu dem, was du möchtest. Oder tauche in das Gefühl ein, bis es an Höhe gewinnt. Wähle Macht statt Ohnmacht. Wähle Glücklichsein anstelle von Rechthaben.

Wie kommt es, dass Leute Gutes bekommen, selbst wenn sie nicht so wirken, als ob sie sich gut fühlen würden? Manch einer ist gemein zu seinen Angestellten, hat aber eine super Freundin und ist auch noch reich! Das ist nicht fair! Wohlgefühl und Wohlstand sind der natürliche Zustand des Universums. Gott liebt euch alle – ihr seid eins mit Gott. Das Gute fließt durch Gottes Gnade die ganze Zeit zu dir und zu allen anderen, ohne zu urteilen. Irgendwie lässt dieser Mann, von dem du redest, das Gute bei sich ankommen. Selbst wenn deine Schwingung niedrig ist, sucht Gott nach jeder kleinsten Ritze des geringsten Widerstands, nach jeder Gelegenheit, dir Gutes zu bringen. Durch dein Urteilen schließt du deine Kanäle, darum kann das Gute nicht so leicht zu dir gelangen. Nicht, weil du ein »schlechter Mensch« bist, sondern weil dein großes Selbst nie etwas verurteilt und du durch dein Urteilen nicht mehr im Einklang mit deinem großen Selbst bist. Wenn du im Opfermodus, nachtragend oder urteilend bist, bist du nicht empfangsbereit.

Du kannst nie wissen, wie sich dieser Mann innerlich fühlt. Achte darauf, wie *du* dich fühlst. Schau auf deine eigene Navigationstafel – darüber kannst du Bescheid wissen. Es geht nicht so sehr darum, dass du arbeiten musst, um mehr von dem zu bekommen, was du willst. Du musst einfach nur aufhören, dem Strom an Gutem, der vorherrschenden Energie des Universums, Widerstand zu leisten. Du kannst es hereinlassen oder ihm widerstehen. Geh aus dem Weg! Vergiss einfach herumzurätseln, warum Leute. die du als schlecht beurteilst, die Bonbons bekommen. Du kannst ihren Höhenmesser nicht lesen, und: *Es geht dich nichts an!* Du kannst nicht wissen, wie sie sich innerlich fühlen und was sie denken und als Schwingung aussenden. Es ist »relativ«, es muss sich nicht immer im Außen zeigen, und ihre Worte und Taten erzählen nicht die ganze Geschichte. Sie können sich griesgrämig anhören, aber eine super Schwingung bezüglich Geld haben. Du kannst positiv und spirituell reden und aussehen und trotzdem ein furchtbares Bauchgefühl in Bezug auf Geld oder Liebe haben.

Wenn du Leute mit Geld und Erfolg dafür kritisierst, wie sie es verwenden, senkt es *deine* Schwingung und verzögert dein Tempo. Neid ist eine niedrige Schwingung, die deine Kanäle schrumpfen lässt und den Strom an Gutem zu dir verlangsamt. Fokussiere dich einfach nur auf deine eigene Schwingung. Kümmere dich um deine eigenen Angelegenheiten.

Schlaf

Die göttliche Präsenz hält immer Ausschau nach einer Öffnung, um dir mehr zu geben. Das Göttliche benutzt sogar deine Schlafenszeit, um dir das zu liefern, was du brauchst, denn im Schlaf lässt du die dichtere physische Dimension hinter dir, bist offen und entspannt, ohne Widerstand zu leisten. Du regenerierst dich und lädst dich mit der reinen, positiven Energie des Nichtphysischen wieder auf. Während du schläfst, können Anmut und Verjüngung zu dir kommen, weil dein Verstand aus dem Weg ist – du bist widerstandslos. Darum fühlst du dich nach einem guten Schlaf oder einer Meditation so erfrischt.

Achte morgen früh einmal darauf: Kurz nach dem Aufwachen fühlst du dich immer gut. Wenn aber dein üblicher Schwingungspegel tagsüber niedriger ist als der deines großen Selbst, wirst du dich Bruchteile einer Sekunde nach dem Aufwachen bereits weniger gut fühlen, weil du von der Widerstandslosigkeit auf einen niedrigeren Sollwert zurückrutschst. Wenn das der Fall ist, mache jeden Morgen eine genussvolle Übung aus *Divine Openings*, um deine Schwingung anzuheben, ehe du den Tag beginnst: Atme fünf Minuten lang ganz tief mit einem leisen Lächeln auf den Lippen.

Normalerweise fühlst du dich sofort besser, oder die Umstände verbessern sich, wenn du eine Ruhepause einlegst oder dir ein wenig »Genusspraxis« gönnst. Gib dir dazu täglich ausreichend Gelegenheit. Dein Kopf ist ohnehin immer irgendetwas am Denken oder Machen, warum also nicht etwas üben, das sich gut anfühlt?

Das Leben ist auf deiner Seite.
Wirst auch du auf deiner Seite sein?

Wann werde ich erleuchtet sein?

Lenke deinen Fokus auf all die guten Dinge, die bereits passiert sind. Wenn du mit dem »arbeitest« oder dich auf das fokussierst, woran es dir mangelt, wirst du noch mehr davon erschaffen. Fokussiere dich auf die Tatsache, dass dein großes Selbst existiert und dass es dich ständig zu sich ruft und dich nicht dafür verurteilt, wie lange irgendetwas dauert oder ob du abschweifst. Erlebe die *vollkommene Unvollkommenheit*, die du schon bist.

Während sich die *Divine Openings* in dir entfalten, kannst du mehr Glückseligkeit, Liebe, Fröhlichkeit ohne Grund oder beliebige andere Gefühle erleben. Du kannst Verbesserungen im Beruf oder bei deinen Finanzen, Veränderungen in deiner Einstellung, einen Durchbruch in einer Beziehung, eine (vorübergehende) Zu- oder Abnahme deiner Energie, Veränderungen beim Schlaf, mehr Beruhigung im Denken (oder vorübergehend regeres Denken) erleben. Aber auch prickelnde körperliche Empfindungen, Entgiftungserscheinungen, neue Inspirationen, Langeweile und zeitweilige Leere können auftreten.

Die beste Nachricht ist in jedem Fall, dass es nichts zu tun oder zu bearbeiten gibt. Auch der Kontrast der Gegensätze bringt dich weiter. Selbst wenn du nur kurz und flüchtig wahrnimmst, wie du dich fühlst, bringt es die Energie in Bewegung. Als du noch gewohnt warst, etwas zu deiner Läuterung oder Heilung zu unternehmen, hat es lediglich mehr von dem hervorgebracht, was du läutern oder heilen wolltest. Jetzt bewegt und erhöht sich die Energie spontan, so wie sich Energie von Natur aus bewegt. Deine göttliche Intelligenz inszeniert das Ganze, die Schwerarbeit liegt bereits hinter dir. Du kannst jetzt das alte Paradigma, du müsstest an dir arbeiten, komplett loslassen.

Wertschätzung wird dir deinen Fortschritt ebnen. Sag: »Danke, dass du mir zeigst, welche Schwingung ich aussende. Danke, dass du Altes aus meinem Leben entfernst, um Platz zu machen für das Neue, das hereinkommen will. Ich begrüße, was mir durch jeden Kontrast gezeigt wird. Was kommt als Nächstes? Ich bin schon aufgeregt und neugierig auf das, was kommen wird!«

Je mehr du dich auf das fokussierst, was noch nicht da ist, desto mehr zögerst du es hinaus. Je mehr Stress du dir um deine Erleuchtung machst, desto langsamer kommt sie. Entspanne dich, genieße die Reise, und bessere Dinge *strömen dir von allein zu*. Vor allem geht es dabei um die Freude. Es gibt wirklich nichts, wo du hingelangen solltest.

**Fang an, mehr auf das zu achten,
was du im Moment gerade spürst, und dich
weniger auf Ergebnisse zu fokussieren.**

Im Allgemeinen läuft dieser gewaltige Prozess der Neuausrichtung so ab: Du erhältst ein *Divine Opening* und erlebst das Göttliche unmittelbar in dir selbst. Dann beginnt es von innen heraus in dir zu wirken. Die pure, positive Glückseligkeitsenergie, die du spürst, wird auch viele langsame und dichte Energien aktivieren und in Bewegung bringen, die deine Kanäle verstopft haben. Es kann sein, dass du spürst, wie sie sich die Skala hinaufbewegen – oder auch nicht. Bald können Liebe und Freude besser denn je durch die Kanäle fließen. Vielleicht wirst du eine Weile auf und ab schwanken, um dich dann auf einer höheren Ebene zu stabilisieren. Später gelangst du in einem weiteren Zyklus noch höher und stabilisierst dich dort.

Immer häufiger wirst du Freude spüren, ohne dass es einen »Grund« dafür gibt, oder Liebe, wo vorher keine war. Schließlich wird dich nichts mehr lange unten halten können.

Wenn du dich erinnerst, wer du wirklich bist, kann es sich anfühlen, als würdest du dich aus der Matrix ausklinken und nun sehen, was hinter dem Vorhang abläuft. Das Territorium ist unbekannt, wir geraten alle außerhalb unserer »Komfortzone«, in der wir uns häuslich eingerichtet hatten. Doch die Hilfe ist in uns und um uns herum. Wir können uns zunehmend entspannen und uns vom Strom des Lebens zeigen lassen, wo es hingeht und wie wir dorthin gelangen können. Je »weicher« wir sind und je mehr wir loslassen, umso einfacher wird es.

Ich hatte mir vorgestellt, das Erwachen wäre irgendein ätherischer Zustand, in dem mystische Visionen erscheinen und alle meine Herausforderungen aufhören würden. Und die Herausforderungen sind wirklich weniger geworden. Sie tauchen immer noch auf, aber ich behandle sie mit mehr Leichtigkeit und kann sie sogar genießen. Es ist ein kreatives Spiel. Wir sind hierhergekommen, um eine Vielfalt an Erfahrungen und Gegensätzen zu erleben. Die Gegensätze sind irgendwann nicht mehr so extrem, aber sie sind immer noch da. Sie helfen uns, noch deutlicher zu erkennen, was wir wirklich wollen. Die »Frucht vom Baum der Erkenntnis von Gut und Böse« zu essen repräsentiert in meinen Augen die Geburt des rationalen Denkens, der Polaritäten und dualen Gegensätze sowie den freien Willen, mit dem wir zwischen den Gegensätzen wählen können. Wir können uns in jedem einzelnen Augenblick entweder auf das Göttliche in uns ausrichten oder Mühsal wählen. Wir haben die Wahl, doch sie ist niemals endgültig. Du kannst immer wieder neu wählen.

Das Leben ist wirklich märchenhaft geworden, voller Synchronizität und Leichtigkeit. Und doch ist es für mich und andere in diesem Prozess die meiste Zeit über subtil, als erlebten wir einen stetigen Strom von »Alles ist gut« – eine geschmeidige Entfaltung des täglichen Lebens, das ohne Drama vor sich hin summt, von Freude durchsetzt und durch gelegentliche Ausbrüche grundloser Glückseligkeit akzentuiert.

Das menschliche Nervensystem ist noch nicht ausreichend entwickelt, um die extrem hohe Ladung der puren göttlichen Glückseligkeit ständig aushalten zu können. Sie hebt und senkt sich wie Ebbe und Flut. Surfe darauf!

Ich verspreche dir, es wird sich immer noch schrecklich anfühlen, in die niedrigeren Schwingungen abzurutschen. Und es soll sich auch so anfühlen! Wenn wir nicht mit unserem großen Selbst im Einklang sind, soll es sich schlimm anfühlen, damit wir uns wieder zurück nach oben bewegen. Auch nur ein klein bisschen abzurutschen kann sich sogar genauso schlimm anfühlen, wie es sich früher ganz unten am Boden anfühlte.

Während meiner einundzwanzig Tage im Schweigen, meiner »Flitterwochen mit dem Göttlichen« bat ich um eine Liebe, wie ich sie noch nie erlebt hatte – die passende, gemeinsam erschaffende, leidenschaftliche Partnerschaft, die ich mir immer gewünscht hatte. Innerhalb eines Monats nach meiner Rückkehr begegnete ich auf ganz einfache, natürliche Weise einem wunderbaren Mann, und es entwickelte sich alles so schnell und reibungslos, dass ich rückblickend nur so staunte. Ich hatte Feuerwerke und Fanfarenklänge erwartet, stattdessen gab es nur den Klang unseres Lachens und einen stillen, friedvollen Fluss an süßen, beiläufigen Erfahrungen, die so unerklärlich natürlich erschienen, dass ich beschloss: »Ich glaube, das mache ich weiter.« Überleg mal, wie das den Druck von beiden Beteiligten nimmt, wenn man den Augenblick genießt und jegliche Vorstellung davon, wie es sein sollte oder wohin es führen sollte, beiseitelässt. Die innere Stimme gab einen schlichten Rat: »Genieße!« Diese Beziehung machte so viel Spaß und war auf manche Weise besser als jede zuvor, und doch war sie nicht für immer. Ich genoss jede Minute davon und ließ sie zwei Jahre später los, als unsere Schwingungen nicht mehr zusammenpassten. Manche Beziehungen haben ein Ablaufdatum, und daran ist nichts verkehrt.

Die richtigen Menschen und Dinge erscheinen immer zum richtigen Zeitpunkt, dicht auf den Fersen des Bedürfnisses oder oft sogar kurz vor dem Bedürfnis, auf eine Weise, die allen Beteiligten dient.

Innerhalb von zwei Jahren entwickelte ich mich von null Einkommen zu Wohlstand. Ich bin nicht unabhängig reich, aber ich bin »unabhängig glücklich« – unabhängig von den äußeren Ge-

gebenheiten. Alles kommt, wie ich es brauche. *Divine Openings* wuchsen jedes Jahr beständig an, und ich bin glücklich darüber, dass es nicht schneller ging, sodass es mich nicht überwältigte und ich mich nicht überarbeitete. Im Gegenteil, ich halte eher noch ein bisschen an Wachstum zurück, um die Balance zu halten. Ich bin nicht ungeduldig oder besonders ehrgeizig – ich tue dies alles aus der natürlichen Freude an der Entfaltung heraus. Die Bekanntheit wächst einfach, weil ich vielen Menschen geholfen habe und sie es vielen anderen weitererzählen.

Die Probleme werden weniger und weniger, und mein Leben dreht sich nicht mehr um Probleme. Meine Gesundheit hat sich verbessert. Ich hatte meine früheren Gesundheitsthemen bis eben ganz vergessen – ein Grund zum Feiern! Meine Energie hat zugenommen, es ist ein steter Aufwärtspfad. Die Sorgen der letzten Jahre sind verschwunden, und das gelegentliche Aufflackern eines Zweifels löst sich rasch, entweder von allein, durch ein paar Minuten Eintauchen oder durch absichtliches Anheben meiner Schwingungshöhe.

Der Verstand denkt sich immer noch gern beängstigende Geschichten aus. Selbst wenn du frei bist, mag dir der Verstand immer noch weismachen, du seist es nicht. Das ist genau das, was diese fehlersuchende Rakete von Verstand tut. Ich habe aufgehört, alles zu glauben, was ich denke! Ich werde klar geführt von der Stimme meines großen Selbst, die sich anhört wie meine eigene, nur weiser. Sie ist konstant, solange ich dort oben bleibe, wo ich sie hören kann. *Gott geht nicht fort, aber wir manchmal schon!* Wir können jedoch immer zurückkommen.

Mein »Geführtsein« ist normalerweise keine spektakuläre Sache – die mystischen Erfahrungen waren selten, aber eines Tages war klar, dass etwas »Klick« gemacht hatte: Ich hab's! Ich kenne meine Kraft. Ich weiß aus der Perspektive meines großen Selbst, dass alles gut ist. Ich glaube es nicht, ich *weiß* es.

Erleuchtung heißt,
im Strom des Lebens einfach zu sein.

Lass dich vom Leben überraschen

Meine Augen füllten sich mit Tränen, als ich mich erinnerte, dass ich sechzehn Jahre vor dem Schreiben dieses Buches die Absicht fasste, den Himmel auf Erden zu erschaffen. Ich war weit davon entfernt gewesen und hatte nicht die leiseste Vorstellung davon gehabt, wie ich das anstellen wollte. Ich hatte keine Ahnung, wie es sein würde. Erst wenige Jahre vor *Divine Openings* hatte ich gelernt, meine Schwingungshöhe leicht und beständig anzuheben. Dazu trugen *Divine Openings* weiterhin bei, bis ich eines Tages gar nicht mehr abstürzen konnte. Aber diese Phase war erst der Anfang. Sobald man dauerhaft auf einer hohen Schwingungshöhe dahinsegelt, wird die Reise erst richtig aufregend.

Manchmal setze ich mir ein Ziel und lenke meinen Weg in diese Richtung, aber für gewöhnlich lasse ich mich vom Leben überraschen. Zum Beispiel hätte ich es mir nie träumen lassen, dass dieses Buch inzwischen in mehr als einhundertfünfzig Ländern gelesen wird, dass ich eine internationale Website betreibe, Titelbilder fotografiert, Artikel für ein ganzheitliches Magazin verfasst und den Titelsong für einen Film komponiert habe. Ich schreibe, singe und mache Aufnahmen von meiner eigenen Musik, habe inzwischen fünf Bücher und einundzwanzig Onlinekurse, leite Retreats in Europa – und das meiste davon geschah, ohne dass ich etwas plante, beabsichtigte oder mich darum bemühte. Dass ich mich nicht an spezielle Ergebnisse hänge und bereit bin, mich überraschen zu lassen, ist äußerst hilfreich: *Alles läuft super, während ich weg bin.*

Wunder sind normal, wenn du im Fluss des Lebens bist. Wenn sie nicht geschehen, stimmt etwas nicht. Tiefe Dankbarkeit bringt sogar noch mehr davon. Darum halte öfter inne und schwärme. Du wirst dich an jedes Hoch, das du erreichst, gewöhnen, bis es dir normal erscheint, wie eine Art Plateau. Dann kommt ein neues Plateau in deine Reichweite, du begeisterst dich dafür, und dann wird auch dies »ganz normal« werden. Auf diese Weise dehnt sich das Universum aus, während du dich ausdehnst.

Bei ganz alltäglichen Tätigkeiten kann es passieren, dass Wellen von Ekstase deinen Körper durchfluten. Eines Tages wollte mein Truck nicht anspringen, doch das trübte meine Stimmung überhaupt nicht. Es war höchstens eine kleine Unannehmlichkeit, während ich überlegte, was nun zu tun sei, einen Plan machte und ihn dann ausführte. Als ich am nächsten Tag im Abschleppwagen zur Werkstatt, die ich mir ausgesucht hatte, mitfuhr, begann ich plötzlich eine nahezu orgasmische Ekstase im ganzen Körper zu erleben, ohne dass es dazu einen Auslöser gab. Es war mit Logik überhaupt nicht zu erklären. Mein Truck war kaputt, und ich wusste, dass mich das Zeit und Geld kosten würde – und hier war ich nun, glückselig im Gespräch mit dem Fahrer des Abschleppwagens. Ich genoss ein feuriges, leidenschaftliches Körpergefühl der Lebendigkeit, während die Lebenskraft meinen Körper durchströmte und jede Zelle zum Leuchten brachte.

Ich möchte von einer profanen Folge von Ereignissen erzählen, die auf dieses magische Erlebnis folgte. Du magst vielleicht glauben, Gott hätte Besseres zu tun, als sich um unsere alltäglichen Bedürfnisse zu kümmern, aber während des darauffolgenden Monats wurde ich beständig daran erinnert, dass das Göttliche in uns jeden einzelnen unserer Wünsche kennt.

Nachdem der Mechaniker mein Auto geprüft hatte, brachte er mir eine unwillkommene Nachricht: Die Garantie deckte diesen speziellen Schaden nicht ab, und die Rechnung betrug Hunderte von Dollar, die ich für etwas Erfreulicheres hatte ausgeben wollen. Früher hätte ich so etwas eine »schlechte Nachricht« genannt, aber jetzt bin ich mir ziemlich im Klaren darüber, dass es das nicht gibt. Jetzt denke ich, sogar während ich die »schlechte Nachricht« höre, so etwas wie: »Das kam etwas unerwartet … hmmm.« Ich sackte vorübergehend etwas ab, doch innerhalb einer Stunde war ich wieder oben und fest entschlossen, einfach schnell mehr Geld hereinzulassen, was in der nächsten Woche auch geschah. Ich hatte die simple Wahl: entweder mich schlecht zu fühlen, die Nase meines Fliegers nach unten zu drücken und so weitere unangenehme und teure Vorfälle zu kreieren – oder aber meine Schwingung sofort wieder anzuheben, mich gut zu fühlen und den Kurs nach oben zu verändern. Das ist doch eine leichte Entscheidung, oder? Es funktionierte, und jegliche Aufregung schwand innerhalb weniger Stunden dahin. Das ist nun mein Mantra: »Ist es die abwärts zeigende Nase wert, egal wie sehr sie berechtigt erscheint? Wird es mir helfen, das zu erschaffen, was ich möchte?«

Einige Tage später beschloss ich, dass es an der Zeit war, mir einen neuen Truck zu kaufen, fand aber schnell heraus, dass der aktuelle Wert meines alten Trucks viel geringer war, als ich angenommen hatte. Ich würde ihn selbst verkaufen müssen – und das war nicht unbedingt etwas, für das ich mir Zeit nehmen wollte. Ich war zweifellos bereit für einen Wechsel: einen neuen fahrbaren Untersatz, der zu meiner neuen Schwingung passte. Ich zuckte mit den Achseln, besann mich auf das, was ich wollte, und ging mit dem Gedanken hinaus: »Nun gut, da bin ich aber gespannt, wie sich das lösen wird.« Innerhalb von ein paar Stunden bot mir ein Freund an, mir den Truck für die Summe abzukaufen, die ich noch abzahlen musste, und ich war begeistert über diesen Deal. Ich verkaufte den Wagen an ihn und spazierte zwei Tage später zurück ins Autohaus, wo ich den neuen Truck erstehen konnte.

Eine weitere überraschende Wende war, dass der Truck, den ich hatte kaufen wollen, schon weg war. Auch das hatte ich nicht erwartet. Ich war mir sofort sicher, dass es zum Besten war, und siehe da, es bewahrte mich vor einem Fehler. Der Verkäufer hatte sich mit der Anhängerkapazität vertan, und der Truck hätte meinen Pferdeanhänger nicht gut ziehen können. Also suchte ich weiter und klapperte noch einmal zwei Wochen lang die Autohändler ab, verglich Benzinverbrauch und Anhängerkapazitäten und wich den Manipulationen der Verkäufer aus. Ich änderte ständig meine Meinung: »Soll ich mir ein Auto kaufen – oder einen Truck, der meinen Pferdeanhänger ziehen kann? Oder beides?« So ging es ständig hin und her.

Ich hatte mich in eine ziemliche Verwirrung gebracht, versuchte mental und analytisch eine Lösung zu finden und verlor dabei den Zustand, im Fluss zu sein. Eines Tages, als ich in der größten Mittagshitze über das Gelände eines Autohändlers ging und mich schon etwas schwindlig fühlte, sagte ich mir: »Ich arbeite viel zu angestrengt an dieser Sache. So hart an etwas zu arbeiten entspricht überhaupt nicht meiner üblichen Lebensweise. Ich muss mir erst einmal klar werden, was ich überhaupt will. Ich werde nach Hause gehen und mich entspannen.« Ich fuhr nach Hause, ruhte mich aus und ging, erschöpft von der Hitze, früh zu Bett. Derweil beschloss mein Partner, sich einen Truck zu kaufen – und damit würde ich auch meinen Pferdeanhänger ziehen können.

So begann der neue Tag mit einem frischen, neuen Gefühl. Am nächsten Abend beschloss ich auf dem Heimweg, kurz nach Ladenschluss, spontan bei einem Autohaus anzuhalten. Eine kühle Brise streichelte mich, während ich in gelöster, sorgenfreier Stimmung zwischen den Autos umherspazierte. Da fiel mein Blick auf ein metallisch-dunkelrotes Cabrio. Mein Herz hüpfte vor Freude. Es fühlte sich gut an. Plötzlich war alles klar: Die

Fahrzeuge, die ich meinte kaufen zu sollen, waren einfach langweilig! Das war der Grund, warum ich mich nicht hatte entscheiden können. Im Grunde meines Herzens gefiel mir keines von ihnen! Aber dieses Auto *fühlte* sich richtig gut an.

Aus dem bereits geschlossenen Ausstellungsraum tauchte ein Verkäufer auf und ließ mich eine Probefahrt machen. Ich war begeistert von der frischen Luft und dem freien Himmel über mir. Ein solches Cabrio hatte ich mir schon seit Jahren gewünscht, genau so ein Modell. Der Verkäufer sagte, das Auto sei erst am Vortag hereingekommen. Der Grund also, warum ich es nicht schon früher hatte finden können. Und weil ich mich auf einen Truck versteift hatte. Meine ganze konzentrierte »Arbeit« hatte mich daran gehindert, etwas anderes zu sehen als das, was ich erwartete.

Ich verwende dieses profane Beispiel eines Autokaufs, aber wie oft passiert es uns im Berufsleben, in einer Beziehung oder in anderen Lebensbereichen, dass wir »übersehen, es zu sehen«?

Ich muss lachen, wenn ich an diese Reihe von Ereignissen denke. Wie ich dadurch, dass ich die Suche leichter genommen und mich entspannt hatte, wieder in den Augenblick zurückfand und mich glücklich fühlte, sogar noch bevor sich die Lösung zeigte. Der gegenwärtige Augenblick ist letztendlich immer das Einzige, das existiert, und sich für einen zukünftigen Augenblick im Voraus anzustrengen und zu verkrampfen ist das beste Rezept, um jetzt unglücklich zu sein. Schließlich geht es immer um die Freude. Nicht das Auto hat mich glücklich gemacht, sondern dadurch, dass ich mein Glücklichsein wiederfand, konnte das Auto zu mir kommen. Das Auto war gewissermaßen ein Nebenprodukt meines Glücklichseins, ein kleiner materieller Ausdruck dieser Energie.

Die Geschichte dieses Autokaufs zeigt auch, dass das Göttliche sich um jedes Detail in unserem Leben kümmert, wie unser bester Freund. Tatsächlich sind Autos in meiner Welt ziemlich nebensächlich. Es ist mir egal, was die Leute darüber denken, welchen Wagen ich fahre oder welchen Status er repräsentiert. Es muss sich *nur für mich* gut anfühlen. Ein gutes Gefühl ist ein wichtiger Indikator, der mir bestätigt, dass ich im Fluss bin. Die göttliche Präsenz wollte, dass ich mich in meinem neuen Auto gut fühlte und Spaß hatte; sie wollte, dass ich etwas bekam, das ich mir viele Jahre lang nicht zugestanden hatte. Unser großes Selbst urteilt nicht über das, was wir uns wünschen; es liefert es lediglich ab. Ein Freund witzelte: »Wenn du die ganze Zeit mit offenem Kronenchakra herumläufst, brauchst du natürlich ein Cabrio, damit es passt!« An lauen Abenden blicke ich während der Fahrt zu dem wunderbaren Sternenhimmel auf und danke meinem großen Selbst. Dankbarkeit ist die beste Art und Weise, die Freude sofort weiter zu erhöhen.

Von Tag zu Tag kann es manchmal so aussehen, als würde sich nicht viel verändern, aber wenn du in sechs Monaten zurückschaust, wirst du sehen, wie viel sich verändert hat. Die Veränderungen in deinem Leben können subtil oder dramatisch sein, aber sie zeigen, dass du dich bewegst – und Bewegung fühlt sich gut an. Durch schlichte Absichten, die du hegst, ohne dich daran zu klammern, setzt du Kräfte in Bewegung, die für dich Dinge verändern. Innerhalb eines Jahres mit *Divine Openings* hatte sich meine Arbeit von Privatsitzungen und regionalen Treffen auf eine weltweite Leserschaft, Retreats und Onlineseminare ausgeweitet, ohne dass ich dafür hart gearbeitet habe.

Das Universum ausdehnen

Schau dir all die Dinge an, von denen du meinst, dass du sie tun, sein oder haben müsstest – vom schönen Zuhause über Ausbildung, Erleuchtung, Verliebtsein bis hin zum Dienst an anderen. Du wünschst dir dies alles, weil du glaubst, du würdest glücklicher sein, wenn du es tust, bist oder hast. Schau mal, ob dir auch nur eine einzige Sache einfällt, die du dir wünschst, die nicht das Versprechen in sich birgt, dir ein besseres Gefühl zu verschaffen – besser, was dich selbst, deine Lieben oder die Menschheit betrifft. Nun, hier ist das Geheimnis: Werde *jetzt* glücklich, noch bevor du den Job oder den Partner hast, bevor du erleuchtet bist, bevor du bist, was du sein möchtest, bevor alle Kriege beendet sind, bevor die Politiker die Wahrheit sagen, bevor sich deine Mutter ändert, bevor du reich und schlank sein wirst. Dann hast du das, was du von Anfang an wirklich wolltest – und du hast es jetzt sofort. Damit erhellst du gleichzeitig die ganze Menschheit.

Das Geheimnis des Glücklichseins besteht darin, die Wartezeit zu genießen von dem Moment an, in dem du dich für etwas entscheidest, das du haben willst, bis zu dem Tag, an dem es auf der physischen Ebene ankommt. Du wünschst es dir, und dein großes Selbst erschafft es auf der Stelle, es bringt es aus sich hervor, und damit beginnt die Party. Deine Aufgabe ist es loszulassen, dich zu entspannen, Spannung und Widerstand aufzulösen und deine Schwingungshöhe anzuheben, damit du in diesem Bereich mit deinem großen Selbst im Einklang bist. Du bringst dich selbst zur Party, und du bist das letzte, entscheidende Teil. Dann erscheint die Party auf der physischen Ebene.

Du wirst immer und ewig in dieser Lücke zwischen deinem nächsten Wunsch und seiner physischen Erfüllung sein, denn sobald sich ein Traum erfüllt, wirst du sofort einen neuen erträumen. Es liegt in deiner schöpferischen Natur, dich immer weiter auszudehnen. Gewöhne dich daran, auf ewig glücklich »unterwegs« zu etwas Neuem zu sein.

Das »Wünschen« hält den Fluss des Lebens in dir aufrecht. Du kannst entweder das Warten genießen und jetzt sofort glücklich sein, auch wenn der nächste Traum noch nicht hier ist, oder du kannst leiden, weil der nächste Traum noch nicht hier ist. Was fühlt sich besser an? Welches von beiden beschleunigt die Ankunft deiner Wünsche, und welches verzögert sie?

Genieße die Wartezeit. Freue dich an der Reise.
Diese Reise ist schließlich dein Leben.

In einem fortgeschrittenen Stadium wirst du dahinterkommen, dass die größte Erfüllung nicht in der physischen Manifestation eines Wunsches liegt. Die größte Freude erlebst du in dem Moment (im Jetzt!), da deine Seele sich erhebt, weil du spürst, dass das Neue dabei ist, sich auf der nichtphysischen Ebene zu formen. Du gebierst eine Absicht und spürst, wie das Universum von deiner Schöpfung schwanger wird – und *du feierst dieses Gefühl*, noch ehe das Neue sich manifestiert.

Mit deiner erhöhten Sensitivität spürst du, wie die Energie sich sammelt, und dann springst du wie ein Surfer auf die Welle deiner Schöpfung auf und surfst auf der reinen Energie, während sie noch im Nichtphysischen weilt. Dieses nichtphysische Anschwellen bereitet ebenso viel Freude wie das physisch gewordene Ergebnis. Es ist ähnlich wie bei einer schwangeren Frau, die ihr Baby bereits liebt, bevor sie es überhaupt gesehen hat. Das Universum freut sich über die von dir erschaffene Erweiterung, ob du sie nun in deine persönliche physische Welt einlässt oder nicht. Aber jetzt lässt du sie natürlich ein. Fängst du an zu begreifen, wer und was du in Wirklichkeit bist?

Indem du erschaffst, was du dir wünschst, erweiterst du das Universum.

Wenn dein Herz hüpft, deine Seele singt und das Leben freundlicher aussieht – in einem solchen Augenblick bist du glücklich, egal ob deine Wünsche sich jemals manifestieren oder nicht. Das ist paradoxerweise der Zeitpunkt, an dem das, wonach du dich so lange gesehnt hast, am leichtesten zu dir kommen kann – der Job, das Auto, der Liebespartner, die Glückseligkeit oder die Erleuchtung. Wenn die Zeit da ist, wird es dir ganz selbstverständlich vorkommen: »Aber natürlich ist es da, ich bin schon auf seiner Welle geritten. Ich musste nicht erst darauf warten, um glücklich zu sein. Ich habe den *kürzeren Weg zum Glück* genommen.«

Mich gut zu fühlen ist für mich zu solch einer festen Gewohnheit geworden, dass mich nicht einmal mehr Familiendramen, selbst die lebensbedrohlichen Erkrankungen meines Vaters, unterkriegen können. Kleinere Einbrüche kommen vielleicht vor, aber meistens nicht einmal das. Ich bin jetzt wie ein Boot, das sich immer wieder an der Oberfläche aufrichtet, egal wie viele Wellen über ihm zusammenschlagen. Ich kann dem Schaukeln sogar Spaß abgewinnen. Das ist ansteckend und hat meinen Freunden und meiner Familie schon oft Auftrieb gegeben, wenn sie mit ernsthaften Schwierigkeiten konfrontiert waren. Ganz du selbst zu sein und die Gefühle und Manifestationen hervorzubringen, die du eben hervorbringst – das ist dein Beitrag zum Universum, und somit erweiterst du es. Dein Glück wird spürbar, wie eine fühlbare Atmosphäre, ein Klima, das sich weithin im Universum ausbreitet. Wirklich.

Ich schwebe nicht über dem Ganzen, bin weder abgestumpft noch losgelöst. Ganz im Gegenteil. Ich bin in meinen Körperempfindungen und Gefühlen fest geerdet und spüre das Leben intensiver denn je. Ich lebe öfter in den höheren Schwingungen und halte mich weniger in den niedrigeren Schwingungen auf. So ist ein gleichmäßiges Summen die Regel. Immer noch erlebe ich häufige, intensive, überraschende Anfälle von süßem, ehrfürchtigem Staunen, Tränen strömen mir über das Gesicht bei einer süßen, schlichten Umarmung, und jede meiner Körperzellen fühlt sich an, als könnte sie vor Fülle platzen. Das kommt und geht genauso wie alle anderen Gefühle und Erfahrungen. Es gibt keine Möglichkeit, sie festzuhalten. Das Leben bewegt sich. Energie will sich bewegen. Lass sie sich bewegen.

Thai-Göttin. Gemälde von Lola Jones.

Neuntes Divine Opening

*B*etrachte dieses Kunstwerk zwei Minuten lang mit sanftem Blick, schließe die Augen und lass es fünfzehn oder mehr Minuten nachwirken. Sei dankbar für die Öffnung, die in dir passiert.

Wenn deine Glückseligkeit zu verblassen scheint

Nach einigen Monaten oder einem Jahr sagen manche: »Mein Hochgefühl hat nachgelassen.« Aber wenn ich sie dann auffordere, genauer hinzuschauen, erkennen sie, dass es überhaupt nicht verblasst ist. Sie leben nur insgesamt auf einer höheren Schwingung als früher. Sie empfinden dies jetzt als ihren Normalzustand, und die anfängliche Neuheit des Hochgefühls ist inzwischen selbstverständlich geworden. Nun fordert ihr großes Selbst sie zu noch größeren Höhenflügen auf. Sie spüren die neu entstandene Lücke zwischen ihrem jetzigen Zustand und der nächsten Ebene. Es stimmt zwar, dass mit *Divine Openings* die Suche ein Ende nimmt, aber die Entfaltung und Ausweitung geht endlos weiter.

Die folgende Geschichte zeigt dies recht unterhaltsam auf: Eine Freundin von mir besuchte vor Jahren, noch vor den *Divine Openings*, einen Kurs bei mir. Sie lebte damals von Essensmarken, wohnte in einer winzigen Hütte zur Miete und war depressiv. Nach dem Kurs fühlte sie sich wie neugeboren und gründete bald darauf eine Firma, die weltweit erfolgreich wurde.

Dann las sie dieses Buch und besuchte einige Jahre später einen *Divine-Openings*-Kurs, bei dem sie erzählte, sie stecke fest. Sie sagte: »Ich bin wieder genau dort, wo ich vor zehn Jahren war, bevor ich an deinem anderen Kurs teilnahm. Ich bin allein und habe Schulden, und darüber bin ich gar nicht glücklich.« Ich sah mich im Raum um, und alle hatten ihr die Geschichte abgekauft. Da lachte ich und sagte: »Liebes, siehst du, was dein Kopf dir antut? Ich erlaube mir, deiner düsteren Einschätzung zu widersprechen, denn ich kenne dein Leben ein bisschen. Du bist weit von dem entfernt, wo du dich vor zehn Jahren befunden hast. Du lebst nicht mehr von Essensmarken, hast eine erfolgreiche Firma, besitzt ein Haus und Pferde, bist ständig auf Reisen. Und kürzlich warst du bei *Oprah* zu sehen (populäre US-Talkshow, Anm. d. Übers.). Du hast dich einfach an dein neues Erfolgsniveau gewöhnt, und jetzt willst du mehr. Du bist auf einem Plateau angelangt, aber du erlaubst dir noch nicht, abzuheben und zu fliegen. Du bist schließlich ein kreatives Wesen. Du willst deine Schwingen ausbreiten und noch höher fliegen. Und wieder einmal bist du genau am richtigen Ort angekommen!«

Erst grinste sie verlegen, und dann lachte sie. Unser auf Fehlersuche programmierter Verstand nimmt gern die Perspektive des kleinen Selbst ein und ist imstande, über *jede Situation* die schlimmstmögliche Geschichte zu erzählen. Er ignoriert alles, was positiv ist, und zielt direkt auf das, was nicht passt. Er lässt unsere Fortschritte völlig außer Acht und stürzt sich auf das, was noch nicht eingetreten ist.

Erfahrung ist relativ. Wenn du dich in jemand Neuen verliebst, erlebst du einen Rausch an neuen Gefühlen und Empfindungen. Wenn ihr euch dann länger kennt, liebst du den anderen möglicherweise noch mehr, doch es fehlt der aufregende Kontrast zwischen dem Vorher und dem Nachher. Die Beziehung hat sich vertieft, und die Liebe ist tatsächlich noch stärker und realer geworden. Genauso ist es auch mit *Divine Openings*. Wir Menschen können Kontraste besser wahrnehmen, fühlen und sogar wertschätzen als Gleichheit, und aus jedem noch so aufregenden Gefühl wird letztlich ein »Normalzustand«. Du kannst jedoch deine Beziehung hegen und pflegen, sie frisch und lebendig erhalten und sie nähren, wenn du jeden Tag davon schwärmst, wie toll sie ist. Beklagst du dich aber darüber, dass der Funke nicht mehr da sei, dann wird dein Reden ihn tatsächlich auslöschen.

Bei *Divine Openings* ist es, als hättest du dein großes Selbst, den größeren Teil von dir, kennengelernt und dich darin verliebt. Dein größeres Selbst steht in riesigem Kontrast zu dem, wie du früher warst, daher ist es enorm aufregend, wenn du es zum ersten Mal fühlst. Das ist die ultimative Liebesaffäre. Du wirst dich aber an die neue Beziehung gewöhnen, und obwohl sie sich immer weiter vertieft, fühlt sie sich dann einfach normal an. Sobald du dich über den Mangel an Aufregung beklagst, erschaffst du mehr Mangel. Wenn du aber beständig von dem schwärmst, was du hast, so erschaffst du mehr davon.

Wenn du im Lotto gewonnen hättest, würdest du auf und ab hüpfen und rufen: »Ich bin reich, ich bin REICH!!!« Aber ein Jahr später würdest du es nicht mehr tun. Du würdest es – hoffentlich – wertschätzen, aber du hättest dich daran gewöhnt und wärest ruhiger geworden. Du würdest sogar anfangen, es für selbstverständlich zu halten. Und bald würdest du für dein Leben mehr wollen.

Die Erleuchtung kann und wird deine Glückseligkeit nicht in einen statischen Zustand einfrieren, der für alle Ewigkeit gleich bleibt. Das wäre unmöglich. Energie will sich bewegen, Leben ist Veränderung, und dein großes Selbst möchte, dass du dich ausdehnst und weiterwächst. Setze lieber deinen freien Willen ein, um neue Freuden und frische Hochs zu erschaffen, anstatt zu erwarten, dass die alten dir erhalten bleiben. Du bist am glücklichsten, wenn du stets mit den frischen Aufwinden deiner Herzenswünsche aufsteigst, egal wie bescheiden oder großartig sie sein mögen. Es ist alles relativ. Wenn du jemand bist, dessen Wünsche groß und stark sind und dessen Aufwinde schnell und hoch wehen, dann wirst du einen raschen Evolutionsgang einlegen müssen, um mit deinen Träumen Schritt halten und erfüllt bleiben zu können. Wenn du schon immer mit einem bescheidenen Leben zufrieden warst, werden bescheidene Bewegungen dich glücklich halten. Wenn du an dem festhältst, was gestern gut war, und dir nicht erlaubst, zur nächsten Stufe weiterzugehen, wirst du dich nicht gut fühlen. Wenn es Zeit ist, den Widerstand aufzugeben und dich in Bewegung zu setzen, dann lass das Alte los, egal wie toll es war, und gönne dir mehr!

Wenn deine Glückseligkeit verblasst ist, dann hast du dich selbst zurückgehalten. Das *soll* sich schlecht anfühlen, genauso wie das rote Licht am Armaturenbrett deines Wagens dir zeigen soll, dass die Handbremse noch angezogen ist. Es ist sinnvoll, dass es sich schlecht anfühlt, wenn du etwas willst und es dir nicht erlaubst. Es macht Sinn, dass es sich schlecht anfühlt, wenn dich dein großes Selbst zur Party ruft, und du lässt dich nicht hingehen. Sei dankbar für diese wertvolle Information. Sieh zu, dass du zur nächsten Party auch wirklich gehst. Sieh zu, dass du zu leben anfängst! Oder dein Leben erweiterst.

Dich selbst zu blockieren ist nicht gut für dich, und darum *muss* es sich schlecht anfühlen. Warte nicht, bis das Leben dir dies in Form von Unfällen, unerwünschten Ereignissen, emotionalem Stress, Krankheit oder körperlichen Schmerzen spiegelt. Setze dich in Bewegung!

Widerstand fühlt sich schlecht an.
Loslassen fühlt sich gut an.
Deine Navigationstafel funktioniert!

Was du tun kannst, wenn ...

1. ... *das kleine Selbst sich das Steuer schnappt,* du in »Kleines-Selbst«-Sorgen feststeckst, auf deinem Rechthaben beharrst, zu viel arbeitest oder irgendetwas anderes dich in der Gefühlsskala unten festhält. Auf deiner Navigationstafel wirst du eine niedrige Flughöhe ablesen, und das muss sich schlecht anfühlen, damit du es registrierst. Schau nach, wer am Steuer sitzt, richte die Nase nach oben oder verwende das Eintauchen. Nutze die *dreißig Wege, deine Schwingung zu erhöhen,* die am Ende des Buches aufgelistet sind.

2. ... *du dein Leben nicht bewusst gestaltest.* Wenn du deine Gedanken und Gefühle bewusst wählst, kannst du deine Schwingungshöhe konstant oben halten. Wenn du nicht bewusst auswählst, passiert es allzu schnell, dass du auf Automatik schaltest und deine Schwingungen von äußeren Umständen, anderen Menschen oder der Außenwelt herunterziehen lässt. *Wähle!* Entscheide dich für die Ausrichtung auf dein großes Selbst. Dann musst du auf

die Details deiner Wünsche nicht eingehen; lass zu, dass die Quelle sie in der für dich perfekten Form liefert. Co-Kreation funktioniert in beide Richtungen: Manchmal entscheidest du selbst genau, was du willst, manchmal setzt du es auf die Gott-Liste, gibst alles ab und lässt dich überraschen.

3. ... *du dich von äußeren Kräften beeinflussen und herunterziehen lässt.* Lass dich innerlich weich werden und erlaube dir deine Gefühle in jenen Angelegenheiten, die du nicht ändern kannst – das ist das Gegenteil von Widerstand, und du wirst dich wundern, wie sehr und wie rasch es hilft. Bleib in deiner Mitte. Richte deinen Fokus nach innen, nicht nach außen. Hör auf, fernzusehen und schlechte Nachrichten zu lesen. Im Innern ist alles in Ordnung. Dort herrscht ein unerschütterlicher Friede, wie im Auge des Hurrikans, wo dein großes Selbst immer weilt.

4. ... *eine Emotion sich bewegen will und du ihr Widerstand leistest.* Das Gefühl und der Widerstand dagegen können unbewusst sein. Du musst nicht nach dem Problem graben. Schau dir einfach dein Leben an, es wird dir Hinweise geben. Ein Beispiel: Leute verhalten sich dir gegenüber aggressiv. Du schaust dir also dein Leben an und bemerkst, dass du noch Groll gegen jemanden hegst oder negative Gedanken in dir trägst. Dies zieht Aggressionen an! Das ist dein Stichwort, um nachzugeben und einzutauchen. Oder dir fällt plötzlich eine Überzeugung auf, die dich bremst. Entspanne dich, hebe die Spitze an – und alles, was du wissen musst, wird zu dir kommen.

5. ... *du dich von etwas zurückhältst, das dir am Herzen liegt oder deinem Naturell entspricht.* Das Leben lädt dich zur Party ein, aber du lässt dich nicht hingehen. Du weißt, dass es Zeit wäre für eine neue Arbeitsstelle, einen Urlaub, eine tiefere Beziehung, für dein

Buch, das geschrieben werden will, für die eigene Musik, die du spielen möchtest. Oder Zeit dafür, dich nicht länger zu verstecken. Du findest jedoch überaus plausible Gründe (*Ausreden!*), warum du das nicht kannst: »Ich habe Verpflichtungen, es wird nicht funktionieren, ich kann es mir nicht leisten, ich kann mich damit nicht konfrontieren, ich bin es jemandem schuldig hierzubleiben.« Als Erstes lass dich weich werden mit den Gefühlen. Es wird Energie freisetzen und dich in Bewegung bringen. Lass los und überlass dem Göttlichen die Schwerarbeit.

6. ... *du die Spitze deines Fliegers nach unten gerichtet hast.* Du bist auf das fokussiert, was in deinem Leben und in der Welt schiefläuft, oder auf das, was noch nicht da ist. Das drückt die Spitze nach unten. Fokussiere dich stattdessen voller Begeisterung auf das, was *richtig* läuft, was hier *ist* und wofür du dankbar *bist.* Schwärme leidenschaftlich davon. Du erschaffst dir deine Welt aus der Luft, aus dem Nichts, aus der schöpferischen Leere. Welche Gefühle und Erfahrungen generierst du durch deinen Fokus? Was für eine Welt erschaffst du? Fokussiere dich auf das, was du willst; es leitet die Energie aufwärts und richtet die Spitze nach oben. Rede dir jetzt gut zu.

7. ... *die Dinge nicht gut laufen, du dir aber deines Widerstandes nicht bewusst bist.* Bleib nicht in der Stagnation. Nimm teil an einem Onlinekurs, komm zum Retreat oder lass dir eine Session von einem Guide für *Divine Openings* geben.

8. *Überprüfe deine Navigationstafel. Wo stehst du?* Wenn du in der unteren Hälfte bist, so gibt es irgendwo Widerstand. Du brauchst nicht nach dem Dreck zu graben, das ist weder notwendig noch produktiv. Beobachte einfach dein Leben. Spüre dich und lass dich ins Fließen kommen. Gib nach und bitte das Göttliche, die

schweren Gewichte zu übernehmen, dann wirst du höher steigen können denn je. Es gibt nichts Wichtigeres als dein Glück, und dein Leben ist zu wertvoll, um dich von irgendetwas unterkriegen zu lassen.

Nichts ist wichtiger als deine Schwingung.
Sie erschafft deine Wirklichkeit.

Weitere Möglichkeiten für dein Glück

Hier sind weitere Anregungen, wie du dich mit dem großen Selbst in Einklang bringen und dir dein Glück zurückholen kannst.

1. **Gib deiner Begeisterung und Dankbarkeit Ausdruck.** Darin äußert sich die mächtigste Kraft deiner Seele.

2. **Beruhige dich.** Führe liebevolle, ermutigende Gespräche mit dir selbst. Rede besänftigend und aufmunternd mit dir, als würdest du einem lieben Freund oder einem Kind zureden. Plaudere mit dem Göttlichen und lass *dein großes Selbst* darauf antworten. So entsteht mit der Zeit ein echter, intensiver Dialog mit der Präsenz des Göttlichen in dir.

3. **Akzeptiere deinen momentanen Stand.** Du stehst da, wo du stehst, wo solltest du auch sonst stehen? Erlebe vollständig, wie sich das anfühlt. Umarme dieses Gefühl und übergib es dem Göttlichen. Wenn du nichts meidest, nichts ablehnst, nichts verurteilst, ändert es sich schneller. In der Tiefe deines Seins ist *jetzt schon alles gut.* Geh nach innen und fühle das.

4. **Akzeptiere, dass dein großes Selbst dir immer voraus ist.** Setze alles, was du dir wünschst, auf die Gott-Liste – und lass es los. Genieße das Unterwegssein, genieße jeden Schritt. Beruhige dich mit den Worten: »Ich werde schon dort hinkommen. Und dann werde ich mehr wollen. Aber jetzt will ich einfach genießen ... jetzt ... jetzt ... und jetzt.«

5. **Triff dich regelmäßig zum »Rendezvous mit dem Göttlichen«** und frische deine Liebesaffäre mit deinem großen Selbst auf. Geh einen Tag lang allein in die Stille – ohne Fernsehen, Radio, Internet, E-Mails, Telefon oder Bücher. Sprich mit niemandem und richte deine ganze Aufmerksamkeit auf die Präsenz im Innern. Rede nur mit dem Göttlichen und vertiefe deine Beziehung durch Schweigen, Sprechen, Plaudern, Lachen, Weinen, Mitteilen, Anerkennen. Nichts ist mit dieser tiefen, süßen Kommunion vergleichbar!

6. **Bewege dich zu aufbauender Musik.** Körperliche Bewegung und spielerisches Tanzen lassen deine Energieschwingung abheben. Auf der Homepage www.DivineOpenings.de kannst du Musik zum Buch und den Onlinekurs Level 2 *Pass auf, wohin du zielst* mit einem Video zur Freude an der Bewegung herunterladen.

7. **Erinnere dich daran, wer du bist.** Du bist ein göttliches Wesen in einem physischen Körper. Du hast gewählt hierherzukommen, um Erfahrungen zu machen – mit Gegensätzen, der Auswahl unter vielen Möglichkeiten und dem Erschaffen deiner Realität, gemeinsam mit dem Schöpfer.

8. **Meditiere regelmäßig, und sei es auch nur für zehn Minuten.** Es fokussiert dich auf das, was wirklich ist: das innere

Ich, dein großes Selbst. *Divine Openings* hat deine Fähigkeit zu meditieren tiefer geöffnet als je zuvor. Tue es nicht, um »an dir zu arbeiten«, sondern um dich total wohlzufühlen. *Meditiere, weil du es genießt.*

9. **Atme für deine Lebenslust.** Atme sanft und natürlich ein und aus, während du deine Aufmerksamkeit auf deinen Atem und den Körper richtest. Lass die Wirbelsäule sich wellenförmig mit dem Atem bewegen. Entspanne dich. Mach keine Arbeit daraus. Bleib weich im Denken. Es kann sein, dass Emotionen hochkommen und sich lösen – genieße es, bleib präsent und lass sie aufsteigen, manchmal bis zur Seligkeit. Wenn du überdreht bist und nicht schlafen kannst, mach kein Problem daraus – atme lustvoll! Liege einfach da, atme und beruhige dich mit Sanftheit, dann wirst du erfrischt aufstehen, auch wenn du keinen Schlaf findest. Hab Freude daran!

Sobald du einen ersten Schritt machst, die Nasenspitze leicht anhebst und erlebst, wie dir ein wenig leichter wird, wirst du spüren, wie der Frieden und die Glücksgefühle langsam zurückkehren. Seligkeit ist das natürliche Ergebnis, wenn du vom Strom des Lebens getragen wirst. Sobald deine Energie nicht mehr frei fließt oder langsamer wird, fühlst du dich nicht mehr so wohl. Am Ende des Buches findest du eine längere Liste mit einfachen Übungen. Spiele damit – aber mach keine Arbeit daraus!

> **Glücklichsein ist dein natürlicher Zustand.**
> **Das Lösen von Widerständen führt**
> **dich dorthin zurück.**

Sei es, dass ein Herzenswunsch durchkreuzt wurde oder die Nase deines Fliegers nach unten abgedriftet ist: Wenn deine Schwingung abfällt und sich verdichtet, verblasst auch deine Seligkeit. Dein großes Selbst ist stets in Bewegung, es will sich ausdehnen und auf den Windströmen deiner Wünsche dahinfliegen. Es leistet überhaupt keinen Widerstand. Es ist schon dort auf der Party, deiner Party. Wenn du dich davon abhältst, ebenfalls hinzugehen, wirst du dich schlecht fühlen, und so sollte es auch sein. Dann weißt du, dass du dich ausdehnen und mit dem Strom des Lebens mitfließen musst, um dich wieder wohlzufühlen.

Dies bedeutet, alles zuzulassen, ganz gleich, wo du dich gerade auf deiner Gefühlsskala befindest. Es bedeutet, deinem Herzen zu folgen, egal was es will. Es bedeutet manchmal, nicht auf den Verstand und seine Einschränkungen zu hören und alles und jeden zu ignorieren, der sagt, du kannst oder darfst es nicht.

Gib dich dem Strom hin. Es kann bedeuten, nach Dänemark zu ziehen, es kann aber auch etwas ganz Einfaches bedeuten, das du in deinem Garten anstellst, um dein Herz zum Singen zu bringen. Es muss nichts Großartiges sein. Wenn ich Lust bekomme, in Second-Hand-Läden zu stöbern, dann mache ich das. Es entspannt mich, und aus irgendeinem verrückten Grund macht es mein Herz leicht und fröhlich. Ich könnte mir funkelnagelneue Kleidung leisten, aber das hat für mich nicht denselben Reiz. Ist doch klar! Oft stelle ich mir vor, was ich gern dort finden möchte, und dann ist es ein großes Abenteuer und Staunen, ob ich es finde, und wo und wann – manchmal noch am selben Tag. Das Wichtige ist, es einfach zu tun, weil ich Lust dazu habe und es sich gut anfühlt.

Deine Navigationstafel zeigt dir immer, wenn es Zeit ist, dich zu erweitern. Zuerst wirst du einen sanften Stupser von deinem großen Selbst bekommen – einen Gedanken oder einen Wunsch. Wenn du ihm folgst, geht es dir gut. Wenn du ihn ignorierst, wirst du spüren, wie deine Gefühle auf dem Höhenmesser hinunterrutschen. Wenn du deine Gefühle ignorierst, eskaliert das

Ganze, und du wirst anfangen, körperliche Symptome wie Verspannung, Steifheit oder Schmerzen zu spüren. Wenn du die subtilen körperlichen Hinweise ignorierst, kann eine Krankheit auftreten. Es ist ein stufenförmiges Warnsystem, bei dem deine Navigationstafel dir zunehmend deutlichere Warnsignale gibt: Die Warnlichter blinken immer stärker und deutlicher, und die Alarmtöne werden immer lauter, um dir anzuzeigen, dass du Widerstand leistest.

Als ich vor Jahren einen *Divine-Openings*-Kurs hielt, wurde mir eines klar: Ich erkannte, dass ich wie einige meiner Schüler an diesem Tag immer noch der Konsensrealität Glauben schenkte, dass Arbeit anstrengend und Geld rar sei – diese Gedankenkonstrukte, die in unserer von Mangel beherrschten Welt allgegenwärtig sind und so überaus überzeugend klingen. Ich hatte ein wenig Stress aufgepickt, was lediglich eine Information darstellt – ein Signal, das mir sagt: »Beweg dich, dehn dich aus, lass los!«

Also beschloss ich (und die *Absicht* genügt in dieser Phase), mir sogar noch mehr Leichtigkeit zu verschaffen. Jedes Mal, wenn wir eine *Absicht erklären*, öffnen sich neue Wege, und neue Möglichkeiten werden magnetisch angezogen, um uns zu helfen. Im Seminar tauchten wir alle in die Schwingung ein, die dem Gefühl zugrunde liegt, dass Arbeit anstrengend und Geld rar sei. Das Gefühl verlagerte sich auf eine höhere Schwingungsebene, und bald kicherten wir alle zusammen über diese absurde alte Vorstellung. Ein neues Gefühl von Leichtigkeit kam über uns.

Das Aufgeben des Widerstands durch das vollständige Erleben des Gefühls bewirkte, dass mein Hoch wiederhergestellt wurde. Dieser Impuls brachte noch weitere Fortschritte mit sich. Mit dem neuen Bewusstsein begann sich am nächsten Tag eine neue Kette von Ereignissen mühelos zu entfalten. Zuerst wurde ich depressiv! Natürlich musste mein Verstand protestieren: »Das ist kein Fortschritt! Das ist ein Rückschritt. Depressiv zu werden ist nicht mehr drin! Dagegen müsste ich längst immun sein, oder?« Doch mein großes Selbst schenkte mir ein stilles, beruhigendes Gefühl. Es versicherte mir, alles sei bestens und es würde schnell vorübergehen, wenn ich mich nicht dagegen sträubte. Widerstand gegen Gefühle schafft Leid.

Also saß ich an einem wunderschönen Tag auf der Veranda und tauchte in die Schwingung ein, die sich wie eine »Depression« anfühlte. Ich spürte, dass es sich um ganz alte Energien handelte. Allmählich fühlte ich mich immer leichter und verlor bald das Interesse an der Übung, was zumeist ein Hinweis ist, dass man damit fertig ist. Ich holte meinen Laptop heraus, um zu schreiben, und fühlte mich bald ohne jede Bemühung besser, als ich mich seit Wochen gefühlt hatte. Ein neues Hoch war da.

Es gab einen Dominoeffekt, als noch mehr Führung hereinkam: Ich nahm einen ganz sanften und leichten Impuls wahr, das Glas Wein zum Abendessen wegzulassen. Ein Gläschen Wein ab und zu ist völlig in Ordnung, aber ich verspürte den Wunsch, zu einer funkelnden Klarheit zu gelangen und diese erneute Anhebung meiner Schwingungshöhe auszukosten.

Vielen Menschen gibt Alkohol die Erlaubnis, sich besonders gut zu fühlen, so als ob es »ohne ihr Zutun« geschähe. Man kann sich aber auch ohne Grund gut fühlen und es okay finden! Ich nehme ab und zu einen Drink, aber ich liebe es, auf natürliche Weise »high« zu sein, und bin so sehr daran gewöhnt, mich dort aufzuhalten, dass die Substanzen und Aktivitäten, die viele Menschen dazu benutzen, um sich ein Hoch zu verschaffen, mich eher herunterziehen. Es ist alles relativ.

Das Resultat, das die innere Führung auf dem Pfad an profanen Veränderungen bei mir bewirkte, bestand darin, dass mit weniger Arbeit mehr Geld hereinzufließen begann. Ich analysierte es nicht. Ich fühlte nur und folgte diesem Gefühl.

Beachte auch, dass ich Umschreibungen wie »Fülle« und »Wohlstand« nur selten verwende. Viele spirituelle Menschen benutzen diese flauschigen Wörter, weil sie Urteile gegen *Geld* hegen und sich nicht aufraffen können zu sagen: *»Ich brauche Geld.«* Also prüfe dich selbst. Kannst du sagen: »Ich will mehr Geld«? Fülle und Wohlstand werden nicht als gesetzliches Zahlungsmittel akzeptiert und können keine Lebensmittel und nicht die Miete bezahlen. Geld aber schon.

Die wichtige Botschaft lautet: Folge deinem inneren Drängen und achte darauf, wie du dich fühlst. Alles andere kommt von allein.

Fühle und folge dem Gefühl.

Tue Dinge, weil sie sich gut anfühlen – die Genusspraxis

Die Aufwärtsspirale setzte sich fort, und bald fühlte ich eine ganz neue, spontane Dimension der Erlaubnis, es mir gut gehen zu lassen. Meist tragen wir kulturelle oder generationsbedingte Tabus oder selbst auferlegte Grenzen in uns, ohne zu wissen, dass wir sie haben. Es gibt nie infrage gestellte Annahmen, Dinge, die wir übernommen haben, ohne sie zu hinterfragen, weil jeder daran glaubte. So wurden sie Teil unseres Lebenshintergrunds. Wie die Luft, die du atmest, ohne dass du es merkst. Während wir aufwachsen, übernehmen wir von unserer Kultur und den Erwachsenen um uns herum, dass wir es uns nicht *zu* gut gehen lassen dürfen, nicht zu ungestüm sein dürfen, unseren Körper oder Sex nicht zu sehr genießen dürfen, nicht zu gierig sein und es uns nicht zu leicht machen dürfen. Man hat uns erzählt, Verlangen sei schlecht. Wir sollten hart arbeiten und nicht »faul« sein.

Irgendwie hatte sich diese puritanische Moral eingeschlichen und meinem (neu entdeckten) Vergnügen einige Grenzen gesetzt. Ich konnte Widerstand in meinem Körper fühlen, insbesondere Verspannungen im Nacken. Plötzlich erkannte ich es und tauchte daraus auf. Spontan begann ich, noch mehr Dinge zu tun, die sich gut anfühlten. Ich lag morgens, zum Mittagsschlaf oder abends in meinem Bett und genoss die weichen Bezüge und das Gefühl auf der Haut, ich lächelte über die vielen Dinge, die man an einem einfachen Bett loben kann. Ich kuschelte meine Wange an das Kissen und streckte mich wie eine Katze, in träger Verzückung über das Rauschen des Windes in den Bäumen draußen. Ich nahm ein langes heißes Bad im Kerzenlicht. Ich ging auf meinem Grundstück spazieren, diesmal nicht zur Fitness, sondern zum Vergnügen. Tiefe Glückseligkeit überkam mich. Ahh, dieses Gefühl hatte ich vermisst! Es war wie Nach-Hause-Kommen. Wir lieben dieses Spiel des Sichverirrens und wieder Heimkommens, so wie kleine Kinder das Versteckspiel lieben.

Das Verlangen nach Ausdehnung, nach Öffnung und nach »mehr« ist das, was das Universum am Laufen hält. Es muss nichts Weltbewegendes sein und keinem »erhabenen Zweck dienen«. Dein Wunsch nach etwas lässt wunderbar köstliche Energie durch dich fließen, und diese Bewegung ist es, die das Universum expandieren lässt. Dein großes Selbst läuft dir damit voraus, selbst wenn du nie mitmachen würdest. Die Erfüllung deines Verlangens bringt das Leben im Universum voran. Sie nährt es, erweitert es. Deine Freude zieht Kreise, die das Universum erhellen. So wichtig sind dein Friede und deine Freude. So wertvoll bist du.

Verlangen, das sich wie Mangel anfühlt, oder Begierde nach Dingen, von denen du glaubst, dass du sie nicht haben kannst, sind die Art von Verlangen, das sich schlecht anfühlt. Sich nach einem Partner, nach Geld oder Erfolg zu verzehren, während du den nagenden Mangel davon im Bauch spürst – das tut weh und senkt die Spitze nach unten. Durch dein Eintauchen in das Gefühl und dein sanftes Annehmen kannst du deinen Zustand anheben, bis dein Verlangen sich gut anfühlt und dir neue Möglichkeiten aufgezeigt werden. Oder du kannst dem Thema eine Ruhepause gönnen – die Dinge laufen besser in deiner Abwesenheit!

Wenn du die Welt besser machen möchtest, dann sei fröhlich. Du wirst zu einem Funkturm, der eine Schwingungsbotschaft der Liebe, Freude und Kraft aussendet.

Die größte Glückseligkeit überkommt dich immer dann, wenn eine neue energetische Entfaltung stattfindet.

An einem Silvestermorgen, an dem ich lange geschlafen hatte, kam ich nicht so richtig in die Gänge. Das war seltsam. Ich wache normalerweise mit der Bereitschaft auf, sofort voll loszulegen, angetrieben von der kosmischen Energiequelle. Ich weiß sogar, wie ich Energie erzeugen kann, wenn keine vorhanden ist (schließlich erschaffen wir selbst unser Leben). Nach einem Superfrühstück mit Pfannkuchen und Würstchen hatte ich die Inspiration, mich unter einen Baum zu setzen und gar nichts zu tun. Langsam kehrte die Energie zurück.

Ich startete meinen John-Deere-Rasentraktor und mähte riesige Spiralen im hohen gelben Gras auf der vorderen Weide. Ich mähte stundenlang, und es machte mir solchen Spaß, dass ich etwa eineinhalb Hektar schaffte. Wenn ich den Rasenmäher fahre, fühle ich mich wie ein kleines Kind. Es ist wie Gokart-Fahren. Und zu beobachten, wie das Land gepflegt und schön wird, gibt mir eine ungeheure Befriedigung. Ich kann gar nicht beschreiben, wie aufgeregt ich mich fühlte, als die Sonne unterging. Ich war ekstatisch. Ich weiß nicht, warum es sich so gut anfühlt, solche Dinge zu tun, und es ist mir ganz egal. Es ist nicht wichtig, warum dir etwas Spaß macht. Es muss keinen Sinn machen, es muss nicht einmal produktiv sein, und niemand sonst braucht es zu verstehen. Tue es einfach. Du vermehrst damit die Freude im Universum.

Vielleicht hast du das Gefühl, du hättest »zu viel Arbeit zu erledigen«, als dass du dir erlauben könntest, Dinge einfach »aus Spaß an der Freude« zu tun – Dinge, die weder zu deinem Einkommen beitragen noch verantwortungsvoll sind und auch nicht auf deiner To-do-Liste stehen. Du solltest aber unbedingt die Dinge tun, die dein Herz gern tun möchte. Diese Dinge sind buchstäblich Nahrung für deine Seele. Wenn du deine Seele hungern lässt, wie kannst du da wirklich lebendig sein, geschweige denn produktiv? Wenn es keine Frist gibt, in der du diese Dinge gemacht haben musst, werden die Wochen vorbeifliegen, ohne dass du sie jemals machst – außer du gönnst dir spezielle Auszeiten für deine »Genusspraxis«.

Was ist es bei dir? Ein Bild zu malen, zu gärtnern, einen Kaffeeklatsch mit einer Freundin zu halten, dem Hund neue Tricks beizubringen oder mit den Kindern zu spielen? Lass dich von deinem großen Selbst auf geheimnisvolle Art und Weise dort hinführen.

An jenem Abend nach dem Rasenmähen schossen meine Energie und Begeisterung raketenhaft in die Höhe. Das inspirierte mich zu einigen großartige Ideen, die in produktive Aktionen für meine Arbeit mündeten, und es waren Ideen, deren Ausführung Spaß machte – ungewöhnliche Ideen. Ich fühlte mich erfrischt und freute mich auf eine Silvesterparty, während ich vorher gemischte Gefühle gehabt hatte, ob ich überhaupt hingehen solle. Ich traf dort viele interessante Leute und hatte eine tolle Zeit. Ich lernte sogar eine Frau kennen, die mir bei einigen technischen Problemen helfen konnte. So hat mich die Erfüllung eines simplen Herzenswunsches auf einen produktiven Aufwärtspfad gelenkt.

Lass dein »sollte« und »müsste« fallen und deine Urteile darüber, was es heißt, ein realistischer, verantwortungsbewusster, erwachsener Mensch zu sein. Halte dich stattdessen an das, was dein Herz tun möchte, zumindest einmal am Tag, wenn nicht fünf- oder sechsmal! Du wirst staunen, was sich in anderen Lebensbereichen tut, wenn du in diesen Strom eintauchst. Wenn mir jemand sagt, dass er härter arbeitet, um das Wachstum seines Unternehmens zu steigern, muss ich grinsen und sage: »Nimm dir Urlaub. Alles wird super laufen, während du weg bist.«

Als ich weiterhin mehr meinen Gefühlen folgte, erkannte ich, dass ich in Wirklichkeit aufhören wollte, so viele Einzelsitzungen zu geben, und stattdessen Kurse halten wollte. Innerhalb eines Monats hielt ich überwiegend Kurse. Dann wurde mir rasch klar, dass ich Onlinekurse anbieten könnte, und es waren bereits drei Personen in mein Leben getreten, die wussten, wie man das macht. Bald half ich zehnmal so vielen Menschen in einem Fünftel der Zeit, die ich früher gebraucht hatte. Simsalabim!

**Nimm dir Zeit für deine Genusspraxis,
um Dinge zu tun, die sich gut anfühlen.**

Umsetzung in deinem Leben

Schreib dir eine Liste von Dingen, die dein Herz erfreuen, und mach sie zu deiner Genusspraxis für die kommende Woche:

1. _____

2. _____

3. _____

4. _____

5. _____

6. _____

7. _____

8. _____

9. _____

10. _____

Worauf wartest du noch? Fang gleich damit an, die Dinge umzusetzen!

Traumabsichten

Traumabsichten (*Dream Intentions*, früher nannte ich es »Traum-
aufgaben«) gehören zu meinen bevorzugten Arten des Erschaf-
fens, weil wir im Traumzustand null Widerstand haben. Im Schlaf
sind wir vollkommen offen für unser großes Selbst – befreit von
der Dichte dieser Dimension und den Begrenzungen, die die
menschliche Form mit sich bringt. Wenn wir schlafen, sind wir
so widerstandslos, wie wir es in unseren physischen Körpern nur
sein können. Im Schlaf kehren wir zum reinen, nichtphysischen
Bewusstsein zurück, um uns zu erholen und wiederaufzuladen,
um zu erschaffen und ungestört zu spielen – in der liebevollen
Präsenz der göttlichen Quelle.

Ich schreibe Dinge auf, die mein großes Selbst für mich regeln
kann, während ich schlafe, oder ich bringe meine Aufmerksamkeit darauf, während ich ins Land der Widerstandsfreiheit abdrif-
te. Sobald ich meine Traumabsichten festgelegt habe, lasse ich sie
los und sage mit einem tiefen Seufzer: »Es ist nicht meine Aufgabe. Es ist getan!«

Traumabsichten gemeinsam mit dem göttlichen Partner zu
verwirklichen macht Spaß. Es ist wie ein Delegieren nach oben,

an dein Team im nichtphysischen Bereich. Erinnerst du dich noch an die Vorstellung des *Bhakti Paradina*, des Gottes, der dir zu Diensten steht? Du kannst es dir so vorstellen, als hättest du dein eigenes, persönliches Team von Managern und Assistenten, die niemals schlafen, alles und jeden kennen und gut gelaunt, vierundzwanzig Stunden am Tag, jenseits von Zeit und Raum für dich arbeiten. Freue dich darüber, dass dieses größere Selbst niemals schläft und alles tun kann. Mit *Divine Openings* läuft alles super, während du weg bist und schläfst!

Jetzt, wo das Leben sich um Erschaffen statt um Problemlösungen dreht, um das Kreieren von Spaß und Abenteuern, das Gestalten deines Lebens, genau so, wie du es haben willst, ist das besonders großartig. Überprüfe kurz und achte darauf, welche der beiden Optionen du wählst: Erschaffen oder Problemlösen. Vergiss nicht, du bekommst das, was du erwartest!

Du schläfst besser, wenn du all deine Anliegen und Nöte vorher »abgibst«. Geh mit einem harmonischen Ausklang schlafen, und du wirst dich besser ausruhen können. Das Abladen all deiner Sorgen und Wünsche schenkt dir tiefen Frieden, löst Widerstände auf und erleichtert deine Seele. Wenn du dich überwältigt fühlst, mach vor dem Zubettgehen eine Liste, übergib sie dem Göttlichen und lass alles los. Die Inspiration wird später kommen, wenn du es am wenigsten erwartest. Besser noch, vieles von deiner Wunschliste taucht irgendwann einfach auf oder wird mühelos erledigt. Es macht mir Spaß, über alte Listen zu stolpern – das meiste davon ist immer schon erledigt, vieles davon ohne großen Aufwand meinerseits. Oder es musste nie getan werden. Etwas Besseres tauchte auf, sodass es sich erübrigte.

Wenn du *Divine Openings* machst, bedeuten »schlechte« Träume, dass die Gnade eine niedrigere Schwingung für dich anhebt. Du musst nichts damit tun, nichts analysieren und dir nicht den

Kopf darüber zerbrechen. *Sie sagen nichts Schlimmes voraus.* Sage dir, um dich zu beruhigen: »Etwas ist in meiner Abwesenheit erledigt worden.« Spüre einfach die Gefühle in deinem Körper – und lass die Geschichte fallen.

Beim Träumen geht es nicht bloß darum, Probleme zu lösen. Es geht vor allem auch darum, deine Sehnsüchte und Schöpfungen »zusammenzubrauen«. Ich mag Traumabsichten besonders dann, wenn mein Wunsch so groß ist, dass mein beschränktes Denken sich keine Vorstellung davon machen kann, wie der Wunsch sich verwirklichen ließe. Im nichtphysischen Bereich und im Traumland gibt es keine Grenzen.

Das göttliche Timing muss nicht immer mit meinem Timing übereinstimmen, aber wenn ich das Ganze abgebe und warte, kommt das Gewünschte immer irgendwann, oder etwas Besseres stellt sich ein. Das ist viel besser, als mich damit zu verausgaben, alles selbst schaffen zu wollen und meinen eigenen Zeitplan zu forcieren. So vieles, was wir meinen tun zu müssen, kommt nur von dem unablässigen Genörgel des Verstandes. Es war überhaupt nie notwendig oder hätte sowieso nicht funktioniert.

Sich an einen Traum zu erinnern oder eine Antwort zu erhalten ist *nicht wichtig.* Es kann sein, dass du dich beim Aufwachen an gar nichts erinnerst, doch das, worum du gebeten hattest, taucht spontan und rechtzeitig auf dem Weg der Synchronizität auf. Jemand gibt dir einen Hinweis, eine Person oder eine Information taucht auf, oder du hast einen inspirierten Einfall, wenn du es am wenigsten erwartest. Traumabsichten sind super bei Wünschen und Entscheidungen in allen möglichen Bereichen – Beruf, Geschäfte, Finanzen, Persönliches, Beziehungen, Kreativität, Gesundheit. Geht's noch einfacher?

Träume davon.

Bitte darum – und lass los!

Über all den Prozessen und Methoden kann man die allereinfachste und wirkungsvollste Sache vergessen. Loszulassen und dem Göttlichen die Schwerarbeit zu überlassen ist immer das Machtvollste, das du tun kannst.

Rede mit dem Göttlichen und sage ihm, was du brauchst und dir wünschst. Doch damit ist es auch schon getan. Bitte nicht immer wieder darum. Wenn du wiederholte Male danach fragst, hebt es deinen Wunsch auf, denn damit sagst du: »Ich glaube eigentlich nicht daran, dass es kommen wird.«

Die Party beginnt mit deiner Bitte. Danach richte deinen Fokus nur noch darauf, aus dem Weg zu gehen und deine Widerstände aufzulösen. Mach dich bereit für deine Party. Die göttliche Präsenz weiß bestens Bescheid, was du willst oder brauchst – zur Erfüllung deiner einfachsten, trivialsten Bedürfnisse ebenso wie zum Umsetzen großer Träume, für die Kommunikation mit geliebten Menschen, für Geschäfte und Geld, die Befreiung von körperlicher Krankheit, für weise Entscheidungen, den besten Urlaubsplan, für Humor und Spaß. Sieh zu, dass du deine Party nicht verpasst!

Die Präsenz bietet dir in jedem Moment ihre Hilfe an, schon lange bevor du sie erbittest. Durch deine Bitte fokussierst du *deine* Energie und bringst dich in eine Schwingung, in der du die Lösung empfangen kannst. Dein größeres Selbst lässt dich nach Antworten Ausschau halten und die Lösungen annehmen, die stets angeboten werden. So lenkt es deinen Fokus darauf, zur Party zu kommen.

**Das Machtvollste, das du jemals tun kannst,
ist, alles der göttlichen Präsenz, dem größeren Ich
zu übergeben.**

Wie kannst du anderen helfen?

Die Leute fragen, wie sie ihre Familien und Kollegen dazu bringen können, ein erleuchtetes, glückliches Leben zu führen. Aus meiner eigenen reichen Erfahrung gebe ich hierauf die klare Antwort: Lebe es zuerst selbst und lass die anderen es sehen. Dein Beispiel ist der beste Lehrer. Perfektion ist nicht erforderlich. Ein Beispiel zu geben kann bedeuten, dass du jemandem sagst: »He, ich bin gerade wütend auf dich. Aber lass uns erst darüber reden, sobald ich meine Gefühle in Ordnung gebracht habe. Dafür mache ich jetzt einen Spaziergang und bin bald wieder da. Bis gleich.« Wow, was für eine kraftvolle Botschaft! Du nimmst die Verantwortung zurück zu dir, statt dem anderen die Schuld zu geben. So können Kinder lernen, ihre Gefühle zu spüren und damit authentisch und verantwortungsvoll umzugehen.

Du kannst deine Schwingung ungefähr daran einschätzen, wie sehr die Menschen deiner Umgebung am Aufwachen sind. Sie werden in hohem Maße deine Spiegel sein.

In einer früheren Beziehung in der Zeit vor *Divine Openings* wünschte ich mir ständig, der Mann würde mehr Persönlichkeitsentwicklung mit mir mitmachen. Stattdessen nahm er mich jedes Mal hoch, wenn ich nicht das lebte, wovon ich sprach, und es schien ihm großen Spaß zu machen, Dinge zu tun, die mich aus der Fassung brachten. Jetzt kann ich erkennen, dass er meine weisen Sprüche nicht hören wollte, weil meine Schwingung und meine Taten eine deutlichere Sprache redeten.

Natürlich ist es möglich, Menschen zu helfen, die dafür offen sind. Mit Freunden und Familienangehörigen bewährt sich die vorrangige Einstellung, *sie so sein zu lassen, wie sie sind, und in dir zu klären, was es mit dir macht.* Kümmere dich um deine eigenen Angelegenheiten. Tauche in die Gefühle ein, die in dir aktiviert werden, und lass jede Ladung oder Erwartung, die du an das Verhalten der anderen hattest, fallen. Anschließend könntest du sagen: »Frag mich, wenn du meine Sichtweise hören willst« oder: »Möchtest du meinen Rat, oder möchtest du nur, dass ich zuhöre?« Wenn sie Offenheit ausdrücken, kannst du ihnen etwas sagen. Wenn du aber einen Rat gibst, um den der andere nicht gebeten hat, kann er sich ins Unrecht gesetzt oder verletzt fühlen. Wie würdest du es denn aufnehmen, wenn jemand versucht, dich zu ändern?

Denke an die Polizeiserien im Fernsehen, in denen ein Verbrechen an einem Familienmitglied eines der Detektive verübt wird und er losgeht, um das Verbrechen zu rächen. Sein Vorgesetzter bekommt Wind davon und zieht ihn vom Fall ab, weil er emotional zu sehr betroffen ist. Er übergeht aber dessen Anordnung und verfolgt den Täter, wodurch allerlei Tumult ausgelöst wird. Wenn du dich in anderer Leute Angelegenheiten einmischst, erzeugst du Stress und Chaos.

**Wenn du zu sehr betroffen bist,
so »zieh dich vom Fall ab«.**

Wenn du *Divine Openings* weiterempfehlen willst, übernimmt unsere Website die ganze Arbeit für dich. So kannst du es mit anderen Menschen teilen, aber es völlig ihnen überlassen. Gib die Internetadresse mit offenem Herzen weiter und mach dich von der Antwort der anderen frei. Du hast deinen Teil getan, und das allein fühlt sich gut an.

Es gibt im Alltag Momente, in denen ich erkenne, dass mich jemand von dort aus, wo er momentan steht, nicht hören kann. Es muss sich für ihn anhören, als spräche ich eine fremde Sprache. In solchen Momenten, wenn Menschen jammern, leiden und nicht einmal die Möglichkeit einer Lösung sehen können, mache ich einen tiefen Atemzug und sage aus dem Herzen: »Ich höre dich. Das hört sich hart an.« Ich höre auf zu reden, kümmere mich um meine eigenen Angelegenheiten und lebe das, wovon ich rede. Es ist *ihr* Leben, und zu sehr darauf zu drängen, ihnen zu helfen, wäre kontrollierend. Lass die anderen ihre eigenen Entscheidungen treffen. Vielleicht überraschen sie dich und sind eines Tages plötzlich offen, oder sie finden einen anderen Lehrer, den sie besser hören können. Es gibt unterschiedliche Lehrer für unterschiedliche Menschen.

Wenn du dich wirklich von innen heraus dazu berufen fühlst, formell zu unterrichten, hast du die Wahl, dich zum *Divine Openings Guide* ausbilden zu lassen, was dich zu einer beratenden und lehrenden Tätigkeit befähigt, sofern du die entsprechenden Phasen dieses tiefgehenden Prozesses selbst durchlaufen hast. Häufig lassen sich erfahrene Schulberater oder Psychotherapeuten zu *Guides* ausbilden, um ihre Kompetenzen zu erweitern und ihre berufliche Arbeit dadurch entspannter und effizienter zu gestalten. Auch Ärzte, Rechtsanwälte, Immobilienmakler, Verkäufer, Unternehmer und andere Freiberufler und Professionelle können als *Divine Opening Guides* mehr Leichtigkeit und Spaß in ihren Beruf einbringen.

Praktiziere lieber, anstatt zu predigen.
Hilf nur, wenn es willkommen ist.

Tagträume als »Unterhaltung«

Tagträume machen Spaß und sind, wie Meditation, sogar noch kraftvoller als die nächtlichen, widerstandslosen Träume, denn du erschaffst sie bewusst. Deinen Fokus als bewusster Schöpfer zu trainieren stärkt deine Kraft der Absicht, genau wie ein Muskel durch Training an Kraft gewinnt.

Für das Erschaffen besteht zwischen einem lebhaften Tagtraum und der Realität kein Unterschied. Olympische Athleten benutzen seit Jahren kraftvolle Visualisierungen, um ihre Leistung zu steigern. Träume, wann immer du dazu Gelegenheit hast, von dem, was du dir für dich selbst und für die Menschheit wünschst. Dein großes Selbst hat ohnehin nie etwas anderes im Sinn.

Tagträumen fühlt sich gut an, weil es dich auf dein großes Selbst einschwingt. Es hat die Realität, die du dir wünschst, bereits erschaffen und wartet jetzt nur noch darauf, dass du aufhörst, dich in den Weg zu stellen und angespannte, widersprüchliche Energien auszusenden. Es wartet darauf, dass du deine Schwingungshöhe auf seine anhebst, damit es diese Realität in ihrer physischen Form für dich manifestieren kann. Das Beste daran ist, dass es sich schon jetzt gut anfühlt!

Tagträumen dient nicht dazu, etwas zu erschaffen, denn es ist bereits erschaffen. Du wurdest schon gehört, als du zum ersten Mal diesen Wunsch verspürtest, und deine Bitte wurde sofort erfüllt. Im nichtphysischen Bereich ist die Party längst im Gange, und sie wird sich schneller ins Physische hineinbewegen, wenn du deinen Wunsch nicht umdrehst und wieder rückgängig machst.

Oft genug warst du schon unterwegs zur Wunscherfüllung, warst deswegen in einer hohen Schwingung und fühltest dich großartig – und dann lief etwas in der Außenwelt nicht ganz so, wie du es erwartet hattest, und du hast zugelassen, dass deine Schwingung abrutschte. Dann zieltest du genau in die entgegengesetzte Richtung deines Wunsches. Lass dich von der Außenwelt und ihren Ereignissen nicht beeinflussen. Verhalte dich so, als sei deine Schwingung das einzig Wichtige – denn sie *ist* letztlich das Einzige, was wirklich zählt. Alles Geschehen in der äußeren Welt ist vorübergehend.

Tagträumen entspannt dich, sodass du deiner Sehnsucht nicht mit Widerstand und Zweifeln entgegenwirkst und dadurch ihre

Manifestation verzögerst. Du träumst, um zur Party zu kommen. Das Tagträumen ist eine kraftvolle Art und Weise, die Wartezeit zu genießen und aus dem Weg zu gehen.

**Visualisiere in erster Linie,
um gut drauf zu sein und aus dem Weg zu gehen.**

Das meiste von dem, was wir denken, fühlen und als Schwingung aussenden, wurde uns von Geburt an einprogrammiert und ankonditioniert. Unser Naturzustand der Gnade wurde uns »wegtrainiert«. Vieles von unseren Gedanken, Gefühlen und unserem Lebensinhalt ist nicht unsere eigene, bewusste Schöpfung, sondern eher ein Mischmasch aus weitergereichten Vorstellungen, Überzeugungen und Ideen unserer Familie, unserer Kultur und des kollektiven archaischen Denkens. Jetzt dürfen wir einen neuen Anfang machen.

Träume deine Tagträume zur Unterhaltung, und du wirst ein Höchstmaß an Entspannung und ein Minimum an Widerstand zu dem jeweiligen Thema haben. Wenn du dir sagst, es ist nur zum Spaß und kein ernsthaftes Bemühen, dann wirst du dich entspannen, loslassen und es genießen – und weißt du was? Genau diese Haltung wird die schnellsten Ergebnisse bringen.

Gönne dir täglich ein bisschen »innere Kinozeit«, mit Technicolor und Dolby-Sound, zum Schmecken, Riechen und Anfassen, mit spritzigen Dialogen und intensiven Gefühlen, die du in dein Drehbuch einbaust. Mach deinen Tagtraum so real wie nur möglich, und unterbrich ihn, wenn es sich nicht mehr gut anfühlt. Lächle in dich hinein, während du in deinem Film spazieren gehst, und betrachte ihn nicht aus der Distanz. Lass auch lustige Szenen darin vorkommen, dann wirst du dich noch mehr entspannen und deine Widerstände loslassen. Und wenn du eine Starthilfe brauchst, dann leih dir ein Traumauto für eine Probefahrt oder ein Pferd für einen Proberitt. Male dir ein Bild oder schneide Fotos für eine Traumcollage aus, die dir genau das *Gefühl* und die Schwingung von dem vermitteln, was du dir wünschst.

Ein Mann deckte seinen Tisch mit einem Extrateller *und Essen* für seine Traumpartnerin, die bald in seinem Leben auftauchen würde; er unterhielt sich sogar mit ihr während der Mahlzeiten und fügte selbst hinzu, was sie sagen könnte. So bringt man die Schwingung ins Hier und Jetzt. – Und ja, sie ist aufgetaucht!

Ein Anwalt baute in seinen Tagtraum lächelnd ein paar lustige Szenen ein, um sich auf eine bevorstehende Verhandlung, die ihm Stress machte, vorzubereiten und sich selbst Mut zu machen. Es funktionierte. Seine Anhörung verlief glatt. Wenn du entspannt bist, ist deine Kraft befreit, und du wirst Wunder wirken.

> **Du manifestierst ständig und kannst es gar nicht verhindern. Hier lernst du, es mit Absicht und nicht unbewusst zu tun.**

Umsetzung in deinem Leben

Probiere das Tagträumen gleich aus: Wähle etwas, das du gern erleben möchtest, und erfinde ein Skript dazu. Versuche, es möglichst reizvoll und interessant zu gestalten, damit es sich für dein Gehirn ganz real anfühlt. Fühlen ist machtvoller als Lesen und Denken. Spiele deine Szene durch, bevor du hier im Buch weiterliest. Denke dir eine Handlung aus oder übe die ersten Schritte in Richtung der Erfüllung deines Traumes.

Du kannst das Tagträumen benutzen, um mitzuhelfen, die Welt zu erleuchten und Frieden zu schaffen. Zuerst musst *du* dort angekommen sein. Du kannst, im Bett liegend und davon träumend, welche Ereignisse du in der Welt sehen möchtest, mehr Gutes bewirken, als eine ganze Legion von Politikern, Diplomaten, Missionaren, spirituellen Lehrern und Soldaten durch ihre Aktivitäten jemals erreichen könnte. Allzu oft erzeugen gerade die Spannung und der »Gegendruck« dieser Leute mehr von genau dem Unfrieden und der Zwietracht, die sie vermeintlich zu beseitigen trachten. Sie geraten in Zwietracht und Unfrieden mit sich selbst. Glückliche Aktivisten sehe ich selten! Aktivität produziert keine Ergebnisse. Energieausrichtung produziert Ergebnisse. Aktivität vervollständigt nur das, was im Nichtphysischen bereits getan wurde – auch wenn es oft so aussieht, als hätte die Aktivität es bewirkt.

Falls sich diese altruistische Tagtraumpraxis für dich gut anfühlt, bestätigt es dir, dass du mit deinem großen Selbst im Einklang bist. Leg dich einfach entspannt hin und schließe die Augen. Erschaffe einen Tagtraum, in dem alles gut ist, alles gelingt und jeder in Wohlstand lebt. Wenn deine Imaginationskraft zunimmt, kannst du damit Tausende oder sogar Millionen von Menschen aufwiegen, die ständig ihre Negativität verbreiten.

Seit Jahrtausenden haben jeweils einige wenige erleuchtete Meister zu ihrer Zeit die Negativität der übrigen Menschheit auf diese Weise ausgeglichen, da positive Schwingung Tausende Male kraftvoller ist als negative. Jetzt kannst du mithelfen.

Erinnere dich daran: Je mehr es sich wie Unterhaltung und nicht wie Arbeit anfühlt, desto kraftvoller ist es! Wenn du dabei ernst oder traurig oder gar wütend wirst, trägst du nichts Gutes bei. Bleib locker und flockig, hab Spaß dabei und versuche nichts geschehen zu *machen*. Am besten probierst du jetzt zwei weitere Minuten Tagträumen aus – und sieh zu, dass es Spaß macht!

Leer und bedeutungslos

Eines Morgens beim Aufwachen stellte ich nüchtern fest, dass mir alles bedeutungslos vorkam. Das fand ich »interessant«, denn ich hatte mich die ganze Zeit in einem beständigen Zustand von Wohlgefühl mit häufigen Schüben von Glückseligkeit befunden. In meiner typischen Gelassenheit wusste ich aber, dass überhaupt nichts falsch lief. Ich würde das Gefühl einfach wahrnehmen und damit präsent sein. Dann ging ich meiner Arbeit und meinem Alltag genauso effizient nach, wie wenn sich nichts verändert hätte.

Das ist etwas, das sich seit den *Divine Openings* radikal verändert hat: Ich lasse mich durch nichts mehr aufhalten und tue weiterhin alles, was getan werden muss, egal wie ich mich fühle. Es fühlt sich an, als ob die Präsenz einfach meinen Körper bewegt. Das Leben tuckert weiter vor sich hin, als würde es mit einer supereffizienten göttlichen Automatik laufen. Es ist wie ein unsichtbarer Motor, der immer läuft.

Jemand schickte mir nach einem Retreat eine Grußkarte. Sie zeigte den Dalai Lama, der ein Geburtstagsgeschenk von einem anderen Mönch öffnet. Und als der Dalai Lama in das leere Paket schaut, ruft er aus: »Wow! Genau das, was ich mir immer gewünscht habe – NICHTS!«

Reines Nichts, Stille, Ruhe ist die Essenz der Präsenz. Alles andere ist flüchtig, nichts als leere Form. Die Universen wurden aus der Nicht-Dingheit, dem »Nichts« (*no-thing*) in die Dingheit (*thing-ness*) geboren! Aus dem »Nichts« zu leben ist frisch und befreiend, ein machtvoller Zustand reiner Potenzialität, wo du in einer leeren Lücke und doch am Rande unendlicher Möglichkeiten schwebend balancierst. In den Retreats nehme ich die Menschen bei einer abschließenden Einweihung mit in diese schöpferische Leere jeglichen Potenzials – und neue Leben werden geboren.

Wir klammern uns an die »Dinge« und definieren unser Leben durch die physische Welt. Irgendwann in einer bestimmten Phase beschert uns die Gnadenenergie der *Divine Openings* die Erfahrung von Nicht-Dingheit, und erst durch den Kontrast erkennen wir, wie sehr wir uns selbst durch all unser »Zeug« definierten. Als ein Freund von mir seine Besitztümer für einen Umzug verpackte, musste er zwanzig Jahre an »Zeug« durchsortieren und das meiste davon hinter sich lassen. Er saß mit hängenden Schultern auf dem Fußboden, mitten in einem Riesenberg von Geschichte. Ich fragte ihn, ob er all das Zeug überhaupt wolle. Er sagte: »Nein, und trotzdem fühlt es sich wie ein großer Verlust an, es loszulassen.« Ich setzte mich still neben ihn und bot ihm an: »Gib deinem Gefühl Raum. Es wird sich ohne Widerstand lösen.« Wenn du etwas »verlierst«, insbesondere wenn du das loslassen musst, was deine Realität definierte, kann es sich für Körper und Verstand zunächst sehr verwirrend anfühlen. Dadurch gewinnst du aber Raum für eine ausgedehntere, neue Realität. Sosehr du dir gewünscht hast, dein Leben möge sich verändern, wenn es geschieht, kann es ein Wechselbad der Gefühle auslösen: freudig … beunruhigend fremd … freudvoll … verwirrend … leer … freudig …

**Meditiere, um »nichts« anstelle
von »etwas« zu erleben.**

Beachte, wo das Gefühl von »Leere« auf der Gefühlsskala unserer Navigationstafel zu finden ist: oberhalb des Wendepunktes! Der einzige Grund, warum die meisten Menschen das Gefühl der Leere nicht lieben, ist der, dass es ihnen so verdammt fremd ist. Der Verstand wehrt sich gegen die Stille. Als ich der Leere in Indien keinen Widerstand leistete, floss ich in einem halben Tag durch diese leere, inhaltslose Phase! Die Dinge bewegen sich in rasantem Tempo durch dich hindurch, wenn du einfach mit dem sein kannst, was gerade da ist.

Bald darauf kam ein Freund in den gleichen Zustand. Er sagte, er habe stundenlang dagesessen, an die Wand gestarrt und sei dabei ganz still geworden – was bei ihm sehr ungewöhnlich ist! Nachdem er eher der Action-Typ ist, hätte er normalerweise entweder darüber geredet, es im Sport ausagiert oder irgendetwas getan, um sich abzulenken. Eine Zeit lang hatte er sich gesträubt, den Kampf aufzugeben, der so tief in ihm verwurzelt war. In seiner Verzweiflung und Erschöpfung gab er auf. Im geringsten Widerstand öffnete sich ein Riss, und die Gnade übernahm und brachte ihn völlig zum Stillstand.

Er war noch immer völlig losgelöst und hatte nicht viel zu sagen, außer: »Alles fühlt sich so leer und bedeutungslos an. Das Schlimmste ist, dass nicht mal irgendetwas komisch wirkt. Dabei lebt doch mein Schreiben vom Humor!« Er zog eine Grimasse. Ich überrumpelte ihn. Als ich sagte: »Hey, was für eine Gelegenheit! Du könntest leeren und bedeutungslosen Sex haben!«, brachte ihn das zum Lachen. Dann ließ ich ihn allein weiter fassungslos die Wand anstarren, um diesen verheißungsvollen Tod des Alten zu erleben – und eine Öffnung in das Neue. Er brannte bald mit mehr Energie als je zuvor und stürzte sich in eine neue Phase seines Unternehmens.

Unser kleines Selbst weiß nicht, was zum Teufel da vor sich geht. Es passieren große Dinge, aber es hat keine Kontrolle darüber. Das kann ihm ganz schön Angst einjagen! Wenn du viel mehr Glückseligkeit erlebst, als du gewohnt bist, kann sogar das beunruhigend sein. »Was ist, wenn es nicht anhält?« Eine Frau erzählte, dass die Anerkennung, die sie seit dem ersten *Divine Opening* für ihre Musik erhielt, »geradezu beängstigend« gewesen sei. Ihr Körper war dabei, »sich zu öffnen«, und sie musste »versuchen, keine Angst zu haben, zuzuhören und zu folgen«. Ist es nicht interessant, dass das kleine Selbst das Neue und Wunderbare so sehr fürchtet, selbst dann, wenn es genau das ist, was wir uns immer gewünscht haben?

Meine persönliche Erfahrung deckt das ganze Spektrum an Emotionen ab, und ich habe sie alle vollständig erlebt. Die Freude und das Lachen überwogen die »Rüttelschwellen« und die Konfrontation mit Seiten, die ich an mir nicht leiden konnte. Manchmal fühlte es sich an, als wäre ein Wirbelsturm durch mich hindurchgefegt und hätte mich blank gewischt.

»Hmm, ich glaube nicht, dass ich noch in Kansas bin«, murmelte ich vor mich hin. »Aber wo bin ich dann? Stehe an einer neuen, unbekannten Grenze. Ach du meine Güte, das bedeutet, es gibt keine Straßenkarten! Keine Karte? Himmel, es gibt nicht einmal *Straßen*!« Ich fühlte mich sehr stark, erspürte aber immer nur den Weg, der unmittelbar vor mir lag.

Wenn du etwas Neues und Frisches erschaffen willst, würdest du da eine Leinwand übermalen, die mit dicken Schichten alter Farbe überzogen ist? Oder würdest du mit einer frischen, glatten, sauberen, grundierten Leinwand beginnen? Wenn du etwas wahrhaft Frisches erschaffen willst, statt einfach nur die alten Bestandteile neu zu arrangieren, dann beginnst du am besten mit einem schön sauberen, leeren Kopf. Wenn du keinen Widerstand leistest, sondern diesen *no-mind* (»Nicht-Denken«) zulässt, bist du komplett aus dem Weg – und oh, die Gnade kann dich emporheben!

Genieße und sei dankbar für diese köstliche Leere! Sie wird nicht bleiben. Lass deinen geschäftigen Verstand und dein zielorientiertes Denken gehen und entspanne dich ein Weilchen. Es ist in Ordnung. (Alles ist in Ordnung.) Die Inspiration wird kommen, und dann wirst du dich in Bewegung setzen. Im Laufe der Jahre hatte ich eine Reihe verheißungsvoller Einweihungen in tiefe Leere. Nach jeder einzelnen war ich bald wieder voller

Energie und Inspiration, um ein frisches, neues Buch für die nächste Stufe oder einen Onlinekurs zu verfassen, und ich konnte in den Retreats die Teilnehmer noch höher mitnehmen.

Was für ein Segen, leer und frei im Nichts zu stehen, bereit, auf einer neuen Ebene zu erschaffen.

Es gibt kein festgelegtes Schicksal, auch wenn du vielleicht ein paar ungefähre Vorstellungen mit auf die Welt gebracht hast, was du erleben und mit welchen Begabungen du dich entfalten wolltest. Du darfst dir das neue Leben und die neuen Welten, die du willst, erschaffen. Es ist deine leere Leinwand, auf der du malen darfst, was immer dir gefällt. Gott schreibt dir nicht einmal vor, wie das Göttliche mit dir zusammenarbeiten soll – sogar das darfst du miterschaffen. Sechs Monate nach meinen einundzwanzig Schweigetagen »aktualisierte« ich erneut mein Gottesbild, indem ich wieder einen ganzen Haufen von Konzepten über Bord warf, die ich unterwegs aufgepickt hatte, die aber für mich nicht mehr authentisch waren und mir nicht mehr dienten.

Nachdem ich einiges an körperlichen Schmerzen erlebt und erkannt hatte, dass es sich dabei um Widerstände handelte (was immer der Fall ist), stellte ich mir beim stillen Sitzen innerlich die Frage: »Welches Gottesbild ist für mich *jetzt* stimmiger und wahrhaftiger?« Sofort tauchte vor meinem inneren Auge ein Bild auf, in dem ich durch ein leeres Buch mit Seiten aus handgeschöpftem Papier blätterte. Ich lachte. Gott ist ein leeres Buch. Dies erweckte ein tieferes Verständnis, dass die reinste Erfahrung der Präsenz formlos ist und in der tiefen Stille der Leere erlebt wird. Ich warf noch mehr übernommene Konzepte und Vorstellungen über Bord und öffnete noch weiter mein Herz. Aus dem tiefen Inneren stieg eine Präsenz auf, die ganz unmöglich zu beschreiben war. Ich hörte den Wind draußen, und es schien zugleich der göttliche Atem und unser Atem zu sein. Wie wir die Präsenz erleben, entwickelt sich weiter, während wir uns weiterentwickeln. Nimm dir dafür deine eigene, süße Zeit.

Die dunkle Nacht der Seele

In den vielen Jahren mit *Divine Openings* ging eine dunkle Nacht der Seele einigen meiner größten Ausweitungen jedes Mal voraus. Das ist etwas anderes als jener neutrale Zustand von Leere und Sinnlosigkeit. Es fühlt sich eher an wie eine Depression, wie unidentifizierbare Verzweiflung. Damit hatte ich verständlicherweise nicht gerechnet. Zunächst dachte ich: »Ich hab's völlig verloren! Irgendetwas läuft da falsch!« Doch wenn ich mich daran erinnerte, auch dieser Erfahrung ohne Widerstand zu begegnen, bewegte es sich schnell weiter. Jedes einzelne Mal beginnt eine neue Phase mit solch einem Kontrast. Er sagt mir: »Es ist Zeit für erneutes Ausweiten und Loslassen!« Wenn du dich ausbremst und der Ausweitung verweigerst, wird es sich unweigerlich schlecht anfühlen!

Eines Abends legte ich mich schlafen, nachdem ich den Tag in einem schwarzen Loch verbracht hatte, und ein Lichtwesen kam in der Nacht (es war kein Traum!) und reichte mir die Hand, um mich emporzuheben. Danach hatte ich einige wohltuende Träume. Am nächsten Morgen war ich beim Aufwachen unglaublich glücklich. Im Laufe des Tages wurde ein blinder Fleck in meinem Leben für mich sichtbar und klärte sich einfach durch mein Gewahrsein. Da brach in mir reine Seligkeit aus. Das ist typisch. Die dunkle Nacht der Seele, die im klassischen Fall Monate bis Jahre dauern kann, lief bei mir innerhalb von Stunden ab und auch bei meinen Klienten.

Die dunkle Nacht der Seele ist ein tiefes, verheißungsvolles und gesegnetes Ereignis, das dich am Ende höher aufsteigen lässt.

Gerate nicht in Panik. Du hast es nicht »verloren«. Du wirst es bestens überstehen. Falls es zu lange dauert und du von *Divine Openings* Hilfe brauchst, findest du Unterstützung durch die hinten im Buch angegebenen Ressourcen.

Vorfreude

Freude und Glückseligkeit sind kein Ergebnis von irgendetwas; sie sind inhärente Eigenschaften deines großen Selbst. Sie können wie ein Springbrunnen aus dir hervorsprudeln, wenn du es am wenigsten erwartest, unter Umständen, in denen andere eventuell leiden – so wie damals, als mein Truck nicht mehr ansprang. Ohne die Einmischung des Verstandes herrscht immer Freude, in allem. Es sind alles Erfahrungen. Freude ist nicht von äußeren Umständen, Finanzen, Zustimmung, Liebe oder irgendwelchen Ereignissen abhängig; *sie ist einfach.*

Dein großes Selbst ruht im Auge des Sturms, es ist im Frieden, unabhängig von dem, was gerade geschieht, während dein kleines, abgetrenntes Selbst Unglück und Schmerz erleiden kann, wenn die Dinge nicht richtig laufen, umhergeworfen von den Böen seiner selbst geschaffenen Stürme. Das Glück des kleinen Selbst hängt davon ab, dass die Dinge auf eine bestimmte Art und Weise laufen, während dein großes Selbst in jeder Situation glücklich zu sein vermag. Das kleine Selbst kann Vergnügen empfinden, wenn alles nach seinem Willen läuft, aber keine echte Freude.

Wenn du erwacht bist, wirst du immer noch Abneigung gegen manches empfinden und dich von anderen Dingen angezogen fühlen, du wirst immer noch manche Menschen lieber mögen als andere, aber Emotionsgeladenheit und Urteil (klebriges Zeug!) werden keine Rolle mehr spielen. Es geht um einfache Vorlieben und deine Wahl. Wir sind hier, um aus Möglichkeiten und Gegensätzen auszuwählen.

Emotionen und Stimmungen werden kommen und gehen, aber mit weniger Spannung und Widerstand, sodass sie nicht bei dir »hängen bleiben«; sie werden sich fließend durch dich hindurchbewegen. Du wirst Schmerz nicht mehr in Leid verwandeln. Am Anfang wirst du dich in den Zustand der Glückseligkeit hinein und wieder aus ihm heraus bewegen, aber in dem Maße, wie du stabiler wirst, erlebst du die höheren, feineren Schwingungen immer öfter. In einer Minute spürst du vielleicht Wut oder Ohnmacht, doch da du elastischer geworden bist, springst du im nächsten Moment schon wieder an die Spitze der Skala.

Der Verstand und der Körper können immer noch um dein Überleben besorgt sein, weil es zu deinem natürlichen biologischen Instinkt gehört, dich am Leben zu erhalten. Ab einem bestimmten Punkt wirst du jedoch in der Lage sein, dich davon abzukoppeln. Du wirst den Kopf öfter ignorieren oder ihn beruhigen. Du wirst erkennen:

»Ich muss nicht alles glauben, was ich denke.«
»Meine Gedanken sind nicht ich.«
»Mein Verstand und meine Gefühle sind nicht ich.«
»Ich bin nicht dieser Körper.«

Gedanken, die nicht einmal deine eigenen sind, sondern aus dem uralten kollektiven Denken oder von anderen Menschen stammen, driften zu uns. Taucht irgendein schmerzhafter Gedanke oder ein schmerzhaftes Gefühl auf, das unbegründet ist, stelle ich mir die Frage: »Ist das meins?« Wenn nicht, übergebe ich es der Präsenz, weil es mir zu groß ist, und es löst sich auf. Wenn du übersensibel bist und ein schlechtes Gefühl übernommen hast, das unbegründet ist, dann frage: »Ist das meins?« Wenn nicht, so übergib es der Präsenz. Jedes Mal, wenn das jemand begriffen hat, wird das archaische Denken ein wenig schwächer.

Wenn du dich vom göttlichen Selbst leben lässt, ist dein Gehirn ebenso funktionsfähig wie vorher, ja, es wird noch stärker aktiviert und erhellt, doch überwiegen dann jene Bereiche, die für das erleuchtete Denken zuständig sind. Das Reptiliengehirn an der Schädelbasis beruhigt sich und vermindert seine Aktivität und Dominanz. Die gesprächigen beidseitigen Scheitellappen werden stiller. Die höher entwickelten Frontallappen leuchten auf und werden aktiver, je mehr sie sich auf die göttliche Energie einschwingen und inspirierte Gedanken hervorbringen.

Unser ständig plappernder Verstand verbraucht eine ungeheure Energiemenge. Nach den Retreats staunen die Leute, wie viel mehr Energie ihnen nach der kompletten Pause vom Reden und dem mentalen Geschnatter zur Verfügung steht. Das Gehirn arbeitet noch genauso gut, wenn du es brauchst, aber wenn es nicht gebraucht wird, bleibt es still im Leerlauf. Die Gedanken, die durchkommen, werden eine höhere Qualität haben und öfter inspiriert sein. Wenn dein Verstand mit produktiven Gedanken beschäftigt ist, dann ist das in Ordnung. Du bist hier, um in der Welt mitzuwirken, und nicht, um die *ganze* Zeit mit leerem Kopf auf einer Wolke zu sitzen.

Dein Verstand wird zu einer Empfangsstation für göttliche Intelligenz und Gnade. Er wird dir eher dienen als dich steuern. Du wirst ihn bevorzugt in einem leeren Zustand mit mehr freiem Raum halten, anstatt so viele Ereignisse, Gefühle, Eindrücke, Muster, Strategien und Fakten abzuspeichern. Was du brauchst, wird dir spontan im richtigen Augenblick einfallen.

Wie du also gehört hast, ist »das Gehirn als Speicherschrank« eine überholte Idee. In der Vergangenheit hielten wir es für nötig, unsere Erfahrungen aufzubewahren und Reaktions- und

Verteidigungsmuster zu entwickeln, um sie zu unserem Schutz und unserer Führung in der Zukunft zu nutzen. Vergangene Erfahrungen sind aber offensichtlich nicht der beste Führer, wenn wir über die Vergangenheit hinauswachsen wollen. Direktes Wissen ist in dem Augenblick verfügbar, in dem wir es brauchen. Allzu oft schränken die vergangenen Erfahrungen nur ein, was wir für möglich halten. Jetzt sind wir von der Vergangenheit frei, und das menschliche Bewusstsein erweitert sich täglich.

Die Erleuchtung bringt nicht unbedingt mystische Fähigkeiten und Phänomene wie Hellsichtigkeit, Channeling, Heilkraft und mystische Visionen mit sich. Was sich an einzigartigen Gaben tatsächlich in dir entfaltet, wird perfekt für dich sein.

Es ist nicht nötig, spektakuläre Phänomene zu erleben, um vollkommen erwacht zu sein. Wenn sich dein Herz öffnet und du auf eine stille Art liebevoll und mitfühlend deiner ganzen Familie gegenüber bist, so ist dies wesentlich wertvoller als mediale Fähigkeiten oder Visionen und bewirkt genauso viel in der Welt.

Meine Erfahrungen sind perfekt für mich gewesen, und ich bin damit mehr als zufrieden. Auf der Suche nach fantastischen Erfahrungen durchs Leben zu jagen ist völlig witzlos. Ich bin jetzt hier!

**Dein Maßstab des Reichtums sei Erleuchtung,
Zufriedenheit und Liebe.**

Du bist nie »fertig«

Könntest du dir vorstellen, dass Gott sich beklagt: »Herrje, wann wird diese Schöpfung endlich fertig sein? Jetzt schaffe und schaffe ich schon seit ewigen Zeiten daran, und sie ist noch immer nicht vollendet! Wann werde ich mich endlich mal entspannen und zur Ruhe setzen können?« Klingt absurd, oder? Aber so sind wir. Wir wollen es erledigt haben, fix und fertig, perfekt, ein für alle Mal. Wofür eigentlich? Was hätten wir denn sonst noch zu tun bis in alle Ewigkeit? Genieße es *jetzt*.

Die Schöpfung dehnt sich immer weiter aus. Das Spiel ist eine grünende, üppige, vielfältige, unendliche Schöpfung. Der Schöpfer in uns kann einfach nicht aufhören zu erschaffen. Die Energie bewegt sich durch uns, bringt Ausdehnung hervor, erzeugt einen belebenden Glücksstrom, von dem sich unser großes Selbst voll Entzücken dahintragen lässt. Wenn auch wir lernen, mit Spaß auf ihm zu reiten, haben wir das Spiel gemeistert. Wenn wir durchs Leben marschieren, um irgendwohin zu gelangen, dann liegt keine Freude darin, und wir sind nicht in Harmonie mit unserem großen Selbst.

Manchmal fragen mich Menschen, die langsamere Fortschritte machen, wie es kommt, dass andere, von denen sie auf unserer Website lesen, so schnell zu solch erstaunlichen Ergebnissen kommen. Am schnellsten frei und glücklich werden diejenigen Menschen, die

- alles loslassen, was sie aus der Vergangenheit wussten;
- aufhören, zu suchen und Themen zu bearbeiten, und die *Divine Openings* nicht mit anderen Dingen verwässern;
- das Leben genießen;
- sämtliche Gefühle willkommen heißen und sich damit entspannen;
- alles innerlich der Präsenz zu Füßen legen, statt mit anderen, ob Freund oder Therapeut, über ihre Probleme zu reden;
- aufgehört haben, jemand finden zu wollen, der ihre Probleme beseitigt oder für sie in Ordnung bringt;
- aufhören, ihre alten Geschichten ständig wiederzukäuen, Finito!;

- Verantwortung für ihre eigene Realität übernehmen, auch wenn sie nicht verstehen, wie sie sie kreiert haben, und sanft und mitfühlend zu sich sagen: »Ich habe es selbst kreiert«;
- nicht mehr versuchen, alles intellektuell zu verstehen;
- sich klar dafür entscheiden, Bestätigung und Klarheit nicht mehr außerhalb von sich selbst zu suchen;
- sich vollkommen darauf einlassen, ihre eigene Realität zu erschaffen, und dabei bleiben;
- nicht zu schnell ihre Ergebnisse bewerten; sich nur auf das fokussieren, was funktioniert, und alles andere außer Acht lassen;
- »Misserfolge« einfach streichen;
- täglich ihrer Dankbarkeit und Begeisterung Ausdruck geben;
- so wenig wie möglich jammern und Fehler beklagen;
- dieses Buch immer wieder lesen und jedes Mal mehr davon verinnerlichen;
- das Glücklichsein zu ihrer ersten Priorität machen;
- eine starke Absicht setzen, langsamer zu werden und das Leben auszukosten, statt im Eilzugstempo hindurchzurasen;
- fröhlich von Stufe zu Stufe mit *Divine Openings* weitergehen und nicht stagnieren oder sich irgendwo häuslich niederlassen.

Beachte, dass kein einziger dieser Punkte verlangt, dass du an dir arbeitest!

Tanz der Seele. Gemälde von Lola Jones.

Zehntes Divine Opening

Dieses Kunstwerk ist ein Ausdruck für den Tanz der Seele – die Essenz dessen, den Tanz deiner Seele voll auszuleben. Betrachte das Bild eine Minute lang, schließe dann die Augen und genieße seine Wirkung für fünfzehn Minuten oder länger.

Wie deine Entfaltung ablaufen könnte

Innerhalb weniger Wochen mit *Divine Openings* wirst du anfangen, einen Blick in eine neue Dimension des Lebens zu erhaschen, wenn du die Aktivitäten und Praktiken ausführst und nicht bloß das Buch liest; wenn du auf deine Gefühle achtest, nach innen gehst, fokussiert bleibst und das Ganze nicht verwässerst. Manche Menschen brauchen länger. Dieses Buch, das der Stufe 1 (*Level 1*) entspricht, holt die Menschen regelmäßig aus ihrem Leiden, ihrer Angst und ihren Sorgen heraus, und die meisten gelangen zu stiller Freude und innerem Frieden oder höher. Du hast nun eine völlig neue Bewusstheit darüber erlangt, wie du dir deine eigene Realität erschaffst, aber – und das ist das Wichtigste dabei – du weißt jetzt, wie du deine Schwingung erhöhen und mehr Wohlgefühl für dich schaffen kannst. Das macht es dir möglich, mehr und mehr mit Absicht zu manifestieren.

Ein einziges *Divine Opening* kann eine Wirkung haben, die sich um Tage oder sogar Monate verzögert, je nachdem, was es in dir bewirken muss. Beispielsweise könntest du das ganze Buch schon gelesen haben und kaum etwas davon spüren. Dann hat sich vielleicht Tage, Wochen oder Monate später die Gnade durch Berge an unsichtbarem Widerstand hindurchgeschmolzen, und du erlebst ein immenses Erwachen, anscheinend aus dem Nichts heraus. Falls du zum Suchen zurückgekehrt warst, könnte es sein, dass du es auf die falsche Sache zurückführst, und dann wird es wirklich verwirrend. Suchen und an dir selbst arbeiten kehrt den Prozess des Erwachens wieder um. Du kannst nicht gleichzeitig erwacht und auf der Suche sein. Das ist wie verloren und gefunden sein. Du kannst nicht beides sein.

Diese Einweihung in die Erleuchtung ist lediglich ein Anfang. Wenn du morgens aufwachst, hast du noch den Schlaf in den Augen und kannst vielleicht noch nicht klar sehen. Genauso ist es mit deinem spirituellen Erwachen. Du erfährst die Seligkeit der Erleuchtung, und dann lernst du allmählich, sie auf die Erde herunterzubringen, in deine Beziehungen, deine Arbeit, dein Spiel, dein ganzes Leben. Es beginnt ein Prozess der Verfeinerung deines menschlichen Selbst.

Die Erleuchtung kann blitzartig geschehen, aber das Umtrainieren und Verfeinern deines Verstandes können Zeit brauchen. Wenn du dich stabilisiert hast, wirst du wie eine mächtige Eiche sein, eine feste, zuverlässige Unterstützung für andere. Aber bis dahin hege den zarten, neuen grünen Trieb mit Sorgfalt, gib dir selbst jede Unterstützung, Inspiration, Nahrung und Aufrichtung.

Ich lade dich ein, dieses Buch nochmals langsam zu lesen, sobald du damit fertig bist. Beim zweiten Lesen erkannte ein Mann, dass er gedacht hatte, es sei zu gut, um wahr zu sein; und so hatte sein Glaube, es könne nicht wahr sein, ihn zurückgehalten, und er hatte deshalb noch keine physischen Veränderungen in seinem Leben erlebt. Beim zweiten Mal ließ er seine Zweifel beiseite und gab dem Buch noch einmal eine echte Chance. Er fühlte tief hinein, machte die praktischen Übungen und Aktivitäten – und sein Leben wurde transformiert. Manche sträuben sich beim ersten Lesen gegen die Aktivitäten, holen sie dann aber bei einem späteren Lesen nach, wenn die Gnade sie in der Zwischenzeit ein wenig aufgeweicht und an ihnen gearbeitet hat.

Nach meiner Erfahrung mit vielen Tausend Menschen erheben und stabilisieren sie sich und halten ihr Erwachen am besten aufrecht, wenn sie das Buch mehrmals lesen und erst dann zu den nächsten Stufen weitergehen. Es kann für den Verstand schwierig sein, sich vorzustellen, dass es tatsächlich noch mehr geben könnte – aber es gibt immer mehr, darum gib dich nicht mit ein bisschen Fortschritt zufrieden.

Deine »Kanäle« erweitern sich schrittweise, und auf jeder Stufe kannst du mehr Gnade hereinlassen. In dem Maße, wie sich dein Bewusstsein erweitert, wirst du auf jeder Stufe Dinge hören und sehen können, zu denen du vorher nicht bereit warst. Du wirst Dinge spüren, loslassen und durchführen, die du früher abgelehnt hast. Dein bewusster Verstand hat davon profitiert, dass er sich stufenweise umtrainierte und genügend Zeit hatte, den positiven Beweis dafür zu erkennen.

Das Leben ist ein köstliches, ewiges Sichentfalten – genieße und sei dankbar für jeden einzelnen Schritt.

Bleib im Fluss

Benutze die Übungen weiterhin täglich, bis du dich ziemlich beständig supergut fühlst, und spiele dann mit erhaltenden Übungen auf eine leichte, lockere Art, die Spaß macht. Halte dich fern vom Hamsterrad des Heilung-Suchens-und-an-dir-selbst-Arbeitens!

Die Seiten mit den *Dreißig Wegen, um deine Schwingung zu erhöhen* gegen Ende des Buches dienen dir als schneller Ratgeber, um dein Schwingungsniveau oben zu halten, dich weiterzuentfalten und noch höher zu gehen. Es gibt dort hinten auch Vorschläge für die *Tägliche Genusspraxis*. Stelle dir deine eigene, individuelle tägliche Routine zusammen und frische sie nach Bedarf auf, sodass sie lebendig bleibt und Spaß macht. Spiele weiterhin damit, bis du neue Gewohnheiten geschaffen hast. Die Übungen sind ein spontaner Teil meiner jetzigen Lebensart. Mein Verstand ist geschärft und effizient, auch noch mit vierundsechzig. Ich fühle mich fantastisch und liebe meine körperlichen Workouts. Meine Kreativität und meine Energie fließen.

Seit *Divine Openings* habe ich sozusagen ein automatisches Upgrade-Programm. Herausforderungen kommen und gehen rasch. Ich stecke niemals lange irgendwo fest. Wir werden immer mehr selbstkorrigierend, selbstheilend und selbstgeführt, aber falls du Hilfe mit einem blinden Fleck, einer großen Herausforderung oder einem Bereich von Widerstand brauchst, bieten wir dir Hilfsmöglichkeiten an. Manche von euch werden mehr gemeinschaftliche Unterstützung brauchen. Ich lasse mir Massagen geben, weil sie sich gut anfühlen und meinem Körper helfen, diese sich konstant erhöhende Energie fließen zu lassen. Ein Chiropraktiker, ein Akupunkteur, ein Naturheilkundler und einige *Divine Openings Guides* haben mich gelegentlich bei körperlichen Themen unterstützt.

Du wirst vielleicht in manchen Bereichen schnellere Fortschritte erleben als in anderen. Beispielsweise kannst du zuerst in deinen Beziehungen freier werden, dann bezüglich Geld und zuletzt in Sachen körperlicher Gesundheit. Bei mir kam die ideale Beziehung als Letztes. Sie kommt eben, wenn sie kommt. Dich darüber zu beklagen, dass sie noch nicht da ist, wirft dich zurück. Sei dankbar, genieße, lass los! Wenn du deine Kontrolle aufgibst, dich vom Strom treiben lässt und dir eine schöne Zeit machst, bist du jetzt schon dort!

Aber bleib dran! Ich habe beobachtet, wie einige Leute erstaunliche Erfahrungen mit *Divine Openings* machten, richtig hoch schwingend und frei wurden, dann aber wieder ins äußere Suchen abdrifteten und sich erneut verloren. Nachdem er abgewandert und dann wieder zu *Divine Openings* zurückgekehrt war, sagte jemand zu mir: »Nun ja, ich dachte, wenn *Divine Openings* so gut funktioniert, wäre es noch besser, wenn man eine Menge anderer spiritueller Energien hinzufügt. War's aber nicht.«

Wenn du dich auf andere verlässt, dass sie dich korrigieren, klären, dir ein besseres Gefühl verschaffen, dich mit der Präsenz verbinden oder deine Emotionen heilen, statt dass du deine Navigationstafel einsetzt, dann bleibst du in Abhängigkeit und nach außen fokussiert. *Divine Openings* werden dich *immer* auf die Ressourcen in deinem Innern zurückverweisen, auf dein großes Selbst.

Du kannst die Fürsorge und Unterstützung von Menschen in deinem Leben annehmen. Eine gelegentliche Sitzung bei einem begabten, hoch schwingenden Medium kann hilfreich sein, aber pass auf, was du in dich aufnimmst. Erinnere dich daran, dass *du selbst dir die Zukunft erschaffst, die man dir voraussagt*, darum kannst du alles, was dir gesagt wird, auch nehmen und verändern.

Vor allem aber entspanne dich, fang an zu leben und genieße es *jetzt*. Das Leben ist zum Leben da, nicht zur Suche, damit du *irgendwann* einmal zu leben anfangen kannst. *Lebe jetzt!*

Unterstützung, Erweiterung und Inspiration

Als ich noch Unternehmensseminare leitete, studierte ich die »Lerntheorie«, um mit den verschiedensten Lernansätzen wirksamer umgehen zu können. Das war besonders wichtig, wenn die Firmen mich einsetzten, um Gruppen von hochintelligenten Hightech-Leuten zu trainieren, die gar keine Lust hatten, sich soziale Kompetenzen anzueignen. Sie waren die schwierigsten Zuhörer! Um ihre Aufmerksamkeit zu halten und sie dazu zu bringen, dass sie den Stoff aufnehmen und sich merken konnten, musste ich lernen, mir Zugang und Gehör bei allen Lerntypen zu verschaffen.

Jene fünfzehn Jahre lehrten mich, dass die meisten Menschen etwas schneller lernen und länger behalten können, wenn sie es sehen, hören, gezeigt bekommen und dann bei der aktiven Anwendung mitmachen, *statt nur darüber zu lesen.* Das erklärt die ungebrochene Popularität von YouTube-Tutorials und dem interaktiven Internet ebenso wie den Rückgang beim Lesen von Büchern. Es erklärt, warum das Lesen von spirituellen und Selbsthilfebüchern für manche funktioniert, für andere aber nicht. Ich bin sehr glücklich, dass die Gnade dies hier nicht nur zu einem Buch, sondern zu einer Erfahrung gemacht hat.

Die Lerntheorie liefert eine Erklärung, warum die Menschen lautstark nach einer Audioversion dieses Buches verlangten und warum ich es gern selbst mit meiner Stimme aufnahm und die deutsche Version von einer deutschsprachigen Mentorin aufnehmen ließ. Wir waren selig, als wir das durchzogen! Die meisten Leute fühlen die Energie intensiver, wenn sie meine Stimme hören oder mich beim Unterrichten und Counseln in Audios und Videos sehen können. Am stärksten ist das totale multisensorische Eintauchen mit mir in den Retreats. Deshalb verbrachte ich Jahre damit, mit viel Liebe und feuriger Begeisterung eine umfangreiche Multimedia-Website mit unzähligen Audios und Videos zu entwickeln, um die Menschen aktiv durch all die bahnbrechenden Werkzeuge und Methoden dieses Buches zu geleiten. Mittlerweile sind es noch Hunderte mehr, die ich seither im Verlauf meiner eigenen ständigen Weiterentwicklung und Entfaltung kreiert habe.

Zahllose Menschen haben uns gesagt, sie wollten nicht, dass dieses Buch jemals enden sollte. Sie hätten gewollt, dass dieses Buch immer weitergehe, und waren glücklich, dass *Divine Openings* auch im Anschluss daran eine kontinuierliche Fortsetzung bot. Die Transformation des Lebens anderer Menschen ist die Leidenschaft und das Engagement meines Lebens. Ich bringe alles dar, was ich habe, in voller Kenntnis dessen, was ich zu tun vermag, und ohne jegliche Erwartung, wer das alles in sich hineinlassen werde oder nicht.

Auf Wunsch ist das komplette Spektrum aller Werke von *Divine Openings* auf unserer Website für dich zugänglich – zur Unterstützung, Strukturierung und zum Austausch.

Nachwort

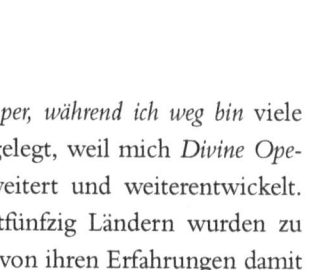

Ich habe das Buch *Alles läuft super, während ich weg bin* viele Male überarbeitet und neu aufgelegt, weil mich *Divine Openings*, wie das Leben, ständig erweitert und weiterentwickelt. Menschen in mehr als einhundertfünfzig Ländern wurden zu ihm hingeführt, weil andere ihnen von ihren Erfahrungen damit in reichem Maße berichteten. Als das Buch 2012 erstmalig ins Deutsche übersetzt wurde, hat die deutschsprachige Welt *Divine Openings* liebevoll aufgenommen, und seither werde ich zwei Mal jährlich hierhin eingeladen, um Retreats zu leiten.

Mein Dasein ist dazu bestimmt, diesem Planeten frische, neue Energie/Licht/Intelligenz zugänglich zu machen, darum habe ich nun dieses inzwischen »klassische« Buch anlässlich des zehnjährigen Jubiläums erneut überarbeitet – und dann noch einmal. Das meiste von dem unaufhaltsamen Strom an völlig neuem, zukunftsweisendem Material und neuen Energie-Downloads, fließt in die Onlinekurse ein, weil eine Website sich leicht verändern lässt. Außerdem auch deshalb, weil die meisten Menschen den Inhalt über eine Live-Stimme und Bilder besser und tiefer aufnehmen. Es gibt eine Fülle von Gratismaterial in Form von Audios, Videos, Blogs und mehr als fünfzig kostenlose Artikel auf der Website.

Viele nennen die Website bei ihrem liebevollen Beinamen »Das Mutterschiff«, denn es ist tatsächlich eine riesige Welt, die uns in dieser von uns gewählten Realität, an der wir alle so viel Freude haben, unterstützt. Man besucht uns, um zu genießen, zu der hohen kollektiven Schwingung beizutragen, andere aufzubauen, selbst inspiriert zu werden und einfach dabeizusein. Wir alle haben viele tiefe, bleibende Freundschaften im Mitgliederforum, in den Kursen und – am tiefsten – in den Retreats geschlossen.

Ich habe davon gesprochen, wie wir Welten erschaffen. Nun ja, DivineOpenings.com (mitsamt DivineOpenings.de) ist eine virtuelle Welt, die so gigantisch ist, dass sie praktisch ihre eigene schwerkraftmäßige Anziehung ausübt. Das belegt die hohe Anzahl von Menschen, die zum ersten Mal auf diese Website stießen, als sie plötzlich neu auf ihrem Monitor erschien, obwohl sie ihren Computer gar nicht angerührt und auch nichts gesucht hatten. Das erstaunt auch mich selbst. Viele Leute machen sie zu ihrer Startseite und beginnen ihren Tag, indem sie die hohe Resonanz erforschen und aufsaugen, die jetzt ihre »Heimatfrequenz« geworden ist. Dies ist ein Ort, wo du verstanden wirst und dich »daheim« fühlen kannst.

Als *Alles läuft super, während ich weg bin* erstmals erschien, sagten die Leute, dass sie noch nie etwas in der Art gesehen hatten, dass vieles davon einmalig und revolutionär war. Inzwischen haben zahlreiche berühmte Autoren, Heiler und Lehrer einiges davon in ihre eigene Arbeit übernommen – du wirst Teile davon vielerorts wiederfinden. *Divine Openings* ist jedoch am kraftvollsten in seiner reinen, *vollständigen*, unveränderten, unverwässerten Form.

Die mentalen Konzepte machen lediglich zehn Prozent aus, während die Gnade neunzig Prozent erledigt. In diesem Buch und auf www.DivineOpenings.com und www.DivineOpenings.de ist *Divine Openings* in seiner reinsten, machtvollsten Form präsentiert.

Divine Openings werden offenbar niemals aufhören, sich weiterzuentwickeln – sie sind total lebendig. In meinen kühnsten Träumen hätte ich mir nie vorstellen können, dass ich einmal mehr als einundzwanzig Onlinekurse kreieren würde, aber die frischen, neuen Energie-Downloads kommen ständig weiter – als Antwort auf die Bitten der Menschen, die sich wünschen, dass das Abenteuer, die Unterstützung und die Connection niemals ein Ende nehmen.

Als ich 2009 anfing, Gesangsstunden zu nehmen, war es nur zum Spaß. Inzwischen habe ich fünfzehn aufbauende Originalsongs mit Tom Hopkins und anderen geschaffen und gemeinsam komponieren wir gerade neue, ekstatische Gesänge. Die Inspiration zum Malen meiner *Divine Art* (»Göttlichen Kunst«) kommt und geht.

Das Buch *Confessions of a Cowgirl Guru* (»Bekenntnisse eines Cowgirl-Gurus«), ein witziges Buch zum laut Herauslachen, floss aus mir heraus, weil ich so gern lache und andere gern zum Lachen bringe. Ich träume immer noch davon, einen Film über *Divine Openings* zu machen. Ich werde mich fröhlich weiter ausweiten und entfalten (aber nie wieder an mir arbeiten), bis zu dem Tag, an dem ich glücklich diesen Planeten verlassen werde.

Mit endloser Liebe, Leichtigkeit und Gnade
Lola

PS: Gegen Ende 2017, nachdem ich die neueste Überarbeitung des Buches dem Verlag übergeben hatte, wurde ich erneut durch frische, zukunftsweisende Inspirationen gesegnet: »Fünf Pforten des Erwachens« wurde geboren – Anleitungen zur schrittweisen Entfaltung auf deiner Reise. Sie enthalten die »Schlüssel zum Erwachen«, durch deren Anwendung du alle Pforten des Erwachens bis hin zur spirituellen Reife durchschreiten kannst. Dies lässt sich mit Worten kaum beschreiben, wird jedoch in den neuen Videos der Onlinekurse »Fünf Pforten des Erwachens« (früher: Onlinekurse Level 1 bis 5) zur lebendigen Erfahrung.

Dreißig Wege, um deine Schwingung zu erhöhen – die Genusspraxis

Beachte, dass sich alle diese Übungen gut anfühlen und nichts davon Arbeit ist! Praktiziere sie, weil sie Freude machen, und nicht nur, um Probleme zu lösen. Sie helfen dir, dich so umzutrainieren, dass du auf einer höheren Frequenz agierst. Es gibt keine Grenze, die beschränkt, wie hoch du gehen und wie gut du dich fühlen kannst. Benutze diese Wege für deine tägliche Genusspraxis.

Bleib dabei geduldig, beständig und leicht, falls du über längere Zeit Widerstand geübt hast. Manche dieser Methoden funktionieren von jeder Stufe des Höhenmessers aus. Andere funktionieren am besten, wenn du bereits eine gute Höhe erreicht hast. Probiere verschiedene aus, bis eine davon funktioniert.

1. **Atme mit Genuss:** Setze oder lege dich hin, mach beim Einatmen einen leichten Buckel und drücke deine Wirbelsäule beim Ausatmen leicht nach vorn. Atme etwa fünf Minuten lang leicht in deine Gefühle hinein. Sage »Jaaaa« oder »Ahhhh«. Ich nenne dies auch »den leichten Atem«.

2. **Beruhige dich:** Bewege die Energie zu einem Thema Stück für Stück nach oben, indem du dir eine bessere Geschichte

dazu erzählst. Sei sanft mit dir. »Ich bin so, wie ich bin. Ich kann von dort, wo ich bin, überall hinkommen. Dies ist vorübergehend. Alles verändert sich. Es geht immer gut aus.«

3. **Geh auf ein Rendezvous mit dem Göttlichen:** Stille. Keine Menschen, kein Fernsehen, Telefon, Computer oder E-Mail.

4. **Weggabelung:** Wähle den Gedanken oder die Handlung, die das bessere Gefühl erzeugen, und spüre die Erleichterung, die sofort dadurch entsteht.

5. **Dreh deinen Körper:** Steh auf und dreh deinen ganzen Körper in eine andere Richtung. Dreh dich von dem, was du nicht willst, weg, dreh dich zu dem hin, das du haben willst, und spüre den Unterschied in deinem Körper.

6. **Wähle deinen Fokus:** Wähle in jedem Augenblick nur Gedanken über Vergangenheit, Gegenwart oder Zukunft, die sich gut anfühlen, wenn du sie denkst.

7. **Bewege deinen Körper:** Bring deinen Körper in Bewegung und stelle jedes Gefühl durch Pantomime dar, um von deinem jetzigen Stand mehrere Stufen aufzusteigen. Mehrere Stufen sind viel. Stabilisiere dich. Lade dir etwas von meiner Musik von der Website herunter.

8. **Tagträumen:** Nur zur Unterhaltung! Dies ist keine Arbeit. Was du dir wünschst, ist bereits »gewährt«, erschaffen und fertig. Deine Aufgabe ist es, in Harmonie damit zu schwingen, zu denken und zu fühlen, sodass es sich manifestieren kann.

9. **Nimm Humor hinzu:** Gestalte deinen Tag oder deine Tagträume lustig – es ist deine Show!

10. **Schwärme davon!** Denke an alles, was du an einer Person, einem Thema, dir selbst oder deinem Leben generell schätzen kannst, und schwärme unablässig davon. Tue es in Gedanken oder laut.

11. **Tauche ein:** Lass die Geschichte fallen. Sage Ja zu den unerwünschten Gefühlen, während du in sie hineinatmest. Jedes

Gefühl, das vollständig gespürt wurde, gewinnt an Höhe auf der Gefühlsskala.

12. **Wirf dich nieder:** Lege es dem Göttlichen zu Füßen. Atme mit Genuss, bis du eine Erleichterung spürst.

13. **Traumabsichten:** Lege eine Liste von allem an, was du dir wünschst, mach es zu Traumabsichten und lass los. Schlafe ruhig in dem Wissen, dass es geregelt wird. Folge am nächsten Tag den Impulsen, die sich gut anfühlen, und halte die Augen für sanfte Führung jeglicher Art offen.

14. **Setze es auf die Gott-Liste:** Lege eine lange Liste mit allem an, was du benötigst, und gib die komplette Liste an das Göttliche ab. (Das Göttliche weiß bereits darum. Die Übung hilft dir nur dabei, loszulassen und aus dem Weg zu gehen!)

15. **Mach eine Pause:** Ziehe deine Aufmerksamkeit komplett von einem schwierigen Thema ab und tue stattdessen irgendetwas, das sich gut anfühlt.

16. **Urlaub:** Nimm dir Urlaub oder einen Mini-Urlaub und lass alles »Arbeiten« los. Kein Telefon, kein Computer, keine Anstrengung. Wirf deine Routine komplett über den Haufen oder lass einfach nur los und entspanne.

17. **Tierisch verwöhnt:** Spiele mit deinem Haustier. Spüre, wie fröhlich es ist.

18. **Lache:** Suche dir etwas Lustiges und Leichtes – Witze, ein lustiges Buch, witzige Freunde oder Filme.

19. **Frag dein großes Selbst:** »Was weißt und denkst du darüber?«, »Was könnte besser funktionieren?«, »Wie könnte ich das anders erleben?«, »Welche erstaunliche Entwicklung steht mir als Nächstes bevor?«

20. **Frag dein großes Selbst:** »Wie könnte ich mich dafür entscheiden, glücklich zu sein, anstatt recht zu haben?«

21. **Frag dein großes Selbst:** »Was ist mein nächster kleiner Schritt oder meine nächste große Entfaltung?« Mach diesen Schritt.

22. **Zähle die Pluspunkte:** Fokussiere dich darauf, wie weit du schon gekommen bist und was gut gegangen ist.

23. **Zähle keine Punkte:** Warte mit dem Punktestand, wenn sich Dinge noch nicht manifestiert oder nicht funktioniert haben. Sage: »Der Nächste, bitte!« oder: »Es kommt noch! Meine Aufgabe besteht darin, meine Schwingung zu erhöhen und mich gut dazu zu fühlen.«

24. **Fühle dich zuerst gut:** Mach zwei Sachen, die du gern tust, und mach danach das, was du »tun musst«. Rekle dich im Bett, bevor du aufstehst. Nimm ein Bad, geh spazieren, singe, pflege deinen Garten etc.

25. **Besitze es jetzt:** Gib dir das Gefühl, »es jetzt zu haben«. Sammle Informationen, suche körperlich Orte auf und »fahre Probe« mit jeder Sehnsucht, die du hast und die sich noch zu entfernt anfühlt.

26. **Erhebe Anspruch auf deine Macht:** Sage dir bei jedem kleinen Aufstieg: »Ich habe gerade ein wenig Erleichterung erschaffen! Wenn ich das tun kann, kann ich alles tun! Alles, was es dazu braucht, ist, einen Schritt nach dem anderen zu gehen.« Wenn unerwünschte Manifestationen auftauchen, sage dir: »Ich habe das erschaffen! Wie mächtig ich bin!« Wenn das, was du dir wünschst, auftaucht, sage dir: »Ich habe das erschaffen! Wie mächtig ich bin!«

27. **Sei jetzt glücklich:** Du glaubst, wenn du woanders wärst oder die Dinge anders wären, dann wärst du glücklich. Nimm die Abkürzung und sei jetzt glücklich. Dann kann dir das Gesetz der Anziehungskraft noch mehr davon bringen.

28. **Gib die Kontrolle auf:** Lass andere Menschen, die Welt und die Dinge außerhalb von dir alles sein, tun oder haben, was sie selbst wählen. Wähle dir deine Realität unabhängig davon, in dem Wissen, dass niemand anderes deine Realität erschaffen oder dich zurückhalten kann – das kannst nur du.

29. **Easy Button:** Drücke jedes Mal auf deinen *Easy Button* (»Das-war-einfach«-Knopf), wenn etwas gut gelaufen ist oder leicht ging! *Easy Buttons* kann man online bestellen. Schenke sie weiter!

30. **Atme-zum-Vergnügen-Meditation:** Wenn du nicht denkst, ist kein Widerstand da. Setze dich hin, mit einem leichten Lächeln. Mach beim Einatmen einen leichten Buckel und drücke deine Wirbelsäule beim Ausatmen leicht nach vorn. Sage innerlich »Jaaa« beim Einatmen und »Ahhh« beim Ausatmen. Lass alle Gedanken vorüberziehen, ohne ihnen zu folgen. Fokussiere dich auf deinen Atem. Wenn deine Aufmerksamkeit vom Atmen abschweift, hole sie sanft wieder zurück! Mach daraus ein besonderes Rendezvous mit deiner geliebten Präsenz in der Stille. Genieße den Atem fünf bis fünfzehn Minuten lang.

Beispiele für die tägliche Genusspraxis

Verwende die Dreißig-Punkte-Liste, um dir individuelle Tagesprogramme zusammenzustellen. Hier ein paar Beispiele:

Morgens

1. *Atme-mit-Genuss-Meditation:* Wenn du nicht denkst, gibt es keinen Widerstand. Setze dich hin, mit einem leichten Lächeln. Mach beim Einatmen einen leichten Buckel und drücke deine Wirbelsäule beim Ausatmen leicht nach vorn. Sage innerlich »Jaaa« beim Einatmen und »Ahhh« beim Ausatmen. Genieße es fünf bis fünfzehn Minuten lang.

2. *Schwärme davon:* Fokussiere dich fünf Minuten lang darauf, von dir selbst und allem und jedem zu schwärmen, von dem du schwärmen kannst.

3. *Tagträumen:* Stelle dir spielerisch zur Unterhaltung vor, wie dein Tag optimal ablaufen könnte und wie du dich am liebsten fühlen möchtest. (Zähle keine Punkte, wenn es nicht gleich so funktioniert. Gib dir nur auf das Punkte, was gut gelaufen ist.) Stelle dir vor, wie jede einzelne Aktivität angenehm ablaufen könnte, bevor du damit beginnst. Zentriere deine Energie, dann werden die Handlungen glatter ablaufen.

4. *Fühle dich wohl:* Tue Dinge, die sich gut anfühlen: Hör meine Divine Music oder andere Titel und bewege dich dazu, singe, tue was im Garten, nimm ein Bad, geh spazieren, streichle deine Katze. Danach wirst du dich produktiver fühlen. Du kannst dein Wohlbefinden immer noch steigern.

Während des Tages

1. *Inspirierte Handlung:* Führe zuerst die Handlungen durch, zu denen du dich inspiriert fühlst (es sei denn, du hast einen Termin einzuhalten, Rechnungen oder Steuern zu bezahlen). Handle dann, wenn du dich dazu geführt fühlst und deine Schwingung bezüglich des Themas hoch ist.

2. *Mach Pausen:* Sitze still und atme mit Genuss. Vor allem, wenn es so aussieht, als müsstest du dich beeilen oder fester arbeiten. Halte inne. Geh nach innen und schwinge dich auf dein großes Selbst ein, bevor du handelst.

Abends

1. *Fühle dich wohl:* Tue irgendetwas, das dir Spaß macht.

2. *Bewege deinen Körper und spiele:* Tanze, gehe, singe, lauf mit dem Hund, fahr Fahrrad, schwimme. Schüttle dich, hüpfe, lache, sei albern. Deinen Körper auf ungewöhnliche Weise zu bewegen befreit den Kopf.

3. *Genieße:* Aale dich in Düften, Anblicken, Berührungen und Geräuschen. Genieße alle sinnlichen Momente, die du finden kannst. Erschaffe sie.

Vor dem Schlafengehen

1. *Schwärme davon:* Fokussiere dich fünf Minuten lang darauf, von dir selbst und allem und jedem zu schwärmen, von dem du schwärmen kannst.
2. *Atme-zum-Vergnügen-Meditation:* Setze dich hin, mit einem winzigen Lächeln auf den Lippen. Krümme deinen Rücken minimal beim Einatmen und bring die Wirbelsäule ganz leicht nach vorn beim Ausatmen. Atme mühelos fünf Minuten lang.
3. *Setze Traumabsichten:* Entspannen, leise lächeln, einkuscheln – und loslassen.

Füge deine eigenen Favoriten hinzu und aktualisiere diese Praxis häufig.

Kommentare von Leserinnen und Lesern

Hier folgen einige Kommentare von Menschen, die *Divine Openings* erhalten und dieses Buch gelesen haben. Erwarte bitte nicht, die gleichen Erfahrungen zu machen wie andere. Deine einzigartige Erfahrung ist genau auf dich zugeschnitten. Nach meiner Erfahrung können die subtilsten Erfahrungen die machtvollsten und erfüllendsten sein. Ich liebe und schätze meine eigenen tiefgehenden Erfahrungen sehr und freue mich, auch von deinen zu hören!

Aus Tausenden von E-Mails von Lesern und Teilnehmern an inzwischen weit über vierzig Retreats haben wir diese Berichte zusammengetragen. Es gibt spontane Öffnungen in Liebe und Beziehungen, Glücklichsein ohne Grund, finanzielle Durchbrüche, Einssein mit Gott, mehr Stille im Kopf. Verborgene Talente zeigen sich, und die Kreativität explodiert. Sorgen und Ängste, alte

Blockaden, Begrenzungen und Stresspunkte schmelzen nur so dahin. Die Schutzmechanismen und alten Verletzungen werden fallen gelassen, Beziehungen erneuert. Alte Liebe kommt wieder zurück. Neue Liebe findet sich. Neue Leben werden angefangen.

Mit den eigenen Worten der Menschen:

»Ich habe an zwei Seminaren mit Lola teilgenommen, einmal vor sieben Jahren und erst kürzlich wieder. Beide Seminare brachten eine riesige Veränderung in mein Leben. Ich kann ehrlich sagen, dass mein Leben nach jedem Kurs wunderbare neue Wendungen genommen hat.« M. Z., kürzlich bei Oprah Winfrey

»Ich wünschte mir mehr vom göttlichen Geist ... und nun ist hier mehr, als ich aufnehmen kann, leichter dank der Gnade, die durch *Divine Openings* fließt, und unbelastet von religiösen Lehren. Segenswünsche von Bev McCaw«

»Ich sehe regelmäßig Wunder der Heilung! Sei gesegnet! Ich nehme weniger Insulin ... jetzt weiß ich, dass ich es wahrscheinlich nicht mehr lange brauchen werde. Es befreit mich von dem ganzen alten Programm. Danke! Viele liebe Grüße, Steph«

»Mein Geschäft macht Gewinne, und das in ›diesen‹ Zeiten! Le-Ann«

»Die regelmäßigen *Divine Openings* sind fünfzehn bis zwanzig Minuten pure Glückseligkeit, die immer länger andauert. Mit viel Liebe und Dankbarkeit, Teresa Anton, Pekin, Illinois«

»Ein warmes, prickelndes Gefühl breitet sich überall in mir aus, und morgens beim Aufwachen ist es wieder da! Vielen Dank, dass du da bist. Elaine, Deutschland«

»Ich lächle zu viel, mein Ehemann weiß gar nicht mehr, was er mit mir anfangen soll! Ich habe dieses wunderbare Gefühl, dass bald etwas ganz Großartiges geschieht … Unsere großen Kopfschmerzen über Finanzen und Arbeit werden nun immer weniger. Ich fühle Vertrauen zu Ihm, in jeder Hinsicht. Welch ein Friede! Danke. Audrey, Großbritannien«

»Deine Arbeit hat die Kraft eines Atomreaktors. Ich wurde von einem strahlend weißen, inneren Licht überflutet, das eine Zeit lang mich und das ganze Universum durchströmte. Am nächsten Tag hörte ich mir eines der Diving-in-Audios an. Ich hatte das Gefühl, genug zu strahlen, um für den Rest des Jahres die ganze Ostküste zu erleuchten. Meine Hündin rollte sich in schierer Verzückung auf dem Rücken herum und sagte mir in ihrer Hundesprache: ›Wer hätte gedacht, dass diese Lola solche Power hat, allein schon über eine Audioaufnahme!‹ Sie schickt dir zehn Liebesenergieschlecker über dein Gesicht! Ich konnte letzte Nacht nicht mal schlafen. Liebe Grüße, Mark«

»Ich wollte nur mitteilen, wie sehr ich die *Divine Openings* schätze, und dir danke sagen. Ich lese das Buch, nehme am Onlinekurs teil und erhielt kürzlich ein *Divine Opening* über eine Telefonkonferenz. Va-vat-voom! *Divine Openings* haben mein Leben bereits auf so kraftvolle und doch sanfte, subtile Art und Weise verändert. Ich war zuletzt ziemlich oft schlecht drauf, aber seit dem ersten Besuch auf deiner Website merke ich, wie ich mich täglich mehr und mehr stabilisiere und immer mehr Freude erlebe. Laura«

»Ich lese weiter in deinem Buch, und ich lese es langsam und tue mein Bestes, um das Gelesene gleich in die Praxis umzusetzen. Ich habe wirklich das Gefühl, große Fortschritte zu machen, meine innere Ruhe vertieft sich, und ich fühle mich stets glücklich und sehr energiegeladen. Außerdem spüre ich die meiste Zeit einen sanften Glücksstrom durch meinen Körper rieseln. Liebe und Frieden, A. Punjabi, Philippinen«

»Danke, dass du in mein Leben getreten bist! Conny, Malaysia«

»Ich bin erst in der ersten Woche des Onlinekurses und liebe es schon jetzt! Danke, dass du diesen Kurs weltweit für so viele von uns ermöglichst! Natascha, Mazedonien«

»Das Buch ist so hilfreich. Heute Morgen hatte ich ein Erlebnis, bei dem ich ins Urteilen ging. Ich suchte dann im Buch nach der Stelle, wo es darum geht, bei den Gefühlen zu sein und sie durch sich hindurchfließen zu lassen. Ich bat das Göttliche um Hilfe und spürte Mitgefühl für mich selbst und für alle anderen, die im Urteilen gefangen sind, und dann konnte ich spüren, wie es sich löste. So einfach war das. Ich brauche noch nicht einmal eine Aussprache mit der anderen Person. Viel Liebe, viel Segen für dich, Cindy P., Austin, Texas«

»Ich kann dein Buch immer nur häppchenweise lesen, so stark ist die Energie. Ich habe ebenfalls eine andere persönliche Beziehung mit dem Göttlichen in mir entwickelt. Früher war nur diese nebulöse, unermesslich große Quelle da, viel zu groß und abstrakt, als dass man sie als persönlichen Freund verstehen könnte. Ich bin dir sehr dankbar für dieses gedankliche Hilfskonstrukt. Beverly, Großbritannien«

»Jedes Mal, wenn ich mich in den letzten fünf Wochen hingesetzt habe, um dir eine E-Mail zu schreiben, sind mir immer neue, wunderbare Dinge eingefallen, die passiert sind. James, Softwareentwickler, Großbritannien«

»Du und deine Arbeit haben nach wie vor eine enorme Auswirkung auf mein Leben. Obwohl ich seit etwa dreißig Jahren auf dem ›Weg‹ bin, betrachte ich die Umsetzung dessen, was ich von dir gelernt habe, als wirklichen Anfang meiner spirituellen Reise vor neun Jahren. Ich werde dir dafür immer dankbar sein. Segen für dich wünscht dir Anand-Sara, Lehrerin, Kalifornien«

»Für mich begann *Divine Openings* mit dem Lesen und Immer-wieder-Lesen des Buches, dann ging es mit den Onlinekursen weiter. Da ich fünf Monate vorher meinen Sohn verlor, war ich durch die dunkelste Zeit meines Lebens gegangen. Die Gnade hat mich berührt, als ich dich und *Divine Openings* fand – für diesen Segen werde ich ewig dankbar sein. Seither bin ich ein anderer Mensch geworden. Mein Leben veränderte sich, seit ich einen Ort kennenlernte, an dem ich noch nie gewesen war – in mir ist nun dieser Friede. Die, die ich jetzt bin, und die, die ich war, ehe *Divine Openings* zu mir kamen, sind zwei völlig verschiedene Träume. Ich sende dir meine Liebe, liebe Lola, und auch allen anderen. Lena, New York«

»Du und das, was du lehrst, ist für mich so unglaublich – die Antwort auf meine langjährigen Fragen. Jeden Tag ist es wie ein Geburtstagsgeschenk, deine Website aufzumachen, deine Onlinekurse, Webinare, Videos, Bücher. Ich danke dir so sehr für das wunderbare Geschenk, das *du* bist!! Sehe dich beim nächsten Webinar! Jennifer Cochran«

»Ich hatte eine sehr intensive Engelsvision nach einem *Divine Opening* aus dem Buch … ein klares Bild von dem Ort, wo der Spirit des (verstorbenen) Vaters meines Sohnes jetzt weilt … von seiner Seele, die von Engelsflügeln umarmt wurde. Ich habe noch nie etwas Derartiges erlebt, und es gibt mir ein Gefühl von tiefem Frieden. Ich danke dir so sehr! Außerdem lese ich wieder dein Buch. Die positive Energie wirkt sich schon auf meine Familie und meine Klienten aus. Kelly, Counselor, Austin, Texas«

»Hi Lola, hier schreibt Sue aus dem fernen Australien. Nach meinem zweiten *Divine Opening*, heiliger Strohsack, ging ich durch eine ganze Latte von Emotionen, und der Klumpen in meinem Hals, den ich hochhustete, war riesig! Ich fiel in ein sehr dunkles Loch und war so wütend, deprimiert, traurig und einsam, stellte alles infrage, und so viele Zweifel kamen auf. Das Komische war, als ich laut sagte: ›Das ist doch alles Schwachsinn, warum gebe ich mich überhaupt damit ab?‹, da merkte ich, dass ich zum Göttlichen in mir sprach … Auweia! Schluchzend und fluchend rannte ich durchs Haus, und schließlich setzte ich mich hin und tauchte mitten hinein in deinen Diving-in-Prozess. Ich bat das Göttliche, mich bei der Hand zu nehmen und durch all das schwere Zeug hindurchzuleiten. An den nächsten Tagen waren meine Emotionen total in Aufruhr … aber dann stellte sich auf einmal ein wunderbares Gefühl von Frieden ein, und jetzt bin ich so glücklich. Und mein keckes, verschmitztes, albernes inneres Kind ist zum Spielen herausgekommen! Cool, ich hab Spaß damit! Sue, Australien«

»Das Buch hat alles, wonach ich gesucht habe, und mehr. So viel ist passiert in den sechzig Tagen, seit ich es zum ersten Mal aufgeschlagen habe, dass es schlicht unmöglich wäre, alles zu erzählen. Sallie B.«

»Mir wurde stark bewusst, wie viel Widerstand ich gegen das Annehmen hatte. Ich bat Gott, diese Seite von mir aufzuweichen, und dann kam der ›Öffnungs-Download‹ gleich ein zweites Mal, und Er redete zu mir, hielt mich und zeigte mir genau, was zu tun war ... Ich erlebte Gott auf eine viel intensivere Weise als jemals zuvor. Ich habe mich mehr hingegeben als zuvor und verspürte den Drang zu schreiben, während ich noch schluchzte und gähnte und losließ. Ich begann, in meinem Tagebuch zu schreiben, und Gott schrieb zurück. Ich hatte noch nie automatisches Schreiben erlebt – was für eine Wahnsinnserfahrung! Danke, dass du mir geholfen hast, den Weg nach Hause zu finden – ich hatte mich nämlich verlaufen. Und danke, dass du mir geholfen hast, diese wundervolle Verbindung bewusst in meinem Alltag zu nutzen anstatt nur auf Seminaren. Sei gesegnet! Michelle Wolff«

»Ich spürte eine Präsenz im Raum und konnte fühlen, wie sich etwas ›öffnete‹, ich kann aber nicht genau beschreiben, was in mir aufging. Meine teureren Werke beginnen sich nun offenbar zu verkaufen. Ich verkaufte eines meiner Zweitausend-Dollar-Kunstwerke, und die Frau bestellte noch zwei maßgefertigte Lampen dazu. A. Broesche, Burnet, Texas«

»Meiner Hündin geht es so viel besser, seit du ihr die göttliche Heilungsenergie geschickt hast. Sie hatte Kalkablagerungen in den Hüftgelenken und Schwierigkeiten beim Gehen. Jetzt ist sie wieder ganz die Alte: Statt zu humpeln und jaulend auf dem Boden oder am Fuß der Treppe herumzuliegen, die sie gemieden hatte, rennt sie wieder herum, springt auf die Möbel, läuft die Treppen auf und ab und jagt ihren Kumpel Shortie. Wir sind von Dankbarkeit überwältigt. Jeder, der noch nicht in dich verliebt ist, liebe Lola, wird es sein, wenn er eine deiner Schönheitsbehandlungen für Körper, Geist und Seele bekommen hat! Erin, New Hope, Pennsylvania«

»Meine Konzentration in der Schule ist viel besser. Ich kann gar nicht beschreiben, wie es sich anfühlt, wenn ich mich jetzt mit Gott verbinde. Ich habe keine Worte dafür. Wenn ich mich dabei ertappe, mir kontraproduktive Geschichten zu erzähle, höre ich sofort damit auf, und es funktioniert. Everett, High-School-Schüler, Pennsylvania«

»Ich hatte gerade das wahrscheinlich unglaublichste Wochenende meines Erwachsenenlebens. Ich spielte einige Stücke meiner Musik und fühlte mich von tief innen gehört. Ich erhielt so viel Anerkennung und Ermutigung, dass es fast beängstigend war. Mein Körper verändert sich ebenfalls, öffnet sich, findet Heilung. Ich bin so gesegnet mit all dieser Synchronizität, die gerade in meinem Leben passiert. Danke an dich, süße Lola; mein Glück ist vollkommen. Martha P., Georgetown, Texas«

»Ich hatte mir ein wenig Linderung der lang anhaltenden, intensiven Schmerzen in meinem Bein erhofft … Während der Sitzung spürte ich ein Prickeln im Bein, und der Schmerz ließ etwas nach. Während der nächsten Tage wurde es zunehmend besser, und nun ist der Schmerz fast weg. Ich spürte auch ein Kribbeln in meiner verletzten Schulter. Ich hatte mich mit dem bleibenden Schmerz und der Bewegungseinschränkung schon abgefunden. Auch dieser Schmerz ist weg, und ich kann die Schulter viel leichter bewegen. Ich bin so dankbar. Sharon, The Woodlands, Texas«

»Auf einmal konnte ich meinen Körper nicht mehr spüren und schlüpfte aus ihm heraus. Das wollte ich immer schon können und hatte es jahrelang beim Meditieren versucht. Als es vorbei war und ich wieder zurück war, fühlte ich mich so gut, dass ich mich gar nicht bewegen wollte, darum blieb ich noch lange still sitzen. Randy, Harlingen, Texas«

»Die meisten Plätze, wo ich hinkomme oder an denen ich arbeite, erhöhen nach und nach ihre Schwingung – immer ein paar Leute mehr, sogar in der Wirtschaft, sogar bei den Ölpreisen. George Phon, Elektriker, Kalifornien«

»Schon nach der ersten Sitzung begann meine Endometriose zu heilen. Für mich ist das ein Wunder, und ich kann es kaum fassen. Die ganze Woche lang habe ich mich rundherum wohlgefühlt ... Zum ersten Mal seit Jahren denkt sich mein Kopf keine Geschichten mehr darüber aus, was alles schiefgehen könnte. Michele, Austin, Texas«

»Ich habe mich selbst von außerhalb meines Körpers gesehen und zuerst gar nicht erkannt. Ich bin die meiste Zeit selig und lächle still vor mich hin. Viele Dinge stören mich einfach nicht mehr. Ich habe angefangen, Sport zu treiben, und sorge nun besser für mich. Cindy, Houston, Texas«

»Vor drei Jahren verlor ich alles: Ehemann, Haus, Karriere ... und obwohl das Leben weiterging und sich Freunde um mich kümmerten, wachte ich jeden Morgen angsterfüllt auf. Am Morgen nach meinem ersten *Divine Opening* bin ich aufgewacht und fühlte mich ruhig und leicht. Ich habe damit gerechnet, dass die Angstattacken wieder zuschlagen könnten, doch sie haben aufgehört. Lynn A., Austin, Texas«

»*Das* ist eine tolle Sache! Ich konnte spüren, wie die Spannungen in meiner Schulter, im Kiefer und im Herzbereich nachließen, mein Kopf fühlte sich an, als würde er buchstäblich weiter werden. Bei mir ist ganz schön was los! Viel Freude. XOXO (Küsschen und Umarmung). Laura Graf, Singer, Austin, Texas«

»Meine Seminare und Behandlungen laufen einfacher ab und bringen meinen Klienten und mir mehr Heilung und Vergnügen. Sie werden schnell gebucht und haben sich inzwischen auch auf Österreich und sogar Südafrika ausgedehnt. Die Arbeit meines Mannes macht ihm jetzt mehr Spaß, und er wird besser bezahlt. Wir wohnten vorher (zu fünft, denn ich habe drei Kinder) in einer vierundsiebzig Quadratmeter großen Wohnung und fuhren ein achtzehn Jahre altes Auto. Jetzt fahren wir ein fünf Jahre altes Auto mit sieben Sitzen (so viel Platz!) und wohnen auf einhundertsechsundvierzig Quadratmetern mit einem atemberaubenden, großen Garten und Nachbarn, wie wir sie uns besser nicht hätten erträumen können! Wir gehen immer noch mit offenem Mund durch dieses erstaunliche Haus und spazieren täglich bewundernd durch den Garten. Und das Geld, das vorher das große Problem gewesen war, strömt nur so herein! Abgesehen von diesen Veränderungen lache ich viel öfter, spüre mehr Frieden, mehr Gelassenheit, mehr Kraft, mehr Liebe – manchmal könnte ich fast platzen vor Glück, so schön ist alles. Ich nenne es ›Stretching der Liebes- und Glücksmuskeln‹. Viele liebe Grüße, Gabriele, Deutschland«

Würdigung und Danksagung

Der Inhalt dieses Buches wurde überwiegend aus der inneren Quelle geschöpft und war tiefer und wirkungsvoller als alles, was ich jemals von anderen Menschen gelernt hatte. Teile davon erhielten katalytische Impulse von großen Lehrern und machtvollen Einweihungen in diesem und früheren Leben. Es wäre unmöglich, all die großherzigen, weisen und wundervollen Menschen zu erwähnen, die mitgeholfen haben, dass mein Leben die jetzige Form annahm, und die meiner spirituellen Entfaltung vor und nach *Divine Openings* ihre Unterstützung gaben und geben. Viele haben dazu beigetragen, mein Herz und meinen Geist zu öffnen, so auch die zahlreichen Leser dieses Buches, unsere weltweite Gemeinschaft und die Teilnehmer unserer Retreats, die alle zur Bewusstseinsentfaltung in der vordersten Linie beitragen.

439

Besondere Wertschätzung und Dankbarkeit empfinde ich für Donna Wetterstrand aus Kanada, Melinda Gates aus Texas, Emily Colwell aus North Carolina und Angelika Lucoschek aus Deutschland, die als *Divine-Openings*-Mentoren unsere zertifizierten *Guides* ausbilden und viel zu *Divine Openings* beitragen. Mein Dank geht an alle, die *Divine Openings* so großzügig überall auf der Welt verbreiten.

Endlose Liebe und Dankbarkeit geht an Scott Sanderson, der mir bei unserem ersten Treffen sagte: »Ich werde *dich* öffnen, so wie du andere Menschen öffnest.« Und das tat er wirklich.

Wir erschaffen uns gegenseitig auf dieser Reise.
Du fragst – und der Lehrer erscheint.

Meine Wertschätzung an die vielen Tausenden von euch, die mein Leben segnen!

Ich liebe euch.

Unterstützung für deine weitere Entwicklung

Dies ist das **Begleitbuch zur Stufe eins:** Start in ein neues Leben. Es entspricht dem Onlinekurs Level 1. Schritt für Schritt wird hier dieser wunderbare Weg beschrieben. Du kannst viele der genannten Ressourcen und Methoden auf Deutsch unter www.DivineOpenings.de finden (auf Englisch unter www.DivineOpenings.com). Mithilfe des Sprachbuttons oben auf der Website kannst du von »Englisch« zu »Deutsch« und umgekehrt umschalten. Falls du im englischen Teil keinen Link zu »Deutsch« findest, kannst du in der Adresse statt .com einfach .de eingeben, um wieder auf die deutsche Homepage zu gelangen.

Alle im Folgenden beschriebenen Angebote finden sich ebenfalls auf der Website, die klar gegliedert ist und zudem ein Suchfeld enthält, in das du die Begriffe eingeben kann, die du finden möchtest.

Fünftägige Stilleretreats finden in Kalifornien und Deutschland statt. Fünf Tage in Lolas kraftvollem Resonanzfeld sind die am tiefsten gehende Erfahrung von *Divine Openings*. Durch die Gnadenenergie lösen sich viele Probleme und Themen wie von selbst.

Abonniere unseren Newsletter in Deutsch oder Englisch, um frische Energie, inspirierende Artikel, Geschenke, Updates und Neuigkeiten über Retreats und andere Veranstaltungen zu erhalten. Eintragung in die E-Mail-Liste über www.DivineOpenings.com/aweber. Deine Daten werden von uns unter keinen Umständen weitergegeben. Danke.

Besuche häufig unsere Website, um Hinweise auf neue Audios, Videos, Kurse, Artikel, Blogs, Features, Zitate und Veranstaltungen zu finden.

Hörbuch *Alles läuft super, während ich weg bin:* Dreizehn Stunden purer Genuss und lebendige Energie, gelesen von Lola auf Englisch und von einem *Divine Openings Guide* auf Deutsch.

Das zweite Buch *Pass auf, wohin du zielst. Meisterschaft über die Kraft der Absicht:* Es entspricht inhaltlich dem *Divine-Openings*-Onlinekurs Level 2.

Divine Openings Online-Retreat-Kurse

Level-1-Onlinekurs, auf Deutsch und Englisch. Unsere Multimedia-Onlinekurse bieten Support, frische Energie, bewusstes Mind-Training und Unterstützung für deine Weiterentwicklung. Da der Verstand immer nach mehr strebt, helfen dir die Kurse, nicht wieder zurückzufallen in das alte Suchen und Vermischen verschiedener Methoden.

Level-2-Onlinekurs und Buch: *Pass auf, wohin du zielst*, auf Deutsch und Englisch, führt dich mit Leichtigkeit und Gnade zur Meisterschaft über die Kraft der Absicht, um dich weiterzuentwickeln und aufzusteigen in ein Leben voller Freude und Erfüllung.

Level-3-Onlinekurs und Jumping The Matrix/Mastery Online machen die Serie der vier Grundstufen komplett; bisher nur auf Englisch (2018); weitere Übersetzungen der Kurse ins Deutsche sind in Arbeit.

Diving-in Audio/Video-Set: Ein grundlegendes Werkzeug von *Divine Openings*, auf Deutsch und Englisch. Mehr als zwanzig Audios und Videos begleiten dich sanft durch diesen Prozess und erleichtern das Loslassen, weil du dich voll auf das »Eintauchen« einlassen kannst und nicht gleichzeitig auf die Struktur achten musst. Die Stimmen von Lola und anderen Guides invozieren eine kraftvolle Energie, die gleichzeitig entspannend wirkt und Widerstände auflöst, bis das »Eintauchen« auch allein erfolgreich durchgeführt werden kann.

Live-Webinare und Serien mit Lola finden sich ebenfalls auf der Website.

Zertifizierung zum *Divine Openings Guide*: Ausbildung für alle, die *Divine Openings* geben und unterrichten wollen; es ist auch eine beliebte Möglichkeit, fortgeschrittenes Coaching zu erhalten. In Deutsch und Englisch.

Private Sitzungen, mit zertifizierten Guides, die sich genau auf deine Bedürfnisse fokussieren. Siehe unter »Sitzungen« im Hauptmenü der Website.

Onlinekurs für Erleuchtung im Geschäftsleben, wird auf Deutsch und Englisch angeboten. Kreiere mehr Wohlstand!

Die Kunst von Liebe und Sex: Tantra, auf Deutsch und Englisch. Wenn tiefgehende, liebevolle, spirituelle Sexualität noch nicht zu deinem Weg gehört – worauf wartest du?

Originalmusik von Lola: Durch die göttliche Präsenz kreiert Lola inspirierte Musik in vielen verschiedenen Richtungen: Dance, Pop, Blues bis zu spiritueller Musik. Der Download ist einfach.

Kunst von Lola: Siehe unter »Art« im Hauptmenü. Zur Inspiration und Verschönerung von Räumen, zur Aufhellung der Energie und als wunderschöne Geschenke kannst du die meisten von Lolas Kunstwerken in unterschiedlichen Größen (von Gruß-karten- bis Postergröße) in hoher Auflösung als Druck auf Papier oder Leinwand bestellen. Auftragsbilder mit göttlicher Energie können speziell für dich gechannelt werden, wenn Lola Zeit und Inspiration dafür hat. Wende dich an admin@lolajones.com oder support@DivineOpeningsGermany.com.

Weitere erleuchtende Bücher von Lola Jones

Pass auf, wohin du zielst. Meisterschaft über die Kraft der Absicht ist das Begleitbuch zum Onlinekurs Level 2 (auf Deutsch und Englisch erhältlich). Eine neu überarbeitete deutsche Ausgabe erscheint unter dem Titel *Du bist soviel größer, als du denkst. Anleitung zur Manifestation* im Herbst 2018 im Arkana Verlag.

Confessions of a Cowgirl Guru ist eine humorvolle Sammlung von Geschichten, inspiriert von Lolas Leben, Liebesbeziehungen, mit augenzwinkernden Betrachtungen der »Holistischen Kultur« und des metaphysischen Lebens.

Divine Openings Quotes ist ein wunderschönes Buch voller Weisheit, herzerwärmend, lustig und überraschend.

Dating To Change Your Life macht Dates zu etwas, das Spaß macht und dein Leben nebenbei transformiert. Werde glücklich, das wird dir helfen, deinen Partner schneller zu finden. Dieses Buch entstammt einem früheren Bewusstsein und ist nicht gleichauf mit *Divine Openings*, aber es ist gut und lustig.

Ankündigung: Es wird ein neues Buch geben, noch ohne Titel, das die Essenz der Meisterschaft durch Worte und Kunstwerke wiedergibt.

Gratisartikel: Siehe unter »Free« im Hauptmenü und scrolle dann nach unten: »50+ free articles« führt dich zu mehr als fünfzig Gratisartikeln (Englisch). Einige davon gibt es auch auf Deutsch.

Kontakt
admin@LolaJones.com,
support@DivineOpeningsGermany.com

Unsere Leseempfehlung

256 Seiten

Unser Leben und die ganze Schöpfung sind durchdrungen von einer inneren Ordnung, die bestimmten Gesetzmäßigkeiten gehorcht. Diese Geistigen Gesetze haben ihren eigenen Rhythmus, in den wir alle eingebettet sind. Unser gesamtes Leben vollzieht sich in Rhythmen; auch Raum und Zeit unterliegen ihnen. Nur die Kenntnis dieser ewigen Gesetze versetzt uns in die Lage, sie sinnvoll für unser Leben zu nutzen. Sie weisen auf eine Gerechtigkeit jenseits von Konvention und Moral hin und zeigen einen kosmischen Plan auf, der neue, ungeahnte Möglichkeiten zur Lösung unserer Probleme bietet.

www.goldmann-verlag.de
www.facebook.com/goldmannverlag

GOLDMANN
Lesen erleben

Um die ganze Welt des GOLDMANN
Body, Mind & Spirit Programms
kennenzulernen, besuchen Sie uns doch
im Internet unter:

www.goldmann-verlag.de

Dort können Sie
  nach weiteren interessanten Büchern ***stöbern***,
  Näheres über unsere ***Autoren*** erfahren,
  in ***Leseproben*** blättern, alle ***Termine*** zu Lesungen und
  Events finden und den ***Newsletter*** mit interessanten
  Neuigkeiten, Gewinnspielen etc. abonnieren.

Ein ***Gesamtverzeichnis*** aller Goldmann Bücher finden
Sie dort ebenfalls.

Sehen Sie sich auch unsere ***Videos*** auf YouTube an und
werden Sie ein ***Facebook***-Fan des Goldmann Verlags!